Wilhelm Sievers

Zweite Reise in Venezuela in den Jahren 1892-93

weitsuechtig

Wilhelm Sievers

Zweite Reise in Venezuela in den Jahren 1892-93

ISBN/EAN: 9783956561153

Auflage: 1

Erscheinungsjahr: 2013

Erscheinungsort: Bremen, Deutschland

weitsuechtig

Zweite Reise in Venezuela
in den Jahren 1892/93

auf Kosten der Geographischen Gesellschaft in Hamburg

ausgeführt von

Dr. **Wilhelm Sievers**

a. o. Professor der Geographie an der Universität Giessen

Vorwort.

Die vorliegende Abhandlung ist eine weitere Frucht meiner Studien über das nördliche Südamerika. Sie beruht auf den Ergebnissen einer in den Jahren 1892/93 in Venezuela ausgeführten Reise und schliesst sich ergänzend an meine früheren Veröffentlichungen über die genannten Länder an, insofern sie den Osten Venezuela's, die mittleren Gebirgslandschaften, ferner Coro, Barquisimeto, einen Theil der Llanos und des Orinocogebiets behandelt. Ein Anhang enthält meine eigenen Höhenbestimmungen und die des am 1. Septbr. 1894 in La Guaira verstorbenen Chemikers Herrn R. Ludwig.

Sämmtliche in der Abhandlung mitgetheilte petrographische Notizen entstammen der Untersuchung des mitgebrachten Gesteinsmaterials durch Herrn Privatdozent Dr. W. Bergt in Dresden, für dessen freundliche Hülfe ich herzlich danke.

Da in der Einleitung über Veranlassung, Zweck, Dauer der Reise und über den Reiseweg Näheres angegeben wird, so beschränke ich mich hier darauf, meinen Dank der Geographischen Gesellschaft zu Hamburg auszusprechen, die die Kosten getragen hat. Ganz besonders dankbar erkenne ich die Bemühungen des 1. Sekretärs derselben, des Herrn Ludwig Friederichsen an, der das Zustandekommen der Reise hauptsächlich ermöglicht hat.

Doppelt werthvoll war mir infolge des zerrütteten Zustandes des Landes in jenen Jahren die auch diesesmal wieder bewiesene Gastfreundschaft und Hülfe aller meiner Landsleute und zahlreicher angesehener Familien in den verschiedenen von mir berührten Städten und Landestheilen Venezuela's. Ihnen allen sage ich meinen wärmsten Dank! Möge nun diese Arbeit dazu beitragen, unsere Kenntniss von dem Norden Südamerika's zu erweitern.

Giessen, im Oktober 1895.

W. Sievers.

Inhaltsverzeichniss.

Abbildungen im Text.

Karten.

Dr. **W. Sievers'** Original-Routenkarte seiner zweiten Reise in Venezuela in den Jahren 1892/93.

Druckfehler:

Seite 221, 5. Zeile von oben, lies: O r i e n t e statt Occidente.

Einleitung.

I. Veranlassung, Dauer, Zweck der Reise und ausgeführter Reiseweg.

Die Veranlassung zu meiner zweiten Reise in Venezuela, deren Ergebnisse im Folgenden mitgetheilt werden, war der Wunsch, diejenigen Theile des Landes kennen zu lernen, welche ich auf meiner ersten Reise 1884/85 nicht hatte besuchen können. Da gleichzeitig die Geographische Gesellschaft in Hamburg, die mir zu meiner ersten Reise einen Beitrag gewährt hatte, Neigung zeigte, einen Theil ihrer reichen Geldmittel für die weitere geographische Untersuchung Venezuela's zur Verfügung zu stellen, so liess sich im April 1892 ein Einverständniss dahin erzielen, dass die Geographische Gesellschaft mir die Summe von ℳ 10,000 zur Bereisung des Landes anwies, wogegen ich ihr die dieser Reise entspringenden wissenschaftlichen Ergebnisse und Sammlungen zu übergeben hatte. Infolge der Theuerung im Lande erwies sich freilich diese Summe noch bei Weitem nicht als ausreichend. Die Sammlungen bestehen aus 569 Handstücken geschlagener Gesteine und gesammelter Versteinerungen sowie aus zoologischen Gegenständen verschiedener Art und befinden sich zur Zeit im Naturhistorischen Museum zu Hamburg. Letztere harren noch der Bearbeitung, von ersteren sind die Gesteine von Herrn Dr. W. Bergt in Dresden untersucht (siehe die Liste am Schlusse dieses Bandes), die Versteinerungen von Herrn Dr. Möricke in Freiburg i/B. einer Durchsicht unterzogen worden.

Dauer. Da die grossherzoglich hessische Regierung mir bereitwillig Urlaub für das Wintersemester 1892/93 gewährte, so konnten für die Reise unter Einschluss der Herbst- und Frühjahrs-Ferien im Ganzen neun Monate bestimmt werden; sie verlief demnach in der Zeit vom 30. Juli 1892 bis 23. April 1893.

Zweck. Beabsichtigt waren 1) die Untersuchung der Landschaften Coro und Barquisimeto, 2) die genauere Erforschung des Karibischen Gebirges zwischen 69° und 66° w. L., 3) die Bereisung des sogenannten Oriente, der Osthälfte desselben Gebirges zwischen

Barcelona und Trinidad, 65° bis 62° w. L., 4) Vorstösse in die Llanos oder an den Rand derselben, 5) Kurzer Besuch des Orinoco und der an denselben grenzenden Theile des Gebirgslandes von Guayana. Von diesen fünf Aufgaben betrafen die letzte und drittletzte Gegenden, die ich auf meiner ersten Reise noch garnicht betreten hatte; die vorletzte bezweckte eine genauere Kenntniss der verschiedenen Theile der Llanos zu gewinnen. Für Aufgabe 2 war von mir schon 1884/85 insofern vorgearbeitet worden, als ich einen Theil des westlich von Carácas liegenden Gebirgslandes des karibischen Systems bereits, wenn auch nur oberflächlich, bereist hatte; hier galt es zu vertiefen und neue Beobachtungen zu sammeln. Aufgabe 1 bezweckte das Studium der Gebirgsketten von Coro und Barquisimeto und die Entscheidung der Frage, ob dieselben dem andinen Gebirgssystem der Cordillere von Mérida oder dem Karibischen Gebirge zugehörten; das 1885 durchzogene Gebiet beschränkte sich auf die Routen Tocuyo—Barbacoas und Tocuyo—Barquisimeto. Endlich handelte es sich um die Frage der Zugehörigkeit des Gebirges zwischen dem Rio Yaracui und dem Rio Aroa, in welchem Gebirge, falls die Ketten von Coro dem andinen System angehörten, der Anschluss des karibischen Systems an das andine gesucht werden musste. Weitere allgemeine Fragen waren, ob die Halbinsel Paraguaná einen Uebergang zwischen der Sierra Nevada de Santa Marta und der Reihe der niederländischen Inseln vor der Küste von Venezuela bilde oder an Coro anzuschliessen sei und ferner die Aufklärung der zwischen dem Karibischen Gebirge und dem System der grossen westindischen Inseln vermutheten Beziehungen, zu welch letzterem Zwecke vor Antritt der Reise in Venezuela eine Ueberquerung der Insel Puerto Rico, als der unbekanntesten der Antillen, ausgeführt wurde. Es sollten also vor Allem die Beziehungen der verschiedenen Gebirgssysteme des nördlichsten Südamerika zu einander und die Ausdehnung ihrer Gebiete gegen einander klar gestellt werden.

Im Ganzen sind die gestellten Aufgaben, soweit es in der kurzen zur Verfügung stehenden Zeit möglich war, wenn auch mit einigen Abstrichen, gelöst worden, und ein günstiges Geschick fügte es, dass die einzelnen Landschaften genau in der beabsichtigten Reihenfolge besucht werden konnten, trotzdem die im Lande herrschende Revolution das Reisen, namentlich in den ersten beiden Monaten, erheblich erschwerte.

Die Gebirge Coro's wurden sämmtlich zweimal in der Querrichtung auf der Route Barquisimeto—Carora—Coro—Siquisique—Barquisimeto gekreuzt, Paraguaná zweimal durchforscht, das Grenzgebirge zwischen dem Rio Aroa und dem Rio Yaracui überstiegen; die nordöstlichen Theile Coro's zwischen Cumarebo und Tocuyo mussten aus klimatischen und Verkehrsgründen noch ununtersucht bleiben. Ebenso gelang es nicht, die Cordillere von Sanare in der Richtung auf die Llanos zu kreuzen, dagegen vermochte ich in dem westlich von Carácas gelegenen Theile des Karibischen Gebirges die Nordkette zweimal ganz und zweimal halb zu übersteigen, die Südkette dreimal ganz zu queren und auch östlich von Carácas eine befriedigende Uebersicht über das Gebirgsland einschliesslich seines östlichen Ausläufers bis Píritu zu erhalten. Auch in der Osthälfte des Karibischen Gebirges gelang es alle wichtigen Theile des Gebirgssystems zu untersuchen und dasselbe in der Querrichtung Carúpano—Aragua zu schneiden. In die Llanos wurden an fünf Stellen Vorstösse gemacht und die Ebenen schliesslich zwischen Maturin und Ciudad Bolívar vollständig überschritten. Endlich konnte in Guayana zwar das Goldminengebiet wegen der Theuerung nicht berührt, wohl aber die Umgebung von Ciudad Bolívar untersucht und eine Reise an die Fälle des Caroní gemacht werden.

Der zurückgelegte Reiseweg ist folgender: Nach einer Reise von San Juan de Puerto Rico über Arecibo und Utuado nach der Südküste der Insel Puerto Rico bei Ponce 20.—25. August[1]) und erzwungenem Aufenthalt in La Guaira 26.—29. August und auf Curaçao 30. August bis 10. September wegen der Kriegswirren, sowie nach Organisirung der Expedition in Puerto Cabello 11.—19. September und Valencia 20.—24. September, erfolgte der Aufbruch nach San Carlos am 25. September. Ankunft daselbst am 27. September und Durchstoss nach Barquisimeto bis zum 3. Oktober. In der Zeit vom 7.—17. Oktober vermochte ich von Barquisimeto aus über Carora Coro zu erreichen, untersuchte vom 20.—24. Oktober und vom 28. Oktober bis 2. November Paraguaná und trat am 7. November die Rückreise von Coro über Siquisique nach Barquisimeto an, wo ich am 15. November anlangte. Nach einem Ausfluge nach Duaca am 17. November bereiste ich vom 18.—23. November den Yaracui und das Gebirge zwischen diesem und dem Rio Aroa sowie Tucacas und traf am 24. November in Puerto Cabello ein.

Am 2. December setzte ich meine Reise nach Valencia fort, bereiste die Nordküste des Sees von Valencia, erstieg die nördliche Küstenkette bis nahe der Kammhöhe, und begab mich sodann nach La Victoria, von wo ich die Serrania del Interior und deren Vorhöhen

---

[1]) Siehe Mittheilungen d. Geogr. Ges. in Hamburg 1891—92, II.

vom 9.—13. December über San Sebastián, San Juan de los Morros, Ortiz und die Galera bis zum Rande der Llanos überstieg. Auf der Rückkehr kreuzte ich dasselbe Gebiet ein zweites Mal auf der Strasse San Juan—Maracai und überquerte sodann die hohe Nordkette vom 20.—23. December in der Linie La Victoria—Colonia Tovar—Carayaca—La Guaira, worauf ich die Weihnachtszeit in Carácas zubrachte.

Von Carácas aus unternahm ich von Ende December bis gegen Ende Januar 1893 Bereisungen der benachbarten Gebirge, der Nordkette, der Altos, des Tuythals und der grossen deutschen Eisenbahn bis Las Tejerias und trat am 2. Februar meine Reise nach dem Osten des Landes an, die mich über Guarenas, Guatire nach Caucagua und sodann an die Küste bei Higuerote führte, da die Bergwege nach Altagracia wegen des anhaltenden Regens ungangbar waren. An der Küste entlang zog ich bis Uchire, überstieg dann die Ausläufer der Serrania del Interior zwischen der Laguna de Unare und dem Rio Guanape und traf am 11. Februar in Barcelona ein. Den Rest des Monats Februar brachte ich im östlichen Karibischen Gebirge um Bergantin, Barcelona, an den Kohlengruben von Naricual und auf der Strecke Barcelona—Cumaná—Cumanacoa—Marignitar—Cariaco—Carúpano sowie auf der Halbinsel Araya zu. In den ersten Märztagen besuchte ich von Carúpano aus Pilar und kreuzte zweimal die archaische Nordkette bis Rio Caribe, darauf das ganze Gebirge von Carúpano über Santa Maria nach Aragua vom 5.—12. März und verblieb vom 12.—15. März in Maturin. Darauf folgte die Durchkreuzung der Llanos auf dem Wege Maturin—Soledad vom 16.—20. März und eine Fahrt nach den Caroní-Fällen vom 24.—29. März. Am 4. April verliess ich Ciudad Bolívar, am 6. April Trinidad und traf am 22. April in Deutschland ein.

Wenngleich das Programm der Reise fast vollständig zur Durchführung gekommen ist, so wäre es wohl möglich gewesen, noch mehr zu erreichen, wenn die Zustände im Lande während der Dauer der Reise normale gewesen wären. Dies war nun aber keineswegs der Fall, sondern das Land befand sich in politischer, wirthschaftlicher und theilweise auch klimatischer Beziehung in einem von dem gewöhnlichen durchaus abweichenden Zustande. Da diese Verhältnisse von grossem Einfluss auf die Durchführung der Reise gewesen sind und bei der Beurtheilung der erzielten Ergebnisse in Rechnung gezogen zu werden verdienen, so will ich hier einige Ausführungen über die Lage, in der sich das Land und die Bewohner infolge von

politischen und Elementarereignissen in den Jahren 1892/93 befanden,
voran schicken.

II. Politischer Zustand Venezuela's 1892—93.

Ein ungünstigeres Jahr als 1892 hätte man zum Reiseh in
Venezuela seit zwei Jahrzehnten nicht wählen können, da dasselbe
nach einer etwa zwanzigjährigen Pause, während welcher zwar
mehrere lokale Revolutionen, aber keine grosse allgemeine vorfiel, zum
ersten Male wieder einen über das ganze Land verbreiteten Bürgerkrieg brachte.

Er wurde hervorgerufen durch die Weigerung des Präsidenten
Dr. Raimundo Andueza Palacio, sein verfassungsmässig bis
zum 20. Februar 1892 laufendes Amt in diesem Jahre nieder-
zulegen und sehr bald zum Ausbruch gebracht durch die
Weigerung eines Theils der Mitglieder des angerufenen Kongresses
der Deputirten, die Amtsdauer des Präsidenten um zwei Jahre zu
verlängern. Es bedurfte daher nur noch eines äusseren Anstosses
zum Bürgerkrieg und eines Mannes, der sich an die Spitze der
Opposition stellte. Dieser fand sich in dem Präsidenten der Jahre
1884—1886, General Joaquin Crespo, der, von nur 23 Männern
unterstützt, bereits im März 1892 in seiner Besitzung El Totumo in
den Llanos von San José de Tisnados nördlich von Calabozo die
Fahne des Aufstands entfaltete.

Die Revolution begann somit, wie üblich, im Llano, und trug
daher, wie alle von diesen unübersehbaren Ebenen ausgehenden Unternehmungen von vorneherein den Charakter einer gefährlichen Bewegung, zumal da General Crespo als guter Truppenführer Ruf und
als Privatmann bedeutende Mittel besass. In der That fielen dem
Führer der Opposition alsbald eine grosse Zahl wohlhabender Grossgrundbesitzer aus der Umgegend von Calabozo und der Landschaft Guárico
zwischen der Serrania del Interior und der Linie Calabozo-Chaguaramas
zu, darunter der bedeutendste Truppenführer der Aufständischen,
Ramon Guerra, ein wohlhabender Hacienden-Besitzer aus der Gegend
von San Casimiro und San Sebastián. Geschick und Energie dieser
kräftigen Führer und auf der anderen Seite Schwäche der Regierungsparthei führten zu einem ersten Erfolge der Ersteren, nämlich der Einnahme von Calabozo, wodurch ein wichtiger Stützpunkt für die Opposition
geschaffen war, zugleich aber auch in den übrigen Landestheilen der
aufständischen Bewegung mächtige Förderung erwuchs. In allen

Staaten des Landes loderten von nun an die Feuer des Aufstandes hell empor und von der colombianischen Grenze bis nach Trinidad war das ganze Gebiet der Republik schon seit Ende März ein Wirrsal widerstreitender Partheien geworden.

Die Opposition setzte sich aus sehr verschiedenen Elementen zusammen. Zunächst aus allen mit der vorigen Regierung Andueza's, die zuletzt in eine schmähliche Misswirthschaft und Günstlingsherrschaft ausgeartet war, Unzufriedenen, dann aus Mitgliedern aller Partheien, die nunmehr an die Regierung zu kommen hofften, namentlich aber aus den alteingesessenen besten Familien des Landes, den unter der despotischen Demokratie Guzman Blanco's zurückgedrängten Grossgrundbesitzern, den sogenannten Godos, wohl dem besten Elemente der Republik, das der Bewegung den eigentlichen Rückhalt gab und zugleich Führer von grösster Unerschrockenheit lieferte, die sich nicht scheuten, ihr Leben im Sturme auf die Stellungen der Regierungsparthei einzusetzen. Manche dieser Hacendados vermochten bis zu 500 Mann auf die Beine zu bringen und fielen daher schwer in die Wagschale, zumal da sie im Ganzen bessere Mannszucht hielten, als die Regierungsparthei. Grosse Massen von Gesindel aller Art, einheimischer Landstreicher und fremder Abenteurer, schlossen sich den Aufständischen an, und eine Reihe der angesehensten Politiker der Republik erklärten sich offen für Crespo, während andere, wie der Präsident der Jahre 1888—90, Rojas Paúl, bis zum Ende des Krieges eine zweifelhafte Rolle spielten. Den Namen für die ganze Bewegung gaben aber diejenigen, welche sich an die Verfassung klammerten und das Auftreten des Präsidenten für illegal erklärten, was es in der That auch war; sie gaben der Opposition die Bezeichnung, »Los Legalistas«, die Verfassungstreuen, und erwirkten ihr dadurch eine neue Stütze in dem Gefühl der inneren Berechtigung ihrer Sache, welchem die Anhänger Andueza's nur die wenig zugkräftige Benennung: »Los Continuistas«, die Anhänger des »Continuismo«, also der Fortdauer der Präsidentschaft über vier Jahre, entgegenzustellen hatten. Gewiss ist es für die süd-amerikanischen Republiken förderlicher, vierjährige Amtsperioden zu haben als zweijährige, eine Anzahl dieser Staaten hat auch bereits die ersteren und die übrigen hätte die sonst blinde Nachahmung der nord-amerikanischen Verfassung eigentlich auch längst zu vierjähriger Dauer der Amtsperioden führen müssen: allein wie dies in Venezuela von Andueza ins Werk gesetzt wurde, war zweifellos verfassungswidrig, und das gab den Legalisten einen sehr festen Boden und war einer der Hauptgründe für ihren schliesslichen Sieg.

Im Uebrigen fehlte ihnen monatelang das zur Kriegführung Nothwendigste, nämlich Waffen und Munition. Kaum jemals hat wohl eine Revolution mit so geringen Mitteln begonnen und doch schliesslich einen so vollständigen Sieg errungen, wie die venezolanische von 1892, und hätte diese mit einer energischen Regierung zu thun gehabt, so wäre sie wahrscheinlich sehr bald unterdrückt worden. Allein die Regierung war schwach, hochmüthig und verrottet; anfangs scheint Andueza die Gefahr der Empörung unterschätzt zu haben, dann schickte er ein Heer unter Casañas in die Llanos, das jedoch nichts ausrichtete; darauf begann allmählich Fahnenflucht in den Reihen der Regierungsparthei selbst, falsche Massregeln wurden ergriffen, viele Personen durch Einkerkerung oder Eingriffe in ihren Besitz in die Reihen der Opposition getrieben, die Freunde der Ruhe und des Friedens durch unsinnige Finanzwirthschaft vor den Kopf gestossen, und so lockerte sich allmählich die Ordnung in den Reihen der Regierungspartbei selbst.

Freilich vermochte auch die Opposition monatelang wenig auszurichten, unfruchtbare Züge und einzelne blutige Kämpfe wie im April bei San Sebastián, wo sogar in der Kirche gekämpft wurde, fielen vor, in den entfernteren Theilen der Republik wurde arg gehaust, namentlich die westlichen Landschaften der Cordillere litten sehr unter dem Streit der Partheien, der Wirrwarr nahm zu, und in den einzelnen Staaten bemächtigten sich Militärdiktatoren der Herrschaft, wie Monagas im Oriente, Urdaneta in Coro, die von der Centralregierung von Tag zu Tag unabhängiger wurden. Die Stellung des Präsidenten Andueza wurde so unhaltbar, dass er Mitte Juni das Land verliess und sich nach Paris einschiffte; der Vicepräsident, der alte Guillermo Tell Villegas Pulido, aber setzte, unterstützt von seinem Neffen Ignacio Pulido und dem General Luciano Mendoza, einem persönlichen Feinde Crespo's, den unentschiedenen Kampf fort. Wenn auch in den einzelnen Staaten hie und da die Opposition Fortschritte machte, so war doch auf dem Hauptkriegstheater, um Carácas und im Tuythal kein Erfolg derselben zu bemerken. Im Gegentheil Crespo erlitt durch das ungewöhnlich nasse Jahr starke Verluste, da ihm in den Sümpfen des Tuythals fast seine ganze Reiterei verloren ging und Anfang Juli wurde ihm auf der grossen Strasse zwischen dem Tuythal und Carácas, nahe dem höchsten Punkte derselben bei La Cortada de Guayabo sogar eine Zurückweisung durch die besser bewaffneten Regierungstruppen zu Theil, die ihn zwang, den direkten Angriff auf die Hauptstadt einzustellen, und sich denjenigen Gefilden zuzuwenden, auf denen schon mehrmals das politische Schicksal Venezuelas auf Jahre hinaus entschieden worden war, nämlich dem Staate Carabobo.

Mit dem Monat August begann sich indessen ein zunehmender Verfall der Regierungsparthei und ein Erstarken der Opposition bemerkbar zu machen, und zwar gleichzeitig in Carabobo, Guayana und Coro, wodurch die endgültige Entscheidung im Voraus festgelegt wurde.

Die Einnahme von Villa de Cura, einer strategisch wichtigen, die von den Llanos nach Valencia führende Hauptpforte beherrschenden Stadt bezeichnet den Wendepunkt des Krieges. Nach einem überaus blutigen Kampfe, in dem der fähigste der Regierungsführer, Zuloaga, fiel und von dem Cerro Calvario mit Kanonen auf die Stadt gefeuert wurde, gelang es den Eintritt in die inneren Landschaften des Karibischen Gebirges zu erringen und die Macht des Regierungsheeres zu brechen; die Erbitterung der Partheien war aber infolge fortgesetzter Uebergriffe der Regierung schon so weit gestiegen, dass von nun an alle Gefechte überaus blutig wurden, was sonst in den Revolutionen des Landes selten war. So wurden noch tagelang nach dem Kampfe bei Villa de Cura aus dem Gebüsch in der Umgebung der Stadt, auf deren Marktplatz man noch kurz vorher die Bildsäule Crespo's von ihrem Sockel herabgestürzt hatte, die theilweise von Hunden, Schweinen und Zamuros angefressenen Ueberreste der Gefallenen zusammengesammelt. Noch im December sah ich an der Thür meines Wirthshauses 24 Kugellöcher.

Bald danach folgte die Einschliessung und am 12. August Abends die Einnahme der Stadt Valencia, bei welcher es nach kurzer Beschiessung von den benachbarten Höhen, doch auch hier nicht ohne Strassenkampf, gelang, den Befehlshaber der Regierungstruppen in Carobobo, den überaus missliebigen General Lugo, gefangen zu nehmen, der bis zum letzten Augenblicke, die von Osten her die Einschliessung vollendenden Legalistas für Entsatz bringende Regierungstruppen haltend, die Uebergabe verweigert hatte. Bei der Einnahme wurden, nachdem der Verkehr in der Stadt tagelang durch Barrikaden gehemmt worden war, fast sämmtliche Häuser an der Plaza demolirt.

Nachdem somit die Vereinigung des Hauptheeres der Opposition mit den Truppen des Leiters des Aufstandes in Carabobo, General Mora, erfolgt war, richtete Crespo sein Augenmerk auf die Einnahme von Puerto Cabello, das zwar nur von einer schwachen Garnison besetzt, aber wegen des vor der Stadt liegenden grossen Forts Libertador schwer zu nehmen war. Am 22. August früh bemächtigten sich die Oppositionstruppen des über der Stadt auf der Landseite liegenden Forts El Vigia, und erstürmten in einem etwa fünfstündigen Strassenkampf die Stadt, deren Plaza etwa um 12 Uhr in ihre Hände fiel. Damit aber war der Kampf noch nicht beendet, sondern es folgte noch ein zweitägiges Feuergefecht zwischen dem Fort Libertador vor dem Hafen und der Vigia auf der Landseite, wobei die Stadt mehr beschädigt wurde als die Festungen, bis endlich am 25. August früh das Fort verlassen gefunden wurde. Damit war ganz Carabobo in den Händen der Opposition. Die Verwüstungen in der Stadt waren bedeutend; als ich am 11. September in Puerto Cabello ankam, fand ich noch überall Spuren des Gefechts. Das Dach der Aduana, des Zollgebäudes, war vollkommen von Gewehrkugeln durchlöchert, in der Calle del Comercio waren, da die venezolanischen Soldaten das Gewehr unter dem Arme abzuschiessen pflegen, vornehmlich die oberen Stockwerke mit Kugellöchern durchsetzt, der als Aushängeschild dienende rothe Hut eines Hutmachers, der zu demselben Zweck verwandte Stiefel eines Schuhmachers durchlöchert, im Theater lagen sieben Spitzkugeln vom Fort Libertador, im Store von Ed. y Osc. Baasch zwei, die steinerne Einfriedigung der Alameda war zerschossen, eines der schönen Exemplare der Palma real (Oreodoxa regia) in derselben zeigte ein rundes, von einer Spitzkugel herrührendes Loch unmittelbar unter der Krone, und in der Mauer des Hauses des Leiters der elektrischen Werke stak eine Spitzkugel, die eingedrungen war, während der Besitzer hinter der Mauer im Schaukelstuhl sass, eine zweite lag im Hause selbst. Mehrere Personen waren an den Fenstern der oberen Stockwerke ihrer Häuser erschossen worden, der Kampf selbst kostete 80 Todte, von denen mehrere am Meeresufer vor der Aduana liegende wegen des Feuers des Forts nicht vor dem 25. August beseitigt werden konnten und sammt den Pferdekadavern die Luft verpesteten, bis sie am 25. zusammen verbrannt wurden. Der in der Stadt aufgehäufte Schmutz war riesig und es geschah nichts zur Wegschaffung desselben. In der Vorstadt an der Sabane waren einige kleine Häuser gänzlich zerstört, ihre Bewohner durch Artilleriefeuer getödtet worden.

Um dieselbe Zeit ging der Krieg in Coro und Guayana zu Ende. In Coro war Urdaneta, der zum Entsatz von Puerto Cabello um wenige Stunden zu spät gekommen war, am 26. August auf die Hügel bei La Vela zurückgedrängt worden und hatte in der folgenden Nacht seine eigenen Truppen verlassen, worauf die Uebergabe erfolgte.

In Guayana hatte nach langen fruchtlosen Kämpfen, deren Schauplatz vorwiegend das Land zwischen Ciudad Bolívar und den Goldminen, besonders Guasipati und Upata, gewesen war, der kräftige und unermüdliche, bei Einheimischen und Fremden gleichmässig angesehene Führer der Opposition, »El Mocho« Hernandez, durch die ent-

scheidende Schlacht am Flusse Orocopiche, westlich von Ciudad
Bolívar, am 10. August den Krieg zu Gunsten der Legalistas entschieden, und sogleich geordnete Zustände geschaffen.

Im ganzen Lande waren die Legalistas somit im entschiedenen
Vordringen begriffen, nur in der Cordillere, dem Llano von Guanare und
im Oriente war ihr Sieg noch zweifelhaft. Vor allem aber musste die
Hauptstadt fallen, wenn Crespo die Frucht seiner Siege geniessen
wollte, und zur Eroberung dieser Stadt entschloss sich der Oppositionsführer nunmehr, traf jedoch, gewitzigt durch seinen Misserfolg im Juli,
sehr umfangreiche Vorbereitungen für das Gelingen seines Hauptschlags.
In Carácas hatten die Unglücksbotschaften der zweiten Augusthälfte
der Regierungsparthei den letzten Halt genommen und die noch halbwegs gesetzliche Regierung des Vicepräsidenten über den Haufen
geworfen. Am 26. August Abends bemächtigte sich der General
Luciano Mendoza in Carácas der Regierung, setzte den Vicepräsidenten Villegas gefangen und richtete die erste von mehreren
Militärdiktaturen auf, die nunmehr sechs Wochen lang in der Hauptstadt bestanden. Es begann nun eine rührige militärische Thätigkeit
und eine ebenso energische Auspressung der Bevölkerung von Carácas.
Am 27. August früh, als ich im Hafen von La Guaira lag, war die
Anarchie auf ihren Gipfel gelangt. 500 Mann Truppen kamen von
Carácas nach La Guaira herunter, die Telegraphen- und Telephon-
leitungen zwischen beiden Städten wurden unterbrochen, das Verlassen
der Hauptstadt war nur noch mit besonderer Erlaubniss Mendoza's
gestattet, auf den Strassen beider Städte wurden gewaltsame Rekru-
tirungen vorgenommen, selbst die Zollbeamten in La Guaira wurden
unter die Soldaten gesteckt, viele Personen, darunter sogar der mexi-
kanische und drei Tage später der deutsche stellvertretende Konsul
verhaftet, aber allerdings bald wieder entlassen. Flüchtlinge kamen
aus Carácas zum Theil in Güterwagen versteckt und suchten und
fanden trotz des Verbots der Einschiffung auf fremden Schiffen Platz
und Fahrgelegenheit auf denselben. Die Absicht der sogenannten
Regierung, den französischen Handelsdampfer »Ville de Marseille«
zu ihren Zwecken zu benutzen, konnte nur durch das Klarmachen der
französischen und spanischen Kriegsschiffe »Magron« und »Jorge Juan«
abgewendet werden, aber dass es den Machthabern von Carácas und
La Guaira bei ihren eigenen Massregeln nicht sonderlich wohl war,
bewies der Umstand, dass der Kommandant von La Guaira, Don
Ramon Escobar, sich am 29. August Abends mit seiner ganzen
Familie auf einem deutschen Dampfer nach Curaçao einschiffte.

In der That ging die Herrlichkeit Luciano Mendoza's schon

nach einer Woche zu Ende, und bereits Anfang September kam er mit einem Segelschiff bei Nacht und Nebel in Curaçao an, wo ferner zum Zeichen, dass es auch im Oriente mit der Regierung abwärts ging, zwei kleine zu Kriegszwecken benutzte Küstendampfer »Paparo« und »Higuerote« mit Soldaten und Kriegsmaterial an Bord einliefen, so dass sich in der ersten Septemberwoche in Curaçao eine Anzahl der Häupter der Regierungsparthei auf ihrer Flucht vor der Opposition zusammenfanden. In Carácas kam nach kurzer interimistischer Zwischenregierung Iturbe's am 5. September Ignacio Pulido, der frühere Kriegsminister, ans Ruder, der nun beschloss, sich so lange in Carácas zu halten, bis Crespo anrückte und sich in der That noch einen Monat lang hielt.

Crespo hätte Anfang September Carácas wohl ohne Schwertstreich nehmen können, und es gingen in der ersten Septemberwoche in der That Gerüchte über die Uebergabe der Hauptstadt an ihn in Curaçao um; thatsächlich aber verliess Crespo, der vor allem bemüht war, erdrückendes Kriegsmaterial zu sammeln, erst am 11. September Puerto Cabello und hielt sich dann noch 14 Tage in Valencia, immer mit der Organisation seines Heeres beschäftigt, auf. Valencia war Mitte September in ein grosses Kriegslager verwandelt; das Hauptquartier war erfüllt mit gut gekleideten, stattlich aussehenden Offizieren mit rothen Käppis und Schleppsäbeln, während Crespo selbst einen Civilanzug und einen grossen Strohhut mit einem Bande in den venezolanischen Farben trug; in jeder zweiten Strasse war eine Kaserne, Thiere waren kaum unterzubringen, da selbst in Privathäusern Maulthiere und Pferde der Oppositionsarmee standen, alle Strassen starrten von Soldaten und Abends herrschte völlige Dunkelheit, da das elektrische Licht wegen Kohlenmangels infolge der Zerstörung der Eisenbahn nach Puerto Cabello nicht funktionirte und die Gaslampen grösstentheils inzwischen gestohlen worden waren. Am 22. und 23. September sammelte sich auf der Plaza und den umgebenden Strassen die Artillerie und der Train, mit zahllosen Maulthier- und Eselgespannen, sowie der aus etwa 70 Wagen bestehende Munitionstrain, und es wurden fortwährend Truppen auf die grosse Strasse nach Carácas vorgeschoben. Man schätzte etwa am 25. September die Macht Crespo's auf 15—18 000 Mann, wohl das grösste jemals in Venezuela zusammengebrachte Heer; weitere 7000 Mann sollten von Coro unter der Führung des alten Leon Colina unterwegs sein, trafen aber erst Anfang Oktober in Puerto Cabello ein. In Valencia lagen noch etwa 4—5000 Mann, ungefähr 10 000 waren auf der Strasse Valencia-Carácas im Anmarsch gegen die Hauptstadt.

Je länger Crespo mit dem Angriff auf Carácas zögerte, desto höher erhob Ignacio Pulido das Haupt und beschloss schliesslich, Crespo entgegenzutreten und ihn auf der grossen Strasse zu erwarten. Hier waren sämmtliche Ortschaften bis El Consejo bereits in Händen der Legalistas und Pulido musste sich auf die Vertheidigung des Berglandes von Los Teques beschränken. Er wählte zu diesem Zwecke sorgfältig eine sehr feste Stellung an der Carretera, die von Los Teques nach dem Tuythal bei Las Tejerias hinabzieht, besetzte die Höhen von Los Canales und schob, im Rücken gedeckt durch den Besitz der deutschen Eisenbahn Carácas—Los Teques, seine Truppen am 4. Oktober die Carretera hinab nach Los Colorados vor.

Da gleichzeitig die Vortruppen der Legalistas, die Division des Generals Antonio Fernandez, eines früheren Verwalters auf der Hacienda des Herrn Heny bei El Consejo, die Carretera von Guayas nach Colorados emporstiegen, so stiessen die Spitzen der Heere, die beide nach venezolanischer Weise ohne Marschsicherung marschirten, am 4. Oktober Abends zwischen Colorados und Boquerón unvermuthet auf einander. Es entspann sich ein lebhaftes Feuergefecht, das ohne Ergebniss blieb, und da es unmöglich schien, den steilen Berg der Carretera in der Front zu erstürmen, so machte der inzwischen herbeigekommene General Ramon Guerra eine Umgehungsbewegung und warf noch am selben Abend und am folgenden Morgen, den 5. Oktober, die Regierungstruppen zurück. Dieser entscheidende Kampf soll an 1000 Todte gekostet haben, die, wie ich im Januar 1893 sah, an der Strasse selbst, am nördlichen Abhange, verscharrt wurden. Reihenweise liegen hier die Gräber von tapferen Venezolanern, die, ohne zu wissen, was Legalistas und Continuistas bedeutet, für ihre Führer den Tod gefunden haben. Am 5. und 6. Oktober ging die geschlagene Truppe Pulido's über Los Teques nach Carácas zurück, verfolgt von den nachdringenden Legalistas, und wäre wahrscheinlich sammt den Führern der Diktatur in Carácas sehr übel gefahren, wenn nicht ein gewaltiges Elementarereigniss sich zwischen sie und ihre Verfolger gedrängt hätte.

Am 7. Oktober, dem voraussichtlichen Tage der Ankunft des Oppositionsheeres vor Carácas, zerstörte ein unerhörtes Regenwetter die sämmtlichen Eisenbahnen des Landes im Laufe weniger Stunden und erschwerte den Marsch der Truppen gegen die Hauptstadt. Dagegen begünstigte es die Flucht der Parteigänger Pulido's, die sich gerade noch rechtzeitig an dem kritischen Tage des 7. Oktober nach La Guaira flüchten konnten; hinter ihnen zerstörten die Regenfluthen die Schienenverbindung. Während also die

Katastrophe eintrat, legte ein Elementarereigniss durch die Zerstörung der Bahnen Carácas-La Guaira und Carácas-Los Teques einen Zwischenraum von zwölf Stunden zwischen die Regierungstruppen und die Opposition, der den Führern der Regierungsparthei die Gelegenheit gab zu entkommen, der Hauptstadt; aber hätte gefährlich werden können. Denn thatsächlich war die Stadt Carácas am Abend des 7. Oktober dem Pöbel preisgegeben, alle Autorität verschwunden, und es ist ein besonders günstiges Geschick zu nennen, dass nur die Häuser des Präsidenten Andueza und der missliebigen Zeitung »Opinion Nacional« zerstört worden sind. Infolge der Vergesslichkeit der Partei Pulido, die Eisenbahntelephonlinie Carácas-Los Teques nicht zu zerstören, gelang es aber, den mittlerweile daselbst eingetroffenen General Crespo zur Beschleunigung des Anmarsches zu veranlassen, und am 8. Oktober hielt derselbe seinen feierlichen Einzug in Carácas.

Die Entscheidung fiel somit etwa sieben Monate nach dem Beginn des Aufstandes zu Gunsten der Opposition aus. Noch aber galt es, die Reste der Regierungsparthei in einzelnen Theilen des Landes zu vernichten. Aus Maracaibo hatte Urdaneta sich bereits im September unter Mitnahme der Staatskasse geflüchtet, im Oriente räumte J. A. Velutini auf, und brachte Ende Oktober den letzten Anhänger der Regierungsparthei, Yaguaracuto, zum Falle; im Llano von Acarigua und Agua Blanca fielen aber noch den ganzen Oktober hindurch Scharmützel vor, und in der Cordillere tobte der Kampf noch immer unentschieden weiter.

Ende September stand in San Carlos der Oppositionsgeneral Arana mit 500 Reitern, zwischen Acarigua und Sanare traf ich noch am 2. Oktober die Vorposten der Oppositionsführer von Barquisimeto, den General Rodolfo Cardenillas und 30 Mann, um Guanare und Ospino aber hielt sich noch die Regierungsparthei. Crespo sah sich daher veranlasst, noch einmal ein Heer unter Ramon Guerra in diese, durch den Krieg schon arg ausgesogenen Gegenden zu senden, das dann auch mit den noch widerstrebenden Elementen aufräumte und am 8. December auf der Rückkehr in Maracai eintraf, wo es aufgelöst wurde.

Auch in der Cordillere hörten mit dem November die Kämpfe auf, welche hier schlimmer und erbitterter als in irgend einem anderen Theil des Landes verlaufen waren. Schon gleich im Anfang der Revolution machte sich der alte Gegensatz der Trujillaner auf der einen und der Meridenser und Tachirenser auf der anderen Seite geltend; ein Heer des Führers der Trujillaner, Eliseo Araujo,

rückte in den Táchira ein und bei den Kriegswirren litt diese Grenzlandschaft sowie das Gebiet von Mérida sehr, ja sogar die Fremden
wurden in Mitleidenschaft gezogen. Während der sieben Monate der
Revolution wurde der Store von van Dyssel Thies & Co. in
Colón nicht weniger als fünfmal geplündert, politische Morde geschahen
häufig und eine Reihe von erbitterten und blutigen Gefechten,
unter denen die an der Vega de Timotes und bei La Mocotí die
hartnäckigsten waren, wurden geliefert, so dass erst mit Ausgang des
Jahres die Ruhe wieder hergestellt war; doch kamen auch in der ersten
Hälfte 1893 namentlich im Táchira, der unruhigen Grenzlandschaft
gegen Colombia, noch Nachspiele und Zuckungen vor.

General Crespo begann seine Regierung mit einigen klugen Massregeln, indem er z. B. die aus dem Kriege zurückkehrenden Truppen
entwaffnen liess, wodurch er für sich eine grosse Menge Waffen auf-
speicherte, den Soldaten aber die Möglichkeit nahm, mit ihren Schiess-
gewehren in ihren Heimathsdörfern Unheil anzurichten, und indem er
ferner einer Anzahl von arg kompromittirten Führern der früheren
Regierungsparthei, wie dem Valencianer General Lugo, das Leben liess.

Leider aber war er von unfähigen Rathgebern umgeben, die ihn
bald zu allerlei unrichtigen, zum Theil höchst schädlichen Massregeln
veranlassten, so dass er sich alsbald viele Feinde machte. In grellem
Gegensatz zu seiner Milde gegenüber den Führern der besiegten
Parthei stand die Einkerkerung einer grossen Zahl von Leuten, die
nur gezwungen der Regierungsparthei gefolgt waren, sowie namentlich
die Beschlagnahme der Güter der Gegenparthei, das Dekret über die
sogenannten »Embargos«, wodurch viele Unschuldige betroffen und viel
böses Blut im Lande gemacht wurde, so dass schon im December 1892
häufig bemerkt wurde, man habe von ihm etwas gelernt und werde
gelegentlich den Spiess umdrehen. Denn durch die Embargos gewann
die neue Regierung nichts, da die geschlossenen Haciendeń nicht
bewirthschaftet wurden, die Besitzer und das Land aber verloren viel,
weil eine auch nur kurze Zeit unbearbeitete Hacienda bald so in Unordnung geräth, dass sie unbrauchbar wird. Alle also, welche es mit
dem Lande wohl meinten, waren über dieses Dekret entrüstet. Weiter
erregte die Erhöhung aller Koncessionsgebühren für Inhaber von
Geschäften grosse Unzufriedenheit; die Schliessung des Hauses
Matos, eines Schwagers von Guzman Blanco, und Finanz-
ministers unter Villegas, der ohne Zweifel durch richtige, wenn
auch nicht ganz legale Finanzoperationen die Bank von Carácas vor
dem Zusammenbruch bewahrt hatte, stiess die Kaufmannschaft vor
den Kopf; der Erlass eines neuen Eisenbahngesetzes mit erheblicher

Beschränkung der Rechte der Koncessionbegehrenden lähmte den Muth zu neuen Verkehrsunternehmungen im Lande, und die Nichteinberufung des Kongresses zur Herstellung einer gesetzlichen Regierung wurde übel vermerkt. Ferner aber machten einen ungünstigen Eindruck die Auswahl seiner Minister, die den Beifall der Bevölkerung nicht hatten, und die Unfähigkeit des Staatschefs, sich von allen den Abenteurern und zweifelhaften Individuen zu befreien, welche sich während des Krieges an seine Fersen geheftet und ihm zweifellos Dienste geleistet hatten, nun aber entbehrlich gewesen wären. Anstatt sie mit einer entsprechenden Entschädigung zu entlassen, gab er ihnen hohe Staatsämter, denen sie entweder nicht gewachsen waren oder die sie für ihre besonderen Zwecke missbrauchten. Am missliebigsten war der Finanzminister Pietri, schon als Corse der Bevölkerung verhasst, aber der treueste Anhänger Crespo's und sein erster Begleiter von Anfang des Aufstandes an, ein kluger, aber rachsüchtiger und gewaltthätiger Mann, der denn auch Anfang März 1893 dem allgemeinen Unwillen geopfert wurde. Weiter wurde dem Verlangen des Volkes, vor allem die Wege des Landes aufzubessern und den gestörten Verkehr zu heben, nicht überall entsprochen, und die Finanzwirthschaft blieb auch nach Pietri's Abgang eine unbefriedigende, so dass Handel und Wandel sich kaum erholen konnten. Kurz, das Begehren des Landes, an Stelle der anrüchigen und selbstsüchtigen Regierung Andueza's eine rechtliche, nur das Wohl des Landes berücksichtigende zu erhalten, wurde nicht erfüllt, und charakteristischer Weise zogen sich alle diejenigen Leute, welche unter persönlichen Opfern und Aufgabe ihrer Interessen sowie Einsetzung ihres Lebens dem Aufstande sich angeschlossen hatten, vor allem die genannten Godos, die alten guten Familien und Grossgrundbesitzer des Landes, darunter auch Ramon Guerra, unmittelbar nach Beendigung des Krieges auf ihre Güter zurück, ohne eine Entschädigung für ihre Bemühungen zu beanspruchen. So fiel die Lenkung des Staates meist Neulingen in der Politik oder Günstlingen des Oberhauptes, oder minderwerthigen Köpfen, auch wohl geringen Patrioten zu. Hervorragende Führer in fernen Provinzen, wie der »Mocho« Hernandez in Guayana, wurden dagegen von der Regierung ihrer Staaten ferngehalten und statt ihrer Personen ernannt, welche, wie Gonzalez Gil, wenig oder nichts zu Gunsten der zur Regierung gelangten Opposition gethan hatten, andere, wie Antonio Fernandez, an Plätze gestellt, wohin sie nicht passten; wieder in andern Gegenden, wie im Staate Los Andes, kamen die rohesten Elemente, wie Eliseo Araujo, empor, so dass in allem dem Keime genug für neue Verwicklungen lagerten.

Nach der Beendigung des Krieges nahm der General C r e s p o den Titel eines » Haupts der ausübenden Gewalt,« » jefe del poder ejecutivo « an und leitete als solches unter mehrfachem Wechsel der Minister den Staat bis zum November 1893; darauf zog er sich auf seine Besitzungen in Maracai und El Totumo zurück, und überliess für die Zeit der Wahlen dem Kriegsminister General G u z m a n A l v a r e z die Regierung und die Einleitung günstiger Wahlen für die Präsidentschaft. Nachdem aus diesen im Februar 1894 C r e s p o selbst, nach dem neuen Beschluss des Kongresses, für 4 Jahre als Präsident hervorgegangen ist, wird er voraussichtlich bis zum 20. Februar 1898 die Geschicke der Republik zu leiten und vor allem sein Augenmerk darauf zu richten haben, die in Verfall gerathenen Finanzen des Landes zu heben. Ob ihm dies gelingen wird, erscheint freilich sehr zweifelhaft.

III. Wirthschaftlicher Zustand Venezuela's 1892/93.

Grosse Revolutionen haben in den südamerikanischen Republiken stets einen wirthschaftlichen Niedergang zur Folge, zumal wenn sie sich, wie diejenige von 1892 in Venezuela, auf das ganze Land erstrecken. Verkehr, Handel und Wandel stocken völlig, die Sicherheit des Eigenthums geht verloren, das Reisen im Lande wird unmöglich, alle verfügbaren männlichen Einwohner nehmen Theil an den Kämpfen, sei es freiwillig oder unfreiwillig, der Rest flieht in sichere Verstecke, die vorhandenen Maulthiere, Pferde und Esel werden zu Kriegszwecken verbraucht, die Felder aus Mangel an Arbeitskräften nicht bestellt, die Ernte fällt fast ganz aus, es herrscht Futternoth, der Viehbestand geht zurück, die Preise der Lebensmittel steigen stark, die Einfuhr vom Auslande sinkt erheblich, die Kaufkraft der Bevölkerung wird auf ein niedriges Maass herabgedrückt, Theuerung, Missernte, Steuerverminderung, Geschäftsstockung und in ihrem Gefolge Niedergang der Finanzen des Landes stellen sich ein.

Alle diese üblen Folgen sind auch Venezuela in den Jahren 1892 und 1893 nicht erspart geblieben, wenngleich nicht alle Theile des Landes in gleicher Weise gelitten, sondern neben manchen arg heimgesuchten und völlig zerrütteten andere verhältnissmässig geringe Einbussen gehabt haben. Schon in den Befreiungskriegen der Jahre 1812—1822 und in den grossen Revolutionen bis zum Jahre 1870 hatte es sich gezeigt, dass ganz bestimmte Gebiete der Republik durch ihre geographische Lage von vornherein zum Kriegstheater bestimmt sind, andere fast stets abseits desselben liegen zu bleiben pflegen. Abgesehen von der Hauptstadt, um die sich stets die endgültige Entscheidung dreht, sind es zunächst die grösseren Häfen La Guaira vor der Hauptstadt, Puerto Cabello als wichtige Eingangspforte zum See von Valencia und zu den Llanos von San Carlos, sowie endlich Maracaibo gewesen, die in jeder Revolution viel umstritten wurden. Dann haben vor allem die Randlandschaften der Llanos, von Maturin über Altagracia und San Carlos bis Barínas den Schauplatz des Krieges abgegeben, da gewöhnlich die Aufstände in den Llanos entstanden, die besitzende Partei dagegen das centrale Gebirgsland zwischen Carácas, Valencia und den Llanos festhielt, wie die Spanier in den Unabhängigkeitskriegen, die Föderalisten in dem siebenten Jahrzehnt unseres Jahrhunderts und die Continuisten 1892. So sind auch 1892 die Llanosränder von Guanare bis San Sebastián vor allen Dingen durch häufige Truppendurchzüge verwüstet worden, namentlich die Gegend zwischen San Carlos und Acarigua. Weiter pflegen sich in der offenen Gegend zwischen Valencia und dem Berglande von Los Teques sowie in der Pforte der Llanos bei Villa de Cura gewöhnlich die der Entscheidung vorhergehenden Ereignisse abzuspielen und in den Berghöhen von Carácas, sowohl bei Los Teques wie nach dem Tuythal hin, die letzten Entscheidungen über die Hauptstadt zu fallen. Die Umgebung des Sees von Valencia und das Tuythal sind denn auch 1892 als Stützpunkte zuerst der Regierungsparthei, dann der Opposition, arg in Mitleidenschaft gezogen worden. Ein weiteres Bollwerk der aufständischen Bewegungen ist die Cordillere, in der wegen der Schwierigkeit der Märsche und der zahllosen Verstecke in den hohen Gebirgen sich Guerrilla-Banden ebenso gut zu halten vermögen wie in den Llanos, wo ihnen das Ausweichen nach jeder Richtung zu Gebote steht. Dazu kommt, dass in der Cordillere entweder die Aufstände zuletzt erstickt oder die Regierungstruppen in den Stand gesetzt werden, sich am längsten zu halten, so dass oft die Kriegsfeuer hier noch fortglimmen, wenn sie im übrigen Lande schon erloschen sind. So war es auch 1892 und zum Theil noch 1893, so dass bei der obendrein hier ganz besonders hartnäckigen Feindseligkeit der Partheien die Landschaften der Cordillere mit am meisten gelitten haben. Endlich bildet der Orinoco mit seinem wenig gangbaren Hinterland Guayana eine gute Operationsbasis für Züge gegen die nördlichen Gebirge und hat auch diesesmal den Krieg volle sechs Monate an seinen Ufern gesehen. Der an und für sich arme Osten, der Oriente, hat nihct mehr diejenige Bedeutung wie zur Zeit der spanischen Unabhängigkeitskriege; dennoch ist er, wie in den Jahren 1812—1817, und in den meisten Revolutionen des Jahrhunderts, so auch 1892 durch den Streit der Partheien schlimm verwüstet worden. Dies liegt zum Theil daran, dass die vor dem Oriente liegende Insel Trinidad, wie Curaçao, von den der Regierung von Venezuela feindlichen Partheien stets als Aufenthaltsort während ihrer freiwilligen oder unfreiwilligen Abwesenheit aus dem Lande und als Brutstätte neuer Anschläge gewählt wird. Etwas abseits von der grossen Strasse der Kriegszüge liegen die Landschaft Coro und ein grosser Theil von Barquisimeto und sie sind es denn auch vor allem, die 1892 am günstigsten davongekommen sind. In der Stadt Barquisimeto hat man während des ganzen Krieges keinen ernstlichen Kampf gesehen, sondern Barquisimeto lag zwischen den beiden Kriegsschauplätzen der Cordillere und des Hauptgebirges um Carácas und Valencia wie eine fast unberührte Oase.

Hier hörte man denn auch nur wenige Klagen, ja sogar zuweilen die Versicherung, dass man garnicht gelitten habe, und in der That zeigte der wohlgepflegte Bestand der Ställe an Maulthieren, Pferden und Federvieh, dass der Krieg hier fast spurlos vorübergegangen sein muss. Etwas mehr hat Coro, und zwar hauptsächlich die Umgebung der Stadt Coro selbst gelitten, doch steht auch diese Landschaft günstig und ein Theil der Bewohner der Stadt Coro sowie von Paraguaná haben sogar wahrscheinlich durch lebhaften Schmuggelhandel mit Curaçao und Aruba während des Krieges selbst gute Geschäfte gemacht. Wenn somit Barquisimeto, Coro, der Yaracui, die eigentlichen Llanos, in denen der Krieg durch die Einnahme von Calabozo rasch beendigt wurde, Margarita und Paraguaná wenig gelitten haben, müssen dagegen der Oriente, Guayana, die Staaten Carabobo und Miranda, Theile von Zamora sowie namentlich die Cordillere, der Staat Los Andes, schwere Einbusse, vor allem im Viehbestand gehabt haben. Freilich war auch hierbei manche Nachricht übertrieben. Als ich Mitte September, also gegen Ende des Krieges, in Puerto Cabello und Valencia war, wurde mehrfach geäussert, im ganzen Llano sei kein Vieh mehr aufzutreiben. Allein kaum war ich über den Chirgua hinaus, als am 26. und 27. September uns grosse Heerden Vieh begegneten, die aus dem Llano nach Valencia gingen, und auch im December traf ich auf dem Wege nach dem Llano von Ortiz sehr umfangreiche Viehtransporte, Kriegsbeute aus dem mit Beschlag belegten Eigenthum eines der letzten im Llano standhaltenden Regierungsführer.

Am empfindlichsten war die vollständige Zerstörung aller Verkehrsmittel während der letzten Monate der Revolution und die gänzliche Unordnung in denselben nach dem Kriege, die sich erst Anfang 1893 zu entwirren begann. Während der Monate April bis August war es des Krieges halber im ganzen Lande überhaupt unmöglich zu reisen, allein auch während des Monats September und eines Theils des Oktober waren dem Fremden einzelne Landestheile noch verschlossen, andere, wie Coro und Barquisimeto, waren zwar frei, allein in Folge von allerlei Gerüchten über umherstreifende Banden reisten selbst die Einheimischen nicht, und erst Ende Oktober wagte ein angesehener Kaufmann von Carora, Amenodoro Riera, die Reise nach Coro. So war ich denn lange Zeit der einzige Reisende auf den Strassen des Landes, abgesehen von Militärpersonen, die sich in ihre Heimath zur Pflege ihrer Wunden begaben; ich reiste aber ohne jede Belästigung.

Schon im Anfange meiner Reise, bei meiner Ankunft in Venezuela machte sich die Verkehrsstockung und die allgemeine Anarchie fühlbar, indem nach der Einnahme von Puerto Cabello durch die Aufständischen kein Verkehr zwischen La Guaira und dieser Stadt mehr stattfand, und auch der venezolanische Konsul in Curaçao sich weigerte, Dampfer nach Puerto Cabello abzufertigen. So verlor ich zwölf volle Tage, die ich freilich gut zur erneuten Gewöhnung an die Tropen benutzen konnte. Bei der Abreise von Puerto Cabello nach dem Innern versagte alsdann sogleich ein weiteres Verkehrsmittel, indem die Eisenbahn Puerto Cabello — Valencia durch die Oppositionstruppen des Generals Mora bereits im Anfange der Revolution durch Sprengung und Verbrennung einiger Viadukte unfahrbar gemacht worden war, wozu auch ein gewaltiges Regenwetter im Juli durch Abrutschungen und Dammvernichtung beigetragen hatte. Es musste daher die alte Landstrasse, die man nach dem Bau der Bahn hatte verfallen lassen, mühsam wieder ausgebessert werden. Freilich befand sie sich in einem traurigen Zustande: die alten Kettenbrücken verfallen, die Bohlen zur Hälfte abgebrochen, die Strasse selbst, auf der früher Kutschen bequem fahren und einander ausweichen konnten, stellenweise kaum für Maulthiere breit genug; dazu die meisten Häuser wegen der Revolution verlassen, der Verkehr aber durch hunderte von Lasteseln belebt und zum Theil auch durch Truppenzüge unterbrochen. Man verproviantirte damals die lange Zeit abgeschlossene Stadt Valencia, unter Anderem mit Salz, woran es daselbst gänzlich gemangelt hatte.

In Valencia gelang es mir, im Hauptquartier des Generals Crespo einen Reisepass für mich, meinen Diener und meine Maulthiere zu erhalten, der mir zweimal, bei den Vorposten der Oppositionstruppen von Sarare und bei dem Bürgermeister von Cabudare, gute Dienste geleistet hat. Der Verkehr war aber damals noch so beschränkt, dass ich nur mit Mühe und für theures Geld einen Eseltreiber finden konnte, der sich mit meinen Koffern in die von Truppen starrende Stadt Valencia wagte und ihm einen besonderen Pass für die Rückreise nach Puerto Cabello vom Hauptquartier erwirken musste. Eine weitere üble Folge des Krieges war die Schwierigkeit der Beschaffung von Maulthieren, die grösstentheils in dem Kriege aufgegriffen und gerade damals selten waren, da Crespo für die Fortschaffung seines Trains nach Carácas alle verfügbaren Thiere brauchte. Zwar gab es versteckt gehaltene gute Maulthiere, aber zu so hohen Preisen, dass ich sie bei den zweifelhaften Aussichten meiner Reise im Innern nicht kaufen durfte. Die übrigen aber waren sämmtlich aus der Kriegsbeute, zwar billig, aber durch den Kriegsdienst bereits angestrengt und ausserdem bot sich die unerfreuliche Aussicht, dass die Thiere nach der Beendigung des Krieges von ihren früheren Besitzern zurückgefordert werden würden. Diesem Schicksal bin ich zwar in der Folge entgangen, wohl aber versagten bereits nach wenigen Wochen zwei meiner Maulthiere, so dass ich eines in Barquisimeto stehen lassen und ein neues kaufen, ein zweites aber in Carora gegen erhebliches Draufgeld für ein anderes eintauschen musste; nur eines hielt bis zum Ende der Reise aus.

Von nun an reiste ich in dem einsamen Lande ungefährdet, wenngleich nie ohne die Befürchtung, am nächsten Tage angehalten und meiner Maulthiere beraubt zu werden. Banden zeigten sich nirgends, die Bevölkerung aber war scheu, misstrauisch und der Verkehr sehr gering. Zwischen Valencia und Tinaco, auf einer der stärkst begangenen Strassen des Landes, traf ich vom 25.—27. September ausser Viehheerden nur ein Paar Eseltreiber, einige Karren und eine einzige Kutsche, und im Llano sowie auf dem Wege von Agua Blanca über Barquisimeto nach Coro reiste überhaupt Niemand, sondern oftmals versteckten sich mir Entgegenkommende so lange im Busch, bis ich vorüber war. Zudringlichkeiten von Truppen erlebte ich nur einmal in San Carlos, im Uebrigen war Barquisimeto und das Innere von Coro von Truppen fast völlig entblösst. Erst im November holte ich nahe Siquisique die Mitglieder der in Maracaibo entwaffneten und dann in Altagracia mittellos an die Küste gesetzten, nun zerlumpt und ohne einen Pfennig in der Tasche durch Coro nach Barquisimeto ziehenden Regierungstruppe ein und litt, da ich mehrfach für einen mit Beute auskneifenden Regierungsführer gehalten wurde, viel durch Misstrauen und Uebelwollen der Bevölkerung, Verweigerung der Gastfreundschaft und passiven

Widerstand, Dinge, die mir bei meinen früheren Reisen in Venezuela kaum jemals vorgekommen sind.

Dieses Misstrauen und die Furcht der Bevölkerung erwiesen sich auch insofern als lästig, als beispielsweise oft keine Führer zu erhalten waren und zwar deshalb, weil sie sich fürchteten, von dem Bestimmungsort allein nach ihren Dörfern zurückzukehren. Dabei hatten manche Bewohner von Dörfern im Innern, wie zwischen Siquisique und Matatere, um ihre Dörfer gegen Raubzüge möglichst abzuschliessen, die Wege absichtlich verwachsen lassen, so dass man sie sich selbst wieder öffnen musste; denn wenigstens in Barquisimeto und Coro that die neue Regierung auch selbst zwei Monate nach Beendigung des Krieges noch nichts zur Wiedereröffnung des Verkehrs. Zum Theil hatte zu dem erwähnten Misstrauen gegen mich auch die bedauerliche Betheiligung von allerlei, namentlich italienischen, aber leider auch deutschen Abenteurern an der Revolution beigetragen, was ebenfalls früher nicht der Fall war und dem an und für sich schon hier und da bemerkbaren Fremdenhass neue Nahrung gab.

Die Lähmung des Verkehrs blieb nach wie vor eines der Haupthindernisse der Reise, und es wirkten eine Reihe von Umständen zusammen, um sie noch zu verschärfen. So wurden deutsche und französische Dampfer wegen der Cholera in Europa, solche, die von Puerto Rico kamen, eine Zeit lang wegen des dort herrschenden gelben Fiebers in Quarantäne gelegt, so dass zwei mir nachgesandte Instrumente, ein Lotungsapparat und ein photographischer Apparat, erst zu Weihnachten an meine Adresse gelangten. Die fremden Dampfer liefen drei Wochen lang Puerto Cabello nicht an, die der Red D. Line waren Ende November mit amerikanischen Marinetruppen besetzt, da man im September seitens der venezolanischen Regierung einige Oppositionsführer auf ihnen verhaftet hatte. Nach Beendigung des Krieges war der Dampferverkehr zwischen Curaçao und Coro öfters gestört, da der der Red D. Line gehörige Dampfer ›Merida‹ von der Regierung zum Transport von Truppen und Regierungsbeamten nach Maracaibo benutzt wurde. Die Küstenschiffahrt war gänzlich gestört; erst im Januar fuhren die kleinen Dampfer wieder zwischen den Haupthäfen der Küste und Trinidad, aber so unregelmässig, dass der Gepäcktransport oftmals stark verzögert und bald dieser, bald jener Hafen überschlagen wurde, wie noch im März Carúpano. Sichere Reisedispositionen liessen sich daher auf lange hinaus nicht treffen. Das Telegraphennetz war während des Krieges vollständig zerstört worden, die Drähte lagen meist am Boden, so dass sich die Thiere mit den Hufen in sie verwickelten und stürzten, oder die Bevölkerung hatte das brauchbare Material

zur Umzäunung von Wohnungen und Ställen verwendet; noch im
März war das der Fall im Llano zwischen Aragua und Maturin.
Anfangs geschah auch nur in den dem General Crespo unterstellten
Gegenden, besonders in Carabobo, einiges zur Wiederbelebung des
Verkehrs, so dass schon Ende September geregelter Postdienst zwischen
Valencia und dem Llano von Pao und San Carlos wieder bestand;
allein im Oktober und sogar noch Mitte November war solcher von
der Regierung in Barquisimeto noch nicht wieder eingeführt worden,
so dass Briefe meist von Privaten befördert wurden und noch Ende
Februar ging mir zwischen Trinidad und Maturin die ganze Post
verloren. Ende Februar konnte man zwar von Carácas nach Cariaco,
nicht aber von Cariaco nach Carúpano telegraphiren, ja bis Mitte
März war Carúpano mit dem übrigen Venezuela noch nicht wieder
verbunden. Bis Ende 1894 dachte in Ciudad Bolívar noch Niemand
daran, den über den Orinoco führenden Telegraphendraht wieder auf
den grossen eisernen Thurm zu spannen, der inmitten des Flusses auf
der kohlschwarzen piedra del medio, einem Granitfelsen, errichtet ist.
So lag noch lange nach dem Kriege der Verkehr im Lande darnieder
und das Schlimmste war, dass im Oktober durch ein gewaltiges Unwetter sämmtliche Eisenbahnen des Landes von Neuem zerstört
wurden, so dass die nun zu erwartende Zufuhr von Kaffee, z. B. von
der alten 1891er Ernte aus dem Inneren, wiederum stockte, und noch
zu Anfang Februar war die Eisenbahn Carenero—Rio Chico ausser
Betrieb, da ihr Leiter, ein Engländer, im Gefängnisse zu Rio Chico
sass, weil er sich geweigert hatte, Truppen auf der Bahn befördern
zu lassen.

Wie sehr aber auch vor der erneuten Zerstörung der Bahnen
durch die Regen des 7. Oktober Städte des Inneren durch die Unterbrechung des Eisenbahnverkehrs litten, zeigt das Beispiel von Valencia,
das sein schönes elektrisches Licht im September nicht brennen konnte,
da in Folge der Eisenbahnstörung keine Kohlentransporte nach Valencia zu gelangen vermochten. Der Holzverbrauch stellte sich auf
die Dauer zu theuer, die früheren Gaslaternen waren zerschlagen,
abgeschraubt und als altes Eisen behandelt worden und so waren zu
jener Zeit Oellampen die einzigen Licht verbreitenden Gegenstände;
da aber nicht alle Familien Lampen in ihre Ventanas stellten, aus
Furcht, die Soldaten möchten sie zerschlagen, so war manche Strasse
ganz dunkel und man konnte des Abends nicht ausgehen.

Eine weitere Folge des Krieges war die durch denselben ent-
standene Theuerung, die theils dem Umstande entsprang, dass zahllose
Lebensmittel in den Preisen hoch gestiegen waren, im Grunde aber

darauf zurückzuführen war, dass wegen der Unruhen die Pflanzung
von Mais, Futtergräsern, Zuckerrohr unterblieben waren, endlich auch
deshalb eintrat, weil durch die Verminderung des Viehstandes die Produkte der Viehzucht, Fleisch, Käse, Milch, theils an Zahl zurückgegangen waren, theils nur noch in bestimmten Landestheilen angetroffen
wurden, wie namentlich im Llano. Vor allem war das Futter für
die Maulthiere und Pferde überaus kärglich und sehr theuer; in Folge
des Krieges war wegen Mangel an Arbeitern die Maisernte des Herbstes
fast ganz ausgefallen und weite Gefilde, sonst mit Mais bestanden, lagen
brach. Daher war einmal das Maiskorn sehr kostspielig geworden,
dann aber auch die Beschaffung der jungen grünen Triebe der Mais-
pflanze, des Malojo, mit dem man in den venezolanischen Centralstaaten
Pferde und Maulthiere vorwiegend füttert, ganz unerschwinglich.
Bei La Victoria traf ich Mitte December einen Mann, der für eine
einzige Eselladung Malojo, die er nach der Stadt zum Verkauf bringen
wollte, zwei Pesos = $\mathcal{M}$. 6,40 forderte. In Puerto Cabello nahm man mir
täglich pro Thier für Malojo $\mathcal{M}$. 3,20 ab, was für acht Tage und drei
Thiere $\mathcal{M}$. 76,80 macht! Aehnlich war es in Maracai und natürlich auch
in Carácas. Wenn auch die Preise für Mais und Malojo nach den
einzelnen Landestheilen überhaupt schwanken, beispielsweise in dem an
Futtergräsern reichen Llano von Ortiz der Mais dreimal theurer ist
als in Coro, so waren doch die Preise gegen 1891 um das 1¼ bis
2fache theurer geworden. Aber auch die gewöhnlichen Futtergräser
erzielten den zwei bis dreifachen Preis früherer Jahre, da auch ihre
Anpflanzung unterblieben war. Dasselbe galt für die gewöhnlichsten
Nahrungsmittel der an und für sich so genügsamen Bevölkerung, wie
die aus den Wurzeln der Yuca hergestellten Cassave, von der noch
im März in San Agustin im Oriente der übliche tortenförmige Kuchen
statt 20 Pfennige wie gewöhnlich, 80 Pfennige kostete; es war also
hier das tägliche Brod um das vierfache vertheuert, obwohl der Krieg
seit fünf Monaten zu Ende war. Es lässt sich eben ein so grosser
Ausfall an Nahrungsmitteln nicht sogleich wieder ersetzen und am
wenigsten in den vom Kriege besonders heimgesuchten Gegenden, z. B.
Puerto Cabello, wo noch im November Hühner und Eier fast
unerschwinglich waren, obwohl seit September grosse Mengen Eier
von den Vereinigten Staaten eingeführt worden waren. Während
der Kriegszeit selbst war natürlich die Theuerung besonders gross,
wie in Valencia, wo 14 Tage lang Brod und Salz überhaupt ganz
fehlten und das Salz auf das 20fache des früheren Werthes gestiegen
war, oder in Carácas, wo während der Monate August bis Oktober
Milch zu einem fast unbekannten Gegenstand geworden war.

Auch kehrte, wie ich schon oben gezeigt habe, das Vertrauen der Bevölkerung nach dem Kriege nicht sogleich zurück, Gegenden, die wenig gelitten hatten, gaben nicht sofort von ihrem Ueberschuss an solche ab, die in Noth waren, der Verkehr regte sich erst spät wieder allgemein, alte Beziehungen blieben abgebrochen, neue knüpften sich nur langsam wieder an. Dazu fehlte es an Lasteseln, die im Kriege massenhaft zu Grunde gegangen waren, und an Maulthieren, die zu Spottpreisen in der Kriegsbeute verschleudert wurden. Man kann, ohne zu weit zu gehen, behaupten, dass ganze Landestheile ihren Maulthier- und Pferdebestand austauschten oder einbüssten. Beispielsweise wurden die sämmtlichen Maulthiere, welche das aus Coro nach Puerto Cabello marschierende Heer Leon Colina's mitführte, zum Theil Thiere feinster Zucht, im Oktober in Tucacas zu Spottpreisen verkauft oder sie gingen in den Sümpfen der Küste zwischen Cumarebo und Tocuyo verloren. Ein Ersatz derselben war nicht sofort zu beschaffen, so dass die Maulthierzucht Coro's schweren Schaden erlitt. Ebenso verendeten massenhaft in den Sümpfen des Tuythals die von Crespo im Juni und Juli aus dem Llano gegen Carácas geführten Reitthiere; eine Menge solcher aus Barquisimeto verschleppten die Truppen des im Oktober von dort nach der Cordillere zurückgegangenen Generals Ferrer in die Anden, Guerra's Heer liess zahlreiche Reitthiere aus den Centralstaaten im Llano von Acarigua und Guanare zurück, aus dem Oriente kamen mit Velutini und Vallenilla viele Maulthiere und Pferde nach Carácas und so kam es, dass theils ein Austausch des Reitthierbestandes der einzelnen Landestheile erfolgte, theils ganze Gebiete davon völlig entblösst wurden und z. B. in Barcelona im Februar ein kleiner Ausflug, den ich mit gemietheten Thieren zu machen gedachte, daran scheiterte, dass in der ganzen Stadt auch nicht ein Reitthier aufzutreiben war.

Da natürlicherweise die Maisernte erst nach mehreren Monaten wieder zu ersetzen war, so dauerte die Theuerung noch bis in die Mitte des Jahres 1893 hinein, ganz abgesehen von dem Schaden, der durch Zerstörung und rachsüchtige Niederbrennung von Pflanzungen angerichtet und gar nicht wieder gut zu machen war, wie die Verbrennung der Cacaopflanzungen Mora's durch die Regierungstruppen an der Küste bei Puerto Cabello.

In hohem Grade betraf diese Schädigung auch die Kaffeeernte, die wichtigste des Landes. Der Aufstand brach aus im Februar und März 1892, als ein nicht unbedeutender Theil der 1891er Kaffeeernte noch im Lande lagerte. Dieser ging theils zu Grunde, theils konnte er erst im Jahre 1893 nach der Wiederherstellung der Eisenbahnen

an die Küste geschafft werden. Die 1892er Ernte aber fiel naturgemäss minder gut aus, weil während der ganzen Zeit der Bestellung
der Haciendas die Arbeiter zum Kriegsdienst herangezogen waren
oder sich in den Bergen versteckt hielten. Zwar konnte nach der
Beendigung des Krieges im Oktober noch ein Theil der in den
December fallenden Ernte gerettet werden, allein die Qualität war
wegen mangelnder Pflege der Pflanzen geringer und ausserdem auch
wegen des heftigen Regens des Jahres beeinträchtigt, ferner aber
wurde die auflebende Hoffnung der Bevölkerung auf erneuten Aufschwung durch das Dekret über die Embargos zerstört, so dass erneute
Schädigung an ihre Stelle trat.

Infolge dieser Umstände sank natürlich die Kaufkraft der Bevölkerung erheblich; grosse Kosten während der Revolution, materielle
Opfer, dann lange Theuerung und Geschäftsstockung, dazu das über-
hand nehmende Misstrauen gegen die Massnahmen der neuen
Regierung lähmten die Kaufkraft und den Unternehmungsgeist, was
ich persönlich in Guayana bemerkte, da es mir volle 14 Tage hindurch nicht möglich war, auch nur eines meiner Maulthiere trotz
niedriger Preislage zu veräussern. Lange hielten sich die Kaufleute
aus dem Innern von den Einkäufen in den Häfen fern, viele waren
nicht mehr im Stande, ihre Verpflichtungen zu begleichen, noch andere
nahmen die angeblichen Schäden der Revolution zum Vorwand, um
nicht zu bezahlen, und das Ergebniss war eine Schädigung des Handels
und der Finanzen des Landes. Denn einerseits war die Steuerkraft
der Bevölkerung sehr gesunken, andererseits hatte der Krieg enorme
Summen verschlungen und die abgetretene Regierung war nicht ohne
Mitnahme ebenfalls beträchtlicher Baarmittel zum Verlassen des
Landes gebracht worden. Die bis 1892 geordneten Finanzen
Venezuela's, das sich von allen südamerikanischen Ländern der
besten Geldwährung erfreut, begannen daher seit dem Kriege sich zu
verwirren, so dass es die Sorge der neuen Regierung in erster Linie
hätte sein müssen, die Finanzen wieder zu heben, theils durch
Sparsamkeit, durch Beschränkung der Bedürfnisse, Instandsetzung der
Wege, Hebung des Verkehrs, theils durch Unterlassung aller kost-
spieligen Unternehmungen, endlich durch möglichste Schonung der
Hülfsquellen des Landes sowie der Einzelnen und Erweckung von
Eifer bei den unteren Beamten. Von allem dem ist aber gerade
das Gegentheil geschehen: für die Wege und Strassen, die in der
Revolution und durch den verheerenden Regen arg gelitten hatten, ward
nichts gethan, wohl aber gewaltige Summen an die nächsten Anhänger
des neuen Kurses verausgabt, kostspielige Bauten im Lande selbst,

in Carácas ausgeführt, den unteren Beamten die Gehälter unregelmässig gezahlt und auch sogar die auswärtige Schuld nicht mit derjenigen Sorgfalt behandelt, die sie erfordert. Die am 15. Februar und 15. August 1893 fällig gewesenen Koupons der konsolidirten Venezuela-Schuld von 1881 sind nicht eingelöst worden und seit Anfang 1893 sprach und spricht man sogar von der beabsichtigten Ausgabe von Papiergeld, die das Land ohne Zweifel denselben trostlosen finanziellen Verlegenheiten entgegenführen würde, welche Colombia seit Jahrzehnten durchmacht.

Ein gutes Gegenmittel gegen alle diese Schäden würde eine gute Kaffee-Ernte gegeben haben, denn die Elasticität dieser Tropenländer ist so gross, dass sie bei einigermassen gutem Ausfall einer oder möglichst mehrerer Ernten rasch die entstandenen Verlüste wieder ersetzen, und in der That bestand 1893 die Hoffnung, dass nicht nur eine gute Ernte erzielt werden würde, sondern wegen der Wirren in dem grossen Kaffeelande Brasilien auch hohe Preise zu erwarten wären, allein wiederum traten die schweren Regen dazwischen, beschädigten die Ernte und lähmten den Verkehr, so dass Ende Januar 1894 das Geschäft darniederlag, zum Theil auch wohl wegen der politischen Verhältnisse, die nicht vor geschehener Präsidenten-Wahl in ruhigeres Fahrwasser gelangen konnten.

IV. **Klimatische Verhältnisse in Venezuela 1892/93.**

Es ist im Vorigen schon mehrfach darauf hingewiesen worden, dass die Bewegungen der Truppen in dem Bürgerkriege von 1892, wegen der ungewöhnlich heftig auftretenden Regenzeit, auf erhebliche Schwierigkeiten stiessen. Im Folgenden sollen nun die eigenthümlichen klimatischen Abweichungen der Jahre 1892 und 1893 von der Regel etwas näher ausgeführt werden.

Gewöhnlich dauert die Regenzeit in Central-Venezuela, dem Gebirgslande um Carácas und Valencia von Ende April bis Ende Oktober, im Llano von Anfang April bis Anfang Oktober, die Trockenzeit in ersterem von Anfang November bis Mitte April, in letzterem von Mitte Oktober bis Ende März. Nur in Coro, Paraguaná und Barquisimeto pflegt die Regenzeit erst im Oktober einzutreten und bis Januar anzuhalten, aus Gründen, die zu erörtern hier nicht der Ort ist.

Im Jahre 1892 scheint nun die Regenzeit in der Republik zur gewöhnlichen Zeit, im Laufe des Monats April, eingetreten zu sein, hat aber dann in ihrem Verlaufe eine ungewöhnliche Heftigkeit angenommen, und sich mehrere Male derart gesteigert, dass förmliche Ueberfluthungen eintraten, die ausserordentlich grossen Schaden in dem grössten Theil des Landes anrichteten, und schliesslich in den ungeheuren Regenfällen der Tage vom 6.—8. Oktober gipfelten, durch die auf einen Schlag sämmtliche Eisenbahnen des Landes unfahrbar gemacht wurden.

Schon im Juni 1892 hatte es in Venezuela so stark geregnet, dass General Crespo in dem wasserdurchtränkten, völlig verschlammten und versumpften Tuythale seine ganze Reiterei verlor, was wesentlich zu seinem ersten Misserfolge auf dem Zuge gegen Carácas beitrug. Dann erfolgte am 11. Juli die erste Katastrophe, indem gewaltige Regenfälle den Rio Guaire zwischen Los Teques und Carácas derart anschwellen liessen, dass auf 3 km Entfernung ein neues Flussbett oberhalb Antímano entstand. Der Fluss drängte von dem früheren Hause Guzman Blanco's ab nach dem südlichen Ufer hinüber, wusch hier den fast 4 m hohen Bahndamm auf 200 m vollständig weg und begrub die Schienen der deutschen Eisenbahn in seinen Fluthen. Zugleich zerstörte er zwischen Antímano und La Vega die Böschung und die Dammkrone. Weiter abwärts wurde die englische Eisenbahn Carácas-Santa Lucia schwer betroffen und auch auf den Bahnen Carácas-La Guaira und Valencia-Puerto Cabello wurde der erste grosse Schaden angerichtet.

Während man noch mit der Ausbesserung beschäftigt war, erfolgte eine zweite Ueberfluthung am 24. Juli, wodurch der seit zwanzig Jahren nicht derart gestiegene Guaire-Fluss die Herstellungsarbeiten beeinträchtigte, neue Schäden an mehreren Stellen anrichtete und wiederum die Eisenbahn zur Einstellung des Betriebes zwang.

Da diese Regen sich über einen grossen Theil der Republik verbreitet zu haben scheinen, so darf man auf sie wohl das ganz unerhörte Steigen des Orinoco zu Anfang August zurückführen, welches alle früheren bekannten Hochfluthen desselben in den Schatten stellte. Bis zum 10. August wuchs der Orinoco derart, dass er nicht nur den höchsten Wasserstand von 1847 erreichte, sondern sogar noch übertraf. Die gewaltige Felsmasse, die piedra del medio, inmitten der Enge, Angostura, zwischen Ciudad Bolívar und Soledad wurde, was noch nie dagewesen zu sein scheint, überfluthet, ja sogar das Kreuz auf der 11 m hohen Spitze der Felsen unter Wasser gesetzt, so dass nur noch das eiserne Gerüst für den Telegraphendraht aus dem Wasser hervorragte.

Der Fluss überschwemmte das hohe Ufer von Ciudad Bolívar, drang in die unteren Stockwerke der Stores ein, zwang die Kaufleute sich in die höher gelegenen hinteren Theile der Häuser oder in den oberen Stock zurückzuziehen, erfüllte die Markthallen am Ufer und setzte noch mehrere Nebenstrassen fast einen Meter hoch unter Wasser. Jetzt bezeichnet ein Denkstein mit Wassermarken am Quai von Bolívar die Höhe von etwa 14 m, bis zu der der Orinoco über den normalen Wasserstand stieg und verewigt dieses Ereigniss, das seit Bestehen der Stadt, ja vielleicht überhaupt noch nie dagewesen ist, da auch die Sagen der Indianer nichts davon zu berichten wissen.

Während des Monats August regnete es im Lande weiter, in La Guaira berichtete man mir, die Regenmengen hätten alles bisher Dagewesene überstiegen und die Gebirgsbahn Carácas-La Guaira sei noch nie so oft gestört worden wie in diesem Jahre; auch die Guanta-Barcelona-Naricual-Bahn ward im Juli so beschädigt, dass sie erst im Februar 1893 wieder voll befahrbar ward.

Zu Ende September, also gegen Ende der Regenzeit, pflegen die Regen gewöhnlich noch einmal besondere Stärke zu entwickeln, allein die Häufigkeit und Menge des Regens, der in diesem Jahre in Carabobo und dem Llano von San Carlos vom 24. bis 30. September fiel, schien mir ebenfalls über das gewöhnliche Mass hinauszugehen.

Am 3. Oktober ging in Barquisimeto als Beginn der dortigen Regenzeit ein so gewaltiger Guss nieder, wie man ihn selten sieht, volle 1¼ Stunden wolkenbruchartiger Regen, dann fünf Stunden Landregen und am 4. Oktober wieder Regen.

Darauf aber folgte am 7. Oktober, dem wahrhaft kritischen Tage der Einnahme von Carácas ein Regenwetter, wie es wohl überhaupt noch nicht im Lande gesehen worden ist. Ich befand mich auf der Reise von Barquisimeto nach Carora und wurde schon Morgens 9 Uhr durch stärker werdenden Regen zu einem Aufenthalt gezwungen; es regnete von 9—11¼ Uhr und dann wieder stark von 1—2½ und von 4—5 Uhr, worin jedoch nichts Auffälliges lag. Dann aber brach um 6 Uhr Abends ein Regenwetter von der Art der kräftigsten tropischen Platzregen los, und hielt, was ganz ungewöhnlich ist, in derselben Stärke 15 Stunden, bis zum 8. Oktober um 9 Uhr Morgens an. Da gewöhnliche kräftige tropische Gewittergüsse nicht über 1¼—2 Stunden anzudauern pflegen, so lassen sich die Störungen eines 15 stündigen schweren Regens wohl ermessen. In dem trockenen Gebiete zwischen Barquisimeto und dem Rio Tocuyo füllte sich jedes Trockenbett im Verlaufe von drei Stunden mit riesigen gelbbraunen Wasserfluthen, es entstanden Ströme, in welchen Bäume, Häusertheile, Zäune, Kadaver von Ziegen und Eseln trieben; in einem kleinen Hause mitten im Hügellande festgebannt, hörte ich die ganze Nacht hindurch das Krachen und Donnern der durch die Quebrada de las Reses losgelösten, in das Wasser abstürzenden Theile der Uferböschung; die Wege wurden

zerstört, der Rio Tocuyo riss alle an seinem Ufer gelegenen Bananen-
und Maispflanzungen mit sich fort und verursachte allein in dem kleinen,
nur aus einer Plaza und zwei Strassen bestehenden Orte Atarigua
einen Schaden von 1000 pesos.

Später stellte sich heraus, dass dieses Unwetter den grössten Theil
der Küsten und Gebirge Venezuela's nördlich des Orinoco überzogen
hatte. Es scheint, dass ein Theil eines der in dieser Jahreszeit nicht
seltenen westindischen Cyclone über die Küste Venezuela's dahinge-
gangen ist, die sonst gewöhnlich verschont wird, denn eine Reihe
von Beobachtungen weisen auf ein solches in Venezuela seltenes
Ereigniss. In Carúpano stellte Herr R. Ludwig am 6. Oktober
Abends zwischen 9¼ und 10¼ Uhr ein Fallen des Barometers von
29,75 auf 29,50 inches, von 755 auf 749 mm fest, also um einen
in den Tropen ungewöhnlichen Betrag; der Wind blies zuerst
aus Nordwest, dann aus Ost, was mit den Gesetzen eines sich nach
Westen fortbewegenden Wirbelsturmes übereinstimmt. In der That
wurden die grossen Bäume, die an der Mündung des Flusses von
Rio Caribe in das Meer stehen, im Wirbel gedreht und geknickt und
der Leuchtthurm von Carúpano am selben Abend zerstört. Auch
hier ging eine erhebliche Niederschlagsmenge mit dem Sturme Hand
in Hand, Rio Caribe wurde unter Wasser gesetzt, sämmtliche Trocken-
bäche der Nordküste, wie der von San José bei Carúpano schwollen
gewaltig an, rissen Häuser, Bäume und Vieh mit sich und verursachten
auch den Tod mehrerer Menschen. Noch im Februar und März 1893
sah ich viele geknickte Bäume über die Wege liegen, z. B. um Rio Caribe
und im Gebirge von Cumbre de Areo zwischen Carúpano und Casanai.

Auf dem Meere geschah vielfach Schaden. An der Küste von
Coro gingen einige Fischerböte verloren, der Tajamar, Wellenbrecher
von La Guaira, ward beschädigt und in Tucacas drang das Meer in
die Stadt ein, zerstörte einige Häuser und überschwemmte weithin
den Strand. Hier aber langte der Sturm erst am 7. Oktober Mittags
an, etwa zur selben Zeit, als im Hinterlande bei Barquisimeto die
ersten Regen fielen. Man ersieht daraus, dass die Strecke von
Carúpano bis Tucacas, also etwa 50 km, in rund 14 Stunden zurückgelegt wurde, was eine Schnelligkeit von 39 km in der Stunde oder
11 m in der Sekunde ergiebt.

Im Inlande war der Sturm, vermuthlich abgehalten durch die
Gebirge der Küste, nicht spürbar, aber die Menge der in seiner Be-
gleitung oder seinem Gefolge fallenden Niederschläge so gross, dass
sich das geschilderte Regenwetter zu einem grossen Unglück für das
Land gestaltete, denn an dem einen 7. Oktober wurden sämmtliche

Eisenbahnen zerstört und ein sehr grosser Theil der vorhandenen Brücken vernichtet. Auf der deutschen Eisenbahn wurde durch den Uebertritt des Rio Guaire und das Anschwellen der Gebirgsbäche der Damm bei Antímano auf 450 m zerstört und durch Unterwaschen des einen Seiten- und der beiden Mittelpfeiler die Guairebrücke ebendaselbst zum Einsturz gebracht. Auf der englischen Eisenbahn Carácas—Santa Lucía ward die gesammte Strecke von Petare abwärts dermassen beschädigt, dass ihre Ausbesserung überhaupt ganz aufgegeben worden ist. Die deutsche Linie konnte erst im December wieder eröffnet werden, die englische Linie bis El Encantado in demselben Monat, die Carácas—La Guaira Bahn war durch Abrutschungen ebenfalls auf einen Monat gesperrt, die Eisenbahn Puerto Cabello—Valencia konnte erst am . 5. December wieder in Betrieb gesetzt werden. Am schlimmsten aber erging es der Eisenbahn von Tucacas nach Barquisimeto, die zwischen Duaca und San José so schwer betroffen wurde, dass Anfang 1893 noch gar keine Aussicht bestand, sie vor Mitte des Jahres wieder in Stand zu setzen; auch die Bahn Guanta—Barcelona—Minen von Naricual musste vom Juli 1892 bis Februar 1893 auf der Strecke Barcelona-Minen ihren Betrieb einstellen.

Im Yaracui sah ich im November ebenfalls die üblen Folgen des Oktober-Unwetters. In Yaritagua war die alte steinerne Brücke dem Wasser zum Opfer gefallen, in San Felipe hatte der kleine im November sonst ganz wasserlose Bach mitten in der Stadt Häuser zerstört bei Guama war ein Gebirgswasser mitten durch ein Haus gelaufen, Urachiche war mit Geröll seiner beiden Bäche überschüttet. In Carácas selbst war die zweite Brücke über den Guaire zerstört, in La Victoria diejenige über den Rio Aragua und der See von Valencia stieg um 2 m auf den höchsten bisher bekannten Stand.

Aber auch in den folgenden Monaten dauerte das nasse Wetter an, die Regenzeit trat auch in Paraguaná und Coro Ende Oktober und Anfang November mit grosser Macht auf, Ende November fielen schwere Güsse in Puerto Cabello; im Küstengebirge von Carácas wurde ich noch am 23. December vollständig durchnässt, im Januar fiel in Carácas fortgesetzt ein lästiger Sprühregen, am 14. Januar regnete es im Gebirge von Petare den ganzen Morgen, noch im Februar war das Tuythal bei Caucagua unpassirbar und die Küste von Barlovento lag unter Regenwolken, alles zu einer Jahreszeit, in der in normalen Jahren gar kein Regen mehr zu fallen pflegt. Noch im März, dem trockensten Monat, regnete es bei Casanai ganz leicht, am 24. März begannen am Orinoco schon wieder schwere Regenböen, die ersten Anzeichen der neu eintretenden Regenzeit, und vom 29.—31. März fiel in Ciudad Bolívar fortgesetzt ein höchst unangenehmer und in den Tropen seltener Rieselregen.

Die Regenzeit 1893 ist ebenfalls sehr nass gewesen; in Carácas fiel viel Regen, an der Küste regnete es sehr stark und sogar in dem trockenen Curaçao brachte der Herbst beträchtliche Regenmengen. Im September und Oktober war das Wetter südlich des Tuythals zwischen Caucagua und Altagracia ungewöhnlich feucht und auch im Jahre 1893 scheint die trockene Jahreszeit Niederschläge gebracht zu haben, da am Anfang und Ende Januar 1894 über das Ausbleiben der verspäteten Kaffeezufuhren nach Carácas wegen des Regenwetters in den Gebirgen geklagt wurde.

Während also in Europa die Jahre 1892 und 1893 durch grosse Hitze und Dürre gekennzeichnet waren und auch in den subtropischen südamerikanischen Gebieten, Paraguay, Südbrasilien und Argentina die Trockenheit verderblich wurde, hatte Venezuela, also ein äquatorial-tropisches Land, ungewöhnlich grosse Niederschlagsmengen, ein Gegensatz, der vielleicht nicht zufällig ist.

Wenn nun auch diese furchtbaren Regen für das Land von verderblicher Wirkung gewesen sind und grossen Schaden angerichtet haben, indem sie die Wege theilweise so zerstörten, dass sie unkenntlich wurden, so sind sie doch andererseits für den Gesundheitszustand möglicherweise nützlich geworden, insofern sie die Reinigung der Städte besorgten. Denn in Folge der Truppenanhäufungen waren diese in einen bejammernswerthen Zustand der Unreinlichkeit gerathen und die Regierung that nichts, um sie zu reinigen. Vielleicht ist es auch dieser gründlichen Waschung zuzuschreiben, dass nicht mehr Fieber aufgetreten sind, denn wenn auch in San Sebastián ein perniciöses, wahrscheinlich das gelbe Fieber herrschte und in Coro eine Anzahl von Menschen starben, so betrafen diese Todesfälle doch meist nur Personen, die durch den schwierigen und strapazenreichen Feldzug geschwächt waren, und griffen meist nicht auf die Civilbevölkerung über. Im Ganzen war daher das Jahr 1892 gesundheitlich ein gutes, wie mir z. B. in dem sonst von Fiebern oft heimgesuchten Orte Ortiz am Rande der Llanos im December 1892 ausdrücklich ausgesprochen wurde, und auch 1893 lag kein Anlass zu besonderen Klagen über Krankheiten vor. Diesem günstigen allgemeinen Gesundheitszustand war es denn wohl auch zuzuschreiben, dass ich während der ganzen Dauer meiner Reise ungewöhnlich wenig an Unwohlsein zu leiden hatte.

———

Erster Abschnitt.

Die Halbinsel Paraguaná.

Vor der Küste von Coro liegt, durch eine schmale Landenge mit dem Festlande verbunden, die Halbinsel Paraguaná, ein überaus mannigfaltig gebautes, von den Gebirgen Coro's vielfach abweichendes, bisher wenig bekanntes Land. Demselben widmete ich zweimal einen längeren Besuch, nämlich vom 20.—24. Oktober und vom 28. Oktober bis 2. November 1892 und habe dabei die ganze östliche Hälfte der Halbinsel kennen gelernt und dieselbe auch von Süden nach Norden bis zur Nordspitze durchzogen, den Westen dagegen, die Umgebung vom Jadacaquiva und Morui, nicht gesehen.

1. Die Landenge. Wenn man die Stadt Coro in nordöstlicher Richtung verlässt, so betritt man zunächst eine weite mit spärlichem Grase bestandene Sabane, in welcher einige Häuser gelegen sind und erreicht nach zwanzig Minuten Reitens die weiten Sandflächen, welche den grössten Theil des Isthmus von Paraguaná bedecken. Durch hohes Gestrüpp von Dornen und Kakteen windet sich der Weg hindurch und übersteigt nun bis zum Hause Campo Alegre einen Dünenzug, der den Isthmus im Süden abschliesst.

Dieser Dünenzug verläuft in der Richtung von Nordwesten nach Südosten über den Hals der Landenge, erreicht nahe der Mündung des Rio de Coro die Küste und setzt sich mit abgeschwächter Höhe und verringerter Breite an der Küste selbst bis dicht vor La Vela fort, so dass der Weg von Coro nach La Vela die letzten kleinen Ausläufer zwischen Sabana Larga und La Vela zur linken hat. Die Dünen haben zwischen Coro und Campo Alegre eine Höhe von 20—30 Metern, und fallen, der vorherrschenden Windrichtung aus Nordosten entsprechend, gegen Nordosten sanfter, gegen Südwesten steil ab. Ihr Material ist ohne Zweifel Meeressand und das Verwitterungsprodukt der den Boden der Landenge bildenden Muschelbreccie, ihre Farbe weiss bis gelb; die Köpfe und Gehänge der Dünen sind völlig vegetationslos, die zwischen ihnen befindlichen Einsenkungen dagegen mit spärlichem Grase, dem Cují-Dornstrauch (einer Mimose), Tuna (Opuntia) und Cardon (Cereus) überwachsen. Dies gilt besonders für die Mulde zwischen den beiden parallel zu einander von Nordwest nach Südost ziehenden und deutlich zu unterscheidenden Dünenreihen, in der auch einige kleine blaue Lagunen mit salzigem Wasser vorkommen, deren lebhaftes Blau einen scharfen Gegensatz gegen das blendende Weiss der Dünen bildet, und sich auch vortheilhaft abhebt von der geringen Vegetation an den Ufern. Das Vieh und die Reitthiere fressen gierig die Halophyten an den Rändern der salzigen Lagunen und lecken das an ihren Ufern ausblühende Salz auf; Ansiedlungen fehlen aber völlig im eigentlichen Dünenzuge und erst am Nordostfusse desselben liegen die ärmlichen Hütten von Campo Alegre.

Zwischen Campo Alegre sowie dem 1 km davon befindlichen Gehöfte El Cujisal und dem Meere treten keine grösseren Dünen mehr auf, sondern der Weg führt an hier häufiger werdenden Lagunen und zwischen einzelnen Sandhügeln hindurch, und ist im Ganzen frischer, da die Vegetation etwas kräftiger wird und namentlich an den Ufern der Lagunen Grasteppiche häufiger auftreten. Bei dem Hause El Paujarito, das wie alle hier genannten ein ärmlicher Viehhof, Hato, für Ziegenzucht ist, hört man die Brandung des Meeres donnern und gelangt nun an den ödesten Theil des gesammten Weges zwischen Coro und Paraguaná und zugleich auf den Isthmus selbst. Ich nahm auf den Rath meines Führers den Weg am Ostrande der Landenge, weil derselbe in Folge der bereits begonnenen Regenzeit für besser erklärt wurde; er ist etwas länger als derjenige im Westen der Landenge, der vorwiegend in der Trockenzeit begangen wird, bietet aber den Vortheil, dass er ohne Gefahr auch zur Regenzeit zurückgelegt werden kann. Die Gefahr besteht auf dem westlichen Wege in dem Uebertreten des Meeres über die Uferränder, wodurch der Boden mit Wasser überdeckt und so sumpfig wird, dass die Thiere, namentlich auch nachdem das Wasser wieder abgelaufen ist, in den Pfützen stecken bleiben. Man nennt einen solchen Boden im Lande atascoso, atascadero, sagt: el camino atasca: der Weg, der Boden hält fest, lässt versinken, und fürchtet derartige Stellen sowohl am Meeresufer wie in niederem Lande wie auch im Gebirge überaus und mit Recht. In der That ist nichts für das Reisen hinderlicher und gefährlicher, als diese Sumpfstrecken, da die Thiere bei dem oftmals vergeblichen Versuche, sich herauszuarbeiten, scheuen, wild werden, den Reiter in den Sumpf werfen und leicht zu Grunde gehen.

Die Landenge zwischen Coro und Paraguaná, El Istmo, die Enge und El Istmo de Medanos, die Dünenenge genannt, ist 6½ leguas

== 33 km lang und an der breitesten Stelle 5 km breit, so dass an dem Ostufer hervorragende Gegenstände der Westseite, z. B. die Kokospalmengruppe von El Supí gesehen werden, und erstreckt sich in nordnordwestlicher Richtung gegen den Cerro Rodeo hin, den man wie natürlich auch den höheren Cerro de Santa Ana von dem nördlichen Theile des Weges aus stets vor Augen hat.

Die Küsten der Landenge sind verschieden, insofern die östliche scharf durch das Meer begrenzt wird und fast geradlinig verläuft, während die westliche ein Strich amphibischen Landes ist, in dem Land und Meer nicht nur je nach den Jahreszeiten, sondern fast täglich um die Herrschaft streiten. Der Grund für diese Verschiedenheit der Küsten der Landenge liegt in dem Vorherrschen der Ostwinde, die den grössten Theil des Jahres hier auch als Passat gegen das Land wehen und die Ostküste ununterbrochen benagen, so dass hier ein wenn auch nicht grosser, so doch merkbarer Verlust an Land entsteht. Die Westküste dagegen liegt unter Windschutz, da die auf der Enge liegenden Dünen mit ihrer Erhebung und ihrer Vegetation die Stärke des Ostwindes mindern. So konnten sich vor der Westküste grosse Bestände von Mangroven ansammeln, die zur Landbildung bekanntermassen überhaupt und in diesem Falle noch besonders deshalb beitragen, weil der Ostwind von der Ostküste Sand aufzunehmen und nach der Westseite der Enge zu treiben pflegt. Demgemäss wächst die Westseite des Isthmus in den Golfete de Coro oder den Ancon hinaus, die Ostseite aber bröckelt ab.

Auf der Westseite liegen nun ferner eine Anzahl von Salinen, die der Bevölkerung von Coro und Paraguaná lohnenden Erwerb verschaffen. Diese Salinen werden zur Regenzeit und zur Zeit höheren Standes des Meeres — was gewöhnlich zusammenfällt, da zur Regenzeit Westwinde auftreten, die das Wasser des Golfete de Coro in die Salinen hineintreiben — mit Wasser gefüllt, liegen aber zur Trockenzeit und beim Abschwellen des Meeres trocken. Am Nordwestende der Landenge treten sie so nahe aneinander, dass ich am 20. Oktober zwischen La Puerta und Ciénaga Honda binnen fünfzig Minuten sechs verschiedene Salinen zu durchreiten hatte, und diese selben Salinen waren am 24. Oktober bis auf eine ohne Wasser, am 28. Oktober aber wieder theilweise gefüllt, so dass die Grenze zwischen Land und Meer hier fortwährend wechselt, und nicht nur etwa mit den Jahreszeiten, sondern sogar von Tag zu Tag. Vor dem Lande sieht man von den Salinen aus einen langen dunklen Streifen draussen im Meere dem Isthmus parallel ziehen die Mangrovenwälder. Wer nicht bereits gewöhnt war, am und im Meere zu reiten, der kann es hier lernen. Stundenlang zieht man an der Ostküste an der brausenden Brandung entlang, deren Köpfe schaumgekrönt gegen das Ufer wogen und ihren Gischt bis unter die Füsse der Pferde spritzen und bewundert den Gegensatz des grünen, braunen und blauen Wassers gegen über den blendenden Sandmassen und Muschelbergen des Isthmus; oder auch man reitet an der Westküste durch das stille seichte Wasser der Salinen, rechts die Küste in blendendem Weiss, links die Mangroven in dunklem Grün und vor sich wieder einen Streifen hellschimmernder Küste, hier und da mit Kokospalmen gekrönt, sonst nur mit trübem Ufergebüsch umsäumt, aber überragt von dem imposanten Felsenhorn des Cerro de Santa Ana.

Der Boden des Isthmus besteht aus einer überaus harten festen, mit kalkigem Cement verkitteten Breccie von noch jetzt im umgebenden Meere lebende Muscheln, tritt aber nur selten an die Oberfläche, nämlich nur da, wo der Wind Theile des Untergrundes von dem darauf lagernden Sande entblösst hat, welche Stellen natürlich fortwährend wechseln. Im Uebrigen treten Muscheln unverkittet und lose neben einander liegend auf der ganzen Landenge zu Haufen gehäuft auf; sie bilden kleine Hügel, die ausschliesslich aus Muscheln zu bestehen scheinen, doch erkennt man bei näherer Besichtigung, dass die Muscheln nur die Ueberkleidung einer Sanddüne bilden. Sanddünen sind auf der Enge zahllos angehäuft, erreichen jedoch nirgends mehr als 10 m Höhe und stehen daher an Höhe dem Dünenzuge zwischen Coro und Campo Alegre erheblich nach. Die älteren unter ihnen sind meist mit Vegetation bekleidet und zwar besonders mit der sogenannten Strandtraube, Uva de playa, sowie dem Cují, und gewähren auf ihrer Westseite hier und da grösseren Sträuchern dieser Arten vor dem Ostwinde Schutz. Im Ganzen aber erreichen diese Sträucher kaum die Höhe unserer Johannisbeerenbüsche und sind sämmtlich gegen Westen gebeugt, viele auch an ungeschützten Stellen gezwungen, am Boden kriechend fortzuwachsen. Zu grösserer Höhe, etwa bis 2 m, erheben sich nur an ganz besonders begünstigten Stellen einzelne Uva de playa-Büsche (Coccoloba uvifera), deren sämmtliche Theile Tanninhaltig sind. Im Uebrigen besteht die Vegetation aus Gräsern, welche an einigen Orten, wie südlich von El Coduto, einen mageren Teppich über dem Sande bilden, den weidenden Eseln aber immerhin genügende Nahrung bieten. Ferner sind Kokospalmen bei den meisten Viehhöfen auf dem Isthmus angepflanzt oder in der Anpflanzung begriffen. Am besten vorwärts gekommen sind die für den nördlichen Theil des Isthmus eine wichtige Landmarke bildenden hohen Stämme von zwölf Kokospalmen bei El Supí auf der Westseite, aber auch bei

El Coduto und Guazare stehen einige kleinere Exemplare, die jedoch durch Umzäunungen und Dornsträucher gegen Ziegen und die Unbill der Menschen geschützt, und von den Besitzern der Höfe mit derselben Liebe gehegt und gepflegt werden, wie bei uns etwa eine seltene tropische oder subtropische mit Mühe und Noth in die Höhe gebrachte Pflanze, und das in einem Lande, an dessen Küsten viele Tausende von Kokospalmen wild wachsen! Als besondere Kuriosität beherbergt der Viehhof Guazare endlich noch eine mässig hohe Tamarinde. Im Uebrigen ist der Sand Alleinherrscher auf der Enge; am häufigsten sind die Sandhügel und am einförmigsten ist demnach die Landschaft im südlichsten Theil der Landenge, zwischen Paguarito (Paujarito) und Guazare, sowie nördlich von Guazare in der Richtung auf El Coduto. Vor diesem Hof überwiegt Grasland, nördlich davon weisse Sandhügel mit Muschelhaufen sowie grössere Dünen, zum Theil bedeckt mit Grasland und von der Uva de playa und dem Cují überwachsen. Der Fuss des Menschen oder des Thieres aber watet fast 30 km weit im Sande, und die Reise geht daher langsam von Statten, und nur einmal, vor Coduto ist es möglich, über das Grasland hin einen rascheren Schritt anzuschlagen; besser lässt sich auch die Westküste bei El Supí und La Puerta begehen, da hier an die Stelle des trockenen Flugsandes durchweichter und gefestigterer Boden tritt. Gewöhnlich aber hat man Musse, die Bildung kleiner Dünen am Ufer des Meeres zu beobachten, die das Material für die landeinwärts befindlichen grösseren abgeben.

Es ist begreiflich, dass in einem solchen Lande die spärlichen elenden Ansiedlungen begehrenswerthe Rastorte werden. Es sind ihrer nur wenige, und sie liegen von Süden nach Norden in folgenden Entfernungen: Paguarito-Guazare 1½ Stunden, El Coduto 1¼ Stunde, El Supí 1 Stunde, La Puerta ¼ Stunde oder nach El Faro ¾ Stunde. Wählt man von El Coduto aus den Weg an der Ostseite, so erreicht man erst nach fast drei Stunden die Häuser an der Punta Carretilla am Eingang von Paraguaná. Alle diese Siedelungen sind Viehhöfe kleinsten Masstabes, in welchen wenige Esel und Ziegen gezogen werden. Jetzt verlassene Plätze früherer Ansiedlungen zeigen die Eingesessenen hier und da, z. B. bestand zwischen El Coduto und Guazare eine Häusergruppe bei La Enramada. Nachdem man also von Coro aus auf dem östlichen Wege fast 8 Stunden, auf der Abzweigung über El Supí und La Puerta oder El Faro etwa 7 Stunden durch Sand gewatet ist und, umweht von dem wüthenden Seewinde, geblendet vom gelben Licht der Sonne und der Rückstrahlung des schimmernden Sandes, zwischen Dünen, Sandhügeln, Muschelhaufen, und der brausenden

Brandung, zum Theil auch auf unsicherem Boden tastend den Isthmus und die Salinen durchzogen hat, betritt man auf dem östlichen Wege bei Punta Carretilla, auf dem westlichen bei Ciénaga Honda den Boden der Halbinsel Paraguaná.

2. Die **Halbinsel Paraguaná** erstreckt sich von der Punta Cardon 11° 36′ N. B. in südnördlicher Richtung bis zum Cabo de San Roman 12° 11′ N.B. und von der Punta de Los Taques in 70° 17′ W. L. in westöstlicher Richtung bis zum Puerto de Adícora, der etwa in 69° 50′ W. L. liegt und bildet somit ein Viereck, dessen West- und Ostseite etwas länger sind als die Nord- und Südseite; die grösste Ausdehnung in meridionaler Richtung beträgt etwa 60, diejenige in äquatorialer Richtung nahezu 55 km, der Flächeninhalt mag rund 3000 qkm betragen. Die Ost- und Westseite verlaufen in der Richtung nach NNW, die Süd- und der grösste Theil der Nordküste von WSW nach ONO, entsprechend der Richtung der Küste von Coro. Diese Richtungen sind in dem Streichen des Gebirges und Hügellandes von Paraguaná, das durchaus nach ONO gerichtet ist, begründet und verlaufen auch parallel dem Streichen der Gebirge von fast ganz Coro.

Die **Küsten** sind flach und schlecht zugänglich, zwischen der Punta Carretilla und dem Hafen Adícora ist das Meer an der Küste so seicht, dass man erst auf 10 Seemeilen Entfernung eine Wassertiefe von 20 m findet. Von dem für Küstenschiffahrt geeigneten kleinen Hafen Adícora bis zum Cabo de San Román, der Nordspitze des Festlandes, verläuft die Küste fast nordwestlich und giebt hier zweimal gute Ankerplätze ab in dem Puerto Escondido und dem Puerto Bajaraoa. Darauf zieht sie nach WSW und behält ihren flachen Typus bei, ist aber frei von Riffen und kann daher von Schiffen ohne andere Vorsichtsmassregeln als das Lothen ganz wohl befahren werden. An der Spitze Macolla und der benachbarten Spitze Bergantin wendet sie sich nach SSW bis zur Punta Cocui, bildet an der erstgenannten einen guten Hafen und nimmt dann die Richtung nach SSO an, welche sie bis zur Punta Cardón beibehält. Auf dieser Strecke liegen viele Ankerplätze, besonders der schöne Hafen von Los Taques und die durch den Morro de Amuai geschützte Bai von Ayana, ferner der Hafen von Guaranao, ein Salzhafenplatz; Riffe fehlen vollständig, doch ist das Meer nahe der Küste sehr seicht, wie an der Ostseite der Halbinsel. Die Südküste verläuft geradlinig nach ONO und enthält nur zwei Einbuchtungen, die Ciénaga de Cuara und den durch die Punta de Tacuato geschützten Hafen gleichen Namens. Küsteninseln fehlen an der gesammten Küste völlig, abgesehen vom Morro de Amuai.

Die Südküste schliesst mit dem Isthmus und der Küste von Coro die Bucht von Coro, den Golfete de Coro oder El Ancon ab, einen Seitenbusen des Golfo de Venezuela oder de Maracaibo. Der Golfete de Coro ist etwa 55 km lang, 30 km breit, und ziemlich seicht, besonders vor dem Isthmus, hat aber doch noch genug Wassertiefe, um auch grossen Schiffen den Eintritt zu erlauben, da 7—13 m Wasser angetroffen wurden. Der Umstand, dass hier die Ostwinde vorherrschen, erklärt die Seichte des östlichen inneren Theils des Busens, da die Ostwinde das Wasser nach Westen hinauswehen und die östlichen Theile des Golfs mit dem von dem Isthmus herbeigeführten Sande erfüllen.

Paraguaná liegt inmitten verschieden gebauter und zum Theil abgelöster Stücke des Nordrandes des Kontinents, nämlich zwischen den Kreide- und Tertiärketten von Coro, die wir als Fortsetzungen der sedimentären Randketten der Anden, besonders der Cordilleren des Táchira und von Santander zu betrachten haben (S. unten), ferner der Goajira-Halbinsel, die als eine Fortsetzung der eruptiven Gebilde der Sierra Nevada de Santa Marta anzusehen ist und endlich den niederländischen Inseln Aruba, Curaçao, Bonaire, die nach Martin[1]) Reststücke eines alten, Analogien mit den festländischen Gebirgen zeigenden Schiefergebirges sind, von Diabasstöcken durchsetzt und von Kreideablagerungen bedeckt werden, denen sich junge Korallenkalke an den Rändern der Inseln anschliessen.

Es erhebt sich daher die Frage, welche Rolle inmitten so verschiedenartiger Fragmente des ehemals weiter in das Karibische Meer hinaus gedehnten Festlandes die Halbinsel Paraguaná spielt und ob auch sie als ein stehen gebliebener Pfeiler der zerstörten Landbrücke aufzufassen ist, sowie, welchem der benachbarten Gebirgssysteme sie am nächsten anzugliedern ist.

Zusammensetzung. Es zeigt sich nun, dass Paraguaná ein sehr mannigfaltig gebautes Land ist, das anscheinend eben wegen seiner Lage inmitten der genannten Theile des zerstückelten Festlandes alle Merkmale der umliegenden Gebiete vereinigt. Denn es enthält sowohl den in der Cordillere von Coro gänzlich fehlenden Granit der Sierra Nevada de Santa Marta, und die daselbst und auf den niederländischen Inseln auftretenden älteren Eruptivgesteine, Hornblendeporphyrit, Diabas, Gabbro, als auch in seinen Rudistenkalken die Kreideablagerungen von Curaçao, der Sierra de Perijá und Coro's, sowie endlich in bedeutend ausgedehnten tertiären Hügelreihen Aequivalente für die benachbarten

---

[1]) Geologische Studien über Niederländisch-Westindien, Leiden 1888, S. 132 ff.

Küstenlandschaften von Coro; ja es finden sich sogar wenn auch undeutlich aufgeschlossene Spuren eines älteren Schiefergebirges.

Bevor wir nun den Werth dieser Ablagerungen für die Stellung Paraguaná's im Kreise der Nachbargebiete erörtern, wollen wir uns vor Augen führen, was bisher für die Erkenntniss der Zusammensetzung des Bodens von Paraguaná geleistet worden ist.

Das ist nun freilich sehr wenig und stützt sich ausschliesslich auf einige Angaben H. Karsten's in dessen »Archiv für Mineralogie, Geognosie, Bergbau und Hüttenkunde« Band XXIV, 1851. Hier enthält Karsten's Aufsatz über »die geognostischen Verhältnisse des nördlichen Venezuela« S. 459 und 467—469 die einzigen mir bekannten Untersuchungen über den Bau von Paraguaná, die in desselben Verfassers 1886 herausgegebene Schrift »Géologie de l'ancienne Colombie Bolivarienne,« Berlin 1886, S. 20, neu verarbeitet worden sind.

Karsten fand auf Paraguaná alte Eruptivgesteine im Cerro de Santa Ana, Gneiss und krystallinische Schiefer in der westlichen Fortsetzung desselben, wahrscheinlich den Höhen von Arajó bei Morui, ferner Serpentin und schwarzen Kieselschiefer, sowie krystallinischen blauen Kalk in der östlichen Fortsetzung des Cerro de Santa Ana, im Bergzuge von Tausabana oder El Rodeo, dann tertiäre Schichten mit Erdpech und Schwefel, blaue gypshaltige Thone und Schieferthone, weissen glimmerigen Sandstein und blaue Kalke und endlich quaternäre Bildungen. Dagegen fand er keine Spuren der Kreideformation.

Meine Beobachtungen stimmen im Ganzen mit dieser Uebersicht der Zusammensetzung Paraguaná's überein, ermangeln der Feststellung krystallinischer Schiefer bei Morui, ergänzen aber die Beobachtungen Karsten's insofern glücklich, als es mir gelang, im Nordwesten der Insel festzustellen, dass der Untergrund dieses Theils von Paraguaná eine Granitplatte ist, und im Osten die Kreideformation in Gestalt von Rudistenkalken über Zweifel zu erheben. Ueber gesammelte Versteinerungen berichtet Karsten an den mir zugänglichen Orten nicht, nach meinen Aufsammlungen gehört der grösste Theil der jüngeren Hügel Paraguaná's dem jüngeren Miocän zu.

Die ältesten Theile Paraguaná's sind im Westen der Halbinsel zu suchen. Hier fand Karsten einmal in den westlichen Fortsetzungen, einem »Kurzen Arm« des Cerro de Santa Ana: »Gneiss, Glimmerschiefer und chloritische Gesteine, unter denen dunkelblauer, krystallinisch körniger Kalk, feste graue Sandsteine und Thonschiefer zu Tage kommen, nach oben mit ihnen wechsellagernd und gegen WSW unter einem Winkel von 45° gehoben, der in den oberen Schichten steiler wird. ⁴') K a r s t e n rechnet diese Schichten zu den metamorphischen Bildungen ²), worunter er alle Schiefergebirge des nördlichen Venezuela zusammenzufassen pflegt, Schichten, die ich in meiner Arbeit über »Die Cordillere von Merida« ³) und der hier vorliegenden als archaisch bezeichnet habe, während ich die Sandsteine und zum Theil auch die Thonschiefer der Kreide zurechnen möchte. Dieses System liegt in der westlichen Verlängerung des Cerro de Santa Ana, also jedenfalls in den kleinen, Arajó genannten Hügeln, westlich von Morui, und dürfte das älteste bekannte der Halbinsel sein. Einiges Licht auf die Verbreitung dieser Sehichten wirft eine von mir stammende Beobachtung aus der Gegend WSW von Pueblo Nuevo, wo in der sogenannten Montaña de Azaro, einem lichten Trockenwaldgebiet auf dem Wege von Pueblo Nuevo nach Chicacha und von La Muralla nach Jadacaquiva, in einem Wasserloche Granit und darüber Sandsteine und blaue plattige weissgebänderte Kalke auftreten, die sehr an die Kalke der Kreide von Venezuela erinnern. Der Granit ist nach B e r g t ein mittel- bis grobkörniger Oligoklasreicher Biotitgranit mit hellgelben Titanitkrystallen, neben dem noch ein gneissartiges Gestein, ein mittelkörniger, blaugrauer, und in Folge von Druckwirkung schmale weisse Adern aufweisender zertrümmerter Gneiss oder Granit vorkommt. Man wird nicht fehl gehen, wenn man diese selten hervortauchenden Gesteine, den Granit von Montaña de Azaro und die Gneisse und Glimmerschiefer von Arajó als das Grundgerüst von Paraguaná ansieht.

Fragt man nun, wo sich in der Umgebung von Paraguaná ein ähnliches Grundgerüst erkennbar zeigt, so steht fest, dass Granite weder in ganz Coro noch auf den Inseln der Curaçao-Gruppe vorkommen, sondern nur in der Sierra Neyada de Santa Marta, wo gerade die Biotitgranite die östlichen niederen Theile des Gebirges einnehmen, insbesondere das Flussgebiet des Rio Rancheria⁴) um Marocaso, Rosario, Treinta. Ob sie auch zum Theil den Grund der benachbarten Goajira bilden, wissen wir nicht. Gneisse und krystallinische Schiefer fehlen in Coro ebenfalls ganz, wahrscheinlich auch in der Goajira, kommen dagegen in der Sierra Nevada de Santa Marta, vorwiegend allerdings im Nordwesten derselben vor und setzen

---

¹) Archiv für Mineralogie etc., Bd. XXIV, 1851.

²) z. B. in der Geognostischen Karte des nordöstlichen Venezuela in Ztschr. d. Dtsch. geol. Ges. Bd. II, 1850, Tafel XI.

³) in Penck's Geographischen Abhandlungen, III, 1, Wien 1888.

⁴) S. meine Abhandlung über die Sierra de Nevada de Santa Marta in der Zeitschrift der Gesellschaft für Erdkunde zu Berlin 1888, Bd. XXIII, S. 7.

ferner Theile des Yaracui sowie der Cordillere von Mérida und des Karibischen Gebirges zusammen. Bekannt sind sie also in nächster Umgebung der Halbinsel Paraguaná nicht, man müsste höchstens die von Martin[1]) von Aruba erwähnten Amphibolite und Grünschiefer hierherrechnen, die nun wiederum in der Sierra Nevada de Santa Marta vorkommen. Auch von Orchila sind Gneiss und Quarzit bekannt.[2])

Aehnlichkeit mit Amphiboliten hat auch nach Bergt das Gestein des östlichen Ausläufers des Cerro de Santa Ana, des Cerro Tausabana, oder El Rodeo, das für einen Gabbro erklärt ist; ob hier ein Eruptivgestein oder ein krystallinischer Schiefer vorliegt, ist nicht zu entscheiden. Den Südhang des Berges bildet weisser, bläulichgrauer und schwarzgefleckter Forellenstein.

Ueber dem genannten Grundgerüst, das bei genauerer Untersuchung des westlichen Theils der Halbinsel wohl noch an anderen Stellen nachgewiesen werden wird, sind nun grosse Massen zweier alter Eruptivgesteine hervorgequollen, deren älteres ein klein- bis mittelkörniger Diabas ist, der auch mechanischer Veränderung unterworfen gewesen und dann, wie es scheint, von einem dunklen, blaugrauen bis hellgrüngrauen Hornblendeporphyrit von hartem muscheligem Bruch durchbrochen worden ist. Beide zusammen haben den Hauptgipfel der Halbinsel, den etwa 700 m hohen Cerro de Santa Ana gebildet, und zwar der Diabas den Fuss und Sockel, der Hornblendeporphyrit den Gipfel und die Masse des aufragenden Berges von etwa 150 m an. Diese Gesteine, und überhaupt alle Eruptivgesteine ausser Granit, fehlen nun vollständig dem gesammten nördlichen Venezuela mit Ausnahme der Serrania del Interior des Karibischen Gebirges, treten dagegen wiederum sowohl in der Sierra Nevada de Santa Marta[3]) wie auch auf den niederländischen Inseln[4]) auf, deren Kern sie bilden, so dass hier abermals nur in den vorliegenden Inseln und der Nevada de Santa Marta, nicht aber im benachbarten Theile von Venezuela Analogien vorliegen. Ob das als Gabbro bestimmte, von Karsten als Serpentin bezeichnete Gestein des Cerro de Tausabana oder Rodeo ebenfalls hier anzureihen ist, bleibt unentschieden. Die Form desselben spricht eher für ein Eruptivgestein als für krystallinische Schiefer.

[1]) a. a. O., S. 53 ff.

[2]) Humboldt, A. v., Reise in die Aequinoctialgegenden des neuen Kontinents, V, 729 und Martin, a. a. O., S. 56 Anm. 2.

[3]) Sievers, a. a. O., S. 21, 24. Bergt, Beitrag zur Petrographie der Sierra Nevada de Santa Marta, Wien 1888.

[4]) Martin, a. a. O., S. 12, 36, 44.

Während also in Bezug auf die soeben geschilderten Felsarten Paraguaná dem benachbarten Festlande von Coro fremd gegenübersteht, bieten die jüngeren sedimentären Schichten der Halbinsel Anhaltspunkte für die Annahme eines näheren Zusammenhangs mit dem Festlande dar. Zwar die Kreideformation ist von mir auf Paraguaná nur in sehr geringen Resten in Gestalt von Rudistenkalken zwischen Cerro Tausabana und Miraca nachgewiesen, allein es scheinen auch die blauen Kalke der Montaña de Azaro hierher zu gehören, da sie durchaus an diejenigen von Agua Blanca und zahlreicher Stellen der Cordillere von Mérida in Venezuela erinnern. Welche Stellung der quarzitische Sandstein des oberen Theils des Cerro de Tausabana einnimmt, vermag ich nicht zu sagen. Nun ist aber die Kreideformation auf dem benachbarten Festlande die herrschende Formation, und es haben sich ohne Zweifel Ablagerungen derselben in früher ausgedehnterem Masse nach Paraguaná hinübererstreckt. Ferner kommt die Kreideformation nach Martin [1]) auch auf der Curaçao-Gruppe vor, und zwar ebenfalls Rudistenkalke bei Savonet in Nordwest-Curaçao und Kieselschiefer, letztere stark gefaltet und geknickt, erstere vielfach gestört und verdrückt, mit einem Streichen von W 18° N und wie auf Paraguaná, am Rande der Diabase gelegen. Nach Martin [2]) sollen auf Curaçao die Diabase von den Kreideablagerungen überlagert sein, was sich für das Vorkommniss auf Paraguaná zwar nicht erweisen liess, aber doch auch wahrscheinlich ist.

Den grössten Raum auf Paraguaná nimmt die Tertiärformation ein, die das Innere und den Norden, von Buena Vista aus nordwärts gerechnet, wahrscheinlich aber auch den Osten und grosse Strecken des Westens erfüllt und im Süden ebenfalls vor dem Cerro de Santa Ana, in Gestalt leicht unter 15° gegen Norden aufgerichteter Schichten von Lehm, Kalk und Sandstein erscheint [3]). Die dieselbe bildenden Gesteine sind im Norden und Osten vorwiegend helle, gelbe und rothe Kalke mit Muschelschaalen und Phosphoritknollen, und enthalten an Versteinerungen Serpula, Pecten, Korallen, einige Gastropoden, wie Solarium quadriseriatum Sow. und Conus recognitus Guppy zwischen Pueblo Nuevo und Buena Vista, ferner Ostrea spec., Pecten nucleus = inaequalis, Pecten cf. Antillarum, Pecten nov. spec., Venus, Cardium, Lucina, Cytherea aff. plenivieta Guppy, meist aus der Gegend von Pueblo Nuevo, Buena Vista, am Wege Pueblo Nuevo-Aguaque, am Cerro Concepcion, die von Moericke dem oberen Miocän zu-

---

[1]) a. a. O., S. 21.　[2]) Ebenda, S. 59.　[3]) Karsten, a. a. O., S. 468.

getheilt werden, und Arten von Cuba, Haiti, Jamaica, Trinidad, Cumaná entsprechen, die theilweise noch in dem Karibischen Meere leben. Diese Schichten bilden kleine nach Ostnordosten streichende Hügel, deren Streichen also parallel dem Cerro de Santa Ana, der Süd- und Nordküste von Paraguaná und der Nordküste von Coro verläuft und werden begrenzt von noch jüngeren Bildungen an den Küsten, wie dichten gelben Kalken zwischen El Rodeo und El Tacuato im Süden, und Muschelbreccien auf dem Isthmus von Paraguaná. Karsten, der diese Ablagerungen auch an der Küste von Coro bis zum Maracaibo-See und bis über Cumarebo hinaus sich ausdehnend fand, bemerkt: »Die organischen Einschlüsse dieser jüngsten Gesteine sind denen der tertiären Formation so ähnlich, dass ich hiernach keinerlei Unterschied zwischen beiden machen konnte.«[1]) Sie gehören in dieselbe Reihe der Schichten von der Küste zwischen La Vela de Coro und Taratare, sind aber in Paraguaná nicht mehr gefaltet, sondern streichen horizontal aus dem Meer hinaus, wo sie, wie auch ich mit Karsten[2]) glaube, noch jetzt in der Weiterbildung begriffen sind.

Aus dem soeben über die Geologie von Paraguaná Gesagten ergiebt sich somit, dass das Grundgerüst der Halbinsel wahrscheinlich ein altes Gebirge aus Gneiss, krystallinischen Schiefern und Granit bildet, das noch bei Arajó, bei Montaña de Azaro und vielleicht im Cerro de Tausabana zu Tage liegt, und von gewaltigen Massen von Diabas und Hornblendeporphyrit durchbrochen worden ist, die noch jetzt die höchsten Gipfel der ganzen Umgebung bilden. Vielleicht bestand zu jener Zeit eine Landbrücke zwischen der Sierra Nevada de Santa-Marta sowie der anschliessenden Goajira und Paraguaná, der Curaçao-Gruppe, und den Inseln vor der Küste von Venezuela über Orchila bis Blanquilla. Darauf wurde das gesammte nördliche Südamerika, mit Ausnahme von wohl nur wenigen Landstrichen, zur Kreidezeit vom Meere überfluthet, es bildeten sich Ablagerungen der Kreideformation, von denen in Paraguaná noch Sandsteine, blaue Kalke und gelbe Rudistenkalke vorhanden sind. Diese unterlagen einer kräftigen Abtragung und wurden sodann in der Tertiärzeit, wohl vor dem jüngeren Miocän gefaltet. Darauf bildeten sich in der zweiten Hälfte der Tertiärzeit, im Miocän oder noch später, um die Küsten der als Iuseln aufragenden alten Eruptivgesteins- und Kreideformations-Gebiete Meeresablagerungen, die nun den grössten Theil von Paraguaná

---

[1]) Karsten, a. a. O., S. 469.

[2]) Karsten, a. a. O., S. 469.

bedecken und in der Quartärzeit weitergebildet wurden, ja auch fortgesetzt noch in der Jetztzeit entstehen. Auf der Curaçao-Gruppe soll
das Tertiär zwar ganz fehlen, doch fragt es sich, ob es nicht etwa
dieselben Ablagerungen, die Möricke als Ober-Miocän bezeichnet
hat, sind, welche Martin als altquartär auffasst [1]).

Da gleichzeitig diese Meeresbildungen an der Küste des Festlandes von Venezuela vor sich gingen, so ergiebt sich für die Tertiärzeit und einen Theil der Kreideperiode eine Annäherung in der Zusammensetzung zwischen Paraguaná und dem Festlande.

Ob etwa in der Tertiärzeit die Kreidebildungen von Paraguaná
noch mit dem Festlande zusammenhingen und ob damals in Folge
der Faltung der Gebirge des nördlichen Südamerika und der damit
in Verbindung stehenden Einbrüche um den Maracaibo-See und an
der Nordküste überhaupt die Verbindung unterbrochen wurde, lässt
sich noch nicht mit Sicherheit sagen. Jedenfalls steht Paraguaná
mit seinen Resten alten Schiefergebirges, seinen Granitstöcken und
seinen Diabas- und Hornblendeporphyrit-Durchbrüchen zur Zeit dem
Festlande von Coro als ein abweichendes Land gegenüber und gliedert
sich ein in die Kette von Resten alten Schiefergebirgslandes und
alter Eruptivgesteinsstöcke, die sich von der Sierra Nevada de Santa
Marta über die Goajira und die Curaçao-Gruppe bis nach Orchila
hinzieht.

Oberflächengestalt. Wer im Hafen von La Vela de Coro
stehend, nach Nordwesten schaut, erblickt über dem blauen Meere
einen spitzen Berg mit breiter Basis und steilem Absturz und daneben
in östlicher Richtung einen als Anhängsel erscheinenden kleineren
und gewinnt den Eindruck eine Vulkan-Insel vor sich zu haben,
bis die im Westen auftauchende Sandzunge des Isthmus, die man
ziemlich weit mit den Blicken verfolgen kann, die Möglichkeit einer
Verbindung jenes Inselberges mit dem Festlande nahe rückt. Und
wie von La Vela, so auch von allen übrigen Seiten her gesehen, macht
der Gipfel von Paraguaná den Eindruck einer isolirt im Meere stehenden
Kuppe, einer Insel vor der Küste, denn rund um ihn, den Cerro de Santa
Ana, ist das Land niedrig und erst bei grosser Annäherung an die
Küste sichtbar. So bietet der Cerro de Santa Ana den Schiffern
eine vorzügliche Steuermarke dar, zumal da er von den verschiedenen
Himmelsrichtungen aus betrachtet, stets eine andere Form zeigt.

Der Cerro de Santa Ana bildet den Kern der Halbinsel Paraguaná, liegt jedoch nicht in der Mitte derselben, sondern dem süd-

[1]) Martin, a. a. o., S. 89/90.

lichen Rande genähert; von dem Punkte La Ciénaga Honda am innersten nordöstlichen Winkel des Golfs von Coro erreicht man ihn in drei Reitstunden. Ich will einige Ansichten des Berges hier vorführen, um die verschiedenartige Gestalt desselben zu zeigen.

Cerro de Santa Ana und Cerro de Tausabana (Rodeo), gesehen gegen Nord von El Tacuato am 23. Oktober 1892.

Cerro de Santa Ana, gesehen gegen Süd von La Muralla am 22. Oktober 1892.

Cerro de Santa Ana, gesehen gegen West von Baraibed am 1. November 1892.

Der Berg stellt sich danach dar als ein auf breitem Sockel sich aufbauender Klotz mit einem hornartigen, schroff nach Westen abfallenden Gipfel und einem gegen Osten ebenfalls scharf abfallenden Abhang; auf dem Absatze, der durch diesen Abfall nach Osten gebildet wird, lag früher eine Pflanzung eines Herrn Garcia, welche nach dem Tode desselben von den Erben verlassen worden ist. Leider ist auch der Weg von Santa Ana dahin theilweise zerstört und die Besteigung daher beschwerlich; dennoch ist sie bis zu diesem Hause möglich und von mir am 21. Oktober 1892 ausgeführt worden. In langsamem Anstieg gelangte ich um 8 Uhr 20 Min. früh an den Fuss des Berges, der hier wie überall am Sockel aus Diabas besteht. Die unteren Gehänge sind bis zu 300 m Höhe kahl oder nur mit Gebüsch, Monte, bestanden und gangbar; von 150 m an beginnt bereits das überaus harte, splittrige, beim Anschlagen helltönende Eruptivgestein, das die Hauptmasse des Cerro de Santa Ana zusammensetzt, der Hornblendeporphyrit, dessen einzelne Platten eine braune Verwitterungskruste tragen. Nahe 300 m beginnt der Wald, der sich bis auf den Kamm .der etwa 500 m hohen mittleren Stufe des Berges fortsetzt, durch einen kleinen Bach, den einzigen auf Paraguaná bestehenden, bewässert wird und durch Pflanzen auffällt, die im übrigen Venezuela meist erst von 1000 m Höhe an aufzutreten pflegen. Er hat durchaus den Charakter des Bergwaldes der Tierra templada mit zahlreichen Orchideen und an den Bäumen herabhängendem reich entwickeltem Bartmoos und ist so dicht, dass der Weg hier mit dem Messer geschlagen werden muss; er erstreckt sich über den gesammten Südabhang des Berges von 300—500 m Höhe und bedeckt auch noch den Kamm der mittleren Bergstufe, schneidet aber am Nordrande ab, so dass der gesammte Nordabhang kahl ist. Dies ist um so auffallender, als sonst im nördlichen Südamerika sowohl in den Küstengebirgen von Venezuela, dem Karibischen Gebirge und der Cordillere von Mérida sowie auch in der Sierra Nevada de Santa Marta stets der Nordabhang der reicher bewaldete, der Südabhang oftmals ganz kahl ist. Ausserdem fällt es auf, dass, obwohl der Wald am Abhange des Cerro de Ana Santa den Typus eines andinen Bergwaldes, nicht den eines Tieflandswaldes trägt, doch auf der Höhe an der Casa Garcia drei Kokospalmen gedeihen, so dass also eine Vereinigung von Charakterpflanzen der Tierra caliente und der höheren Tierra templada stattfindet; auch die Uva de playa, ein sonst nur am Rande des Meeres und an salzigen Lagunen vorkommende Pflanze, gedeiht hier, auf der Höhe von 500 m, umweht von dem salzigen Seewinde, und daneben fand ich an Produkten der früheren Pflanzung Kaffee, Zuckerrohr, Guayabobäume (Psidium) und Apfelsinenhaine.

Von dieser Höhe, der Casa Garcia, in 500 m erhebt sich nun steil und anscheinend unersteiglich der oberste Theil des Berges mit dem höchsten Horn, ein noch etwa 200 m hoher Rücken, dessen Felsen gegen die Casa Garcia in einer schroffen braunrothen, mit Kräutern bewachsenen und vom Wasser berieselten glatten Wand abfallen. Der Westabfall ist zwar sehr steil, soll aber nach Herrn R. Ludwig, der ihn von Morui aus erklommen hat, bis auf das oberste Horn, ersteigbar sein, und dürfte aus denselben Gesteinen bestehen, wie die von mir besuchten Theile des Berges. Die Gesammthöhe des Cerro de Santa Ana lässt sich auf 700 m berechnen, ist also weit bedeutender als Codazzi[1]) mit 397 m und

[1]) Codazzi: Resúmen de la Geografia de Venezuela, S. 446 und Atlas dazu, letztes Blatt, Höhentafel.

Karsten[1]) mit 1425 Fuss annehmen. Die Länge des Berges beträgt 11—12 km, die Breite 3—4 km, der Uebergang über die Höhe von 500 m konnte trotz des zum Theil erst zu öffnenden Weges zwischen Santa Ana und Buena Vista in vier Stunden bewerkstelligt werden.

Am leichtesten ist der Aufstieg auf den Berg, wenigstens bis zur Casa Garcia, jedenfalls von Buena Vista aus, da der Nordabhang keinen feuchten Wald, ja, nicht einmal lichten Trockenwald, sondern nur hohes Gebüsch und Gestrüpp trägt, so dass der Abstieg bis zum Fuss des Berges nur etwa eine halbe Stunde dauert; von einem dort liegenden Hause in etwa 100 m Höhe, das schon wieder auf dem den Berg rings umfassenden Diabas steht, hat man noch eine halbe Reitstunde bis nach Buena Vista, so dass eine Besteigung des Berges bis zur Casa Garcia von hier aus nur ungefähr 1¼ Stunden in Anspruch nimmt, von Santa Ana, das dem Berge noch näher liegt, als Buena Vista, aber fast 3 Stunden. Die Aussicht von oben umfasst ganz Paraguaná, den Golf von Coro, den Isthmus, die Cordilleren von Coro und Aruba.

Die unter dem Namen Arajó sich westlich von Morui hinziehenden Höhen sind von mir nicht besucht worden; sie sollen nach Karsten Schiefer, Glimmerschiefer, ja Gneiss und anderseits Sandsteine tragen, mögen aber kaum höher als 150—200 m sein.

Diese Höhe überschreitet wenig der im Osten des Cerro de Santa Ana gelegene Höhenzug von Tausabana, mit dem nach dem Gehöfte El Rodeo am Südfusse genannten Cerro El Rodeo, ein langgestreckter, bis nahe an die Ostküste vorspringender Rücken von etwa 100 m Höhe, auf dem einige domförmige Kuppen von 150 – 200 m Erhebung aufsitzen, unter ihnen vor allem ein hoher Buckel, an den sich nach Osten eine langgestreckte Hügelreihe anschliesst. Der Fuss des Rodeo besteht da, wo ihn die Strasse von El Rodeo nach Buena Vista überschreitet, also zwischen den Gehöften von El Rodeo und Tausabana aus Forellenstein und Gabbro von amphibolitartigem Charakter, die 150 m hohe Kuppe neben dem Wege aus hartem in scharfe Splitter und Stücke zerfallenden quarzitischen Sandstein, während Karsten an einem nicht genau zu bestimmenden Punkte dunklen Serpentin mit schwarzem Kieselschiefer und krystallinischen blauen Kalk sowie verhärteten Thon fand, denen er eine durch Wärme erzeugte Veränderung zuschreibt; wahrscheinlich macht er dafür das Eruptivgestein vom Cerro de Santa Ana verantwortlich, das sich an

[1]) Karsten, a. a. O., S. 459.

diesen Höhenzug im Nordwesten und Westen auf dem Wege nach Buena Vista allerdings anschliesst. Von Osten, der Saline von Tura aus gesehen, hat der Rodeo eine einem Vulkane mit eingestürztem Kegelgipfel durchaus ähnliche Form, scheint aber doch der Kreideformation anzugehören, falls nicht das als Gabbro bezeichnete Gestein ein krystallinischer Schiefer ist. Der Höhenzug des Rodeo streicht nordöstlich, also etwas nördlicher als der Cerro de Santa Ana.

Zwischen ihm und Buena Vista dehnt sich am Nordost- und Ostfusse des letztgenannten Berges ein niedriges, 100 m kaum übersteigendes Hügelland von Diabaskuppen aus, das aus runden Buckeln bestehend und vom Wege schlängelnd durchzogen, wenig Anziehendes bietet und sich bis etwa 1½ km vor Buena Vista erstreckt. Im Norden schliesst sich dagegen an den Höhenzug von Tausabana zunächst die Ebene von Tausabana, die mit Brocken desselben rothen quarzitischen Sandsteins vom Cerro Rodeo übersäet ist und dann ein Hügelland von weissen, sehr jungen Kalken, die sich auch noch über den Hato Marturuma auf den Südabhang eines zweiten Höhenzugs erstrecken, in dem nun die Kreideformation mit Rudistenkalken und dem rothen Sandstein des Rodeo auftritt. Diese Gegend ist sehr wasserarm, mit Monte, trocknen Büschen, Cacteen, Cují, Dornen und Gesträpp bewachsen, enthält aber trotzdem eine ganze Reihe von Viehhöfen, Hatos, die in ganz Paraguaná im hohen Gebüsch versteckt liegen.

Bei La Cruz Gorda beträgt die Meereshöhe der Hügel nochmals 80 m und tritt noch einmal der zersetzte, in Trümmer aufgelöste Diabas des Cerro de Santa Ana auf, dessen äusserste Ausläufer sich bis hierher erstrecken, dann folgt nordwärts von Miraca an das miocäne Hügelland, das nun das ganze Innere von Paraguaná bis nahe an die Nordküste erfüllt.

Dieses tertiäre Hügelland ist in regelmässige, nach ONO streichende, niedrige Höhenzüge zerlegbar, die nicht ganz 100 m Höhe erreichen und von denen zwei sich besonders deutlich in der Landschaft abzeichnen. Der eine zieht zwischen Buena Vista und Pueblo Nuevo hin, bildet hier die versteinerungsreichen Hügel nahe der Mitte des Weges zwischen beiden Orten, und den im Südosten von Pueblo Nuevo gelegenen Cerro de la Concepcion und scheint sich in der niederen Platte gegen WSW fortzusetzen, die das Land zwischen Jadacaquiva, Buena Vista, Pueblo Nuevo und La Muralla einnimmt. Der zweite Höhenzug geht von dieser selben Platte aus und erstreckt sich nördlich von Pueblo Nuevo in ebenfalls ostnordöstlicher Richtung mit einer Höhe von wiederum 70—80 m. Ihm gehören die aus rothem nierigem und gelbem Sandstein gebildeten obermiocäne Versteinerungen enthaltenden Hügel zwischen Pueblo Nuevo und Aguaque sowie der aus gelben Kalken mit Phosphoritknollen bestehende Cerro Pelón, endlich auch der aus gelben Kalken mit zahllosen miocänen Muscheln zusammengesetzte Cerro de Santa Clara bei La Muralla an. Beide Höhenzüge sind theils ganz kahl wie der Cerro Pelón, theils mit lichtem Trockenwalde, wie der zwischen Pueblo Nuevo und Buena Vista gelegene, meistens aber mit Gesträpp bestanden und schliessen zwischen sich die fruchtbare Ebene von Pueblo Nuevo ein, in der sich frische Viehweiden, Potreros, Maispflanzungen, ja sogar Bananenpflanzungen, eine sonst in Paraguaná nicht bemerkbare Kultur, ausdehnen, so dass dem Auge hier die seltene Frische und Anmuth der Landschaft wohlthuend sich einprägt.

Jenseits des nördlichen Höhenzuges, von dessen einem Hügel, dem Cerro Pelón, genau nördlich die Insel Aruba, ferner die Berge von Cumarebo und der Cerro de Santa Ana sichtbar sind, und dessen Ausläufer in nordöstlicher Richtung gegen das Meer ziehen, dehnt sich eine langsam zum Meer abfallende Abdachung aus, die hauptsächlich aus jungen gelben Kalken mit Phosphoritknollen besteht; der nördliche Theil von Paraguaná ist daher eine nur wenig, etwa 50—65 m über das Meer sich erhebende Ebene, deren Ränder freilich hier und da, z. B. bei San Francisco an der Nordspitze mit einem Steilabfall enden, dem dann noch flache sumpfige Landzungen, wie das weit ins Meer hinaustretende Cabo de San Román vorgelagert sind.

Der landschaftliche Eindruck von Paraguaná wird durch vier besondere Züge bestimmt, einmal den überall hervortretenden und von allen Seiten aus sichtbaren Cerro de Santa Ana, sodann das Vorherrschen von hohem Buschwerk, ferner durch den Mangel jeglichen Wasserlaufs und endlich den Mangel an Dörfern, an deren Stelle zahllose Einzelhöfe treten. So erblickt man vom Cerro de Santa Ana und von jeder Erhebung aus weite, aber unübersichtliche, wenn auch gut übersehbare Ebenen, und kleine sanftgewellte Höhenzüge, sämmtlich mit hohem Gesträpp überzogen, das nur sehr selten in lichten Trockenwald übergeht, wie in der Montaña de Azaro, und auch wieder nur selten dem Grasland Spielraum lässt, wie in der Gegend von Santa Ana und hier und da in der Nähe der Küste, wie bei La Rita und an der Punta Carretilla. Nicht einen einzigen Wasserlauf erspäht man auf der ganzen Halbinsel, ausgenommen den periodischen Bach von Santa Ana, doch wird der üble Eindruck, den der Mangel an Wasser in dem Landschaftsbild hervorruft, gemildert durch die Nähe des Meeres, das man gewöhnlich an irgend einer Seite des Horizonts noch erblickt, und ausserdem durch die reichlich über Paraguaná verstreuten Tanke. Denn das unter dem öden Lande anscheinend reichlich vorhandene Grundwasser quillt an vielen Stellen leicht beim Graben empor und der allerdings nicht häufig noch reichlich fallende Regen wird in Tanken gesammelt, die nun die reiche Ziegen- und Eselzucht des sonst wenig producirenden Landes ermöglichen und Veranlassung geben zu der Zerstreuung der menschlichen Ansiedlungen über das ganze Buschland und zu dem Vorwiegen von Einzelhöfen. Man ist in der That sehr verwundert, beim Reiten auf den schwer zu findenden, weil durch Ziegenpfade oftmals nach allen Richtungen hin durchkreuzten, schmalen Wegen zwischen dem überreiterhohen Gebüsch und Gestrüpp alle fünf bis zehn Minuten einen Hof zu sehen, in welchem, auch dem ärmsten, Ziegen, Hühner mit Sicherheit, fast immer aber auch Esel gezogen werden. Von dem Cerro de Santa Ana und von einigen höheren Hügeln, wie dem Cerro Pelón und dem Cerro Concepcion, überblickt man in der That zahlreiche derartige Höfe, die sich häufig nur durch Lichtungen im Gebüsch andeuten, und wenn man auf der Höhe des Hügels von Buena Vista stehend nach Norden und Westen, auch Osten blickt, so bemerkt man eine vollständige Ueberschüttung des Landes mit dicht neben einander liegenden Einzelhöfen, die den Anschein einer grossen Volksdichte geben.

In der That ist Paraguaná auch dichter bevölkert als das benachbarte Coro und hat einigen Wohlstand erreicht, zum Theil auch weil die abgeschlossene Lage der Halbinsel bei Kriegen und Revolutionen gewöhnlich Schutz vor Angriffen giebt, wenngleich der letzte Bürgerkrieg von 1892 auch an den Bewohnern von Paraguaná nicht spurlos vorüber gegangen ist.

Diese Einzelhöfe beleben die Landschaft sehr, die blauen Tanke tragen auch dazu bei, dem sonst recht öden Bilde frische Farben zu geben und so kommt es, dass selbst des Ackerbaues entbehrende Gebiete einen erfreulichen Anblick gewähren. In den wenigen Landestheilen, wo Ackerbau möglich ist, fallen die frischen Felder natürlich dem an nichts weiter als Sand, Gestrüpp und Gebüsch, Ziegen und primitive Hütten gewöhnten Wanderer noch angenehmer auf als auf dem Festlande Coro's, wo doch wenigstens hie und da auch in der Trockenzeit noch frische Bäche rinnen. Angebaut wird aber fast nur Mais, das hauptsächliche Nahrungsmittel der Bevölkerung von Paraguaná, sowie Yuca, ferner von Gemüsen Erbsen, Bohnen, Melonen, Auyama und nur an einer einzigen Stelle, bei Pueblo Nuevo, Bananen, die jedoch für den Bedarf der Bevölkerung nicht ausreichen, so dass

Bananen und Zucker von Coro eingeführt werden; im Uebrigen pflegt man in Paraguaná Tabak, Baumwolle, letztere um Pueblo Nuevo und Morui, aber nur in sehr geringem Masse, anzubauen und der geglückte Versuch, auf der Höhe des Cerro de Santa Ana eine Kaffeepflanzung anzulegen, ist nach dem Tode des Gründers derselben nicht erneuert worden. Pueblo Nuevo und Buena Vista sind die Mittelpunkte für den Ackerbau; das ganze übrige Land kennt fast nur Viehzucht, die zur Zeit im Aufschwunge begriffen ist, nachdem schon vor 1848 eine lebhafte Ausfuhr von Pferden, Maulthieren, Eseln und Schafen nach den Antillen bestanden hatte. Rinder sind in Paraguaná selten, Esel dagegen so häufig, dass sie hier und da bestimmend in das Landschaftsbild eingreifen, wie auf der grasigen Ebene zwischen der Saline von Tura und dem Meere, wo ich eine Herde halbwilder Esel aufscheuchte, die im Galopp zwischen der blauen Saline und dem mit Schaumköpfen gehenden Meere im Angesichte des rothbraunen Cerro Rodeo über die Grasebene dahinjagten, ein echtes Steppenbild, und selbst für Paraguaná eigenartig. Ueberhaupt ist Paraguaná, wenn auch im Grunde ein ödes, wasserarmes Land, nicht arm an landschaftlichen Reizen. Hier und da, wie in Miraca, wiegen sich schlanke Palmen über den Hütten und geben der Ansiedlung den Anstrich einer Oase. Baraibed liegt in weitem Blachfeld, auf Muschelsandboden, mit dem Blick auf den steilen Kegel des Cerro de Santa Ana; in der Entfernung sieht man die weissen Häuser des kleinen Hafens von Adícora leuchten und auch Buena Vista und Santa Ana sind schön gelegen. Von San Francisco an der Nordspitze sieht man von der Höhe des Hofes, in dem die Wittwe des Marschalls Falcón zeitweilig lebt, das Meer und die Insel Aruba, über La Boca erheben sich am Meere kleine Kokospalmenhaine: kurz wechselnde Bilder, oft reizvoll und stets umrahmt von der angenehmen Stimmung der Ruhe und des Friedens, ja, einer Art von einsamer Melancholie, die über ganz Paraguaná ausgebreitet ist.

Noch jetzt werden Esel, Schafe und Produkte der Viehzucht, von der das Volk fast ausschliesslich lebt, nach Coro ausgeführt. Milch, Käse, Schaf- und Ziegenfleisch, sowie die unvermeidliche riesige Arepa, das Maisbrod, bilden die hauptsächliche Nahrung der Bevölkerung, Kaffee ist schon seltener, Zucker kommt aus Coro.

Der Bergbau beschränkt sich auf die Ausbeutung der Salinen, deren reichste an der Südwestseite bei Guaranao liegt; bekannt sind ferner die von Los Taques, Arroyo, Tiraya, Adicora und Tique, sowie zwischen Ciénaga Honda und El Supí. Unter den Nutzhölzern sind Guayacan (Guayacum officinale) Tartago (?) und ein wenig Brasilholz

(Haematoxylon brasiletto) eine Mimosacee zu erwälmen, dagegen kommt viel Dividivi (Caesalpinia coriaria) auf Paraguaná, wie auf der Goajira und bei Maracaibo vor. Die Industrie beschränkt sich auf die Anfertigung von Hängematten aus Baumwolle und Agavefasern, aus denen auch Seile gedreht werden, und die Zusammenstellung von Muscheln zu gefälligen kranzartigen und zweigähnlichen Mustern.

Die Fischerei ist an den Küsten ein wichtiger Erwerbszweig der Bevölkerung und richtet sich besonders auf den Jurel und den Sabalo, dessen Rogen als Delikatesse gilt. Die Perlenfischerei an der Westküste hat aufgehört und die Ausfuhr von Schildpatt ist nur noch sehr gering.

Der Handel mit Coro und Maracaibo, sowie den Inseln Aruba und Curaçao ist lebhaft, beschränkt sich aber nur auf Küstenschifffahrt und Landkarawanen auf dem Isthmus. Ausgeführt werden Salz, Mais, Baumwolle, Wolle, Käse, Häute, Schafe, Ziegen, Esel nach Curaçao und Aruba, Tabak nach Coro; eingeführt werden Genever, Cigarren, Kleider von Aruba und Curaçao, Zucker und Bananen von Coro. Da der Handel in Folge der zahlreichen kleinen Häfen schwer zu überwachen ist, so blühte der Schmuggel von jeher und hat auch noch im Revolutionsjahr 1892 grossen Umfang gehabt, so dass dieses für das übrige Land nicht günstige Jahr für Paraguaná wahrscheinlich gerade recht einträglich gewesen ist.

Paraguaná ist politisch ein Theil des Staates Falcón und führt auch als Distrikt den Namen Falcón. Dieser Distrikt Falcón zerfällt in acht Municipios, die meist nach den Hauptorten der Halbinsel genannt sind, nämlich Pueblo Nuevo, Baraibed, Buena Vista, Morui, Santa Ana, Jadacaquiva, González, Miranda. Ihre Einwohnerzahl war 1881 folgende (Miranda fehlte):

Pueblo Nuevo 3496, Baraibed 1652, Buena Vista 2121, Morui 1442, Santa Ana 1941, Jadacaquiva 2389, Gonzalez 871.

Der Census von 1891 ergab:

Municipios:	
Pueblo Nuevo	5118
Buena Vista	2511
González	1736
Baraibed	1777
Santa Ana	2252
Morui	2009
Jadacaquiva	2320
Miranda	1867
Distrikt Falcón	19590,

davon 9252 männlich, 10338 weiblich.

Das Municipio Miranda, der äusserste Westen, ist seit 1881 hinzugekommen, durch Ablösung von Jadacaquiva.

Man kann die Volksdichte, wenn man ein Areal von 3000 qkm zu Grunde legt, daher auf 6 — 7 pro qkm veranschlagen, was etwa dem Durchschnitt der Dichte des Landes nördlich des Orinoco entspricht, aber die Zahlen für Coro und die Llanosstaaten weit übertrifft.

Eine geschlossene Ortschaft unter diesen ist eigentlich nur das 1772 gegründete Pueblo Nuevo, der Hauptort Paraguaná's, dem allein die Bezeichnung Ciudad, Stadt, zukommt, fast in der Mitte der Halbinsel gelegen, mit umfangreicher Plaza, gut gehaltenen Strassen und einigen Läden, wie schon bemerkt in fruchtbarer frischer, besonders im Süden und Westen gut angebauter Umgebung, mit 1076 (1891) Einwohnern. Alle übrigen Orte sind aufgelöst in Häusergruppen und diese Decentralisation nimmt anscheinend noch zu anstatt ab, wie in dem ältesten Orte der Halbinsel, dem schon 1563 gegründeten Santa Ana, der früheren Hauptstadt, deren wenige (137) Bewohner sich mehr und mehr auf das Land zurückziehen, so dass die spärlichen um die alte baufällige Kirche gruppirten, in Strassen nicht eigentlich angeordneten Häuser einen trostlosen Eindruck hervorrufen. Und doch könnte gerade dieser Ort wegen der fruchtbaren bis nach El Rodeo eine Stunde weit sich ausdehnenden Wiesen und der von dem Cerro de Santa Ana gespendeten Frische · ein Mittelpunkt für den Ackerbau werden; allein die grosse Plaza ist verödet, man sieht kaum Menschen in Santa Ana.

Buena Vista ist nach Pueblo Nuevo der am stärksten bevölkerte Ort auf Paraguaná, entbehrt aber noch der Geschlossenheit. Um eine nur zur Hälfte fertig gewordene Kirche stehen zwei lange Strassen, alles zusammen auf einem tafelartigen Rücken; der Rest der Ortschaft, lauter Einzelgehöfte, liegt nördlich von diesem Rücken drunten im Thal, das somit bedeckt ist mit Häusergruppen, Maisfeldern, Tanks und Vieh. Mit diesen Häusergruppen zusammen hatte Buena Vista (1891) 1053, ohne dieselben etwa 500 Einwohnern.

Morui und Jadacaquiva habe ich nicht kennen gelernt. Ersteres ist eine grössere, Santa Ana angeblich ähnliche Ansiedelung am Westfusse des Cerro de Santa Ana mit 447 Einwohnern, letzteres ein kleinerer, wiederum nicht geschlossener, sondern in Häusergruppen und in der Entstehung begriffene Strassen aufgelöster Ort, in einer trockenen und dürren Ebene, der Hauptort des Buschlandes des Westens, mit bedeutender Viehzucht, aber nur 141 Bewohnern.

Baraibed mit angeblich 611 (?) und Miraca mit 324 Einwohnern sind palmengeschmückte Oasen zwischen dem Buschlande des Innern und den Sabanen und Salinen der Küste, kleine Häuseransammlungen; González oder Urupaguaduco nahe dem Hafen Adícora ein bedeutenderer Platz von 855 Einwohnern, die übrigen, San Francisco, Adícora, Araure, San José, Pelón nur kleine Häusergruppen, aber zum Theil, wie San Francisco, mit Kapellen. Am meisten Häuser, die längs der Landstrasse regellos angeordnet sind, hat noch El Tacuato an der Südküste mit 266 Einwohnern, das auch einen erträglichen Hafen besitzt. Der grösste Küstenplatz des Westens ist Los Taques mit 583 Bewohnern.

Im Ganzen ist die Bevölkerung anspruchslos, ja dürftig in ihrer Lebensweise, das Essen schwach, spärlich und für Europäer unschmackhaft; schlechter Kaffee, eine Seltenheit im Lande, ranziges Bocksfleisch, keine Bananen, wenig oder kein Reis, kein Rindfleisch, das unvermeidliche grosse Maisbrot, im höchsten Falle ein Huhn, aber auch kaum jemals Eier, das ist die auf niedriger Stufe stehende Nahrung der Paraguaneros. Die Bevölkerung ist aber gutartig, gefällig, gastfreundlich, und nicht unintelligent; so fiel es mir auf, dass man auf Paraguaná stets nach Süd, Nord, Ost, West rechnet, was im übrigen Venezuela bei der niederen Bevölkerung nicht üblich ist.

Das Klima ist in ganz Paraguaná, wie das der Küste von Coro, heiss und trocken; die Regenzeit tritt merkwürdiger Weise im Oktober ein und dauert bis zum März, doch fallen die meisten Regen im November und December. Im Jahre 1892 fielen Ende Oktober leise Regen, dann am 31. Oktober und in den ersten Novembertagen schwere Landregen, die dem Lande sehr zu Gute kamen und nicht von der Form echter tropischer Regengüsse waren, sondern mehr in der Art der deutschen Landregen. Am 31. Oktober regnete es ununterbrochen von 9 Uhr früh bis 5 Uhr Abends so dicht, dass man von San Francisco aus kaum die Spitze des nahe gelegenen Cabo de San Roman erkennen konnte. Dichte Wolken umlagerten den Berg von Santa Ana und senkten sich über die ganze Halbinsel hinab; elektrische Entladungen fehlten merkwürdiger Weise gänzlich und das Wasser verlief sich so rasch, dass wenige Tage nachher schon wieder über Trockenheit geklagt wurde. Ueber die Gründe der Abweichung des Eintretens der Regenzeit von den für das übrige Venezuela gültigen Regeln werde ich am Ende dieser Abhandlung in einem besonderen kleinen Abschnitt berichten.

Zweiter Abschnitt.

Coro und Barquisimeto.

I. Allgemeines.

Der erste Theil meiner Reise, Oktober und November 1892, war der Untersuchung der Landschaft Coro und des nördlichen Barquisimeto gewidmet; von ersterer kannte ich vorher noch garnichts, letztere hatte ich 1885 nur auf der grossen Strasse Tocuyo-Barquisimeto durchzogen. 1892 gelang es mir, das nördliche Barquisimeto, nämlich die Gegend von Carora, Siquisique, Bobare und Duaca zu besuchen und Coro zweimal von Süden nach Norden und umgekehrt zu kreuzen; dagegen vermochte ich wegen der Kriegsunruhen die südliche Cordillere des Staates Lara, die Portuguesa-Kette, nicht zu überschreiten, zog ihr jedoch wiederum auf dem Wege Agua-Blanca-Sarare-Cabudare entlang. Das nordöstliche Coro zwischen Cumarebo und dem unteren Tocuyo konnte ich wegen der völligen Versumpfung dieser bewaldeten Landschaften nicht durchreisen, und bin auch an der westlichen Grenze von Coro und Barquisimeto nicht über die Randketten der Sabanen von Taratarare hinaus gelangt; dagegen genügte die zweimalige Uebersteigung der inneren Ketten von Coro völlig, um ein sicheres Urtheil über den Bau des Landes zu gewinnen.

Ueber Coro und Barquisimeto liegen ausser der gedrängten Uebersicht über die Geographie dieser Landschaften bei Codazzi[1]) an älteren Nachrichten nur einige Angaben von H. Karsten[2]), von neueren über Coro nichts, über Barquisimeto nur meine eigenen, auf flüchtigem Durchzug gewonnenen Beobachtungen[3]) vor; die kartographische Darstellung beruhte bisher und allein auf dem Atlas von Codazzi, da Karsten keine genauen Karten seiner Reiserouten herausgegeben hat.

[1]) Resúmen de la Geografía de Venezuela, S. 409 und 427 ff., Paris 1841.
[2]) Archiv für Mineralogie, Bd. 24, S. 446 ff., Berlin 1851.
[3]) Die Cordillere von Mérida, in Geogr. Abhandlgn., Bd. III Heft 1, S. 106—110, 144.

Die bisher gültige Ansicht über Barquisimeto war, dass diese Landschaft ein etwa 500—800 m hohes Hügelland von leicht gewelltem Boden sei, das sich zwischen den fächerförmig ausstrahlenden Ausläufern der Cordillere von Mérida, der Portuguesa-Kette im Süden und den Randketten zwischen Lara und Zulia im Westen ausdehnte. Diese bisherige Ansicht kann ich auch jetzt noch, mit einigen Einschränkungen, gelten lassen. Dagegen änderte sich meine Ansicht über Coro ganz besonders nach Uebersteigung der zwischen Siquisique und San Luis liegenden Ketten erheblich. Hier hatte man, Codazzi's Darstellung, namentlich seinen Höhenangaben folgend, nicht angenommen, dass ausser der Cordillere von San Luis noch andere hohe Gebirgsketten vorhanden seien. Man zeichnete vor Allem den Westabfall der Gebirge gegen den Maracaibo-See als einen steilen, deutete die Cordillere von San Luis mit einigen Gipfeln an und erfüllte im Uebrigen den Raum zwischen dem Tocuyo und der Cordillere von San Luis mit allerlei Höhenzügen, die in den verschiedensten Richtungen verliefen. Die allgemeine Ansicht ging dahin, dass ein nur mässig hohes Hügelland sich im Anschluss an das von Barquisimeto über das ganze Innere von Coro erstrecke und im Norden in die 1500 m hohe Sierra de San Luis, im Westen in die 700 m hohen Randberge des Maracaibo-Sees überginge.

Diese Ansicht muss man jetzt verlassen, denn das Innere von Coro wird von zahlreichen nebeneinander von WSW nach ONO streichenden Gebirgszügen durchzogen, die von Westen nach Osten höher und verzweigter sowie auch zahlreicher werden, und der Sierra de San Luis an Höhe nicht nur nichts nachgeben, sondern sie zum Theil sogar noch übertreffen, so dass die Karte ein vollständig verändertes Aussehen erhalten wird. Wir müssen daher von jetzt an von einem Gebirgssystem von Coro sprechen.

Dieses Gebirgssystem von Coro erstreckt sich über die gesammte Landschaft Coro, den Staat Falcón, in Gestalt von mehreren ostnordöstlich verlaufenden Ketten, zwischen denen eine grössere nahezu von Westen nach Osten sich ausdehnende Niederung liegt, greift aber über die politischen Grenzen des Staates Falcón hinüber nach Süden, sodass keinesfalls die Gebirge von Coro und das Bergland von Barquisimeto auf der Grenze zwischen beiden Staaten von einander sich scheiden, sondern vielmehr bis weit nach Lara hinein hohe Ketten auftreten. Die Grenze zwischen Lara und Falcón verläuft auf dem Kamme einer dieser Ketten des Gebirgssystems von Coro, das Hügelland von Barquisimeto beginnt aber erst südlich von Siquisique. Zwischen dem Rio Baragua und dem Rio Carora zieht noch ein hoher

Ast des Gebirgssystems von Coro gegen Ostnordost, und findet wahrscheinlich seine Fortsetzung in der Kette von Matatere östlich des Tocuyo. Also erst etwa von 10° n. Br. an südwärts dehnt sich das im Ganzen offene, wellige, von einzelnen grösseren Höhenzügen durchsetzte Hügelland von Barquisimeto aus.

Die Form des Landes ist somit nahezu ein Rechteck, dessen nordöstliche Seite zwischen Cumarebo und Tucacas jedoch abgerundet ist. Die Nordküste verläuft beinahe geradlinig von Altagracia bis vor Cumarebo, von WSW nach ONO, also entsprechend dem Streichen der Schichten und der Gebirge, die Westküste ebenfalls fast geradlinig von NNW nach SSO quer über das Streichen der Schichten und der Gebirge.

II. Die Küste von Coro.

Die Küste der Landschaft Coro ist in zwei von einander in mancher Beziehung verschiedene Abschnitte zu theilen, deren Grenze der Meridian von La Vela de Coro bildet. Westlich desselben ist sie eine sandige Flachküste, östlich davon treten mehrfach Bergzüge dicht an die Küste heran oder springen zum Theil sogar ins Meer vor. Zugleich macht sich auch an diesen beiden Abschnitten der Küste der für Coro überhaupt gültige Gegensatz zwischen dem feuchten Osten und dem trocknen Westen fühlbar, denn die Westhälfte der Küste ist überaus öde und dürr, die Osthälfte mit Lagunen und zum Theil mit Sabanen bedeckt und so versumpft, dass der Weg oft nur unmittelbar am Rande der Brandung hin genommen werden kann. Den westlichen Abschnitt nennen die Bewohner Costa abajo, untere, den östlichen Costa arriba, obere Küste, da der Wind meist von Osten nach Westen herabweht.

1. Die westliche Küste von Coro, Costa abajo.

Von der durch die Mündung der Rios Cocuisa und Palmar, die Boca de Oribono abgeschnittenen Insel Zapara aus, die den Eingang zur Lagune von Maracaibo im Nordosten sperrt, zieht die Küste nach Ostnordosten bis Casigua, dann nach Nordosten bis zur Punta Casigua und wieder nach Ostnordosten zur Punta Sasárida. Zwischen Zapara's Westspitze und der Boca de Oribono ist sie mit Dünen bedeckt und von Mangroven begleitet, dann treten Steilabfälle zum Meere auf, ohne dass jedoch irgend ein Höhenzug an die Küste heranträte, sondern es dehnt sich vielmehr flaches, mit der Gestrüppvegetation bestandenes Land weit ins Innere über Casigua und Dabajuro hinaus bis an den Rand der Vorhöhen des nördlichen Gebirges aus. Hier münden, nur an den Ufern von etwas üppigerer Vegetation umkränzt, die aus den Bergen Nordwest-Coro's kommenden Flüsse, der Palmar und der Cocuisa, deren Quellen nahe Siruma liegen, und der lange Maticora, der weit im Süden westlich der Quellen des Rio Baragua in den hohen Sabanen von Taratarare entspringt, sodann die aus der Sierra de Pedregal kommenden kleineren Borojó, Capatárida, Sasárida, Cauca und Codere, an deren Ufern einiger Ackerbau getrieben wird.

Die Ansiedlungen liegen meist auf den hohen Ufern der zur Regenzeit plötzlich schwellenden Flüsse; grössere Ortschaften haben sich aber nur nahe den Mündungen derselben entwickelt, z. B. Borojó, 9 km von der Mündung des gleichnamigen Flusses, Capatárida, 4 km von der Mündung des Rio Capatárida und Sasárida, 3 km aufwärts derjenigen des Rio Sasárida. Unter diesen hat nur das 1644 gegründete Capatárida eine Rolle gespielt, da es von 1881 bis 1890 Hauptstadt des Gesammtstaates Falcón-Zulia war, ohne dass es deshalb den Charakter einer kleinen, besonders Felle und Häute ausführenden Landstadt verloren hätte. Sasárida hat einigen Handel zur See, doch sind alle hier an der Küste vorhandenen sogenannten Häfen nur unsichere Rheden. Capatárida, Sasárida und Borojó bauen Mais, Yuca, Baumwolle, Borojó in zwei Haciendas auch Zuckerrohr und Capatárida führt etwa 100 Quintal (spanische Centner) Kaffee aus einigen Pflanzungen im Gebirge aus.

Zwischen den Flüssen liegen meist in trockener, öder Umgebung einige Ortschaften, wie San Felix zwischen dem Cocuisa und Maticora, Casigua und San José de Seque zwischen dem Maticora und Borojó, Dabajuro zwischen diesem und dem Capatárida, meist viehzuchttreibende kleine Orte. Der grösste, Capatárida, hatte 1891: 1620 Einwohner, Sasárida 447, Casigua 572, Dabajuro 1519, San José de Seque 287 und Borojó 226, San Felix 350, Capatárida und Dabajuro haben den grössten Bestand an Ziegen und Schafen, Sasárida an Eseln, San José de Seque und Casigua, wo in der Nähe der Ansiedlung einiges Grasland vorkommt, an Maulthieren und Pferden.

Den Vorbergen genähert, etwa 20 km von der Küste entfernt, steht über dem linken Ufer des Rio Codere der kleine Ort Orumaco oder Urumaco, mit 429 Bewohnern, sehr bedeutender Ziegen- und Eselzucht, aber ohne einen über die Bedürfnisse der Bewohner, Yuca und Mais, hinausgehenden Ackerbau.

Dann mündet der grösste Fluss der westlichen Hälfte der Küste, der Mitare, zugleich der einzige, der in einer Erniedrigung der nördlichen Cordillere von Coro diese durchbricht, Wasser sowohl aus der

Sierra de San Luis wie aus den Bergen von Pedregal zieht und bei Hochwasser nur mit Böten passirt werden kann. An seinem linken Ufer liegt in trockener Umgebung, doch nicht fern von guten Weideplätzen, Mitare mit etwa 364 Einwohnern, die ausser dem unvermeidlichen Mais und der Yuca, auf den frischen Auen des Flussschwemmlandes auch Bananen und Zuckerrohrpflanzen, aber wenig Viehzucht treiben. Der Ort liegt zwar an der grossen Strasse von Coro nach Capatárida und Maracaibo, leidet aber unter dem Umstand, dass die Handelsstrasse von Carora nach Coro oberhalb von Mitare bei Agua Clara auf das rechte Ufer tritt und nach Ostnordost nach Coro weiterführt, ohne Mitare zu berühren. Infolgedessen hat das an dieser Strasse am Rande der Vorberge gelegene Sabaneta es bereits auf 681 Einwohner gebracht, ein in 100 m Höhe, in drei Abtheilungen zwischen Sabanen gelegener, noch nicht geschlossener Platz, der letzte Rastort auf dem Wege von Carora nach Coro.

Die Küste hat hier, nach Codazzi, zwei kleine, im Kleinen Paraguaná ähnlich gestaltete Halbinseln mit schmalem Isthmus in dem Golf von Coro vorgestreckt, Maragua und Caimán, zwischen denen die kleine Insel Chicagua liegt; die englische Seekarte kennt diese Halbinseln freilich nicht, sondern setzt an ihre Stelle die vergrösserte Insel Chicagua und die kleinere Insel Maraguay, Angaben, die unvereinbar sind.

Bis nach Coro und an die Vorberge des Gebirges dehnt sich auch hier ein ödes steriles mit Cactus und Cují bewachsenes, unübersichtliches, überaus spärlich bewohntes, von Trockenbetten durchrissenes, sehr heisses Land aus. In ihm vermögen zur Trockenzeit nur Tanke, in denen das Regenwasser zur Regenzeit aufgefangen wird, den Bewohnern und dem Vieh Wasser zu spenden, da selbst die Flüsse, wenigstens die kleineren, von Altagracia bis Coro, in der Trockenzeit ihr Wasser verlieren und zu einer Reihe von Tümpeln zusammenschrumpfen, oder gar ganz austrocknen. Mais und Yuca sind überall die bedeutendsten Bodenprodukte, neben denen Auyama, Erbsen, Bohnen (caraotas) und Melonen, sowie etwas Baumwolle angebaut wird. Die Industrie beschränkt sich auf Anfertigung von Hängematten, besonders gestrickten, aus der Faser der Cocuiza, einer Agave, und der Baumwolle, sowie von Strohhüten, der Bergbau auf Ausbeutung einer Saline vor Mitare, der Handel auf Ausfuhr dieses Salzes nach dem Innern, von Häuten, Fellen, Käse, Zucker, Stärkemehl aus der Yuca, Eseln und Maulthieren, sowie etwas Kaffee nach Curaçao und Aruba, von Stärke, Käse, Hängematten nach Maracaibo, wofür europäische und amerikanische Waaren aller Art, besonders Industrieprodukte und

Lebensmittel eingeführt werden. Ein wenig Brasilholz kommt ebenfalls zur Ausfuhr, während das Holz der Kakteen auf dem Lande, in Ermangelung grösserer Bäume zum Bau der Häuser verwendet wird. Die Kochenille-zucht ist trotz der grossen Verbreitung passender Kakteen nicht bekannt.

Zwischen Coro und Sabaneta liegen noch eine Anzahl von Hütten, deren Namen auf die Oede und Wasserlosigkeit des Landes hindeuten, wie Agua Viva, El Brasil, El Cardon largo, El Cardon, Tanquesito, Estacadito. Bei Quebrada Honda tritt man aus dem seit Sabaneta in einer Entfernung von 4 ½ Reitstunden sich ausdehnenden Kakteen- und Dorngestrüpp heraus, die Landschaft wird offen, zur Rechten liegt die durch niedrige Einsenkungen unterbrochene, in den oberen Theilen bewaldete Sierra de San Luis, an Stelle des Gerölles, das bisher den Boden bedeckte, tritt Sand, zur Linken erhebt sich eine Dünenreihe, die den blauen Spiegel des Golfs von Coro zu sehen verhindert, und plötzlich taucht aus der öden Umgebung die Stadt Coro, malerisch zwischen den Dünen der Küste und dem 1500 m hohen Gebirge von San Luis gelegen, gekrönt von mehreren Kirchen und überragt von einzelnen schlanken Kokospalmen, als ein Bild der nahenden Erquickung von den Strapazen der Sonne, des Sandes und des Durstes, vor uns auf.

Die Stadt Coro, die zweitälteste Gründung der Spanier auf dem Festlande von Südamerika, ist am 26. Juli 1527, am Tage von Santa Ana von Johann von Ampués angelegt worden; er errichtete zu-nächst ein grosses Kreuz aus Holz, das in windschiefer Stellung und von einem Schutzgitter umgeben, noch inmitten der Stadt auf einem Platze nahe der Hauptkirche steht; ob es wirklich noch dasselbe ist, lässt sich nicht entscheiden. Massgebend für die Anlage Coro's an dieser Stelle war der Umstand, dass sich von da aus die Schiffahrt sowohl nach Santo Domingo und Puerto Rico als auch über den Golfete de Coro nach Westen hin betreiben liess, und so blühte Coro bald auf als Ausgangspunkt für den Küstenhandel und diente seit der Uebergabe der Provinz an die Welser namentlich auch Deutschen zum Sitze. Als erster Statthalter ergriff Ambrosius Dalfinger 1528 mit Bartholomäus Seiller und 400 Spaniern Besitz von Coro, in dem dann 1536 auch ein Bisthum eingerichtet wurde. Von hier zogen die kühnen Conquistadoren, Georg Hohermuth von Speyer, gewöhnlich Jorge de Spira genannt, Nikolaus Federmann und Philipp von Hutten (Felipe de Urre) tief hinein in den Kontinent bis Bogotá und in die Llanos westlich des Orinoco[1]). 1556

---

[1]) Siehe Hamburgische Festschrift zur Erinnerung an die Entdeckung Amerikas, Bd. II, Hamburg 1892.

wurde aber Coro der Krone Spanien wieder übergeben, und von dieser Zeit her hörte deutscher Einfluss daselbst auf.

Bis 1578 blieb Coro noch die Hauptstadt des Landes, dann aber wurde Carácas von Juan Pimentel zum Vorort gewählt und hat sich als solcher bis heute erhalten; als darauf auch der Bischofssitz 1583 von Coro auf Carácas überging, war es mit der Blüthe Coro's vorbei und aus dem Hauptort der tierra firme wurde bald eine unbedeutende Landstadt, die sogar erst 1815 zur Hauptstadt einer Provinz erhoben wurde. Das ist sie, seitdem dieser Befehl 1818 durch Morillo ausgeführt worden war, auch geblieben, mit der geringen Unterbrechung der Jahre 1883 bis 1890, während welcher, da Maracaibo und Coro sich über den Vorrang als Hauptstadt des Staates Falcón-Zulia nicht einigen konnten, Guzmán Blanco das zwischen beiden gelegene kleine Capatárida als Hauptstadt bestimmte. Seit 1890 ist Coro aber wieder Hauptstadt des Staates Falcón und hat sich aus dem Schlafe der vorigen Jahrhunderte und der völligen Verarmung während des Unabhängigkeitskrieges gegen Spanien zu erholen begonnen, besonders seitdem die Ausdehnung der Handelsbeziehungen zu Curaçao den Wohlstand Coro's gehoben hat.

Die Stadt selbst fällt dem an die Unscheinbarkeit und Reizlosigkeit venezolanischer Mittel- und Kleinstädte gewöhnten Reisenden angenehm auf durch den Reichthum an grossen Plätzen und Baumreihen auf den Strassen sowie durch die historischen Erinnerungen, die sich in Coro noch geltend machen. Abgesehen von dem alten Holzkreuz des Juan de Ampués erinnert die Hauptkirche von Coro an frühere Grösse, die Bauart und die Festigkeit der Häuser an grössere Solidität als im Innern, die freien und grossen Plätze, die theilweise mit Altos, zweiten Stockwerken, Balkonen und Veranden versehenen Häuser an den Einfluss des holländischen Curaçao und der sehr gut besetzte tägliche Markt zeugt von grösseren Lebensbedürfnissen der Bevölkerung. So hatte ich nicht den Eindruck der Verwahrlosung, des Verfalls und der Verarmung, den man mir in Carora vorausgesagt hatte, sondern war angenehm überrascht von dem Zustande der Stadt.

Einem grossen Uebelstand, dem Mangel an Wasser, der die Bewohner von Coro früher zwang, ihr Trinkwasser aus dem 6 km entfernten Rio de Coro oder aus einem grossen nahe der Stadt errichteten Tank zur Auffangung des Regenwassers zu holen, ist seit dem Jahre 1866 durch Erbauung einer Wasserleitung abgeholfen worden, die von dem Rio de Coro bei Caujarao mittelst eines grossen über das Flussbett gespannten Dammes das Wasser entnimmt, das zunächst ausgedehnten Gartenanlagen zu Gute kommt, die sich südöstlich vor Coro erstrecken. Im Westen und Norden liegt Oedung bis zu den 3 km entfernten Dünenzügen der Küste, im Nordosten breitet sich eine grasige Ebene bis zu ihnen aus und im Osten führt der Weg nach La Vela durch steriles Land, ist aber seit der Erbauung einer eisernen Brücke über den Rio de Coro 1891 für Wagen gut fahrbar. Eine Eisenbahn zur Verbindung Coro's mit dem Hafen La Vela ist noch immer nicht gebaut worden, da zwar die Concession bereits zweimal ertheilt, das nöthige Kapital aber bisher nicht aufgebracht werden konnte, obwohl die Strecke ganz eben, und nur etwa 12 km lang ist, so dass der Bau nicht kostspielig sein kann.

Der Handel Coro's geht fast ausschliesslich nach Curaçao, in geringerem Masse nach Aruba und Puerto Cabello sowie Maracaibo, und ist fast ganz in Händen von Curaçao-Leuten, deren Familien freilich oft schon lange im Lande sesshaft sind. Bis vor Kurzem krankte Coro an guten Schiffahrtsverbindungen, seit 1890 aber besteht eine regelmässige Dampfschiffahrt eines kleinen, der amerikanischen Red-D-Line gehörigen Dampfers »Mérida«, der von La Vela aus Curaçao in etwa 6 Stunden erreicht.

Ausgeführt werden die oben (S. 59) genannten Produkte des westlichen Küstengebiets und namentlich Kaffee aus San Luis und Cabure, der auf schauderhaften Bergwegen über die Sierra de San Luis nach Coro geschafft wird. Der Handel krankt aber an dem Mangel eines bevölkerten Hinterlandes, denn die Zahl der Haciendas in der Sierra de San Luis ist noch gering, die Produkte der westlichen Küste sind spärlich, Paraguaná verschifft aus seinen kleinen Häfen Manches selbstständig nach Aruba, Curaçao und Maracaibo, und die östlichen Landschaften Coro's wenden sich besser den Häfen von Cumarebo, Capadare, Tocuyo und Chichiriviche zu. Und als Hafen für das Innere des Landes hat Coro ebenfalls wenig Bedeutung und ist fast auf Carora beschränkt, wohin Reiter in 4 Tagen, Lastthiere in der doppelten Zeit gelangen können. Nachdem aber die Eisenbahn von Tucacas bis Barquisimeto durchgeführt ist, kommt letztere Stadt, die von Carora aus bequem in 2 Tagen zu erreichen ist, für Carora mehr in Betracht und nur die Vertheuerung der Frachten durch die Eisenbahn und den Maulthiertransport von Barquisimeto her veranlasst die Kaufleute von Carora noch, ihre Waaren lieber, weil billiger, in Coro als in Puerto Cabello einzukaufen. Man kann daher Coro wegen der geringen Volksdichte in seinem Hinterlande, wenigstens für die nächste Zukunft, keinen nennenswerthen Aufschwung voraussagen. Die Einwohnerzahl Coro's betrug 1891: 8752.

2. Die östliche Küste von Coro, Costa arriba.

Die östliche Küste ist anders gestaltet, als die westliche, insofern sie gebildet wird durch die Ausläufer der in Ostnordostrichtung aus dem Innern des Staates heraustretenden Gebirgsketten, zwischen denen sich Niederungen einschieben. Die Grenze zwischen beiden Hälften der Küste liegt bei La Vela. Nachdem der mehrere Meter tief in die flache Küstenebene eingeschnittene Rio Coro passirt, und die frischere Ebene der Sabana Larga überschritten ist, stösst man bei dem Orte La Vela selbst auf die ersten Hügel an der Küste, an welchen hinauf sich die Ortschaft hinzieht.

Diese äussersten Ausläufer der Vorberge der Cordillere von San Luis sind miocänen Alters, 50—100 m hoch und springen zwischen La Vela und der Punta Taimataima mit nordöstlicher Richtung in das Meer vor; dadurch schützen sie die Rhede von La Vela ein wenig vor dem häufig wehenden Nordost. Der Weg von Coro nach Cumarebo führt über diese Hügel, deren hellrothes bis gelbes, kalkiges und thoniges, in der Regenzeit überaus glattes und schlüpfriges Gestein den Uebergang halsbrechend macht; doch ist der Reiter angenehm überrascht durch die Möglichkeit einer Rundsicht über das Meer, den Cerro de Santa Ana, die Berge von Cumarebo und die Sierra de San Luis. Die Vegetation ist auch hier ärmlich, eine etwas frischere Fortsetzung der trostlosen Gestrüppvegetation von Coro, die nur einmal durch eine weite Sabane unterbrochen wird, auf der die zerstreuten Häuser der Ansiedlung Taratare liegen. Jenseits dieser führt die Strasse wieder an das Meeresufer, die Playa, den Strand hinab und hält sich an diesen bis zum Hafen von Cumarebo.

Bei Cumarebo tritt der nordöstliche Ausläufer der Sierra de San Luis an die Küste heran, und bildet mit den Vorsprüngen der bei La Vela und Taratare dieselbe erreichenden Vorberge eine flache Bucht, die Ensenada de Cumarebo. Da diese wegen des durch die Cumarebo-Berge gegen den Nordostwind gewährten Schutzes eine leidliche Rhede ist, so hat sich hier der zweite Hafen Coro's, Puerto Cumarebo, entwickelt, eine kleine Ansiedlung, von der man in einem sanften Anstieg die Stadt Cumarebo erreicht.

Die Buchten von La Vela und Cumarebo sind die geschütztesten und besuchtesten der Küste von Coro, und in ihnen drängt sich daher fast der ganze Handel des Staates zusammen. La Vela, der Hafen von Coro ist zur Zeit, wie bereits oben bemerkt, durch die Errichtung einer regelmässigen Dampfschiffahrt nach Curaçao von Cumarebo begünstigt, und hatte 1891: 2330 Einwohner, die wesentlich vom Handel, in geringem Masse vom Aubau der nöthigsten Lebensbedürfnisse, Mais und Yuca, leben. Der Handel ist aber doch noch so gering, dass nur zu der Zeit, wenn der Dampfer »Merida« im Hafen liegt, einiges Leben in dem Flecken, im Uebrigen aber Stille und Oede herrscht. Auch sind, obwohl die Küste ohne Riffe und sonstige Hindernisse ist, die Schiffe doch genöthigt, wegen der flach abfallenden Küste mindestens eine Seemeile vom Lande zu ankern, wodurch das Laden und Löschen, wie bei den meisten Häfen der Nordküste von Venezuela erschwert wird.

Dem gegenüber ist der Hafen von Cumarebo durch eine noch grössere Sicherheit vor den Ostwinden ausgezeichnet, liegt noch etwas näher an Curaçao und Puerto Cabello und erfreut sich einer ziemlich lebhaften Küstenschiffahrt; die 1771 gegründete Stadt wetteifert mit Coro an Grösse und Bedeutung, und wird von vielen der Stadt Coro wegen der regelmässigen Bauart, der günstigen Lage auf einer 175 m hohen Hügelkette und des frischeren Klimas vorgezogen. Cumarebo krankt aber auch an der geringen Volksdichte des Hinterlandes, in dem weder irgendwie bedeutender Ackerbau noch auch Viehzucht von einiger Ausdehnung besteht und führt besonders Mais nach Curaçao, La Guaira und Puerto Cabello aus, entbehrt aber aller Mineralschätze und fast aller Industrie, so dass auch hier für absehbare Zeit ebenfalls kein Aufschwung zu erwarten ist. Die Stadt und der Hafen Puerto de Cumarebo besassen 1891 : 2353 Einwohner.

Die zwischen La Vela und Cumarebo auf den Küstenbügeln gelegenen Ansiedlungen El Carrizal und Taratare sind unbedeutend; erstere hat nur 10 im Verfall begriffene um eine Kapelle geschaarte Häuser, letztere etwa 20 bessere Höfe, entbehrt aber noch einer Kirche.

Oestlich von dem Hügelzuge von Cumarebo mündet der Rio Moturo, in der Ensenada de Ricoa, ein aus der Cordillere von San Luis kommender, ziemlich wasserreicher Fluss, zu dem man von Cumarebo aus in sanftem Abstieg, nahe dem Ufer durch Wald gelangt und den man auf einer Holzbrücke überschreitet. Nun folgt der ödeste, unwirthlichste Theil der Küste. Zwar ist dieselbe frei von Riffen und Hindernissen und kann auf 3 km Entfernung überall ohne Schwierigkeit befahren werden, entbehrt auch nicht einiger Anlegepunkte in kleinen einschneidenden Buchten, ist aber völlig unbewohnt, zur Regenzeit vom Wasser bedeckt, und so morastig, dass bei dem Uebergang des Heeres des Generals Leon Colina von Coro nach Tucacas fast sämmtliche Maulthiere im Sumpfe stecken blieben. Auch die zu beiden Seiten des Rio Gueque gelegenen Sabanen werden zur Regenzeit vom Wasser bis zur Höhe von 1 m bedeckt, so dass den

Reitthieren das Wasser bis an den Sattel reicht; sobald dasselbe abläuft, bleibt Sumpf zurück, der zu jeder Zeit mit Ausnahme der hohen Trockenzeit, etwa im August und September, die Wege fast unpassirbar macht. Das in der Trockenzeit die Sabanen abweidende spärliche Vieh muss beim Eintreten der Regen auf die Höhen zurückgezogen werden und dazu kommt, dass eine ungeheure Plage von Stechmücken sowie perniciöse und Wechselfieber das gesammte Küstengebiet, bis weit ins Innere, über Carorita hinaus, noch weiter beeinträchtigen, so dass diese Gegenden von einem Jeden, der nicht dringende Geschäfte hat, gemieden werden.

Ansiedlungen treffen wir daher fast nur auf den über den Sumpfwald und die morastigen Sabanen hinausragenden Hügeln, den gegen die Küste vortretenden Ausläufern der Ketten von Inner-Coro, wie Píritu mit 841, Capadare mit 169, Yacura oder Jacura mit 335 Einwohnern; nur Carorita mit 66 Einwohnern in einer Niederung vor dem Rio Upipe, und Barabara mit 176 Einwohnern inmitten der überschwemmten Sabanen um den Rio Gueque erheben sich in ungesunden Fiebergegenden.

Alle diese Ortschaften entbehren der Viehzucht fast völlig, des Bergbaues gänzlich, treiben aber, begünstigt durch das feuchte heisse Klima, den Anbau tropischer Tieflandsprodukte, z. B. des Cacao, der an der gesammten westlichen Hälfte der Küste von Coro nicht gedeiht, dagegen in der Gegend von Yacura gute Erträge giebt, des Zuckerrohrs, das auch in Nordwest-Coro sehr spärlich ist, sowie von Kaffee, besonders um Capadare, und Bananen. Daneben werden Mais und Yuca, die eigentlichen Grundlagen des Ackerbaus ganz Coro's gezogen und ganz besonders bekannt ist der von Vielen den geringeren Habana-Sorten vorgezogene Tabak von Capadare. Die grossen Urwälder, die etwa die Hälfte des Landes bedecken, liefern eine Reihe von ausgezeichneten Nutzhölzern, unter denen Caoba, Tacamahaca, Cedro, Guayacan hervorzuheben sind, und die Sassaparilla und Vanille wachsen hier wild; doch wird alles das nicht ausgenutzt, da es an Ansiedlern fehlt, denn das gesammte hier besprochene Gebiet von Cumarebo bis Tucacas hat nur 13—14,000 Einwohner auf etwa 10,000 qkm, also eine Volksdichte von nur 1,35 auf das qkm.

Immerhin haben sich an der südöstlichen Küste in Folge des hier im Hinterlande zunehmenden Ackerbaues einige Häfen entwickeln können, deren Verkehr sich nach Puerto Cabello und La Guaira richtet. Es sind San Juan, der Hafen von Capadare (284 Einwohner), geschützt vor dem offenen Meere durch die Cayos de San Juan und die Cayos del Noroeste, und der Hafen Chichiriviche, (341 Einwohner), einer der am frühesten bekannten an der Nordküste Venezuela's, aber heute nur noch wenig aufgesucht von Schiffen, da der Eingang durch Riffe und Untiefen erschwert ist, die sich an den Cayo de Sal und den Cayo Borracho anlehnen. Dieser Hafen wird gebildet durch das Vortreten des Ausläufers der Hauptkette von Coro gegen das Meer, ist aber überflügelt worden durch den jetzt bedeutenderen Hafen Tucacas, der vor der Ensenada de Payelas an einer Mangrove-Küste und auf einer fast wasserlosen, mit Salzausblühungen bedeckten sandigen Ebene liegt, von Strandtrauben umgeben und von einigen Kokospalmen und Papayabäumen überragt.

Zur Zeit Appuns, im Jahre 1850 war Tucacas nur ein »kläglich aussehender‹, halbverfallener Ort mit einigen Dutzend Hütten, deren Wände aus mit Bejuco's dicht aneinander gebundenen dünnen Stämmen oder flachgepressten Yaguas bestanden, die mit Palmwedeln gedeckt waren. Nur in der Mitte des Ortes erhob sich ein mehrstöckiges, thurmähnliches, viereckiges Bretterhaus mit Schieferplatten gedeckt, das von der englischen Bergwerk-Kompagnie erbaut und jetzt Sitz des Alcalden war.‹[1]). Jetzt ist Tucacas ein lebhafter Hafenplatz von erheblicher Bedeutung, da er der Ausgangspunkt der zunächst nach den Kupferminen von Aroa 1869 erbauten, seit 1888 bis Barquisimeto fortgesetzten Eisenbahn ist. Die Stadt freilich bietet nichts irgendwie Sehenswerthes, sondern macht den Eindruck einer eilig zusammengebauten Häusermasse, wie denn auch in der That Tucacas, wie viele europäische Ortschaften, erst seit dem Eisenbahnbau überhaupt eine Bedeutung erlangt hat. Der Bahnhof liegt auf der Sabane am südlichen Eingang des Ortes, die Hafenanlagen im Nordosten vor der Isla Brava, einer mit Lagunen bedeckten, von Mangroven umkränzten flachen Insel. Die kleinen, den Verkehr mit Puerto Cabello vermittelnden, zwei bis dreimal wöchentlich verkehrenden Dampfer können unmittelbar am Lande ankern, grössere Schiffe bleiben auf der Rhede südlich vor der Stadt. Die Ueberfahrt von Puerto Cabello nach Tucacas erfordert etwa 4 Stunden, die Eisenbahnfahrt von hier nach Barquisimeto einen Tag; die Bedeutung von Tucacas wird desto mehr steigen, je mehr sich die Kaufleute in Barquisimeto, in Carora, Tocuyo und in den umliegenden Landschaften daran gewöhnen werden, ihr Geschäft mit Puerto Cabello zu machen, das jetzt sogar in der Cordillere von Trujillo den Maracaibo-Häusern erfolgreiche Konkurrenz macht. Ende November 1892 war der Verkehr in Tucacas recht lebhaft, besonders weil nach den langen Kriegswirren sich wieder zahlreiche Käufer

---

[1]) Appun, Unter den Tropen, I, 105, 106.

aus Barquisimeto nach Puerto Cabello begaben. Ein von einer Deutschen geleiteter recht empfehlenswerther Gasthof, der ebenfalls unter der Ueberschwemmungskatastrophe vom 7. Oktober 1892 gelitten hatte, ermöglicht auch Europäern einen leidlichen Aufenthalt. Die Einwohnerzahl betrug 1891: 1088. Ackerbau und Viehzucht fehlen in Tucacas fast ganz, die gesammte Bevölkerung ist vom Handel und Verkehr abhängig. Südlich von Tucacas bildet der Rio Aroa die Grenze gegen das karibische Gebirgssystem.

Ueberblicken wir noch einmal die östliche Hälfte der Küste von Coro, so zeigt sich, dass vier Ausläufer der Gebirgsketten Coro's an dieselbe herantreten, im Nordwesten die Berge von Cumarebo und La Vela, im Südosten die Kette von Yacura-Capadare und die von Tucacas. Wo diese Gebirgszüge die Küsten erreichen, sind letztere gegliedert und bieten leidliche Häfen, La Vela und Cumarebo im Nordwesten, San Juan, Chichiriviche und Tucacas im Südosten. Zwischen den Gebirgszügen von Cumarebo-Píritu und von Capadare greift ein völlig versumpftes, meist dicht bewaldetes, zum Theil aber von morastigen Sabanen erfülltes Flachland in das Innere ein, eine Fortsetzung der grossen Niederung zwischen den beiden Aesten des Gebirgssystems von Coro. Wo dieses Flachland zur Küste absinkt, ist letztere ungegliedert, einförmig, mit unbedeutenden Einschnitten versehen, und fast ohne Schutz gegen den Nordwestwind. Die Ansiedelungen liegen fast alle auf den Höhen, 5—30 km von der Küste entfernt; am Meere selbst liegen nur die Hafenplätze La Vela, Puerto Cumarebo, das kleine San Juan, Chichiriviche und Tucacas.

Zwischen den Gebirgsausläufern öffnen sich Flussthäler. Zwischen Cumarebo und Píritu mündet der schon erwähnte Moturo, zwischen Píritu und Carorita der aus zwei Quellflüssen, dem aus der Sierra de San Luis kommenden Omuria und dem Rio Upiṕe zusammenfliessende wasserreiche Rio Gueque in der grossen Niederung, sodann die kleineren Caidie und Aguide, sowie zahlreiche versumpfte Caños; zwischen den Bergen von Capadare und Tucacas treten der Rio Capadare, der Tucurere sowie endlich der grösste, längste, wasserreichste Fluss des nordwestlichen Venezuela, der Tocuyo in das Meer hinaus. Dieser aus den Páramos der Cordillere von Mérida entspringende Fluss durchzieht ganz Barquisimeto in nördlicher Richtung und verläuft dann an der Grenze von Lara und Coro in der Streichrichtung der Gebirge zum Meere, in das er eine sehr erhebliche Wassermasse hineinführt. Im Unterlauf ist er ein breiter, tiefer, auf 150 km Entfernung schiffbarer Strom, dessen Ufer mit tiefem Walde bedeckt sind und die fruchtbarsten Ländereien Coro's darbieten; der Verkehr auf dem

Flusse ist aber sehr gering, da an seinen Ufern fast gar keine Ansiedlungen liegen, nur Holzfäller besuchen ihn. Dennoch hat dieser
Strom Anlass zur Entstehung eines grossen Flusshafens gegeben, der
gleichnamigen 1054 Einwohner zählenden Ansiedlung San Miguel de
Tocuyo mit einigem Zucker-, Bananen- und Cacaobau, am rechten
Ufer des Stromes, 5 km von der Mündung, zur Regenzeit regelmässig
von Ueberschwemmungsgebiet umgeben. An den übrigen Flussmündungen bestehen keine Ansiedlungen von Bedeutung.

III. Das Gebirgssystem von Coro.

Das Gebirgssystem von Coro nimmt ungefähr denselben Raum
ein wie die Cordillere von Mérida. Seine Länge beträgt von Altagracia am See von Maracaibo in ostnordöstlicher Richtung bis
Tocuyo an der Mündung des Tocuyo etwa 340 km, seine Breite
zwischen der Stadt Coro und Matatere sowie zwischen La Mesa
nördlich von Carora und der Punta Sasárida an der Nordküste nahezu 150 km, am östlichen Ende zwischen der Mündung des Rio Gueque
und dem Rio de Aroa bei Yumare etwas mehr als 100 km; diese Masze
stimmen ungefähr überein mit der Länge der Cordillere von Mérida
zwischen San Antonio del Táchira und Carache, mit der Breite derselben zwischen dem Chama-Durchbruch und Quiú an der Südseite.
Das Gebirgssystem von Coro bildet sonach mit etwa 47,000 qkm Areal
einen wesentlichen Bestandtheil von Venezuela und übertrifft an Grösse
jede der beiden Hälften des Karibischen Gebirges, von welchen die
westliche etwa 36,000, die östliche ungefähr 16,000 qkm Areal hat.
Die Anordnung der Gebirge im Innern des Landes ist folgende:
Es sind zwei hauptsächliche Aeste zu unterscheiden, von denen einer,
nämlich die Sierra de San Luis, das Rückgrat des nördlichen Drittels
des Landes, bekannt war, der andere eine Folge von verschiedenen
fast unbekannten parallelen Ketten ist, die sich von der südlichen
Grenze des Gebirgslandes bis etwa in die Mitte des Landes, die durch
den Ort Agualarga bezeichnet wird, erstrecken, so dass das mittlere
Drittel im Süden noch durch Gebirge ausgefüllt wird. Die nördliche
Hälfte des mittleren Drittels nimmt dagegen eine weite Niederung ein,
die durch die Flüsse San Luis und Omuria, weiter östlich durch den
Rio Upipe bezeichnet wird und sich westwärts nach dem oberen
Rio Pedregal fortsetzt. Es sind also die beiden Hauptgebirge durch
ein niederes Land getrennt, dessen Höhe über dem Meere bei
Juncalito nahe dem Rio de San Luis 200—250 m, weiter westlich

bei **Las Adjuntas** 315, am **Rio Pedregal** bei **La Cuiva** nur 200, bei **Piedra Grande** 400 m beträgt. In den Gebirgen selbst macht sich eine Anschwellung gegen die Mitte des Landes, den Meridian von Coro hin geltend, indem hier sowohl die Sierra de San Luis wie die südlichen Gebirge die grössten Höhen erreichen, womit die Entwicklung mehrerer Parallelketten Hand in Hand geht, während weiter im Westen in der Linie des Rio Mitare und in südlicher Fortsetzung derselben eine Erniedrigung des Gebirges eintritt, über welche die Strasse von Carora nach Coro führt.. Auch im Osten scheint eine Erniedrigung der Südketten südwärts vom Rio Upipe einzutreten, über welche die wenig begangene versumpfte Strasse von Carorita nach Moroturo führt, dann aber beginnen die Parallelketten im äussersten Osten nochmals anzuschwellen und erreichen am Araguita im Gipfel Mision nochmals 700, im Guaidima bei Yacura 600 m.

Wie sich im **äussersten Westen**, auf den Sabanas de Taratarare und an den Quellen des Rio Pedregal das Gebirge verhält, ist nicht genau bekannt. Mehrere Anschwellungen lassen sich, wie unten ausgeführt werden wird, daselbst nach der Beschreibung der Wege erkennen, und Codazzi giebt den Höhen von Empalado westlich vor den Sabanas de Taratarare noch 700 m Höhe, doch lassen Codazzi's sonst meist zuverlässige Angaben gerade in Coro häufig im Stiche. In der Mitte des Landes erreichen die Sierra de San Luis und die Gebirge südlich von Agua Negra etwa 1500 m; die höchsten Uebergänge über die Sierra de San Luis liegen nach meinen Messungen zwischen 1100 und 1200, die über die Gebirge von Agua Negra im Norden des Tocuyo über 1200 m Höhe und übersteigen in den südlichsten Ketten SW und SO von Siquisique noch 1000 m.

Das gesammte System der Gebirge von Coro gehört fast vollständig der Kreideformation an, und besteht vorwiegend aus harten quarzitischen Sandsteinen, graublauen, verwischte Versteinerungen führenden Kalksteinen, einem weissen weicheren Sandsteine, und einzelnen Einlagerungen von Schieferthon, Letten, Thonschiefern. Nur im äussersten Süden nimmt ein älterer Thonschiefer, den ich dem Phyllit der Cordillere von Mérida an die Seite stellen und dem archäischen System zurechnen möchte, hie und da, wie zwischen Siquisique und Matatere an der Zusammensetzung des Gebirges Theil, und im Norden tritt ein System von Schichten hinzu, das aus weissem Sandstein, der zuweilen in Conglomerat übergeht, dunklem, Kohlenflöze umschliessendem Schieferthon, hellen Kalken, sowie Thoneisensteinnieren, Gyps, Ocker, Alaun und Eisenvitriol besteht und meinem im Táchira beobachteten Cerro de Oro-System [1]) entspricht. Es sind das dieselben Schichten, die Hettner[2]) als Guaduas-Schichten, Wall[3]) als Caroní Series bezeichnet und auch Karsten oftmals als charakteristisch erwähnt, ohne sie jedoch als eine besondere Stufe abzugliedern. Ihr Alter ist zweifelhaft: Karsten[4]), und Hettner rechnen sie der jüngeren Kreide zu, Wall bezeichnet sie als Miocän, ich selbst habe sie im Táchira als zweifelhaft bezeichnet und bedingt dem Tertiär zugewiesen. Auch heute ist ihre Stellung noch nicht gesichert, da sie versteinerungsarm sind. Es folgen auf sie nach der Küste zu später zu erwähnende, als Ober-Miocän bestimmte Schichten, während die ihnen oftmals als Unterlage dienenden grauen Kalke als Gault jetzt wohl allgemein angenommen sind. So schwankt ihre ltersbestimmung zwischen der oberen Kreide und dem Eocän, doch ist sogar miocänes Alter nicht ganz ausgeschlossen.

Diese jüngeren Ablagerungen begleiten den Nordrand des Gebirges von San Luis, kommen aber in grösserer Mächtigkeit auch in der Niederung zwischen diesem und dem südlichen System vor, fehlen dagegen südlich von Agualarga ganz; dagegen scheinen sie in Nordost-Coro zu grosser Entwicklung gelangt zu sein.

Noch jünger, voraussichtlich miocänen Alters sind die küstennächsten Schichten am Nordrande der Sierra de San Luis und zwischen Cumarebo und La Vela de Coro, gelber und rother Sandstein und gelber Kalkstein von porösem tuffartigem Charakter. In ihnen finden sich Spondylus cf. Gilvus, Pecten exasperatus, Pectunculus pectinatus, Crassatella antillarum, Dosinia nov. spec. = Dosinia distans, Venus etc., von denen die meisten noch im Karibischen Meer leben. Diese Schichten sind wohl denen von Paraguaná (s. S. 42/48) gleichalterig. Endlich treten an dem Portachuelo de Caujarao bei Coro Conglomerate sehr jungen Alters auf, anscheinend dieselben Ablagerungen, die Karsten[5]) erwähnt und von denen er angiebt, dass sie unter einem Winkel von 75—80° gehoben sind. Dies lässt sich auch am Portachuelo bemerken, wo diese Gerölle überaus steil gegen das Meer fallen und also noch an intensiver Gebirgsfaltung Theil genommen haben. Karsten will diese Conglomerate dem Quartär

[1]) Die Cordillere von Mérida; Geograph. Abhandlungen, Band III, Heft 1, S. 26, Wien 1888.

[2]) Die Cordillere von Bogotá. Petermann's Mittheilungen, Ergänzungsheft 104, S. 16, Gotha 1892.

[3]) Geology of Trinidad, S. 41 ff., 107, Profil Blatt 2, Figur 1.

[4]) Archiv für Mineralogie etc., Band 24, S. 452—458, Berlin 1851.

[5]) a. a. O. S. 468.

zuweisen; jedenfalls beweist ihre Jugend, dass die gebirgsbildenden Kräfte sich in Coro noch bis in sehr kurz zurückliegende Vergangenheit geltend gemacht haben.

In der That ist das gesammte Gebirge von Coro in gewaltige häufig stark zusammengepresste nach Ostnordosten streichende Falten gelegt, deren Intensität besonders in den südlichen Gebirgen mit der Annäherung an das Tocuyo-Stromgebiet zunimmt. Horizontale Lagerung habe ich hier nie, geringe Neigungswinkel selten, hochgradig gefaltete Schichten mit Einfallswinkeln von 70—85° sehr häufig beobachtet, so dass der überaus steile Einfall die Regel bildet. Nur an der Nordseite der Sierra de San Luis, zwischen dem Kamm des Gebirges und El Cardón ist der Betrag der Faltung schwächer, nimmt aber bei Caujarao in der Nähe der Küste wieder zu.

1. Der nördliche Gebirgszug, die Sierra de San Luis und ihre Fortsetzungen.

Der nördliche Gebirgszug Coro's erstreckt sich von dem Mittellaufe des Rio Matícora in ostnordöstlicher Richtung über die Berge von Pedregal gegen den Rio Mitare, schwillt östlich desselben zu der Sierra de San Luis an und verläuft dann, in die beiden Aeste der Berge von Cumarebo und von Píritu getheilt, nach Nordosten zum Meere. Wahrscheinlich setzen sich die westlichsten Ausläufer in der Richtung auf die Punta Benites fort und streichen somit südwestlich; man hätte daher einen flachen Bogen in der Form ⌣ anzunehmen.

Den westlichen Abschnitt, das Bergland von Pedregal, rechne ich von dem Ostufer des Maracaibo-Sees bis zum Rio Mitare, bin jedoch nicht im Stande, mir ein klares Bild über dieses Gebirge zu machen, da durchaus gar keine Nachrichten darüber vorliegen, ausser der Beschreibung Codazzi's, der diese Gegenden mit ein paar Worten abthut. Er sagt nämlich [1]): »Von der Sierra de San Luis erstreckt sich nach Westen ein Gebirgsast, der die Berge von Pedregal, Vadiro, Mene und Aguaviva bildet, dem Flusse von San Luis eine Oeffnung auf dem Wege zum Meere freilässt, und durch eine Einsattelung dem Wege von Pedregal nach Sasárida den Uebergang erleichtert. Dieses gebirgige Land ist nicht sehr hoch, unter 900 varas und sonderbar gebaut, indem verschiedene Zweige sich in nordwestlicher Richtung zum Meere erstrecken, während andere ein Oval bilden, das die Hochsabanen von Taratarare einschliesst. « Auf der Höhentafel zu seinem Atlas giebt derselbe Verfasser die beiden höchsten Gipfel Agua Viva an den

---

[1]) Codazzi, a. a. O. S. 431.

Quellen des Rio Pedregal zu 969, und Pedregal nordöstlich von dem Ursprung des Rio Capatárida zu 731 m an. Von diesen Angaben ist jedoch nicht viel zu halten, 969 sogar ein Druckfehler; 731 ist umgerechnet aus 875 varas, und der Agua Viva-Gipfel ist auf 800 varas geschätzt, was 669 m ergiebt, nicht 969, wenn man zur Kontrolle hinzunimmt die Höhe des Empalado 830 varas = 710 m.

Wir haben also ein etwa 700 m hohes Bergland, das sich gegen den Rio Mitare hin und gegen den Maracaibo-See zu erniedrigt. Hier scheint es westlich vom Agua Viva-Gipfel bereits sehr niedrig zu sein, denn in der Beschreibung des Weges von Carora über die Sabanas de Taratarare, die wir zur Ergänzung der Codazzi'schen Darstellung aus den Apuntes Estadísticos del Estado Barquisimeto [1]), heranziehen können, heissen diese Gegenden caliente, womit die unteren Stufen des Landes bezeichnet werden, im Gegensatze zu calido, welches Wort man für die Stufen von etwa 400—1000 m braucht. Dabajuro selbst liegt weit vor den Bergen in der Ebene, der Weg dahin wird zwischen Saladillo und der Quebrada de Saladillo [2]) als leicht gewellt, (pequeñas lomas), zwischen dieser und Vaviro als sanft geneigt, steinig und zerrissen, zwischen Vaviro und Palmarejo schon als eben angegeben, während südlich von Saladillo ein Höhenzug, die Cuesta de Rancho Grande liegt, nach deren Ueberwindung der Rio Matícora erreicht wird. Man wird nicht fehl gehen, wenn man dieser Cuesta eine Höhe von 300—400 m giebt und sie als die Fortsetzung der Berge von Pedregal ansieht, die hier gegen Südwest langsam zum Bruchfeld des Maracaibo-Sees verlaufen. Höhere Berge werden erst weiter im Süden in der Umgebung der Sabanen von Taratarare erreicht und gehören entschieden schon dem südlichen Gebirgssystem an.

Dieses ganze Berg- und Hügelland zwischen dem Maracaibo-See und Pedregal ist sehr wenig bewohnt; selbst der einzige von Codazzi angegebene Ort Siruma oder Ciruma wird von den offiziellen Regierungsbeschreibungen als miserable parroquia bezeichnet, ist sehr feucht, heiss und höchst ungesund inmitten von Wäldern gelegen, und entbehrt alles Verkehrs. Im Uebrigen sind Viehhöfe, Hatos, wie Los Hatillos, Cipororo und Ceiba auf dem Wege von Casigua nach Siruma und Palmarejo, Vaviro, Rancho grande auf demjenigen von Dabajuro nach Carora sowie Rodungen, einiges Ackerland, labranzas, wie bei Saladillo auf demselben Wege, Alberabajo nahe dem Rio Matícora auf der Strecke Casigua-Siruma über das Gebiet spärlich zerstreut. Kleine Waldungen, Sabanen und Gestrüppdickichte wechseln mit einander,

---

[1]) Apuntes Estadísticos del Estado Barquisimeto, Carácas 1876, S. 244—246.
[2]) Apuntes Estadísticos del Estado Falcón, S. 66.

und das Ganze ist trockenes Gebiet bis an die Wasserscheide, jenseits derer an den Gehängen nach Siruma hinunter tropischer Tieflandswald auftritt. Der grösste, dieses Bergland durchziehende Fluss ist der südlich der Sabanen von Taratarare entstehende Rio Matícora, neben dem die in den Maracaibo - See fliessenden Rios Mene und Abrare sowie die uns bekannten Rios Palmar, Cocuisa, Borojó, Capatárida und Sasárida zu erwähnen sind. An den Quellen des letzteren liegt der niedrige Pass, den der Weg von Pedregal nach Sasárida übersteigt; dann setzt sich das Gebirge nach Osten bis an den Rio Mitare fort.

Ueber die Zusammensetzung des Gebirges wissen wir nichts Sicheres; nach meinen Beobachtungen besteht der östliche Ausläufer nahe dem Rio Mitare aus Schieferthon der Cerro de Oro-Stufe und es ist wahrscheinlich, dass die Berge von Pedregal ganz aus den Schichten der oberen Kreide und des unteren Tertiärs, besonders aus Sandstein bestehen. Von den Ebenen zwischen Las Adjuntas und Pedregal erscheinen sie als eine mässig hohe Kette mit ausgeglichenen Formen, ohne Waldwuchs und wahrscheinlich stark verwittert. An ihrem Südabfalle fliesst zunächst nördlich, dann ostnordöstlich der Rio Pedregal, ein wenig wasserreicher Fluss, an dessen öden Ufern nur eine nennenswerthe Ansiedlung, das schon 1577 gegründete Pedregal oder Pedregales mit 695 Einwohnern liegt. Auch die Umgebung seines Unterlaufs entbehrt selbst der Viehhöfe fast ganz, ein sehr ödes, häuserloses, grün und roth gefärbtes Land.

Dieser Anblick ändert sich, so bald man die Furche des Rio Mitare erreicht, dessen hauptsächlicher Arm, der Rio de San Luis, ein Kind der Sierra de San Luis, wasserkräftig ist und Gelegenheit zu reichem Anbau an den Ufern giebt. Hier liegt an dem Durchbruch des Flusses die Ortschaft Agua Clara (190 Einwohner) über den weithin versumpften mit Zuckerrohr bestandenen Auen des Flusses, ein wenig oberhalb an der Mündung des Rio Pedregal die Ansiedlungen Los Baños und Cieneguita mit warmen Quellen. Es scheint, dass hier ein Bruch, wahrscheinlich ein Querbruch im Gebirge vorliegt, da die heissen Quellen zusammentreffen mit einer auffallenden Erniedrigung des Gebirges, das in der Häusergruppe Las Lajas (150 Einwohner) auf 120 m, in dem höchsten Punkte des Ueberganges dahin auf 160 m herabsinkt. Ebenso hoch sind die westlich des Rio Mitare gelegenen Thonschieferhöhen, aber auch das Gestein ist zu beiden Seiten des Flusses verschieden, denn der jüngere Thonschiefer der Westseite wird im Osten durch älteren weissen Sandstein abgelöst, der in der Sierra de San Luis in grosser Mächtigkeit auftritt. Auch dies spricht für das Vorhandensein einer grossen

Verwerfung, die wahrscheinlich der Rio Mitare für seinen Durchbruch durch das Gebirge benutzt hat. Dieser vollzieht sich ohne Stromschnellen in 100 m Höhe in breitem Bette, neben dem im Osten steile, 60° nach Nordwesten zum Meere einfallende Sandsteinfelsen aufsteigen; über diesen tritt bereits Kreidekalk mit verwischten Versteinerungen, deren wir von jetzt an oft gedenken müssen, auf.

Vom Rio Mitare an beginnt mit rasch zunehmender Höhe die Sierra de San Luis, das Hauptgebirge des Nordens von Coro, in dem die faltende Kraft mit grösserer Gewalt sich geäussert und demgemäss auch grössere Höhen geschaffen hat. Zunächst verläuft die Sierra de San Luis in einem geschlossenen Zuge nach Ostnordosten, begleitet im Süden von den Bergen von Pecaya, deren Schichtensystem nach Nord einfällt. Man kann dies von den Höhen nahe der Mündung des Rio Pedregal sehen: Hinter Pecaya (563 Einwohner) steht eine gewaltige Felsenmauer, die steil gegen die Ebene abfällt und sich in der Form einer grossen Falte erhebt; ihr Schichtensystem ist völlig deutlich erkennbar und der ganze Norden des Berges fällt gegen Nord ein, wie überhaupt meist in der Sierrra de San Luis.

Bei dem Gipfel No. 8 der Codazzi'schen Karte tritt eine Theilung der Sierra in zwei Aeste ein, die einander parallel von WSW nach ONO verlaufen und zwischen sich das Hochthal der Sabana de Curimagua einschliessen, das den Kern der Sierra de San Luis einnimmt, und sich in der Entfernung von etwa zwei Reitstunden in der Höhe von 950 bis 1000 m erstreckt. Die Sabana de Curimagua ist ein Längsthal, eine Mulde zwischen zwei Faltensätteln, eingesenkt in Sandstein und bedeckt mit Gräsern und einigen Gehöftgruppen, so dass keine deutlich erkennbare Ortschaft besteht, sondern nur von Zeit zu Zeit, z. B. von mir am 8. November 1892 um 8 h [45], 9 h [5], 9 h [15] und bis 9 h [25], Häuserreihen angetroffen werden; viel Wasser quillt aus den Bergen, das Ganze ist anmuthig, frisch und schön, gut bevölkert und trägt den Charakter von grasigen Thälern in deutschen Mittelgebirgen. Zu diesem Eindruck trug noch das Wetter bei, stürmischer Wind, dunkle Wolken, Regen während der Nacht, meist kalte Schlagregen bei einer Temperatur von 22° C., die einem aus Coro kommenden und 29—31° C. gewöhnt gewesenen Reisenden recht niedrig vorkommt. Zu beiden Seiten des Thales von Curimagua, das ein eigenes Municipio mit 1891 4079 Einwohnern bildet, erheben sich die beiden Firste der Sierra de San Luis, gewaltige weiss und grün gefärbte, aus versteinerungsführendem Kalkstein bestehende nach Ostnordost streichende Ketten von annähernd gleicher Höhe. Die nördliche überschritt ich im Alto de los Patiecitos in 1100, die südliche im Alto de Santa Teresa in 1150 m

Höhe, beide in engen Pässen über treppenartig ausgewaschenem schrattigen Kalkstein, die nördliche auf einem zum Theil unterbrochenen gepflasterten Wege. Ob sie sich unterhalb Curimagua wieder vereinigen, ist mir nicht bekannt, doch scheint es, als ob dem nicht so sei, sondern als ob bereits westlich von Curimagua die Trennung des Gebirges in die beiden bei Cumarebo und Píritu ausstreichenden Aeste sich vorbereite. Die Gipfelhöhe der Sierra de San Luis ist nur wenig höher als die eben genannten Uebergänge, da, wie überhaupt in den Gebirgen Venezuela's, so auch hier die Uebergänge über die Ketten meist auf den höchsten Kämmen erfolgen. Rechnet man 100—200 m für die über diese Pässe sich erhebenden Gipfel des Gebirges hinzu, so gelangt man zu einer Gesammthöhe von 1250—1300 m, was gut mit Codazzi's Angabe, 1253 m, stimmt, die übrigens nur geschätzt und aus der geschätzten Zahl von 1500 varas in Meter umgerechnet ist.

Der nördliche Zweig der Cordillere von San Luis stürzt von der Höhe von 1200 m so steil zur Ebene von Coro ab, dass der Aufstieg beschwerlich fällt, ist aber ziemlich einfach gebaut, indem er nur den nördlichen Flügel einer grossen Falte bildet, die obendrein nur geringen Einfall nach Nordnordwesten zeigt. Der Grund des Gebirges besteht hier, wie meistens in Coro, aus weissem harten Sandstein, die Höhen aus sehr hartem grauweissen Kalkstein, dessen verwischte Versteinerungen und dessen petrographische Beschaffenheit ihn den Kalksteinen von Capacho im Táchira gleichstellen; doch tritt der weisse Sandstein auf dem Passe von Los Patiecitos wieder hervor. An diese Gesteine der mittleren Kreide lehnt sich am Fusse der Sierra ein jüngeres Schichtensystem, grobkörnige harte häufig in Conglomerate übergehende Sandsteine, zunächst zwischen Los Alambiques und El Guarabal an dem grauen, versteinerungsführenden Kalkstein anschliessend, dann, gegen das Meer zu, immer jüngere Ablagerungen, Sandsteine und kohlenführende dunkle Schiefer; alle diese entsprechen im Alter den Guaduas-Schichten Hettner's[1]), meinem Cerro de Oro-System[2]), Wall's Caroní Series[3]) und gehören der oberen Kreide oder dem unteren Tertiär an. Endlich beginnen bei Caujarao steil gestellte miocäne versteinerungsreiche Sandsteine, Kalke und Thone, denen endlich ganz junge, aber noch gefaltete Gerölle anlagern, die den Portachuelo zwischen Caujarao und Coro zusammensetzen.

Ueppige Vegetation, frischer leichter Laubwald, Bananen-, Kaffee- und Zuckerpflanzungen bedecken die höchsten Theile der Kette und er-

---

[1]) A. Hettner, Die Cordillere von Bogotá, Gotha 1892, S. 16.

[2]) Sievers, Die Cordillere von Mérida, Wien 1888, S. 26 ff.

[3]) Wall, Geology of Trinidad, Blatt 2, fig. 1.

strecken sich noch bis zu etwa 600 m herab; dann nehmen die grasigen Gehänge an Ausdehnung zu, zahlreiche Hütten sind über die Höhen verstreut, eine grossartige Aussicht auf Paraguaná und die Küste von Coro eröffnet sich, weiss schimmern zu beiden Seiten die Kalksteinwände der Sierra, weiss auch der Sand von Coro und die blendenden Dünenzüge, grün der Wald der Höhe, mattgrün und grau das Gestrüppgebiet am Fusse der Cordillere, und blau zwischen und über allem diesem Meer und Himmel.

In etwa 300 m Höhe verläuft der Weg in ein niedriges, koupirtes Hügelland, »terreno encrespado, que va insensiblemente bajando con monte y peñascos«, [1] in welchem die oben genannten Schichten der oberen Kreide oder des unteren Tertiärs etwa 45° nach Nordwesten zum Meere einfallen; ein lichter Buschwald bedeckt das Ganze, kleine Viehhöfe, z. B. die Hatos von El Guarabal erheben sich nahe den Quellbächen des Rio Siguruba. Dann folgt eine weite Strecke ebenen Landes mit Kaktusgestrüpp von El Cardón bis nahe vor Caujarao, die Vegetation wird immer dürrer und öder, obwohl die hier fliessenden Flüsse Rio Seco, Siguruba und Rio Coro ziemlich viel Wasser führen. Niedrige wellige Höhen mit blauem Kalk, Conglomeraten und versteinerungshaltigem Sandstein wechseln mit Flussschotterstrecken und umgeben namentlich die kleine in einer Mulde gelegene, mit Kapelle versehene, aber aus zerstreuten Häusergruppen bestehende Ortschaft Caujarao (176 Einwohner), die ziemlich bedeutenden Ackerbau, besonders Bananen-Kultur betreibt und Coro mit Früchten und Gemüsen versorgt; endlich wird die letzte Hügelkette, die der Conglomerate, in einem Portachuelo passirt, von dem aus man unmittelbar unter sich die Stadt Coro mit dem Dünenzuge, der Sabane und den Gärten erblickt, ein überaus lockendes Bild, dem das Meer einen wundervollen Hintergrund verleiht.

Der Abfall der Sierra de San Luis nach Norden ist also ein steiler bis zu etwa 300 m Höhe, dann in dem anliegenden Hügellande ein sanfter, der Anblick von der Küste aus grossartig und reizvoll. Aehnlich steil stürzt die Südkette zum Thale des Rio San Luis ab, auf der Höhe gekrönt mit fast horizontal gelagertem Kalkstein, dessen weisse Wände von schönem Bergwalde mit allen Formen der Cordilleren-Bergwälder bestanden sind, eine Seltenheit in diesem Theile von Coro. Grössere Gehöfte liegen am Rande des Kammes, Santa Teresa nahe dem Passe in 1070 m Höhe am Südhang, vor dem in 800 — 900 m Höhe eine Kette von deutlich abgeschiedenen Vor-

---

[1] Apuntes estadisticos del Estado Falcón, S. 110.

bergen liegt, die, wie die Hauptkette aus beständig wechselnden Sandsteinen und versteinerungsführenden Kalksteinen bestehen. Hier liegt in 720 m Höhe am Hange der Vorberge Conopia und eine Reihe anderer Häusergruppen, deren Bewohner zum Theil Kaffeepflanzungen besitzen. Wie die Höhe, so ist auch die Südseite mit üppiger Vegetation bestanden, die ihre grösste Entfaltung an der Hacienda La Quinta vor San Luis in 720 m Höhe erreicht, wo neben den hier zu erwartenden Obstbäumen, Orangen, Guayabos und Kaffee, auch merkwürdigerweise der Brotbaum, Pan de año und sogar Kokospalmen vorkommen. Diese Hacienda ist der Vorbote eines grösseren Ortes, San Luis, der grössten Ansiedlung des Innern von Coro, mit 1891: 852 Einwohnern und reichen Umgebungen. San Luis ist hart an die hier steil abfallende Cordillere in etwa 720 m Höhe angebaut worden und wird durch einen Wasserlauf, der mitten im Orte in einem schattigen Quellbecken der Felswand entströmt, in zwei Theile getheilt, die durch die Steilheit ihrer Gassen auffallen.

Die Aussicht von den Höhen im San Luis auf das umliegende Land schildert Codazzi [1] sehr richtig und ansprechend: »Ausgedehnte Hügel vermischen sich im Süden überall mit dem Dunkel des Himmels, das durch den Staub auf den trockenen mit Dornenpflanzen bestandenen Ebenen des Innern hervorgerufen wird, auf denen die Bewohner für sich und ihre Heerden oft nur Tanke benutzen können. Im Westen zeigen sich in weiter Entfernung die Berge von Pedregal und verdecken die nach dem Golfe von Maracaibo zu gelegenen Wälder, während im Osten die Sierra selbst den Blick auf die sich vom Omuria bis nach dem Rio Tocuyo hinziehenden Urwälder absperrt. Im Norden verbergen die steilen Gipfel der Sierra mit ihrer frischen Vegetation dies schöne Hochthal von Curimagua, und die überall auf der Höhe des Gebirges und den Gehängen zerstreuten Pflanzungen von Kaffee, Bananen, Mais, Yuca, Zuckerrohr und aller Arten von Gemüsen und Kräutern.«

Aber auch der Blick auf San Luis und die Sierra ist besonders von der Niederung am Mittellaufe des Rio de San Luis sehr anziehend. Hoch sieht man die gewaltigen Wände mit ihren vielfach entblössten Schichten aufragen, und etwa in halber Höhe schimmern die weissen Häuser des an die Felsen geklebten Weilers, während unten nur die mattgrüne Farbe der Gestrüppformation erkennbar ist. Infolge ihrer Höhe ist die Cordillere von San Luis weit sichtbar, von Paraguaná, von Pedregal, von der Küste von Coro und von den südlichen Gebirgen

---

[1] Codazzi, a. a. O. S. 441.

Coros. Schon von den zwischen Carora und dem Rio Baragua liegenden 1000 m hohen Gipfeln sah ich sie fern im Norden auftauchen und von dem Buena Vista-Zuge aus erschien sie als eine duftige blaue Kette, die sich matt abhob von den weiter im Vordergrunde gelegenen grünen und grauen Gebirgszügen.

Unmittelbar über San Luis fällt der unter dem versteinerungsführenden bituminösen Kalkstein der mittleren Kreide heraustretende Quarzsandstein steil nach Süden ein, und setzt sich abwärts bis 500 m Höhe fort, worauf wieder Kalkstein erscheint, der wie der Sandstein hier nur theilweise gegen das Gebirge nach Norden einfällt. Das Gebirge fällt auch hier steil ab, in ³/₄ Reitstunden von 720 m (San Luis) auf 420 m (Macuere), dann aber, wie auf der Nordseite, langsamer. Frischer Wald erfüllt noch die Abhänge unterhalb San Luis und frische Pflanzungen von Zucker, Mais, Yuca erstrecken sich längs den Ufern des Flusses, besonders bei der Ansiedlung Macuere oder Macuare (168 Einwohner), allein von etwa 350 m an beginnen schon wieder die Geröllterrassen und kleinen Hügel mit ihren grossen Kakteen, die wie überhaupt an der Grenze von trockenen und feuchten Landschaften, besonders in Flussauen, mit Schlingpflanzen und blühenden Kletterpflanzen, namentlich Winden, umsponnen sind. Damit treten wir bereits ein in die grosse Niederung, die sich von der Sierra de San Luis nach den südlichen Gebirgen erstreckt.

Die Sierra de San Luis entsendet östlich von Curimagua zwei Ausläufer gegen die Küste, und tritt, wie die Anden überhaupt und die Cordillere von Mérida im besonderen, in Virgation auseinander. Wo diese Trennung deutlicher wird, nördlich von Cabure, liegen reiche Kaffeepflanzungen auf ihren Gehängen und setzen sich vereinzelt in das Quellgebiet des Moturo-Flusses fort, wo sie in die grossen Tieflandswälder der Umgebung von Acurigua und Macoruca übergehen.

Der nördliche Ast der Sierra de San Luis zieht in nordöstlicher Richtung zwischen Acurigua und Guaibacoa hindurch und erreicht nahe Cumarebo in dem Cerro de Cumarebo noch einmal 600 m Höhe. Sein nordwestlicher Hang ist fast kahl, der südöstliche aber mit tiefem Walde bekleidet, der Passübergang zwischen Guaibacoa und Acurigua niedrig. Der südliche Ast streicht nach Ostnordost weiter bis gegen Píritu und ist vollständig mit dichtem Walde bekleidet, der in schroffem Gegensatz zu den trockenen Gestrüppgebieten des mittleren Coro steht und mit den Wäldern von Omuria zusammenhängt. Die Höhe auch dieser Berge ist gering, zwischen Macoruca und Acurigua überschreitet der Weg nur mässige Höhen, zwischen denen die Quellflüsse des Rio Moturo, der Acurigua und der Macoruca fliessen; nur der

Cerro Ricoa nordwestlich von Macoruca scheint ein höherer Berg zu sein.

Die Ansiedlungen sind unbedeutend: Guaibacoa (375 Einwohner) ist ein kleiner frisch an der Höhe gelegener Ort, Acurigua mit 312 und Macoruca, ein zerstreuter Platz von etwa 500 Einwohnern, sind verrufen wegen ihres fieberreichen Klimas.

2. Die Niederung des Inneren.

Zwischen der Sierra de San Luis und ihren Fortsetzungen einerseits und den Gebirgen Süd-Coro's anderseits dehnt sich eine Niederung aus, die in der Breite von etwa 30 km sich von Westsüdwest nach Ostnordost erstreckt, und durch die Ortschaften Pedregal, Pecaya, Agua Larga, Cabure, Carorita bezeichnet werden kann. In geologischer Beziehung ist sie ein jüngeres, der oberen Kreide oder dem unteren Tertiär angehöriges Gebiet, dessen Schichten scharf gefaltet sind, so dass steile Einfallswinkel die Regel bilden. Die versteinerungsführenden Kalksteine und die weissen Sandsteine treten hier nicht mehr an die Oberfläche empor, sondern lagern wahrscheinlich unter den genannten Schichtengruppen. Die Niederung zerfällt in zwei durch den Meridian von Coro geschiedene Hälften, die westliche trockene, sterile, öde, mit dem Flusssystem des Rio San Luis und die östliche, feuchte, waldige mit dem Flusssystem des Rio de la Concepcion, Omuria, Upipe, Gueque. Die westliche Hälfte der Ebene scheint im Ganzen etwas höher zu liegen als die östliche und senkt sich von Süden nach Norden entsprechend dem Flusssystem des Mitare. Die Gehöfte El Enea und Pozolargo liegen im Süden derselben noch 410 und 445 m hoch, die Ansiedlung Piedra Grande 370, El Perico 295, Las Adjuntas 275 und La Cuiva 170 m, ein langsamer Abfall, der hier nur einmal durch eine Falte des Gebirges unterbrochen wird, nämlich den sich zwischen Las Adjuntas und Piedra Grande einschiebenden Höhenzug von 500 m Höhe, der aber auch aus denselben Gesteinen besteht wie die umliegende Niederung.

Diese Falte, die Cuesta del Perico, setzt sich weiter im Osten wahrscheinlich in dem Hügellande von Juncalito, La Puerta und Anafia fort, streicht südwärts des Rio de San Luis, den sie wohl zu dem von ihm gebildeten Knie veranlasst, und besteht aus gelbem und grauem, auch rothem nierigen Sandstein und Schieferthon, der auch in der umgebenden Ebene die kleinen Bodenwellen bildet, und Gyps in grossen Mengen führt, so dass bei La Piedra Grande der Boden an der Strasse vollständig mit kleinen Gypstafeln bedeckt ist. Der Einfall des Schichtensystems ist hier ein sehr steiler, die gebirgsbildende Kraft muss sehr heftig gewirkt haben, da abwärts am Wege nach Las Adjuntas vor Pericos ein gewaltiger Schichtenkomplex weissen Sandsteins im Streichen gebeugt ist.

Das ganze Land ist weithin mit Gestrüpp bestanden, aus dem sich die Ortschaft Piedra Grande, ein entstehendes Dorf mit rothen Ziegeldächern und 384 Einwohnern ganz hübsch abhebt, und wird erst frischer in der Umgebung des Rio de San Luis oder Rio de Pecaya sowie der ihm zufliessenden kleinen Wasserläufe, von denen sich zwei bei Las Adjuntas einen, einem grösseren Komplex von Gehöften, über den der Weg von Carora nach Coro führt. Von der Höhe der Cuesta de Perico sieht man südwärts die meist bewaldeten Berge der südlichen Ketten, westwärts die kahlen Berge von Pedregal, nordwärts rothe und grüne Höhen, darüber die Sierra de San Luis.

Im nordwestlichen Theile der Niederung erheben sich über nordwestlich einfallenden rothen Sandsteinschichten, die in dieser ganzen Gegend kleine Höhenzüge bilden, die Kalksinterterrassen von La Cuiva, in der Höhe von 170 m, etwa 3 km vom Rio Pedregal entfernt gelegen. Diese Terrassen bestehen aus zwei Absätzen, von denen der untere fast keine Ansammlungen heissen Mineralwassers mehr hat, der obere dagegen in zwei Hauptgruppen noch zahlreiche Wasser besitzt. Die nördliche Gruppe besteht aus drei Becken, von denen zwei etwa $^2/_3$ m im Durchmesser, das dritte 1 m Breite, $1^1/_4$ m Länge haben und enthält hellgrünes bis dunkelgrünes, schwefelhaltiges Wasser. Ein vierter kleiner Pozo zeigt, wie die übrigen, fortdauerndes Aufwallen des Wassers, aber keine Wasserstrahlen und ist mit Algen erfüllt. Die zweite südliche Gruppe ist bedeckt mit etwa 20 kleinen und zwei grösseren Becken von weissem, blauem, rothem Kalksinter, in denen grünes und blaues Wasser steht. Die höchste von mir gemessene Temperatur des Wassers des nördlichen ungefähr 1 m über die Terrasse hervorragenden Kegels ist 41—42° C. Die Terrasse wird im Süden von einem Bache begleitet, der ihr bei plötzlichem Anschwellen wahrscheinlich Abbruch thut. Die Gesammthöhe ist 3—4 m, die Kraft des aufbrodelnden Wassers in den nördlichen Becken grösser. Hütten giebt es in der nächsten Umgebung nicht, die Entfernung von Agua Clara beträgt 2 Stunden, von Las Adjuntas 3 Stunden, von dem nächsten Hato El Cardón $^1/_4$ Stunde, vom Rio Pedregal etwas mehr als eine halbe Stunde Reitens.

Wenn schon diese Gegenden öde und steril sind, so wird ihre Verlassenheit doch noch übertroffen von den Landschaften zwischen San Luis und Agualarga, weil erstere an einem Hauptwege, Carora-Coro, liegen, letztere aber im Süden durch die fast ungangbaren

Cordilleren abgeschlossen werden. Kahle Höhen folgen im Süden auf den Rio de San Luis, weisser Sandstein, und ein System von Alaun-, Gyps- und Ockerhaltigem, nierigen, knolligen, jüngeren Sandstein von bunter, wechselnder Färbung mit Salzausblühungen und etwas Schwefel. In diesem scharf gefalteten, 200—275 m hohen Hügellande sind die tiefsten Einsenkungen die Betten der Quebrada de la Puerta mit 195 m und des Rio de San Luis mit 225 m; südwärts steigt das Land gegen Agualarga wieder bis 300 m, graue bucklige Höhen bildend, die mit Buschwerk und Kaktusgestrüpp bekleidet sind.

Das Schichtenstreichen ist meist Ostnordost, der Einfall wechselnd nach Norden und Süden, einige Schichten graubraunen Sandsteins und Schieferthons führen Kohle; es sind das dieselben Schichten wie im Táchira und am Nordabfall der Sierra de San Luis. Man sieht hier fast gar keine Ansiedlungen; die Häusergruppen (Caserios) La Cruz (242 Einwohner) am Rio San Luis, Juncalito südlich davor (364 Einwohner), La Puerta (221 Einwohner) an dem gleichnamigen breiten Trockenbett, das nach 2 ½ leguas sich mit dem Rio San Luis vereinigt, und Anafia auf dem Wege nach Agualarga sind die einzigen menschlichen Wohnplätze, auch sie meist nur spärlich und von ärmlicher Bevölkerung bewohnt. Nördlich des Rio San Luis liegt Pecaya, mit 563 Einwohnern auf ebenem Boden am Fusse der Cordillere von San Luis, vor den südlichen Ketten Agualarga (308 Einwohner).

Am Fusse der Sierra de San Luis ist auch Cabure, ein dem vorigen etwas überlegener Ort mit 596 Einwohnern und Kaffee- bau, erbaut, muss aber schon zu der östlichen Hälfte der Ebene gerechnet werden. Cabure liegt etwa in der Mitte zwischen den Flüssen San Luis und Omuria, jedoch schon im Walde und somit auf der östlichen Hälfte der Niederung; denn der Meridian von Coro scheidet hier nicht sowohl das Flussgebiet des San Luis von dem des Gueque, sondern er trennt auch das trockne Land von dem feuchten. Etwa 2 ½ leguas von Anafia, auf dem Wege nach Churuguara beginnt nach den Aussagen der Einwohner von Anafia der Wald bei dem Gehöfte La Ceiba. Von hier an gegen Osten ist das Klima nun ebenso feucht, wie es westlich davon trocken ist. Während also die Bewohner West- Coro's ihr Trinkwasser mühsam sammeln müssen, werden die Wege in den ewig feuchten Urwäldern des Ostens nicht trocken und sind den grössten Theil des Jahres hindurch fast unpassirbar. In der Niederung bildet sich der gewaltige, bis zum Tocuyo reichende Wald von Omuria aus, dehnt sich nordwärts bis über Acarigua hinaus und wird erst nach Carorita hin durch Sabanen stellenweise unterbrochen.

Im Stromgebiet des Omuria und Gueque öffnet sich die Niederung nach Nordosten und verschmilzt unterhalb Carorita mit der Küste. Von Ansiedlungen ist in der östlichen waldbedeckten Hälfte fast keine Rede, Cabure liegt nahe dem oberen Ende, Carorita der Küste genähert, im Walde selbst fehlen grössere Ortschaften völlig.

3. Die Gebirge an der Grenze von Coro und Barquisimeto.

Das südliche Gebirgssystem von Coro an der Grenze von Coro und Barquisimeto gehört zu den unbekanntesten Venezuela's, steht aber an Ausdehnung und Höhe dem westlichen Flügel des Karibischen Gebirges zwischen Valencia und Barquisimeto nicht nach und übertrifft namentlich an Breite und meist auch an Höhe das nördliche Gebirge Coros, die Sierra de San Luis mit ihren Fortsetzungen.

Das südliche Gebirgssystem Coro's gehört seiner Zusammensetzung nach ganz der Kreideformation an, und zwar im Norden mehr den mittleren, im Süden den unteren Stufen derselben. Im Norden des Tocuyo- und Baragua-Flusses liegen meist weisse und graue Sandsteine sowie graue Kalksteine vor, welche letzteren vielfach, wie in der Sierra de San Luis, die höchsten Höhen, z. B. bei Agua Negra und Surui bilden. Dagegen fehlt in diesen Gebirgen die obere Stufe, die wir als Cerro de Oro-System, Guaduas-Schichten oder Caroní-Series kennen, vollständig. Statt dessen treten in den südlichen Theilen des Gebirgssystems die unteren Stufen der Kreide auf, ganz besonders ein sehr harter, in rundliche Bruchstücke zerfallender Quarzsandstein, den ich wegen seines Vorherrschens in der Gegend von Carora: ›Carora-Sandstein‹ genannt habe; darunter liegt ein schwarzröthlicher Thonschiefer, der nun wiederum über einem älteren Thonschiefer ruht, der viel Gemeinsames mit dem Phyllit der Cordillere von Mérida hat und von mir für archaeisch gehalten wird. Dieser alte Thonschiefer kommt aber nur einige Male, und zwar stets ausserhalb der Grenzen Coro's und südlich des Tocuyo-Flusses zu Tage. Das Ganze ist sehr steil gefaltet und verläuft in ostnordöstlicher Richtung von den Gestaden des Maracaibo-Sees bis zu der Küste bei El Tocuyo und Las Tucacas.

Auf dieser langen Strecke ist das Gebirge naturgemäss nicht überall gleichmässig entwickelt, sondern besteht bald aus mehreren rasch aufeinander folgenden parallelen Ketten, bald aus zwei Ketten, zwischen denen Ebenen liegen, bald aus einem wenig gegliederten Bergland. Es erreicht auch nicht überall grössere Höhen, sondern schwillt wie die Sierra de San Luis im Meridian von Coro zu Höhen von 1400—1500 m an, erniedrigt sich aber von hier aus nach Westen und Osten bis unter 1000 m, ohne jedoch den Charakter geschlossener Bergketten zu verlieren. Auch hier ist der Westen kahl, der Osten mit tiefem Walde bedeckt, die Mitte mit lichtem Walde bestanden.

Im Westen trägt das südliche Gebirgssystem den Charakter eines anscheinend regellosen, ungeordneten Berglandes, aus dem eine Reihe von Flüssen hervorbrechen, von denen die Rios Tamares, Chiquito, Paraute, Machango, Sicare und Claro nach dem Maracaibo-See hinablaufen, während der Rio Baragua und der Rio Dichiva sich dem Tocuyo, also dem Innern, zuwenden. Nach den Karten scheint ein Kranz von Bergen die hohen Sabanen von Taratarare zu umgeben, doch liegt diese Zeichnung wohl hauptsächlich in der Art der Auffassung der Wasserscheiden seitens Codazzi's begründet, der z. B. mitten durch Coro nördlich von Agualarga einen grösseren Gebirgszug ansetzt, wo gar keiner vorhanden ist, und so auch in der Gegend der Sabanen von Taratarare wahrscheinlich die Bergzüge nach dem Verlaufe der Wasserscheiden gezeichnet hat. Die einzige mir für diese Gegenden zugängliche Quelle, die Beschreibung der Wege von Carora nach Casigua und Dabajuro in den officiellen Provinzbeschreibungen [1]) lässt mich zu anderer Ansicht über den Bau des Landes kommen.

In ihr ist nämlich angegeben, dass der Weg von Carora nach Dabajuro viermal einen Anstieg zu überwinden hat, und zwar die Cumbre del Flamenco südlich des Rio Dichiva, die Cuesta del Caballo zwischen diesem und der Quebrada Taratarare, den Anstieg auf die Sabanen von Taratarare selbst, von welchen die Cuesta de Mochino wieder zu dem Rio Matícora hinabführt, und endlich die kleinere Cuesta de Rancho Grande, die bereits dem nördlichen Gebirgssystem angehört. Wahrscheinlich sind nun diese auf dem Wege von Carora nach dem Nordwesten von Coro zu überwindenden Cuestas, Anstiege nicht anders als die Fortsetzung der weiter im Osten deutlich hervortretenden Ketten, und zwar muss die Cumbre del Flamenco als die unmittelbare Fortsetzung der Sierra de la Manzana oder de Baragua, die Cuesta de Mochino als diejenige des Gebirges von Buena Vista angesehen werden; die Cuesta del Caballo ist wahrscheinlich nur deshalb ein Anstieg, weil sich der Fluss Dichiva und die Quebrada Taratarare hier in das Gebirge eingeschnitten haben, doch mag es auch sein, dass sich hier noch eine Zwischenkette ausgebildet hat, und diese würde sich dann zwischen dem Rio Machango und dem Rio Claro nach Südwesten zum Maracaibo-See fortsetzen und hier an der Punta de Misoa auslaufen.

[1]) Apuntes estadisticos del Estado Barquisimeto, S. 242 ff.

Die Höhe dieser Gebirgslandschaften ist nicht bekannt. Die einzige Angabe für dieselben, Codazzi's Bestimmung des Gipfels Empalado auf 710 m ist wahrscheinlich eine Umrechnung aus 850 varas und demnach eine Schätzung, keine Messung, doch werden die einzelnen unterscheidbaren Höhenzüge, insbesondere die Sabanas de Taratarare eine Höhe von 600—800 m haben, zum Maracaibo-See rasch bis auf 300 und 200 m abfallen, nach dem Innern theils in grössere Höhenzüge, theils in tiefer gelegene Ebenen übergehen.

Den Westabhang dieser Höhenzüge zieren tiefdunkle feuchte Regenwälder, zwischen denen Sabanen eingesprengt sind, beide mit verderblichen Fieberdünsten geschwängert, die Höhe dagegen nehmen die Hochsabanen von Taratarare ein, über denen einzelne bewaldete Höhen aufsteigen, wie denn auch die Ufer der Flüsse, z. B. des Dichiva, von Wald umgeben sind. Nach Osten hin tritt aber schon wieder die Gestrüppformation auf. Die gesammte Hochfläche der Sabanas de Taratarare ist unbewohnt, und erst an den Abhängen derselben nach Norden, Süden und Westen hin liegen Viehhöfe, aber auch nur in geringer Zahl, so dass diese Gegenden zu den ödesten und zurückgebliebensten von Venezuela gehören.

Zu beiden Seiten des Rio Baragua treten die einzelnen Ketten des südlichen Gebirgssystems kräftiger hervor und bilden hier ausgesprochene Gebirgszüge, zwischen denen sich das Becken von Baragua einschiebt. Dieses liegt in der Höhe von etwa 400—500 m zu beiden Seiten des Rio Baragua und erstreckt sich südwestlich mit einem Ausläufer bis zu der südlichen Gebirgskette. Baragua selbst hat 390 m Höhe, der Rio Baragua 385, das Gehöft La Manzana am Fusse der südlichen Gebirgskette 485 m Höhe, Dos Caminos am Fusse der nördlichen 405 m Höhe.

Die südliche Gebirgskette, nach dem genannten Gehöft Sierra de la Manzana oder auch Sierra de Baragua genannt, ist ein etwa 1000 m hoher Zug aus Kalksteinen, Sandsteinen und Konglomeraten, welch' letztere auf der Uebergangsstelle zwischen Carora und Baragua, am Hause des Rodolfo Flores den Gipfel bilden. Das Haus selbst ist 940 m hoch, die Passhöhe 945 m, das Gebirge etwas über 1000 m; Konglomeratblöcke bedecken den schmalen Rücken desselben. Der Südabhang ist sanfter als der Nordabhang; letzteren erklettert man von La Manzana aus in etwa 1¼ Stunden, ersterer erfordert von La Mesa (505 m) bis zum Gipfel etwa die doppelte Zeit. Der Nordabhang ist in der Höhe mit zahlreichen Mapore-Palmen bestanden, die ich in ganz Coro nicht wieder in grösserer Menge fand, und sehr steil; der Südabhang steigt sanft bis etwa 700 m, dann ebenfalls steil

auf und ist in Bezug auf die Vegetation wenig begünstigt, denn auf
dem rothen verwitterten Boden wachsen auch selbst Akazien nur
spärlich. Dem sanften Anstieg am Südabhang zwischen La Mesa
und dem Gehöfte San Cristóbal entspricht eine sanfte Neigung der
Schichten nach Nord und Süd, also leichte Faltung, dem Steilaufstieg
nach dem Gipfel zu scharfe Faltung des Sandsteins und Kalksteins
in derselben Richtung.

Die isolirte Lage dieses Gebirgszuges zwischen der Ebene von
Baragua im Norden und der von Carora im Süden scheint die
Temperaturen auf dieser Höhe herabzudrücken, denn die am 14. Oktober
früh 6 h hier abgelesene Temperatur von nur 16,5° C. wird zwar in
Carácas auch um diese Tageszeit häufig beobachtet, aber meist doch
nur im Januar, während das ebenfalls gleich hohe Tovar in einem
engen Cordillenthale meist 21° C. und darüber hatte. In der That
war die Nacht frisch, ein kühler Wind blies aus Süden, und in der
zweiten Tagesstunde ging ein Nebelregen nieder, der mich lebhaft an
das Páramo-Wetter der Cordillere erinnerte, wie denn auch die Mapore-
Palmen in den hohen Gebirgen der Cordillere meist erst in 1500 m
und darüber auftreten.

Dem Páramo-Charakter entsprechen auch die Kahlheit des oben
mit Wiesenmatten bedeckten Gebirgsrückens und die grossartige Aus-
sicht über Coro; während man nach Süden nur einen beschränkten
Blick über die Ebene von Carora hat, sieht man nordwärts über das
gesammte System der Gebirgszüge von Coro bis zur Sierra de San
Luis. Ausser der Ebene von Baragua und dem dahinter liegenden
Gebirge von Buena Vista erblickt man im Nordwesten mehrere gegen
Baragua sich erstreckende Gebirge, deren höchste Punkte sämmtlich
in eine nordsüdlich verlaufende Linie fallen. In der Ebene von
Baragua ziehen einige Ausläufer dieser Bergketten gegen den Rio
Baragua, meist nur mit hohem Gestrüpp und lichtem Trockenwald
bedeckt, der auch die Ebene selbst ausfüllt.

In ihm und am Fusse der Höhenzüge liegen die grossen Gehöfte
La Manzana de Oro des Don Rafael Montesdeoca mit grosser
Ziegenzucht, La Mamita des Pastor Ramirez, die Häusergruppe
von Ojo de Agua an einem Hügel aus Sandstein und Breccien, und
endlich das Dorf Baragua selbst, etwa 2 km nördlich von dem wenig
Wasser führenden Flusse gleichen Namens, eine Ansiedlung mit
Kirche und Plaza, aber nur fünf Strassen, 1820 gegründet, 1870
wieder zerstört, und seitdem neu aufblühend, aber doch wichtig
als grösster Ort (590 Einwohner) auf dem ganzen Wege von Carora
nach Coro und für rasche Reiter von Carora aus in einer Tagereise

erreichbar. Jenseits Baragua folgen dann die Häuser von Dos Caminos, wo der Weg Baragua-Siquisique abzweigt von dem Hauptwege Baragua-Coro. Die Bevölkerung lebt von mässigem Ackerbau und der Zucht von Ziegen, Eseln und Maulthieren, ist aber im Ganzen recht ärmlich, da das Land den grössten Theil des Jahres hindurch des Regens ermangelt, die Bäche meist trocken liegen und die Vegetation sich auf das matte Grün der Kakteen und Mimoseen beschränkt.

Nördlich von Baragua kreuzt der Weg Carora-Coro eine zweite, weniger hohe Gebirgskette, die ich Sierra de Buena Vista nennen will, nach einem Hause, das auf der Passhöhe in 680 m Höhe liegt. Dieses Gebirge ist ähnlich gebaut wie das vorige, besteht wiederum aus Sandsteinen der mittleren Kreide, aber auch aus grösseren Schichtengruppen des Kalksteins von Capacho, der an dem Gehöfte El Araguato zahlreiche, leider schlecht erhaltene Versteinerungen führt, und fortwährend mit dem Sandstein wechselt. Das Gebirge ist in steil gestellte Falten gelegt, die meist von Westsüdwest nach Ostnordost streichen, so dass das Einfallen der Schichten oft unter Winkeln von 80° nach Norden und Süden gerichtet ist; es ist zwischen den Häusergruppen El Mamoncito 480 m und El Jabillal 645 m stark zerschnitten, so dass in dem Erosionsthal des Baches von El Jabillal gewaltige pfahlartige Quarzwände ausgewittert sind, die quer über das Thal, der Richtung des Gebirges entsprechend, nach Osten und Ostnordosten streichen.

Auch die Cordillere von Buena Vista fällt sanfter nach Süden ab als nach Norden, hat aber hier eine Vorkette, die nochmals bis gegen 600 m aufsteigt und zwischen den Gehöften La Danta 520 m am Fusse der Sierra de Buena Vista und Pozo largo 445 m sowie El Enea 410 m liegt, die bereits den Beginn der centralen Niederung von Coro bezeichnen. Das gesammte Gebirge ist nur mit lichtem Trockenwalde, fast überhaupt nur mit Mimosen und Kakteen bestanden, und daher, wie auch die Vorkette, meist mattgrün bis dunkelgrün gefärbt, während der rothe Boden zwischen der nur spärlich vorhandenen Vegetation hervorleuchtet, so dass die ganze Landschaft roth und grün aussieht.

Von der Sierra de Buena Vista, deren Höhe im Ganzen auch 1000 m betragen wird, hier freilich erheblich unter derjenigen des Uebergangs über die Cordillere von Baragua zurückbleibt, ist die Aussicht geringer als von dem Hause des Rodolfo Flores, doch sieht man eine Reihe von Bergzügen bis zur Sierra de San Luis im Norden vor sich. Ueber einer ausnahmsweise frischen grünen Schlucht, in die der Weg hinabführt, steigen koulissenartig dunkle Berge auf, und zwischen ihnen hindurch sieht man spitze grüne Vorberge und dahinter die blaue Kette von San Luis. Nach Norden hin erscheint die Vegetation viel frischer, man glaubt die rothe und grüne Farbe der Landschaft nicht mehr zu sehen, sondern nur noch grüne Bergwälder, doch ist das eine Täuschung, denn kaum hat man das Gehöft La Danta erreicht, so beginnen die Vorketten zwischen diesem Gehöfte und La Enea und wiederum passirt man nichts anderes als kahle Ketten mit spärlicher Kaktus- und Gestrüppvegetation. Auf dieser Vorkette trifft man nochmals die versteinerungsführenden Kreidekalke, wohl hier den Nordflügel der ganzen Falte, und tritt dann in das jüngere Land der Niederung von Coro ein.

Auf dem Kamme der Cordillere von Buena Vista verläuft die politische Grenze zwischen Coro und Barquisimeto, Falcón und Lara. Die Cordillere von Buena Vista findet ihre unmittelbare Fortsetzung in den Gebirgen zwischen dem Dorfe Agualarga und dem Rio Tocuyo, die hier nun die grössten Höhen in Coro erreichen und den ganzen Süden des Staates mit breiten Zügen erfüllen. Anstatt einer Kette, wie in der Cordillere von Buena Vista treten hier eine ganze Reihe von Kämmen auf, zwischen denen Thäler und Mulden eingesenkt sind, so dass ein mehrfacher Uebergang über hohe Züge und relativ hochgelegene Thäler erfolgen muss. Von Norden nach Süden gerechnet ergiebt sich daher folgende Reihe, die ich unter dem Namen Cordillere von Agua Negra zusammenfasse:

1.	Niederung von Coro bei Anafia	250 m	
2.	Cordillere von Surui mit Vorbergen	830 »	(500, 350)
3.	Thal von Surui	800 »	
4.	Cordillere von Agua Negra........	975 »	
5.	Thal von Agua Negra und Tupí ..	800 »	
6.	Cordillere von San Pedro, 1. Kamm	1240 »	
7.	Cordillere von San Pedro, 2. Kamm	1080 »	
8.	Thal von Santa Rosa	710 »	
9.	Cerro de San Lorenzo	935 »	
10.	Thal von Urucure .... 400—450 »		
11.	Cerro de la Petaca	625 »	
12.	Rio Tocuyo bei Siquisique ...	250 »	

Es sind somit sechs Uebergänge über Gebirgszüge von verschiedener Höhe nöthig, doch wird nur ein Mal die eigentliche Höhe des Gebirges erreicht, nämlich in dem ersten Kamme von San Pedro, wo der Uebergang 1240 m hoch liegt, während bereits der folgende, zweite Kamm von San Pablo nur 1080 m hoch ist.

Ebenso sind die Cordillere von **Agua Negra** und von **Surui** im Grunde nur ein grosser, durch das Thal von **Agua Negra** und **Surui** zertheilter Gebirgszug, der hier ähnlich wie die Sierra de San Luis unter dem Meridian von Coro ebenso anschwillt und sich verbreitert, wie unter dem Meridian von Mitare eine Verengung und Erniedrigung der Gebirgszüge Coro's eintritt.

Die Cordillere erreicht hier etwa 1500 m Höhe, und ist wahrscheinlich der **Kulminationspunkt der Gebirge ganz Coro's** und des nördlichen Barquisimeto. Wenn man sie von Norden her ersteigt, so bewegt man sich von Anafia aus zunächst über die südlichen Theile der centralcorianischen Niederung und bemerkt beim Verlassen derselben eine Zunahme der Frische des Landes. Zwischen Anafia nämlich und den Vorbergen der Cordillere von **Agua Negra** erstreckt sich jene für die Grenzzonen zwischen trockenen und feuchten Gebieten bezeichnende Vegetation, die aus einem Grundstock von xerophilen Pflanzen, Kakteen, Agaven, Dorngesträuchen, Cují, Mimoseen besteht, aber infolge reicheren Regenfalls auch Schlingpflanzen, Gräser und grössere Blüthenpracht zeigt, so dass man den Eindruck der Frische erhält. Die Kakteen werden von Schlingpflanzen umwunden, Winden klettern an ihnen auf, die Luft ist feuchter, aber der Grundcharakter der Gestrüppvegetation verleugnet sich auch hier nicht. So sind fast nur die Flussufer, vegas, gestaltet, wie die des Rio de San Luis, und auch hier handelt es sich um die Quebrada de la Puerta, deren Quellen in der Cordillere von **Surui** liegen.

Die Cordillere springt hier gegen die Niederung mit zwei Gruppen von Vorbergen vor, die aus braungrauem bis dunklem glimmerreichen, auch rothem Sandstein bestehen, der in WSW streicht und gegen das Gebirge nach Südosten einfällt. Die ersten Höhen, besonders bei der Häusergruppe La Paroya in etwa 260 m sind wieder trockener als das Vorland und schimmern, von Weitem gesehen, roth und grün, wie die meisten trockenen Gebirge von Coro, dann folgen Kalksteine der mittleren Kreide mit Versteinerungen, in fortwährendem Wechsel mit rothen und gelben Sandsteinen, die sämmtlich einen rothen Boden erzeugen, auf dem am Gehänge der Cordillere, in 400 — 800 m Höhe lichter Wald wächst; dieser wird in 800 m Höhe in einem zwischen zwei sich hier bereits ausbildenden Kämmen gelegenen Thale durch Hochwiesen abgelöst, auf denen einige Häuser stehen. In einer ähnlichen Mulde zwischen zwei Kämmen der Cordillere, angelehnt an den Nordhang des südlichen derselben, liegen die Häuser von Soruy oder Surui, einer kleinen Ansiedlung mit 154 Einwohnern, Mais- und Bananenbau und etwas Viehzucht in 800 m Höhe am Wege nach Agua Negra, bereits in frischem Klima.

Nachdem von Surui aus eine 885 m hohe Hochfläche und ein darüber aufragender 975 m hoher Kamm von versteinerungsreichem Kalkstein überschritten sind, folgt nach einem scharfen Abstieg über den südöstlich einfallenden Kalkstein und Sandstein das schöne weite Hochthal von Agua Negra und Tupi in 840—800 m zwischen dem Kamm von Surui und dem von San Pedro. Diese Hochthäler sind bezeichnend für die Cordillere von Agua Negra, erstrecken sich als Längsthäler in der Streichrichtung des Gebirges nach Ostnordosten und sind ausgezeichnet durch ihre frischen Bergwiesen in den oberen Theilen, ihre anheimelnde Ruhe, das Rauschen ihrer kleinen Bäche und die Billigkeit der Lebensmittel. In den kleinen Ansiedlungen Agua Negra 840 m (276 Einwohner) und Tupi 800 m (97 Einwohner) kostet ein Dutzend Eier 1 real = 40 Pfennig, sechsmal weniger als in Puerto Cabello, ein Huhn 2 real = 80 Pfennig, viermal weniger als ebendaselbst.

Südlich von Agua Negra erstreckt sich der Hauptkamm der Cordillere, hier nach einigen Hütten San Pedro genannt, ein Kalksteingrat von 1500 m Höhe, über den in 1240 m Höhe der beschwerliche Weg führt und die Grenze zwischen Coro und Barquisimeto läuft. Der Uebergang ist besonders deshalb beschwerlich, weil dichter feuchter Bergwald die Höhe des Gebirges bedeckt und ein eigentlicher Weg nicht besteht. Dennoch bedauert der Reisende am Fusse des zweiten Kammes von San Pedro schon wieder die Grenze des frischen Hochwaldes erreicht zu haben, denn dieser ist der einzige zwischen San Luis und Siquisique und erst östlich dieser Linie beginnt der Wald auch in niederen Gegenden frischer und dichter zu werden. Auf den Wald folgt abwärts in 950 m Höhe ein grosser Potrero, eine Hochweide, und fast gleichzeitig geht in 900 m der Kalkstein wieder in den Sandstein über, dessen Schichten, wie meist in diesem Gebirge, nach SSO einfallen. Bereits am Abhange zu dem 710 m hohem, merkwürdigerweise ganz wasserlosen und daher unbesiedelten Thale von Santa Rosa tritt wieder die Gestrüppvegetation auf, dann folgt noch einmal am Nordabhange der letzten Kette, des Cerro de San Lorenzo, frischerer feuchterer Wald, wie an den meisten Nordgehängen; von der Höhe dieses 937 m hohen Berges aber erblickt man wieder weiter nichts als rothgrüne öde Gebirge, man tritt wieder ein in die graurothen Kaktusdickichte, bewegt sich auf steinigem Pfade zwischen 6 m hohem Kandelaberkaktus hindurch und erreicht in 440 m Höhe im öden Thale an einem Trockenbett die ärmlichen Häuser von Urucure (476 Einwohner), die erste Ansiedlung des Staates Lara auf diesem Wege.

Die Quebrada de Urucure ist der Unterlauf des Baches von Agua
Negra und Tupí, kommt aus der Gegend von Churuguara mit einem
Quellarm, mit dem sich die Quebrada von El Tupí vereinigt, führte
aber bei Urucure gar kein Wasser mehr.

Während auf dem Cerro de San Lorenzo noch jener Wechsel von
Sandstein und Kalkstein, wie in der Cordillere von Surui bemerkbar
war, bestand der Südabhang desselben und der südlich vor Urucure
gelegene Cerro de la Petaca aus Carora-Sandstein, quarzitischem Sandstein der unteren Kreide. Ihnen gesellte sich in der Quebrada de
los Algodones eine schon auf dem Berge selbst bemerkte feste Breccie
zu, die nun die Wände der Ufer der Quebrada fast ganz zusammen-
setzte, aber discordant über den stark gefalteten, oft fast saiger
stehenden Sandsteinen lagerte, die hier wieder in der Richtung des
Gebirges streichen, aber gegen Norden einfallen.

Dieses sind die letzten Höhen der Cordillere von Süd-Coro. Ihre
südlichen Gehänge bespült hier der Rio Tocuyo, der bei Siquisique
den Rio Baragua aufnimmt, wodurch sich der an und für sich schon
wasserreiche Fluss noch verstärkt, so dass er mit 150 m Breite, 2 m
Tiefe und sehr rascher Strömung einen grossartigen Anblick gewährt.
Hier liegt am linken Ufer des Tocuyo, am Fusse des Berges
Guacamuco, das 1685 gegründete Siquisique, eine Stadt von 888, mit
Umgebung, La Venta, etwa 2500 Einwohnern, langsam gegen den Tocuyo
hin geneigt, mit hübscher Plaza, aber wenig entgegenkommender Be-
völkerung. Siquisique ist wichtig, weil nur hier der Tocuyo mit einer
Fähre passirt werden kann, während er sonst stets durchritten oder
durchschwommen werden muss, was gefährlich ist und alljährlich
Verlust an Menschen und Thieren ergiebt. Da dies schon bei meiner
Anwesenheit bei niedrigem Wasser beinahe geschehen wäre, so ist
einleuchtend, dass sobald der Fluss das ganze 300 m breite Bett mit
Wasser füllt, an einen Uebergang von Eseln nicht mehr gedacht
werden kann. Daher liegen auch am rechten Ufer des Stromes
Häuser, und 2 km aufwärts die Gehöftgruppe Agua Viva. Im Uebrigen
ist die Bevölkerung in unserem Gebiete so spärlich, dass es in Süd-
Coro nur zur Bildung einer einzigen Ortschaft gekommen ist, nämlich
von Churuguara.

Churuguara habe ich selbst zwar nicht besucht, doch sah ich es
von dem Hochthal von Agua Negra in Ost 30° Nord am Gehänge
eines Höhenzuges in der Höhe von ungefähr 200 m über El Tupí, also in
einer Gesammthöhe von etwa 1000 m liegen. Die weissen Häuser be-
wiesen die Grösse und Geschlossenheit der Ansiedlung, deren Einwohnerzahl zwar nicht, wie in den Apuntes estadisticos del Estado

Falcón[1]) angegeben wird 5330, (denn diese Zahl gilt für den ganzen Distrikt 1881), aber doch 1891: 860 betrug. Churuguara liegt 11 leguas von San Luis, 5 von Agua larga, 12 von Siquisique entfernt, dort, wo die Strassen von den beiden ersteren Orten zusammentreffen, um vereint nach Moroturo weiterzuziehen, treibt aber fast nur mit Coro Handel, da der Uebergang über den Tocuyo mit grossen Schwierigkeiten verbunden ist. Von Codazzi wird es überhaupt noch nicht erwähnt, und muss daher als die neueste grössere Gründung in Coro (1842) betrachtet werden, nimmt aber einen Aufschwung, weil das frische Klima den Anbau von allerlei Produkten begünstigt, die in den dürren Ebenen des Gestrüppgebietes nicht gedeihen. Churuguara liegt nämlich schon in der Waldzone und dem Gebiet reichlicherer Niederschläge des östlichen Coro und wird somit klimatisch begünstigt; freilich dauerte es lange, bis überhaupt in dieser Waldzone Ansiedlungen entstanden, und daher stammt auch das späte Bekanntwerden Churuguara's.

Im Meridian von Coro ändert sich nämlich auch hier im Süden des Staates der Charakter der Landschaft insofern, als zunehmende Niederschläge nach Osten hin grössere Frische erzeugen und den Wald begünstigen. Noch auf den Bergen von El Tupí und Surui ist der Bergwald zwar frisch, aber licht, und nur einmal passirt man auf den höchsten Kämmen der Cordillere, denjenigen von San Pedro, frischen üppigen Bergwald. Aber schon östlich von Agua Negra und Tupí wird der Wald frischer, wenn auch im Thale selbst mit dem zunehmenden Gefälle desselben sich Kakteen und Dornen vermehren; weiter nördlich liegt die Grenze des Waldes, der montaña, 2¹/₂ leguas von Anafia, auf dem Wege nach Churuguara, bei La Ceiba, und von hier an dehnt sich nun dichter feuchter Wald über Höhen und Niederungen aus, anschliessend einerseits an die Tieflandswälder von Omuria, anderseits an die Flusssumpfwälder des Rio Tocuyo. Diese gewaltige Waldbedeckung ist dem Verkehr feindlich und so kommt es denn, dass der gesammte nördlich an den Tocuyo grenzende Theil Coro's fast unbewohnt ist.

Wir wissen daher auch nichts Näheres über den Verlauf der Gebirgszüge daselbst und nehmen nur an, dass die Cordillere von Agua Negra ihre Fortsetzung in den nördlich des Tocuyo verlaufenden Höhen findet, in denen Codazzi als Gipfel die Höhen von Yacura (502 m) und Capadare (493 m) angiebt; wahrscheinlich ist aber auch der Guadiama- oder Guaidima- (627 m) Höhenzug zwischen dem Tocuyo und dem Aroa ein Ausläufer der Cordillere von Agua Negra, die sich

---

[1]) S. 107.

hier vermuthlich in ähnlicher Weise verästelt wie die Sierra de San Luis, und an der Stelle der Verzweigung vom Rio Tocuyo durchbrochen wird.

Der Rio Tocuyo fliesst hier zwischen unendlichen Wäldern dahin, empfängt die Bäche de los Remedios, Guadiama oder Guaidima und Alaurima oder Araurima von Nordwesten, den Rio Tuy, die Quebrada Carapa und zahlreiche kleinere von Süden, und ist für den Verkehr fast ohne Werth. Seine Ufer sind sumpfige, verpestete, mit Insektenplage überreich versehene Oedungen, in denen man tagelang reisen muss, ohne Ansiedlungen zu treffen, namentlich am Südufer des Flusses von der Mündung des San Fernando bis nahe Moroturo; höchstens einige Viehhöfe liegen im schweigenden Walde. Dazu kommt, dass die Bewohner, zum Theil noch Indianer, in üblem ungastlichem Rufe stehen und dass der Fluss nur an wenigen Stellen überschritten werden kann, da er meist zu tief und oft zu reissend ist. Wo aber ein Uebergang möglich ist, wie bei Parupano, mangelt es meist an einem Fahrzeug zur Ueberfahrt oder man stösst auf Uebelwollen der Anwohner. Etwa anderthalb leguas oberhalb Parupano durchbricht der Tocuyo in dem sogenannten Salto den Gebirgsriegel; hier sind die ödesten Gebiete seines Laufes, denn die Schiffahrt gelangt nicht bis hierher und höchstens einige Indianer befahren mit ihren Cayucos hier den Strom, denn die Bewohner der Stadt Tocuyo begeben sich höchstens auf 2—3 Tagereisen den Fluss aufwärts um Holz zu schlagen, das sie dann auf grösseren Flössen zur Mündung hinabführen.

Im Süden des Tocuyo sind zwei Ansiedlungen besonders bekannt, Moroturo und San Miguel, ersteres ein Caserio von 219 Einwohnern nahe den Quellen des Rio Tuy inmitten des Waldgebietes, letzteres ein Dorf, Pueblo, aber mit nur 72 Bewohnern, bereits an der Grenze des Waldes und der Gebüsch- und Gestrüpplandschaften, der montaña und der matorrales gelegen, beide Ortschaften unbedeutend und wegen mangelnden Durchgangsverkehrs zurückgeblieben. Zwischen San Miguel und Siquisique herrscht bereits vollständig die Gestrüppvegetation.

Im Süden von Siquisique, San Miguel und Moroturo verläuft, wie es scheint, die Fortsetzung der Cordillere von Baragua, jedenfalls ein hohes Gebirge aus weissem Sandstein, Konglomeraten, Thonschiefer und mit einem Untergrund von anscheinend archaeischem Phyllit, das in dem Alto zwischen Agua Viva und Matatere 1050 m, in dem Alto zwischen Matatere und Bobare nochmals 1000 m erreicht, so dass für die Gipfelhöhen 1200—1300 m angenommen werden müssen. Ich nenne es die Sierra de Matatere.

Wenn man dem steilen Ufer des Tocuyo oberhalb Agua Viva gefolgt ist, so tritt man im Zuge einer Quebrada in dieses menschenleere Gebirge ein, das an Oede alle vorigen übertrifft, da man fast 7 Stunden lang kein Haus erblickt. Dennoch ist der Blick von der Höhe dieser Ketten ein grossartiger; weithin sieht man nichts als mässig hohe unabsehbare Gebirgskämme, nach Westen roth und grün, nach Osten zu tiefdunkelgrün schimmernd, die Vegetation ist frisch, lange Tillandsien hängen von den Bäumen herab, Nebel wogen an den Gehängen, man fühlt sich in hohes Gebirge versetzt, höheres als es der Fall ist. Es scheint, dass diese Bergketten die letzten sind, die noch von dem grösseren Niederschlagsreichthum der südöstlichen Coro Vortheil ziehen, denn südlich vor ihnen nach Bobare zu und westlich in der Richtung auf Carora erhält das ganze Land bereits den trockenen Charakter des Innern wieder. Hier aber erfüllt noch wirklicher Bergwald die Höhen und auf der Südostseite gegen Matatere zu wird der Weg von hohem Gebüsch mit ungeheurem Reichthum an Winden eingefasst. Schieferthon, quarziger Sandstein und schwarzer Thonschiefer setzen das Gebirge zusammen, dessen Streichrichtung nicht gleichmässig ist. Während im Untergrunde der Thonschiefer nach Ostnordost streicht und nördlich einfällt, der Richtung der Gebirgszüge Coro's gemäss, stürzen die den Gipfel des Passes bildenden Sandsteinschichten steil nach SSW ab, so dass die Cordillere als Fortsetzung derjenigen zwischen dem Rio Tocuyo und dem Rio Curarigua erscheinen könnte. Die Anordnung der Gebirgszüge ist hier überhaupt eine wirre, das Land unübersichtlich, was auch schon Codazzi erkannte, wenn er sagt: »En todas las cordilleras de esta provincia hay una especie de confusion« [1]). Uebrigens sah er auch bereits den Grund dafür ein, das Zusammentreffen des Cordillerensystems mit dem Karibischen Gebirge, worauf ich unten zurückkommen werde.

Die Hauptkette hat im Südosten eine Vorkette vor sich, vor der nochmals eine zweite Reihe von Vorbergen liegt, die sich zwischen dem 480 m hohen Thal von Campo Alegre und den ebenso hohen Fluren von Matatere erstrecken, in welchen nun schon wieder die Gestrüppvegetation herrscht. Alle diese Gebirge sind verödete graugrüne bis dunkelgrüne Höhen, dunkelgrün in den oberen Theilen wegen des frischen Laubwaldes, mattgrün in den Niederungen wegen der graugrünen Kakteen und Dornen.

Vor Matatere liegt noch eine zweite etwa 1000 m hohe Bergkette, die nun die Gebirge Coro's im Süden abschliesst, ein aus weissem

---

[1]) Codazzi, Geografia S. 411.

Kalkschiefer, braunrothem Sandstein und Kalkstein auf der Höhe bestehendes steiles und steiniges, aber schmales Gebirge, dessen Schichten wieder der allgemeinen Streichrichtung nach Ostnordosten folgen und steil nach NNW einfallen. Am Südfusse dieser Kette, der Sierra de Bobare, verläuft der Weg auf blumigem Rasen über die Viehhöfe Los Caimitos und die Ansiedelung El Leduval in langgestrecktem Thale nach Bobare und erreicht damit das Zwischenland von Barquisimeto.

IV. Das Zwischenland von Barquisimeto.

Zwischen dem Gebirgssystem von Coro im Norden, den Ausläufern der Cordillere von Mérida im Westen und Süden und den ersten Höhen des Karibischen Gebirges im Osten liegt der Kern der Landschaft Barquisimeto, ein schwer mit einem charakteristischen Ausdruck zu kennzeichnendes Land von geringerer Höhe als die umliegenden Gebirge. Es ist kein eigentliches Bergland, da nur Höhenzüge gesehen werden, die um wenige hundert Meter über die Städte emporragen, auch kann man Barquisimeto kein Hügelland nennen, da es mit 500 bis 800 m Höhe zu hoch für ein solches ist, ein Tafelland ist es ebensowenig, da es aus gefalteten Schichten besteht, eine Niederung kann höchstens das Becken von Carora genannt werden, und eine Hochebene ist es noch weniger, da es eigentlich nirgends eben ist. Auch den Ausdruck Hochland möchte ich vermeiden, da es für die andinen Verhältnisse keineswegs hoch, sondern im Gegentheil tiefer als die übrigen Gebirgsgebiete Venezuela's liegt. So will ich es als Zwischenland bezeichnen und damit seine geographische Lage zwischen den umliegenden Gebirgssystemen, seinen verwickelten Bau zwischen den ringsumher geltenden verschiedenartigen Streichrichtungen und seinen Charakter als Uebergangsland zwischen dem Westen und Osten der Gebirgslandschaften der Republik andeuten.

Das Zwischenland von Barquisimeto wird im Norden durch den Abfall der im vorigen Abschnitte behandelten Cordilleren begrenzt; im Osten dehnt es sich bis zu einer Linie von Duaca über Yaritagua nach dem Nordfuss des Gipfels von Sanare aus; im Westen können die Bergketten westlich der Oberläufe des Rio de Carora als Grenze dienen, im Süden verläuft diese aber recht unregelmässig, da hier mehrfach Ausläufer der Cordillere von Mérida in das Innere von Barquisimeto hineinragen. Hier gehören Tocuyo, Curarigua, Sanare noch zu unserer Landschaft, nicht aber Barbacoas und Guarico.

Die Höhe des Zwischenlandes wird bezeichnet durch Tocuyo 600 m, Quíbor 680 m, Barquisimeto 551 m, Duaca 725 m, Bobare 670 m, Arenales 485 m, Carora 430 m. Das Land senkt sich also von Norden und Süden gegen die Mitte zu einer Linie geringster Meereshöhe, die durch die Orte Carora-Barquisimeto bezeichnet wird, doch besteht ein Unterschied zwischen dem Westen und Osten, insofern im Westen der Tocuyo nach Norden zum Karibischen Meere durchbricht, während im Osten der Rio Barquisimeto sich einen Weg zu den Llanos öffnet. Hydrographisch ist daher das Zwischenland von Barquisimeto nicht einheitlich gebaut, sondern zerfällt in zwei deutlich zu unterscheidende Hälften, die westliche mit dem Tocuyosystem und Carora als Mittelpunkt, die östliche mit dem Cojedes-Barquisimeto-System und Barquisimeto als Mittelpunkt; allenfalls lässt sich noch ein südlicher Theil mit Tocuyo als Mittelpunkt ausscheiden.

Die Wasserscheide zwischen dem westlichen und östlichen Theil, dem Tocuyo- und Barquisimeto-System, ist zwischen Quíbor und Barquisimeto ein System von nur wenig über das übrige Land aufragenden Hügeln, die bei dem Gehöfte Sadui 720 m Höhe erreichen. Auch alle übrigen das Zwischenland gliedernden Höhenzüge sind kaum höher als 700 m, wie die Höhen zwischen Rio Tocuyo und Rio Curarigua südlich von Arenales, das dem Tocuyo entlang ziehende Schiefergebirge; nur zwischen Bobare und Barquisimeto erreicht der Alto de los Algodones noch 880 m, wie denn überhaupt im Nordosten in der Richtung Bobare—Duaca die Umwallung anschwillt.

Die Zusammensetzung des gefalteten Landes von Barquisimeto ist eine überaus gleichartige. Zu unterst liegt schwarzer Thonschiefer vom Typus des Cordilleren-Phyllits, der wahrscheinlich den Untergrund des gesammten Kreidegebiets zwischen El Tocuyo und Barbacoas bildet; darauf folgt ein röthlichschwarzer, zuweilen rother Thonschiefer von blättriger Absonderung, den ein rother schiefriger Sandstein überlagert. Beide zusammen geben der Landschaft die rothe Farbe, die in ganz Barquisimeto neben dem matten Grün der Kakteen vorherrscht, doch gibt auch ein Kalkstein mit röthlichen Verwitterungsprodukten, z. B. in der Gegend von La Niguita, dem Boden eine rothe Färbung. Zu diesen Gesteinen treten ferner weisser Quarzsandstein, der in den Gebirgen südlich von Carora so allein herrscht, dass ich ihn Carora-Sandstein nennen werde, ferner grauwackenartiger Sandstein, verschieden gefärbte, gelbe, violette Sandsteine und grobe Konglomerate, weisse Kalkschiefer etc.

Diese Schichten gehören den unteren Abtheilungen der unteren Kreide an, sind jünger als die Phyllite der Cordillere, älter als die versteinerungsführenden Kalksteine der mittleren Kreide von Coro und Barbacoas und zeichnen sich im Ganzen durch sehr grosse Härte in Folge der in grossen Mengen vertretenen Kieselsäure aus. Sie sind scharf gefaltet, theilweise saiger gestellt, verlaufen aber im Gegensatz zu den sonst regelmässigen Streichen in der Cordillere und in Coro höchst unregelmässig. Zwei Streichrichtungen treten am häufigsten auf, eine ostnordöstliche, wie in Coro und eine nordwestliche, entgegengesetzte. Erstere überwiegt zwischen Bobare und Barquisimeto, bei Santa Rosa, und nördlich von Carora, letztere zwischen Barquisimeto und Carora; fast immer aber übersteigt der Einfallswinkel der Schichten 45, ja 60°, wie denn auch Codazzi[1]) bereits von ganz Barquisimeto sagt: »Se ven en un completo estado de trastorno las capas estratificadas«. Es liegt eben in diesen Landschaften das Gebiet des Zusammentreffens zweier Gebirgssysteme, so dass hier Störungen im Streichen recht begreiflich sind.

Der westliche Theil des Zwischenlandes von Barquisimeto wird grossentheils eingenommen durch das Becken von Carora und das Tocuyosystem. Das Becken von Carora liegt in der Höhe von 400 bis 500 m zwischen den ostnordöstlich streichenden Gebirgen Coro's und den nordwestlich streichenden von Arenales. Möglicherweise haben hier in Folge des Zusammentreffens der beiden Streichrichtungen Brüche stattgefunden, deren Folge die niedere Lage des Beckens von Carora ist. Der Boden desselben besteht aus Quarzsandstein mit östlichem Streichen und südlichem Einfall, doch treten auch rothe Schiefer am Rio Carora auf, so dass die Zusammensetzung von der der umliegenden, insbesondere der südlichen Gebirge nicht abweicht.

Die Oberfläche ist eben, so sehr, dass man das Becken von Carora als eine wirkliche Ebene bezeichnen kann, doch ist ein langsamer Abfall von Norden nach Süden von 520 bis 420 m Höhe erkennbar, was bei einer mittleren Breite des Beckens von 20 km ein Gefälle von 1 : 200 ergiebt. Der Boden ist mit Kieseln, den Verwitterungsprodukten des Quarzsandsteins, bedeckt und entbehrt einer Humusdecke, die nach vorliegenden Nachrichten erst im Laufe dieses Jahrhunderts, vielleicht infolge der zunehmenden Entwaldung weggewaschen worden ist.[2]) Karsten ist auch der Ansicht, dass das Becken von Carora einst ein Süsswassersee gewesen sei, der sich nach dem Durchbruch des Tocuyo durch die südlichen Gebirge von Coro zwischen Siquisique und Parupano entleert habe. Wie dem auch sein mag,

[1]) Codazzi, a. a. O. S. 411.
[2]) Karsten, Géologie de la Colombie Bolivarienne S. 11, S. 21.

gegenwärtig ist die Ebene von Carora eine der ödesten Landschaften Barquisimeto's, ausschliesslich nur von Kakteen und Cují (Inga cinerea), Dornsträuchern und einzelnen Agaven bestanden, zwischen denen Ziegen und Esel spärliches Futter finden. Frischere Vegetation trifft man nur an den Ufern des Rio Carora selbst, der in ziemlich tief eingeschnittenem Bette am Südrande der Ebene in 420 m Höhe fliesst und von einer Holzbrücke überspannt ist. Grosse Moräste an beiden Ufern geben Kunde von dem Uebertreten des Flusses zur Regenzeit. Der Rio Carora entsteht aus zwei Quellflüssen, dem Rio Grande und dem Rio Casire; ersterer entspringt in den Bergen an der Grenze von Trujillo und Lara, letzterer am Südabfall der Sabanen von Taratarare; beide fliessen einander in NNW und SSO Richtung entgegen, wahrscheinlich einer tektonisch vorgezeichneten Linie folgend und nehmen dann als Rio Cadiche ostsüdöstliche Richtung an. Südwestlich von Carora vereinigt sich mit ihnen der Rio Bucares, ein wasserreicher, an den Paramos de Hato Arriba in den nördlichen Ausläufern der Cordillere von Trujillo entspringender Fluss und darauf mündet der aus den Sabanen von Taratarare herabkommende Rio Dichiva oder eigentliche Rio Carora. Nahe dem Südrande des Beckens verläuft sodann der vereinigte Fluss Morere in gewundenem Laufe gegen Ostnordosten, am Hange der südlichen Gebirge und fällt bei El Tocuyo in den Tocuyo.

An dem südlichen Ufer des Rio Morere erhebt sich in 430 m Höhe die alte Stadt San Juan Bautista del Portillo de Carora, gewöhnlich Carora genannt. Am 19. Juni 1572 von dem Mui Magnifico Juan de Salamanca, Capitan ó Justicia Mayor, nach Codazzi von Diego de Mantes auf Befehl des Statthalters Diego Mazariego auf dem Platze Baraquigua gegründet, blühte Carora zunächst nur langsam auf, entwickelte sich dann nach der Abschüttelung der spanischen Herrschaft besser, hat aber jetzt wieder viel von seinem Fortschritt eingebüsst. Ausser der grossen Kathedrale fehlen öffentliche Gebäude von Bedeutung, die Häuser sind vielfach im Verfall, für die Strassen wird wenig gethan, dagegen habe ich niemals so häufigen Gottesdienst gesehen wie in Carora, täglich drei bis viermal wurde vollständiger Gottesdienst abgehalten, und die Bevölkerung gilt denn auch für bigott. Immerhin hat Carora noch lebhaften Handel mit Coro einerseits und Barquisimeto-Puerto Cabello andererseits; namentlich wird ausser den gewöhnlichen fremden Waaren, mercancias, viel Salz aus Coro eingeführt, und auch mit Carache bestehen ausgedehnte Handelsbeziehungen, doch krankt Carora an seiner Entfernung von der Küste. Nach Coro sind vier stramme Tagereisen für einen gut

Berittenen, nach Maracaibo führt überhaupt eigentlich kein Weg, sondern nur der alte Waldpfad der Jirahara-Indianer, nach Barquisimeto gelangt man in zwei Tagen und da bis zu dieser Stadt die Eisenbahn von Aroa weitergeführt worden ist, so wendet sich der Handel Carora's mehr und mehr nach Puerto Cabello. Die Stadt Carora hatte 1891: 4088 Einwohner, das Klima ist sehr trocken, Ostwind herrscht vor. Nordwind in der Regenzeit.

In dem Becken von Carora liegen ferner die kleinen Orte Aregue mit 542 Einwohnern und heissen Quellen in der benachbarten Oertlichkeit Sogoré, und Burere mit 264 Einwohnern auf dem Wege nach Maracaibo und Trujillo. Die Ebene ist im Uebrigen wegen der Trockenheit nur sehr schwach bevölkert, der Anbau beschränkt sich auf Mais, Yuca, Zuckerrohr und Bananen, letztere auch nur in den feuchten Flussauen.

Im Süden wird das Becken von Carora abgeschlossen durch die Ausläufer der Schiefer- und Sandsteingebirge von Tocuyo und Curarigua, deren Hauptbestandtheil zwischen Carora und Arenales der quarzitische Carora-Sandstein ist. Die Höhe dieser Gebirgsausläufer ist etwa 600–700 m, der Uebergang beschwerlich wegen der ungeheuren Geröllmassen aus gerundeten und eckigen Quarzsandsteinbrocken, die in so grossen Mengen auf den steinigen Gebirgspfaden umherliegen, dass den Reitthieren das Aufsetzen der Hufe schwer fällt. Die Vegetation ist überaus spärlich, die Farbe der Landschaft röthlich, unter Zurücktreten des matten Grüns der Gestrüppvegetation. Wasser trifft man fast garnicht. Das Streichen der Schichten ist hier, entgegengesetzt dem der nördlich vor Carora liegenden Kette von Baragua. nordnordwestlich, der Einfall meist nordöstlich in der Richtung zum Rio Tocuyo; über die Gründe dieser abweichenden Streichrichtung vgl. unter S. 96. Das Gebirge ist fast menschenleer.

Die östliche Begrenzung des Beckens von Carora bildet der südnördlich gerichtete Lauf des Rio Tocuyo, dessen wir schon mehrfach gedacht haben. Der Tocuyo verfolgt hier genau die Richtung seines Oberlaufes bei Humucaro, und verläuft von Arenales an, wo er den Rio Curariguita empfängt, in nördlicher Richtung bis Siquisique. Während er bei der Stadt Tocuyo in weitem Thale fliesst, ist er bei Atarigua, wo ich ihn wieder sah, zwischen zwei grünroth schimmernde Bergketten eingekeilt, und durchbricht hier augenscheinlich die nordwestlich streichenden Bergketten, die nur 200—300 m über ihn emporragen, besonders im Westen, wo die Ausläufer der grossen Gebirge zwischen Tocuyo und Barbacoas an ihn herantreten. Er ist hier bei Atarigua in einer Furt passirbar, aber sogar zur Trockenzeit wegen

der starken Strömung und der Enge des Strombettes schwer zu überschreiten. In der Regenzeit ist er ein imposanter Fluss von 1¼ bis
2 m Tiefe, brausendem braunrothem Wasser und erheblicher Geschwindig-
keit, so dass der Uebergang zu dieser Jahreszeit häufig gefährlich ist;
obwohl aber die Anwohner dann durch das Anschwellen des Flusses
von der Verbindung unter einander abgeschnitten sind, so giebt es
doch auf der ganzen Strecke von Atarigua bis Siquisique weder Boote
noch Fähre noch Brücke; Verluste an Vieh, Reit- und Lastthieren
sowie Waaren gehören daher beim Ueberschreiten des Rio Tocuyo
nicht zu den Seltenheiten.

Nachdem er in gewundenem Lauf die rothen Schiefer- und Sandsteingebirge durchbrochen hat, vereinigt er sich bei Arenales mit dem
Rio Curariguita. Dieser entströmt den hohen Bergen nördlich von
Humucaro bajo, fliesst wie es scheint in einem Längsthal nordwärts
an den frischen Auen von Curarigua vorbei und durchschneidet die
rothen Schiefer- und Sandsteingebirge zwischen diesem Orte und Arenales.
Er ist hier nur etwa 10 m breit, 20 cm bis 2 m tief, und verliert viel
Wasser durch Rieselkanäle in Curarigua und Arenales, trocknet aber in
der Trockenzeit zuweilen ganz aus, so dass bereits einige Haciendas
wegen Mangel an Wasser verloren gegangen sind und lästige Streitig-
keiten zwischen den Anwohnern des Mittellaufs und denen des Unterlaufs herrschen. Bei El Tocuyo empfängt der Tocuyo sodann den
Rio de Carora oder Morere, und durchschneidet darauf bis Siquisique
die südlichen Ketten des Gebirgssystems von Coro.

Die Ortschaften an diesen Flüssen sind nur klein. Atarigua in
510 m Höhe besteht nur aus einer Plaza mit einigen sich anschliessenden
Häuserreihen und hat 263 Einwohner, doch wird das Municipio 1891
zu 3561 Einwohnern angegeben. Arenales in 485 m Höhe auf einem
Gebirgsvorsprunge zwischen dem 40 m tiefer fliessenden Rio Curariguita
und dem Tocuyo gelegen, ist ein ansehnliches luftiges Dorf von 616
Einwohnern; das Municipio hatte 1891: 2958 Einwohner. Kleiner ist
Rio del Tocuyo mit 386 Einwohnern, zwischen dem Rio Tocuyo und
dem Rio de Carora gelegen; das Municipio besass 1891: 7405 Einwohner. Curarigua am Mittellaufe des Rio Curariguita wahrscheinlich
in etwa 600—700 m Höhe zählt bei einer Einwohnerzahl des Municipio
von 4628 1269 Seelen. In den höheren Theilen dieser Berglandschaft
wird etwas Kaffee gebaut, während die frischen Auen des Tocuyo vorwiegend Mais, Bananen und Zuckerrohr erzeugen, aber bei Hochfluthen
des Stroms, wie am 7/8. Oktober 1892, unter der verheerenden Wasser-
menge des Tocuyo zu leiden haben.

Im Osten des Rio Tocuyo verläuft die Atarigua-Kette von 700 bis 800 m Höhe, ausgezeichnet durch das Vorkommen von vielleicht archaeischen Thonschiefern in den unteren Theilen, während quarzitischer Sandstein und auf der Höhe blauer Kalkstein die älteren Stufen der Kreideformation darstellen. Das gut durch zwei Bäche aufgeschlossene Gebirge ist in steile Falten gelegt, die nach Nordwesten streichen und den Tocuyo zwingen, seinen nördlichen Lauf in einen nordwestlichen zu verändern. Obwohl also hier die ältesten Gesteine der ganzen Gegend hervortreten, bildet diese Kette doch nicht die Wasserscheide zwischen dem Tocuyo und Barquisimeto, sondern wird von der Quebrada de las Reses durchzogen, die in zwei Armen von Poapoa und Quibor kommend, das Schiefergebirge durchschneidet und daher der Strasse Barquisimeto - Carora als Durchgang durch das Gebirge dient. Für gewöhnlich ist sie ein Trockenbett, schwillt aber bei Regen gewaltig an und ist dann, wie am 7. Oktober 1892, ein reissender, schäumender Strom, dessen hochspritzende Wellen es begreiflich machen, wie der sonst unscheinbare Wasserlauf das Gebirge durchschneiden konnte.

Von hier an östlich dehnt sich der östliche Abschnitt des Zwischenlandes von Barquisimeto, der zweite, die Stadt Barquisimeto selbst bergende aus, ein unregelmässig gestaltetes, von zahlreichen Höhenzügen durchzogenes, schliesslich in die Ebene von Barquisimeto auslaufendes Land von 500—700 m Höhe, ein überaus ödes, nur in den wenigen Flussthälern angebautes Gebiet, das aber infolge seiner günstigen Lage doch eine grössere Stadt, Barquisimeto, hervorgebracht hat.

Die Anordnung der Höhenzüge ist eine wirre, da hier wiederum zwei Streichrichtungen zusammentreffen. Die eine, ostnordöstliche, lehnt sich an die in Coro herrschende Richtung an und tritt zwischen Bobare und Barquisimeto hervor, die andere entspricht den um den Rio Tocuyo liegenden Gebirgen und verläuft nordnordwestlich bis nordwestlich, namentlich im Westen von Barquisimeto auf dem Wege nach Atarigua, aber auch wieder zwischen Cabudare und La Rinconada. Wir haben hier also ein Gebiet unregelmässigen Streichens an der Grenze mehrerer Gebirgssysteme, und können daraus auch den unregelmässigen Verlauf der Oberflächenformen erklären.

Bedeutendere Höhenzüge treten nur im Norden zwischen Bobare und Barquisimeto auf, wo die weissen Kalkschiefer in steilen Schichtenstellungen noch einen 885 m hohen Zug bilden, vor dem im Norden die Ortschaft Bobare in 670 m, im Süden die Ansiedlungen Los Algodones in 750 m und La Chorrera in 740 m Höhe liegen. Westlich

von Barquisimeto dehnen sich hügelige, leicht gewellte Ebenen aus,
deren Höhe von 630 m bei Las Faldas langsam auf 550 m bei Barquisimeto
fällt. Sandstein in verschiedenen Abtönungen, roth, blau, violett, gelb,
giebt dem Lande unruhige Färbung, kleine Hügel aus blauem Kalkstein,
wie bei La Margarita, und weissem Kalkschiefer und Mergelschiefer,
wie bei Cerritos Blancos, Sadui und El Tostado erheben sich über die
Ebene, im Westen sieht man die hohe Cordillere von Barbacoas, im
Süden die ebenfalls hohen Kuppen der Portuguesa-Kette, im Norden
aber dehnen sich mässig hohe, rothgrüne Höhen aus, spärlich bewachsen
oder fast ganz kahl, an derem Fusse weithin die Kaktusvegetation
herrscht. Grau, roth und grün sind die vorherrschenden Farben, grau
für den Boden, roth für die Hügel, mattgrün für die auf ihnen und
der Ebene stehende, aber auch nur kahle, öde, dürftige Vegetation.
Nach Westen hin werden Roth und Grün, besonders in der Umgebung
des Rio Tocuyo, alleinherrschend, mattgrüne Kakteen, halbhohe
Mimoseen und Dorngestrüpp bedecken den Boden, einzelne Agaven
ragen aus dem Gestrüpp auf den Hügeln heraus und überall schaut
der rothe und graue Boden zwischen dem spärlichen Pflanzenwuchs
hervor. Wasser fehlt fast vollständig, Wasserläufe gänzlich. So sind
auch die Ansiedlungen dünn gesäet, nur wenige Einzelhöfe, ärmliche
Ziegenzucht betreibend, trifft man hie und da. Ziegen sind fast die
einzigen Wanderer auf den Wegen, nur spärlich sind die Maulthierzüge,
ausser auf der grossen Strasse Barquisimeto-Tocuyo, die den Handel
des Innern beherrscht und auch für Karren und Kutschen fahrbar ist.
Auf der Strecke Atarigua-Barquisimeto, einer starken Tagereise, liegen
nur die Gehöfte Cardón, Niguita, El Dispopal, Entrada de Quibor,
Las Faldas, Margarita, Poapoa, El Vejuco, El Pandito, El Zamuro
und Cerritos Blancos, sämmtlich elende Viehhöfe, ausser der letzteren
an der grossen Strasse Barquisimeto-Tocuyo gelegenen Häusergruppe.

Ganz ähnlich gestaltet ist die gesammte Umgebung der letztgenannten Strasse, insbesondere das Land um den öden Ort Quibor (2458
Einwohner), der wegen des Mangels an Regen fast gar keinen Ackerbau
treiben kann und daher sich mehr und mehr dem Zwischenhandel zu-
wendet. Unmerklich verläuft zwischen Quibor und Barquisimeto die
Wasserscheide zwischen dem Rio Tocuyo und dem Rio Barquisimeto in
720 m Höhe in südlicher Richtung auf Cubiro. Frischer wird das Land
erst an den Gehängen der Cordillere, an welcher in wasserreicherer
Umgebung die Ortschaften Sanare und Cubiro lebhaften Ackerbau
und Obstbau treiben. Sanare, dessen Höhe mir leider nicht bekannt
geworden ist, aber vermuthlich 900—1000 m beträgt, hatte 1891: 1478,
mit seinem Gebiet als Municipio 5707 Einwohner, und versendet nach

dem übrigen Barquisimeto Weizenmehl, um 1875 etwa 1200 Lasten im Jahr und Gemüse; besonders bekannt ist es im ganzen Lande durch seine Quitten, aus denen das vorzügliche, in kleinen Holzschachteln verkäufliche dulce de membrillo, Quitten-Marmelade, hergestellt wird. Cubiro, eine der älteren Ansiedlungen in Barquisimeto, liegt, wie Sanare, an den Gehängen der Cordillere, führt Kaffee, Weizen, Zucker und Gemüse aus und hat nur 247, mit dem Municipio 3039 Einwohner.

Zwei Meilen nordöstlich von Cubiro erreicht man den Rio Turbio, den Hauptquellfluss des Rio Barquisimeto-Cojedes, bei dem Dorfe San Miguel mit 462 Einwohnern und einer Municipiobevölkerung von 1965 und ist damit in die besser bewässerten und ertragreicheren Theile des Zwischenlandes von Barquisimeto gelangt. Da in diesem regenarmen Lande der Ackerbau an die Flussthäler geknüpft ist, so drängt sich in diesen das Leben zusammen, und in der That liegen zwischen San Miguel und Barquisimeto die Haciendas El Ingenio, Rastrojo, Titicara und San Nicolas, der Weiler Guaiquira und die Ansiedlung Hato Viejo, sämmtlich beschäftigt mit Kaffee- und Zuckerrohrbau. Der Rio Turbio, dessen Quellen am Nordwesthang der Cordillere nahe dem Gipfel Zancudo liegen, strömt in engem Bette nach Norden und schneidet tief in das Zwischenland von Barquisimeto ein, so dass letztere Stadt 120 m über dem Flussbette aufragt, das somit hier in 430 m, bei Santa Rosa in 400 m Höhe liegt. Der nach seinen trüben Fluthen den Namen Turbio führende Fluss hat immer Wasser und erzeugt in dem öden Lande eine Oasenreihe, deren hauptsächliche Glieder zwischen San Miguel und Barquisimeto bereits eben genannt sind. In geringerem Maasse sind auch die Ufer des zweiten von der Portuguesa-Kette und zwar von dem angeblich 1500 m hohen Gipfel Rio Claro kommenden Flusses Rio Claro mit Pflanzungen bestanden. Beide fast meridional verlaufende Flüsse vereinigen sich zwischen Barquisimeto und Cabudare, bilden von nun an den eigentlichen Rio Barquisimeto und geben Veranlassung zu üppigem Ackerbau und der Ansammlung grösserer Bevölkerungsmengen. Ueber dem linken Ufer des Rio Turbio steht die alte Stadt Barquisimeto selbst. Da ich ihrer schon in einer früheren Veröffentlichung [1]) gedacht habe, so will ich hier nur anführen, dass nach der Volkszählung von 1891: 9093 Einwohner in ihr lebten, die fast zu gleichen Theilen in den beiden Municipios Concepcion und Catedral wohnten. Die offiziellen Angaben der venezolanischen Regierung wollen der Stadt 25–30,000 Einwohner

[1]) Venezuela, Hamburg 1888, S. 247.

geben, Rójas Anuario del Comercio de Venezuela 1886 [1]) nimmt 29,000, der officielle Statistische Jahresbericht über die Vereinigten Staaten von Venezuela 1889: 31,476 [2]) an; demgegenüber habe ich schon in dem oben genannten Buche [3]) darauf hingewiesen, dass Barquisimeto höchstens 15,000 Einwohner haben könne und nun ergiebt die Zählung von 1891 gar nur 9093, ohne dass irgend ein Grund zur Annahme eines Rückganges der Bevölkerungsziffer vorhanden wäre, sondern im Gegentheil ein, wenn auch nur geringer, Zuwachs vorliegen dürfte. Selbst wenn man alle übrigen Weiler, Häusergruppen und Gehöfte den beiden Barquisimeto bildenden Municipio's Concepcion und Catedral hinzuzählen wollte, ergäbe die Gesammtzahl nach der Zählung von 1891: [4]) nur 27,069 Einwohner; darin sind aber schon das 8 km von Barquisimeto gelegene Cerritos Blancos mit 1287 und die gesammte Bevölkerung am Rio Claro mit 2985 Einwohnern eingerechnet, die mit der Stadt Barquisimeto garnichts zu thun haben. Diese leidige Aufbauschung der Bevölkerungsziffern der Städte Venezuela's selbst über die Distrikts- und Municipiozahlen hinaus ist eine charakteristische Erscheinung, und das oben gebrachte Beispiel Barquisimeto's eine gute Gelegenheit zu erneuter Mahnung zur vorsichtigen Benutzung der officiellen Quellen, die selbst nicht einmal die Volkszählung des Landes achten. Natürlicherweise gehen dann die hohen Bevölkerungsziffern in die Veröffentlichungen über Venezuela und weiter in die Lehr- und Handbücher der Geographie über, wofür die Zahl 31,476 in dem vom Bureau of the American Republics herausgegebenen Bulletin No. 34 über Venezuela vom Februar 1892 ein erneutes Beispiel giebt. [5])

Auf dem hohen Ufer, etwa 100 m über dem vereinigten Rio Barquisimeto liegt ferner die alte Ansiedlung Santa Rosa mit 539 Einwohnern, in der Mitte durch einen Bach in zwei Theile getheilt und theilweise am Gehänge der hier ostnordöstlich streichenden Sandsteinhöhen erbaut. Ganz anders gestaltet ist das Südufer des Flusses, das sich völlig eben von dem Zusammenflusse des Rio Claro und Turbio ostwärts ausdehnt. Hier liegt etwa 1 km vor dem Uebergang über den Rio Claro der grosse Flecken Cabudare mit 2912 Einwohnern, inmitten reicher Ackerbauländereien, und auf dem Wege nach dem Süden folgen östlich von Cabudare in geringen Entfernungen von wenigen Kilometern das Dorf El Rastrojo mit 441 und die Häusergruppe Zanjon colorado mit 99 Einwohnern, weiter La Morita und

---

[1]) S. 443. [2]) S 2. [3]) Venezuela, Hamburg 1888, S. 247.
[4]) Tercer Censo de la Republica, II. 319, Carácas 1891.
[5]) Siehe daselbst S. 48.

Los Mamones mit 164 und 140, sowie Cocorotico mit 101 Einwohnern. so dass eine ganze Reihe von Ansiedlungen mit regem Verkehr aufeinander folgen.

Denselben Eindruck erhält man in fast noch höherem Maasse auf dem Wege von Barquisimeto oder Santa Rosa nach Yaritagua ebenfalls am südlichen rechten Ufer des Flusses. Hier fehlen zwar grössere Ortschaften, wie Cabudare, allein dafür drängen sich auf dem Wege die grossen Haciendas, insbesondere von Zuckerrohr und Cacao, weite Pflanzungen von Mais bieten dem Auge einen freundlichen Anblick, grossblättrige Bananenbestände erfrischen, hohe Schattenbäume gewähren Schatten, Palmen, umklammert von blau, weiss und violett blühenden Winden, ragen mit ihren schlanken Kronen über dem Ganzen auf. Dazwischen tauchen fortgesetzt Häusergruppen, wie Quebradita gegenüber Santa Rosa, Caruye und die grössere Ansiedlung El Patio Grande auf, eine Stunde weiter östlich liegt El Taque mit 415 Einwohnern, und nahe Yaritagua El Albarical mit 134 Einwohnern, noch am Südufer des Rio Barquisimeto. Auch passirt man die Häusergruppe El Pozon mit 234 Einwohnern, und sehr häufig die Wirthschaftsgebäude der Haciendas, kleine Schuppen, Schenken (pulperias) und Einzelhäuser. In der That beherbergen die Municipios Santa Rosa, Cabudare, Rastrojos 12,940 Bewohner, und Süd-Yaritagua, abgesehen von der Stadt, noch etwa 4000, so dass für die Anwohner des Rio Barquisimeto zwischen Santa Rosa und Yaritagua an beiden Ufern des Flusses etwa 17,000 als sichere Zahl gelten darf. Beeinträchtigt wird für den aus den trockenen Theilen Coro's und Barquisimeto's Kommenden der Genuss dieser frischen üppigen Vegetation und reichen Gefilde durch den Koth und Morast auf beiden, namentlich aber dem südlichen Ufer des Flusses; dieser nimmt dann auch zwischen Santa Rosa, wo er noch klares Wasser führt, und Yaritagua, wo ihn eine Holzbrücke, auch eine seltene Annehmlichkeit in Venezuela, überspannt, tiefdunkelschwarze Färbung an. Die politische Grenze zwischen Seccion Barquisimeto und Seccion Yaracui verläuft bereits halbwegs zwischen Santa Rosa und Yaritagua.

Nördlich von Santa Rosa und nordwestlich von Barquisimeto dehnen sich dagegen wieder trockene und wenig fruchtbare Gebiete aus, besonders in der Richtung auf Bobare, während nach Duaca zu das Land allmählich wieder frischer wird. Demgemäss sind auch die Landschaften um Bobare und nördlich von Barquisimeto sehr gering bevölkert. Während sich um den Rio Barquisimeto, wie wir gesehen haben, zwischen Santa Rosa und Yaritagua etwa 17,000, mit Einrechnung letzterer Stadt 21,000 Menschen drängen, besitzen die beiden

Municipios Bobare und Duaca zusammen nur etwa 21,000 Bewohner. Davon entfallen auf Bobare 8921, von denen 649 in dem Dorf Bobare, einer recht zurückgebliebenen Ansiedlung in weitem langgestrecktem Thale zwischen mit Kakteen bestandenen Sandsteinhügeln leben. Matatere oder Matatare ist eine zerrissene, in mehrere über einen Abhang verstreute Häusergruppen zerfallende Ansiedlung von 471 Einwohnern, und die übrigen Bewohner des Municipio vertheilen sich auf eine grosse Zahl von Häusergruppen, die in etwa 20 Caserios zusammengefasst werden; man darf sich nämlich durch die in der Volkszählung aufgeführten Einwohnerzahlen von 400 bis 700 für einzelne dieser Caserios nicht blenden lassen, denn es werden oft weit auseinander liegende Häusergruppen politisch zu einem solchen verbunden. Beispielsweise stehen an der Strasse von Matatere nach Bobare ein paar Häuser, die das Caserio Caimito y Usera mit 99 Einwohnern bilden, und da ausserdem die venezolanischen Landhäuser häufig umfangreich und in einem Hause zahlreiche Bewohner untergebracht sind, so können z. B. 99 Einwohner sich leicht auf 6—10, oft auch nur 5—6 Häuser vertheilen. Auf dem Wege von Bobare nach Barquisimeto liegen nur die Ansiedlungen Los Algodones und Las Chorreras mit wenigen Bewohnern.

Ebenso menschenarm ist das Land zwischen Barquisimeto und Duaca auf dem südlichen Theile des Weges, wo Ansiedlungen überhaupt fast ganz fehlen, so dass die Eisenbahn fast 20 km weit keine nennenswerthe Ansiedlung berührt. Offenes ebenes Land, kleine Sandsteinhügel, Kakteen dehnen sich nördlich von Barquisimeto aus, allmählich wird der Anblick frischer, die grosse Sabana Grande, eine fast vollkommene Ebene, enthält bereits frischere Weiden, einzelne Häuser stellen sich ein, Maispflanzungen werden häufiger, aber es kommt nicht zur Ausbildung von Ortschaften. Erst von El Eneal an, einem zerstreut liegenden Caserio von 815 Einwohnern, wird die Besiedlung häufiger; die Bewohner sind daher fast ganz in den Bergen um Duaca vereinigt, wo frischere Vegetation, reichliches Wasser und kräftige Weiden den Ackerbau und die Viehzucht lohnender machen als im trockenen Süden. Hier hat sich als Mittelpunkt der Berglandschaft am Uebergang von Barquisimeto nach der Küste von Tucacas Duaca entwickelt, ein regelmässig gebauter Platz von 2448 Einwohnern, eine der wenigen Städte des Landes, die durch die Eisenbahn sehr gewonnen hat und ihres frischen Klimas halber bekannt ist. Sie steht auf der 725 m hohen Einsattelung zwischen dem Yaracui-Gebirge und den Fortsetzungen der Sierra de Matatere und bezeichnet die Wasserscheide zwischen dem Orinocogebiet und dem Karibischen Meere.

Ausser Duaca besteht keine grössere Ortschaft in diesem Gebiete, allein die Bevölkerung sitzt im Gebirge ziemlich dicht, so dass die Caserios Cúcuta, nordöstlich von Duaca, Licua, nächste Eisenbahnstation nördlich von Duaca und Agua Salada es auf 1109, 995 und 1220 Einwohner gebracht haben. Die Zahl 12,868 für die Gesammtbevölkerung des Municipio Duaca darf daher nicht Wunder nehmen, vertheilt sich aber fast ausschliesslich auf den Norden, das Bergland um Duaca.

V. Die Einwohnerzahl von Coro und Barquisimeto.

Die Unsicherheit über die Volkszahl Venezuela's, die Bevölkerungsziffer der Städte sowie die Schwierigkeit der Beschaffung genauen statistischen Materials veranlassen mich, an dieser leicht zugänglichen Stelle die Ergebnisse der Zählung von 1891 nach dem Tercer Censo de la Republica, Carácas 1891, Band II, mitzutheilen.

Staat Falcón. (Coro und Paraguaná).

Distrikte:	männlich:	weiblich:	Gesammt-zahl:
Coro	8 836	10 850	19 686
Petit (San Luis)	9 348	10 090	19 438
Zamora (Cumarebo)	7 698	8 494	16 192
Falcón (Paraguaná)....	9 252	10 338	19 590
Buchivacoa (Capatárida)	9 356	9 542	18 898
Churuguara	5 207	5 415	10 622
Democracia (Pedregal) .	6 538	6 638	13 176
Colina (La Vela)	4 604	5 051	9 655
Silva (Tucacas)	2 008	1 935	3 943
Acosta (Capadare)	3 870	4 040	7 910
	66 717	72 393	139 110

Staat Lara, Seccion Barquisimeto [1]).

Distrikte:	männlich:	weiblich:	Gesammt zahl:
Barquisimeto.........	26 109	28 080	54 189
Cabudare.....	7 914	9 024	16 938
Quibor	9 512	10 761	20 273
Tocuyo..............	19 807	21 752	41 559
Torres (Carora)......	19 291	20 849	40 140
Urdaneta (Siquisique).	8 153	8 372	16 525
	90 786	98 838	189 624

Staat Lara, Seccion Yaracui.

Distrikte:	männlich:	weiblich:	Gesammtzahl:
San Felipe...........	8 289	9 670	17 959
Sucre (Guama).......	5 941	5 897	11 838
Bruzual (Chivacoa)...	3 940	4 194	8 134
Urachiche	2 836	3 274	6 110
Yaritagua	6 071	7 024	13 095
	27 077	30 059	57 136

Staat Lara:	117,863	128,897	246,760

	männlich:	weiblich:	Gesammtzahl:
Coro, Barquisimeto, Yaracui, also Staaten Falcón und Lara:	184 580	201 290	385 870
Coro und Barquisimeto (ohne Yaracui):	157 503	171 231	328 734

Ortsbevölkerung: Staat Falcón.

Ciudades (Städte):	Coro 8752	Capatárida 1620
	La Vela 2330	Pueblo Nuevo 1076
	Puerto Cumarebo 2003	San Luis 852

[1]) In der Tabelle des Tercer censo, Band II, S. 313, heisst es Distrikt Torres, 19,261 Männer. Dies ist ein Druckfehler, für 19,291, wie aus der Einzelrechnung auf S. 317 desselben Werks hervorgeht.

Pueblos (Dörfer) (nur die bekannteren sind aufgeführt):

Dabajuro	1519	Urumaco	429
Tocuyo	1054	Piedra Grande	384
Buenavista	1053	Mitare	364
Tucacas	1038	Guaibacoa	375
Churuguara	860	Cumarebo	350
Urupaguaduco	855	Chichiriviche	341
Píritu	841	Yacura	335
Pedregal	695	Acurigua	312
Sabaneta	681	Agua Larga	308
Baraibed	611	San José de Seque	287
Cabure	596	Borojó	226
Los Taques	583	Agua Clara	190
Casigua	572	Capadare	169
Pecaya	563	Jadacaquiva	141
Moruy	447	Santa Ana	137
Sasárida	447	Carorita	66

Staat Lara (Seccion Barquisimeto).

Ciudades (Städte): Barquisimeto 9093
Tocuyo 4775
Carora 4088
Duaca 2448

Pueblos (Dörfer):

Cabudare	2912	Barbacoas	551
Quibor	2458	Aregue	542
Sanare	1478	Santa Rosa	539
Curarigua	1269	Buenavista	537
Guaríco	1212	San Miguel	462
Humucaro Bajo	1115	Rastrojos	441
Siquisique	888	Rio Tocuyo	386
Humucaro Alto	802	Burere	264
Sarare	790	Atarigua	263
Altagracia	668	Cubiro	247
Bobare	649	Altar	118
Arenales	616	Buría	115
Baragua	590	San Miguel	72

Dritter Abschnitt.

Das Karibische Gebirge.

Ueberschreitet man von Moroturo aus das Grenzgebirge gegen den Rio Aroa oder wendet man sich von Duaca und Santa Rosa aus östlich, so betritt man das Gebiet des Karibischen Gebirges, zunächst den Yaracui. In meinen früheren Veröffentlichungen über das in Rede stehende Land habe ich es unentschieden gelassen, wo die Grenze zwischen den Ausläufern der Cordillere von Mérida einerseits und dem Karibischen Gebirge anderseits anzusetzen sei und bereits auf die Wahrscheinlichkeit der Grenzlinie Aroa-Yaritagua-Sarare aufmerksam gemacht, zugleich auch die Bedeutung der Yaracui-Senke für die Morphologie Venezuela's hervorgehoben[1]), endlich den Yaracui selbst dem Karibischen System zugewiesen[2]). Meine zweite Reise in Venezuela erlaubt mir, sichere Angaben über die Grenzlinie der beiden Systeme zu machen. Es ergab sich zunächst, dass die Yaracui-Senke ein Querbruch im Karibischen Gebirgssystem selbst ist und nicht eine Scheidelinie zwischen diesem und der Cordillere; denn das sogenannte Bergland von San Felipe oder das Yaracui-Gebirge westlich von San Felipe gehört noch dem Karibischen System an, das hier westlich bis zum Rio Aroa vorspringt und im Norden unter der geographischen Breite der Küste von Puerto Cabello sein Ende findet. Im Norden bezeichnet sonach der Rio Aroa die Grenze zwischen dem Gebirgssystem von Coro und dem Karibischen Gebirge. Im Süden bestätigten die Beobachtungen von 1892 die schon 1885 gewonnene Ueberzeugung, dass eine Linie von Sarare gegen Santa Rosa die Grenze bildet; südlich von Yaritagua steht Glimmerschiefer von Karibischem Typus in dem gegen die Stadt vorspringenden Hügel an, und auf dem Wege Sarare—La Rinconada—Cabudare werden die Hügel 3 km nördlich von La Rinconada vor El Carrizal

[1]) Die Cordillere von Mérida, Wien 1888, S, 57. [2]) Ebenda S. 110.

aus nordwestlich und nördlich streichenden röthlichen Glimmerschiefern gebildet, über denen noch eine dünne Bank von Quarzsandstein und Kalk liegt; das Streichen auch der jüngeren Gesteine ist
hier, im Gegensatz zu dem in der Cordillere und in Coro nordwestlich.
Die Grenze liegt somit etwa auf dem Wege Sarare-Cabudare, ferner
zwischen Yaritagua und Santa Rosa, im Norden am Rio Aroa, da
der Minenplatz Aroa noch im Glimmerschiefer liegt. Das ganze
Gebirge zwischen Aroa und San Felipe besteht noch aus krystallinischen Schiefern und Granit, Gneiss, krystallinischem Kalk. Etwas
schwieriger ist die Grenzlinie zwischen dem oberen Rio Aroa und
dem Rio Barquisimeto zu ziehen, da hier die jüngeren Sandsteine
und Kalke Coro's und Barquisimeto's sich dem alten archaeischen
Gebirge von San Felipe aufzulagern scheinen, vielleicht in ähnlicher
Art wie die jüngeren Kalke der Sierra de Perijá sich über die
alten Eruptivgesteine der Sierra Nevada de Santa Marta am Potrero
de Venancio lagern [1]). Duaca gehört jedenfalls noch dem westlichen
sedimentären Gebiet an, Yaritagua und Aroa dem archaeischen;
zwischen diesen Orten verläuft die Grenze nicht in Form einer tiefen
Senke, sondern in derjenigen eines Uebergreifens der wahrscheinlich
kretaceischen Sedimentärgesteine des Westens über die archaeischen
des Ostens.

Die Streichrichtungen der Schichten sind unregelmässig, zwischen
San Felipe und Aroa ostnordöstlich, um La Rinconada nordwestlich bis
nördlich; wir befinden uns an der Stelle des Zusammentreffens der
Cordillere mit dem Karibischen Gebirge in einem Gebiete tektonischer
Störungen, deren Einwirkung sich noch bis in das mittlere Barquisimeto,
bis nahe an den Tocuyo erstreckt (S. S. 100).

Erste Abtheilung.

Der Yaracui.

Unter dem Namen Yaracui versteht man die Landschaft zu beiden
Seiten des Flusses Yaracui, also zunächst im engeren Sinne das ebene
Land, namentlich am Westufer desselben bis zu dem Gebirge zwischen
dem Rio Aroa und dem Rio Yaracui, nach Süden jedoch bis über

[1]) Zeitschrift der Gesellschaft für Erdkunde, Berlin 1888, S. 55 u. geologische Karte.

die Quellen des Yaracui hinaus, so dass die südlichste Stadt dieser Gebiete, Yaritagua, noch mit zum Yaracui gerechnet wird. Im weiteren Sinne sind sodann die Gebirge zu beiden Seiten des Yaracui, dasjenige westlich von Guama und San Felipe sowie das Gebirge von Nirgua dem Yaracui angeschlossen worden; der Grund für die Erweiterung des Begriffes Yaracui lag in politischer Eintheilung und Aussonderung eines besonderen Staates Yaracui der grossen Föderativ-Republik Venezuela.

Ursprünglich gehörte der eigentliche Yaracui, das niedrige Land zwischen San Felipe und Yaritagua, zur alten Provinz Barquisimeto, der Osten zur alten Provinz Carabobo, so dass der Rio Yaracui von der Einmündung des Flusses von Urachiche bis zur Mündung ins Meer die Grenze zwischen beiden Provinzen bildete. Im Jahre 1855 wurde die Provinz Yaracui ausgesondert, wobei den beiden Cantonen San Felipe und Yaritagua die Cantone Urachiche und Sucre (Guama) entnommen wurden, so dass 4 Cantone die Provinz zusammensetzten; 1859 entstand darauf der Estado federal (Bundesstaat) Yaracui durch Anfügung des Cantons Nirgua der Provinz Carabobo, und 1864 wurde diese Verfassung bestätigt, die Cantone erhielten jedoch von Guzman Blanco die Namen Departamentos, so dass fünf Departamentos, San Felipe, Yaritagua, Urachiche, Sucre (Guama) und Nirgua bestanden. In diesen Grenzen hatte der Staat Yaracui 1873 71 689 Einwohner. Die Verfassung von 1881 hob jedoch den Staat Yaracui wieder auf, und wies von Neuem das Departamento Nirgua an den Staat Carabobo zurück, die übrigen an den Staat Lara, dessen Flächenraum mit dem des Staates Barquisimeto zusammenfiel.

Als politisches Gebilde bestand der Yaracui somit nur von 1855—1859 als Provinz, von 1859—1881 als Staat; seitdem aber lebt er politisch weiter als Seccion Yaracui des Staates Lara und enthält seit 1882 fünf Distrikte, die älteren 4, San Felipe, Urachiche, Sucre, Yaritagua, und einen neugebildeten, Bruzual, das Gebiet um die Ortschaften Chivacoa und Campo Elias (Cuara), während das Departamento Nirgua auch jetzt wieder dem Staate Carabobo als Distrikt zugetheilt ist. Die Seccion Yaracui umfasst somit die beiden alten Cantone San Felipe und Yaritagua nach den in Codazzi's Atlas von Venezuela dargestellten Grenzen, aber unter anderer politischer Eintheilung, die bereits mitgetheilt ist (S. S. 107).

In physikalisch-geographischer Beziehung muss jedenfalls das Gebiet des Departamento oder Districts Nirgua dem Haupttheil des Karibischen Gebirges zugewiesen und für die jetzige Seccion Yaracui eine Zweitheilung angenommen werden, nämlich in den eigentlichen

Yaracui, die Niederung westlich des Rio Yaracui und das Gebirge zwischen dieser und dem Rio Aroa. Da wir dieses Gebirge nicht gut gesondert betrachten und in Gegensatz zu dem eigentlichen Yaracui stellen können, ohne allzusehr zu specialisiren, so ergiebt sich eine erfreuliche Uebereinstimmung des physikalisch-geographischen und des gegenwärtigen politischen Begriffes Yaracui; es wird daher im Folgenden von dem Yaracui-Gebirge und der Yaracui-Senke geredet werden.

I. Das Yaracui-Gebirge.

Die Grenze des Yaracui-Gebirges gegen die sedimentären Ketten von Coro bildet der Rio Aroa, der somit als Grenzfluss zwischen dem karibischen und dem andinen System betrachtet werden muss, welche Rolle im Süden der Rio Barquisimeto, wenn auch weniger scharf, übernimmt. Eine deutliche Grenze bildet auch der Rio Aroa nur in seinem Unterlaufe, etwa von La Luz und El Hacha an, im Oberlaufe schneidet er in die gegen das archaeische Grundgerüst des Yaracui-Gebirges gelehnten Sedimentärgesteine ein. Der Rio Aroa entspringt bei Duaca mit zwei kleinen Quellbächen und fliesst in nordöstlicher Richtung unter dem Namen Quebrada de Duaca von der Wasserscheide hinab. Sein Lauf ist gewunden, sein Thal anfangs ziemlich breit, die Zahl seiner Nebenbäche gering. Eine Anzahl von Ansiedlungen, Pflanzungen liegen an seinen Ufern, und die Eisenbahn von Duaca nach der Küste folgt seinem Thale; hier befinden sich die Stationen Licua (607 m), 995 Einwohner, Caraquitas (478 m) und Agua Fria (374 m), 120, 110 und 100 km von Tucacas. Von Agua Fria an schneidet der Fluss weniger tief ins Gebirge ein, die Berge aber treten näher an denselben heran, das Thal verengt sich und die Fluss-krümmungen nehmen zu; diese Strecke ist bis San José die gefährlichste für den Verkehr und sie wurde auch 1892 durch die grossen Oktober-regen ganz besonders mitgenommen. In 95 km Entfernung liegt hier die Station Cayures (281 m), in 87 km Entfernung von der Küste San José (168 m). Unterhalb San José tritt der Fluss aus dem Gebirge heraus und nimmt westlich von El Hacha den Fluss von Aroa auf, nach dem er von nun an Rio Aroa heisst. El Hacha (131 m), 75 km von der Küste entfernt, ist der Knotenpunkt für die Bahnen nach Aroa und Barquisimeto, derjenige Punkt, von wo aus an die bestehende Minenbahn Tucacas—Aroa die nunmehrige Hauptbahn Tucacas-Barquisimeto angeschlossen wurde. In El Hacha befinden sich jedoch fast nur Bahnhofsanlagen und die Einwohnerzahl dieser Station betrug daher 1891 nur 138 Köpfe. Grösser ist La Luz, ein

wirkliches Dorf von 520 Einwohnern im äussersten Süden der
Tieflandsbucht des Rio Aroa in 212 m Höhe. Beide Orte liegen somit
bereits in der Ebene, die sich von hier aus den Rio Aroa entlang bis
Tucacas ausdehnt, zunächst vorwiegend auf dem linken Ufer desselben,
von Yumare an aber auch auf dem rechten.

In dieser feuchtheissen Ebene, die einen grossen Theil des Jahres
hindurch von den regenbringenden Seewinden bestrichen wird, entwickelt
sich eine üppige Vegetation, in der namentlich zahllose Palmen auffallen.
Wenngleich der Uferwald des Rio Aroa und die Waldbestände zu beiden
Seiten desselben keineswegs sehr hochstämmig sind, sondern nur mässig
hohe Palmen über den übrigen Laubwald emporragen, so erzeugt doch
die grosse Feuchtigkeit der Luft in Verbindung mit dem wasserreichen
Rio Aroa und seinem grossen von der Grenze von Coro kommenden
Nebenflusse Yumare eine ausserordentliche Frische der Vegetation,
so dass eine Fahrt auf der schmalspurigen Eisenbahn durch dieses
Waldgebiet zu dem Lohnendsten gehört, was venezolanische Eisenbahnen
bieten. Im November 1892 brauchte der mit Kupfererzen und Holz
befrachtete Zug von Pueblo Nuevo bis Tucacas auf 84 km Entfernung
etwa 6 Stunden, durchfuhr also in der Stunde 14 km, und wird bei
günstigen Umständen von Barquisimeto bis Tucacas einen vollen Tag
zubringen. Die offenen Wagen erster Klasse führen Lederpolster, die
zweiter Holzbänke; die Preise sind verhältnissmässig hoch, doch
bieten sich einige Erfrischungsstationen. Zwischen El Hacha (75 km)
und Palma Sola (37 km) besteht nur eine Station, Yumare mit wenigen
Hütten im feuchten Walde, die nur von 63 Menschen bewohnt werden.
Man sieht häufig den weissgelben, nicht sehr breiten, aber tiefen,
langsam strömenden Aroa und kreuzt ihn kurz hinter El Hacha, um
das linke Ufer zu gewinnen, auf dem dann die Bahn bleibt; den
Yumare überschreitet man vor Station Yumare. Auf dieser ganzen
morastigen Strecke ist fast gar kein Verkehr und auf Fracht irgend-
welcher Produkte nicht zu rechnen.

Palma Sola gehört bereits dem Staate Falcón, dem Municipio
Tucacas an und hat eine über seine Einwohnerzahl (155) hinaus-
gehende Bedeutung, da hier die Reisenden nach San Felipe abzu-
zweigen pflegen, wohin sie eine fast vollständige Tagereise zu
Pferde auf morastigem Waldboden haben. Dennoch pflegen Reisende
zwischen Puerto Cabello und San Felipe zu Schiffe nach Tucacas zu
fahren, von hier die Eisenbahn bis Palma Sola und dann den be-
schwerlichen Sumpfpfad nach San Felipe zu wählen, weil die Land-
verbindung zwischen beiden Städten über Urama und Morón noch
beschwerlicher und ausserdem wegen der Sumpffieber der Küste ver-

rufen ist. Zwischen Palma Sola, das nur noch 33 m über dem Meere liegt und Tucacas befinden sich die Stationen Alambique und Quiebra Vara, dann tritt die Bahn auf die mit Salzen bedeckte baumlose Küste hinaus, überschreitet den Rio Araguita und endet in Tucacas.

Im Süden des mittleren und Osten des oberen Rio Aroa erhebt sich nun das Yaracui-Gebirge, über dessen Bau, Zusammensetzung und Stellung inmitten der übrigen Gebirge neue Nachrichten beizubringen mir vergönnt gewesen ist.

Die über das Yaracui-Gebirge vorliegenden Nachrichten beschränken sich wiederum auf einige Angaben H. Karsten's und A. Codazzi's; A. von Humboldt hat dasselbe nicht besucht, und im Uebrigen waren nur Botaniker, Linden, Appun u. A. daselbst thätig. Nach Karsten ist das Yaracui-Gebirge, oder wie er es nennt, die Sierra de Aroa, als eine Fortsetzung des Gebirges von Nirgua aufzufassen. »Dans la Sierra Aroa«, sagt er in seiner Zusammenfassung früherer Ergebnisse[1]), »au Nord-Ouest de la ville de San Felipe, prédominent de nouveau des roches métamorphosées; la syenite affleure encore une fois comme poste extrême de la chaîne littorale de Carácas du côté de l'Ouest. D'ici s'étend, à l'Ouest et au Nord, le territoire sédimentaire de la province de Coro. Les ramifications du mont St. Felipe de 1170 m d'alt. sont recouvertes de couches tertiaires«. Die angegebene Höhe des Mont St. Felipe entnahm er Codazzi's Atlas, auf dessen Höhentafel der Berg auf 1400 varas oder 1170 m anscheinend geschätzt ist. Codazzi[2]) bemerkt über das Gebirge nur: »Das Gebirge von San Felipe ist so gut wie isolirt und schliesst mit dem von Nirgua sozusagen das fruchtbarste Thal dieses Gebietes ein, aber ein nach Duaca ausgesandter Zweig, der hie und da unterbrochen und erniedrigt ist, bildet das fette Thal von Aroa; seine nicht sehr hohen Gipfel haben verschiedene Namen und enden über dem Tocuyo bei der Quebrada Carapa, wo sie sich mit den von Tucacas der Küste parallel laufenden Bergen einen, als ob sie ein Glied des Gebirgssystems von Coro seien.«

Im Allgemeinen sind diese Angaben richtig, im Einzelnen jedoch verbesserungswerth; denn die Zusammensetzung des Gebirges ist von Karsten, die Höhe von Codazzi ungenau angegeben, und isolirt ist das Gebirge des Yaracui nicht, sondern nur an der Ostseite von der Hauptkette getrennt, im Westen aber, wie Codazzi richtig sagt, mit dem Gebirgssystem von Coro verbunden.

---

[1]) Géologie de la Colombie Bolivarienne, Berlin 1886, S. 19.
[2]) Resúmen de la Geografia de Venezuela, S. 411/2.

Wenn man das Gebirge im Westen betritt, so hat man an den Kupferminen von Aroa rothen Glimmerschiefer vor sich, und verlässt denselben an dem ganzen Westabhange nicht, mit Ausnahme zweier Stellen, wo in 1400 m Höhe Granit und quarzreicher Gneiss vorkommen. Auf der Höhe liegt blauer krystallinischer Schiefer, gegen den Ostabfall in 1000 m sericitischer, feinkörniger, blaugrauer Kalkschiefer, weiter abwärts wieder rother Glimmerschiefer und am Ostufer enthält die Umgebung von Cocorote durch Druck gneissähnlich gewordenen Biotitgranit mit Trümmerstruktur, äusserlich ähnlich einem typischen kleinkörnigen, schuppig schiefrigen Gneiss mit transversaler Schieferung. Auch ein zweiglimmeriges dem Protogin der Alpen ähnliches mittel- bis grobkörniges Gestein mit Trümmerstruktur, ein gequetschter durch Druck veränderter Granit steht hier an; zwischen San Pablo und Guama tritt wiederum Granit auf und im äussersten Süden bei Yaritagua liegt ein weisser feinkörniger schuppiger dünnschiefriger glimmerschieferähnlicher Muscovitgneiss. Ausserdem kommt an mehreren Stellen, besonders bei Cuara, krystallinischer, zum Theil silberhaltiger Kalk (322, 323) vor, und zwischen Urachiche und der Sabana de Parra steht ein Kalkphyllit (318, 319), krystallinischer Kalk mit weissen Muscovithäuten an.

Es ergiebt sich aus dieser Zusammenstellung, dass das Yaracui-Gebirge ein krystallinisches archaeisches Schiefergebirge mit Granitstöcken ist, und einer sehr bedeutenden Druckwirkung, hohem Gebirgsdruck unterlegen ist. Daneben kommen an der Ostseite bei Cuara dunkle schwarzgraue Kalkschiefer (320—321) mit kleinen Pyriten vor, deren Alter nicht bekannt ist, und einen grossen Theil der Niederung zwischen Urachiche und Guama bedecken bräunlichgraue polygene Konglomerate (325, 326) aus Glimmerschiefer, Thonschiefer, Phyllit, Calcitbrocken, die durch drusigen Kalk verkittet sind, sowie Kalkbreccien aus eckigen Bruchstücken blaugrauen feinkörnigen Kalkes, besonders zwischen Urachiche und Sabana de Yaracui (317). Ob jüngere nicht archaeische Kalke den Südwesten des Gebirges bedecken, ist mir nicht bekannt, aber nach dem Vorkommen desselben bei Duaca wahrscheinlich; auch lässt sich bisher nichts über die Zusammensetzung und den Bau des Gebirges zwischen Duaca und Cuara um den nach Codazzi 1070 m hohen, wahrscheinlich höheren Gipfel Cúcuta sagen. Hierüber könnte nur eine Uebersteigung des Gebirges zwischen den genannten Orten Aufschluss geben; jedenfalls fehlt im Norden zwischen San Felipe und Aroa der jüngere Kalk der Kreide und des Tertiärs ganz.

Der Westabfall erlaubt wegen der hochgradigen Verwitterung des Gesteins keine Beobachtungen über Schichtung, auf der Höhe streichen die krystallinischen Schiefer nach ONO und fallen gegen NNW ein, in 1000 m Höhe des Ostabhangs ist dieselbe sanfte Aufrichtung gegen SSO erkennbar, in 800 m Höhe aber stürzen die Glimmerschieferschichten steil gegen den Yaracui hinab, bei fortdauerndem Streichen nach ONO.

Es scheint daher, dass wir es bei dem Yaracui-Gebirge in der Hauptsache mit dem nordwestlichen Flügel einer grossen Falte zu thun haben, deren südöstlicher unter die Niederung des Yaracui hinabgesunken ist; jedenfalls macht das Gebirge den Eindruck der Einseitigkeit und es scheint, dass man gegen Südwesten und nach oben zu in immer jüngere Ablagerungen fortschreitet. Rother Glimmerschiefer setzt auch den grössten Theil des Gebirges östlich des Yaracui, das Bergland von Nirgua zusammen; zwischen beiden ist die Niederung des Yaracui eingebrochen, der erste der grossen, das Karibische Gebirge zertheilenden Brüche. Denn dem Karibischen System gehört das Yaracui-Gebirge unzweifelhaft an, und muss sogar als dessen westlicher Eckpfeiler gelten. Seine Zusammensetzung entspricht derjenigen des gegenüber liegenden Berglandes von Nirgua, seine Höhe, 1500—1800 m, ist ungefähr dieselbe und auch in der Erzführung gleichen sich beide Hälften. Dem Kupfer in den Bergen von Nirgua entspricht das Kupfervorkommen von Aroa, und in beiden Gebirgen zu Seiten des Yaracui sind Spuren von Silber, Blei, Antimon gefunden worden, die immer wieder von Neuem die Hoffnungen der Venezolaner auf Erschliessung reichen Bergbaus nähren.

Die Höhe des Yaracui-Gebirges ist erheblich unterschätzt worden. Codazzi, der einzige, von dem bisher Höhenzahlen für dieses Gebiet stammen, giebt für den Gipfel San Felipe 1170, für den Gipfel Cúcuta 1070 m Höhe an; ersteren zeichnet er nordwestlich von San Felipe, den letzteren zwischen Guama und Duaca. Ueber den Gipfel Cúcuta kann ich nicht urtheilen, da ich die Umgebung desselben nicht kenne; da aber Duaca nach den Aufnahmen der Eisenbahn-Ingenieure bereits 725 m, Guama nach meinen Messungen 370 m hoch liegt, das Gebirge aber über Duaca noch ziemlich bedeutend ansteigt, so glaube ich, dass der Cúcuta-Gipfel höher ist als 1100 m, wahrscheinlich höher als 1500 m. Denn auch die Zahl für den Gipfel San Felipe ist viel zu niedrig gegriffen. Ich überschritt nämlich das Yaracui-Gebirge am 21. November 1892 auf dem halsbrechenden Wege zwischen Cocorote und Aroa in 1600 m Höhe, hatte damit aber noch nicht den Gipfel erreicht, sondern darf annehmen, dass über dem höchsten

Punkte des Weges noch mindestens 200 m hohe Erhebungen liegen. Demnach darf man dem Yaracui-Gebirge eine Höhe von 1800 m, vielleicht eine noch bedeutendere geben; damit übertrifft es an Höhe das gegenüber liegende Gebiet von Nirgua ein wenig, das gesammte Gebirgssystem von Coro um 300 m. Wenngleich dieses Ergebniss überraschend war, so stimmt es doch mit dem vorher Gesagten gut überein, insofern das Yaracui-Gebirge nicht nur in der Zusammensetzung und dem Bau dem Karibischen Gebirge angehört, sondern auch in seiner Gipfelhöhe den Bergen nördlich des Valencia-Sees gleichkommt. Die höchsten Theile des Zuges bilden einen gewellten Rücken, über den man etwa ³/₄ Stunden reitet; gegen den Yaracui fällt das Gebirge in fast gleichmässiger Steilheit ab, nach den Aroa aber in zwei Stufen, da in der Höhe von etwa 1250 ein nahezu ebener Vorsprung gegen Aroa zu entsendet wird, über den man fast eine Stunde lang reitet. Die Folge davon ist, dass der letzte Abstieg nach Aroa von 1250 bis 400 m von einer so grossen Steilheit ist, dass man schliesslich von oben in die Häuser von Aroa hineinsieht, und trotz des entsetzlichen Weges nur 1 ¹/₂ Stunden braucht, um ihn zurückzulegen.

Der ganze Norden und Nordwesten des Gebirges ist sehr regenreich, da die über das Thal des Aroa wehenden Nordostwinde beim Emporsteigen am Gebirge ihren Wasserdampf kondensiren und niederschlagen. Eine Folge davon ist grosser Reichthum an Quellen, reiche Bewässerung und ein üppiger Waldwuchs, aber auch eine hochgradige Verwandlung des leicht zerstörbaren Glimmerschiefers in einen zähen fetten Lehm von gelbröthlicher Farbe, der die Füsse der Thiere und Menschen festhält und den Uebergang über den völlig verwitterten Gebirgszug noch weiter erschwert. Die Südostseite desselben ermangelt dieser Schwierigkeit, bietet dafür aber auch nur bis zu etwa 1000 m abwärts den Schatten des feuchten Hochwaldes, ist vielmehr in den unteren Theilen von 1000 bis 400 m Höhe mit grasigen Sabanen bedeckt. So bildet sich ein landschaftlicher Gegensatz aus zwischen dem Norden und Westen einerseits, dem Süden und Osten anderseits. Im Norden und Westen erblickt man dichten Wald, ein üppig grünes Waldgebirge, schlanke Formen der Bäume, hohe Stämme, eine ungeheure grüne Laubmasse, nur selten Lichtungen, sehr wenige Hütten, über dem Ganzen gegen Norden die Station und das Dorf La Luz, fern drüben jenseits des Aroa die Grenzgebirge von Coro. Oft freilich hängt dichter Nebel über den Bergen, der gesammte Wald trieft von Feuchtigkeit, grosse Mengen von Tillandsien und Orchideen, Bartflechten, Schmarotzerpflanzen, Epiphyten hängen an den Aesten und

sitzen auf den Zweigen, aber das Ganze erhält doch den Charakter
der üppigsten und von Vegetationsfülle strotzenden Landschaften
Venezuela's und erinnert in seiner tropischen Fülle an die Nordabhänge
der Cordillere von Mérida gegen die Lagune von Maracaibo und den
Zulia-Wald. Und unterhalb des schweigenden Waldes der einsam
grossartig tropischen Bergwildniss erglänzen des Abends die elektrischen
Lichter des Bahnhofs von Pueblo Nuevo und von La Luz, ein Gegensatz zwischen Kultur und Wildniss, wie er kaum schroffer gefunden
werden kann. In der That, wer von der venezolanischen Küste aus
rasch eine Eisenbahnfahrt in tropische Wildnisse machen will, der
besteige die Zulia-Bahn San Carlos—La Vejia oder die Kupferbahn
Tucacas—Aroa.

Ganz anders sieht es im Südosten aus. Wer von Aroa kommend,
den frischen entzückenden Bergwald der Höhe mit seinen Farnbäumen
und Orchideen, seinen gewaltigen Baumriesen und Schlingpflanzen, einen
der schönsten Bergwälder des Landes, hinter sich hat, tritt in 1000 m
Höhe sogleich in eine grosse Kaffeepflanzung, das Zeichen vorge-
schrittenerer Kultur, durchreist sodann nochmals ein bereits weniger
frisches Waldstück und erstaunt dann plötzlich im freudigsten Maasse,
denn ihm öffnet sich eine der grossartigsten und doch zugleich lieb-
lichsten Aussichten in ganz Venezuela. Ueber die ganz kahlen, hie
und da mit Gras bestandenen Vorhöhen hin erblickt man die weite
Thalebene des Yaracui, am Rande des Gebirges bedeckt mit Ortschaften, Ansiedlungen, Kaffeepflanzungen, weiter östlich mit Wald
und Savanne, deren Grün und Gelb reizvoll mit einander wechseln.
Durch die Ebene ziehen eine Anzahl von Bächen dem Yaracui zu
und den Hintergrund bilden die schweigenden, düstren, grünen Waldgebirge von Nirgua, die über der lieblichen Landschaft der Yaracui-
Senke an 1500 m emporragen. Nach Nordosten hin verliert sich der
Blick in der weiten Oeffnung des Yaracui-Thales zur Küste hin, gegen
Südwesten schliessen mässige Hügel bei Yaritagua das Bild ab.

Nicht minder schön ist der Blick auf das Yaracui-Gebirge von
der Ebene aus. Ueber den Savannen, Häusergruppen und Kaffeepflanzungen, die in 400 m Höhe bis an den Fuss des Gebirges reichen,
erheben sich zunächst die kahlen Vorberge, auf denen Savannen bereits
eine erfreuliche Pflanzendecke zu nennen, und einzelne Palmen von
Weitem deutlich unterscheidbar sind; dann folgen die Kaffeehaciendas
und auf der Höhe der dichte Bergwald. Ob man nun herabschaue auf
das dicht bevölkerte Land am Fusse des Gebirges mit seiner Frische,
seiner hohen Kaffeekultur und seinen zahlreichen Dörfern, oder hinauf gegen die hochragenden, in Gelb und Grün gekleideten Berge,

stets wird man den Eindruck einer ungewöhnlich schönen Landschaft und eines fruchtbaren zukunftsreichen Landes haben.

Das Gebirge selbst freilich ist wenig besiedelt. Zwar führen einige Thäler in dasselbe, von Norden aus die einiger Nebenflüsse des Rio Aroa, z. B. des Rio Tesorero, von Osten die des Macagua, des Flusses von Albarico, der Quebradas von Cocorote, Guama und Urachiche, allein diese Thäler sind meist steil in das Gebirge eingerissen, mit Geröll und Schutt erfüllt und werden von wilden Bergwassern durchflossen, die bei heftigem Regen die Gehänge unterspülen und das Gebiet am Austritt aus dem Gebirge vermuren. Daher dringen die Ansiedlungen nicht oder nur wenig ins Gebirge ein, ausser an der Südwestseite bei Duaca; über Guama und Cocorote stehen dagegen im Gebirge nur spärliche Hütten und einzelne Gebäude der grossen Kaffeepflanzungen, und über Aroa ist die Besiedelung noch geringer. Im Norden liegen nur in dem Thale des eigentlichen Rio Aroa, das von La Luz aus in das Gebirge einschneidet, Ortschaften von Bedeutung, und auch diese verdanken ihre Entwicklung nur dem Kupferreichthum der nördlichen Ausläufer desselben. Es sind Aroa in 370 und Pueblo Nuevo oder Progreso in 270 m Höhe, beide zwar nicht mehr auf dem Gebirgsrande gelegen, doch aber an das Gebirge geklebt und von dessen Erzreichthum lebend.

Die Minen von Aroa sind die bedeutendsten Kupferbergwerke des nördlichen Südamerika und stehen an Wichtigkeit den Goldminen von Guayana sogar fast voran, weil ihr Abbau bisher fast ohne Unterbrechung hat fortgesetzt werden können und auch jetzt noch erträgliche Ergebnisse giebt. Ausserdem sind sie von allen in Venezuela betriebenen Bergwerken das älteste; schon im vorigen Jahrhundert war die Mine von Aroa bekannt, [1]) Humboldt nennt sie eine alte und giebt an, dass sie jährlich 1200—1500 Quintales Kupfer ergab. Gegen die Mitte unseres Jahrhunderts übernahm eine englische Gesellschaft, die Bolivar Mining Company, ihre Ausbeutung, führte 1838 70 500 Ctr. aus und brachte die Orte Aroa und Tucacas empor; die Ermordung ihrer Angestellten durch Raubgesindel unterbrach jedoch die Erzförderung jahrelang, so dass 1850 die Gruben verlassen waren. Indessen bildete sich unter dem Namen The Quebrada Railway Land and Copper Company eine neue Gesellschaft, baute 1869 die Minenbahn Tucacas—Aroa, die seit 1888 als Ferrocarril Bolívar nach Barquisimeto fortgesetzt worden ist, und gab dem Bergwerk einen neuen Aufschwung.

---

[1]) A. Ernst, La Exposicion Nacional de Venezuela en 1883. Carácas 1884, S. 65.

Das Kupfer von Aroa gehört dem archaeischen Gebirge an und kommt in einer Einlagerung des rothen Glimmerschiefers, einem weissen Kalkstein, in so ungeheuren Mengen vor, dass 1869 das Nebengestein noch nicht bekannt geworden war. Vorwiegend sind gelber Kupferkies, schwarzer Kupferkies und Rothkupfererz, auch kommen Malachit und Chalkopyrit vor.[1]) Ueber die Lagerungsverhältnisse ist mir nichts Näheres bekannt geworden; gewaltige Stollen sind in den Berg getrieben und haben ungeheure Höhlen hervorgerufen, deren Decke durch Erzpfeiler gestützt werden. Die hier gewonnenen Erzmengen waren zeitweise ausserordentlich gross, und ergaben 1883 5 Mill., 1886 2,707,000, 1889/90 1,972,000 Bolívares (= 0,80 ℳ) Werth; Ernst[2]) gibt an, dass in den Jahren 1880—83 im Durchschnitt 2,236,000 kgr. metallisches Kupfer im Werthe von 3,600,000 Bolívares gefördert wurde und dass das Ergebniss dieser einzigen Mine nur um ein geringes dem ganz Russland nachstand. Das Kupfer wird nach Swansea geschickt und nimmt dort nach dem chilenischen den zweiten Platz ein. Im Jahre 1892 litten auch die Minen von Aroa durch Wasser.

Die südlichste, dem Gebirge am meisten genäherte Grube ist die von Aroa, die auch durch die Eisenbahn noch erreicht wird. Eine schmutzige Ansiedlung mit allen Charakterzügen eines Bergwerksortes hat sich um sie gebildet; in engem Thale starren die Essen auf, das Wasser des Baches ist röthlich und schwarz, die Bevölkerung (137) schmutzig, eine Gelegenheit zur Unterkunft nicht vorhanden. Eine zweite Mine, Titiara, etwas nördlich von Aroa, ist ebenfalls an die Eisenbahn angeschlossen, ergibt hauptsächlich Rothkupfererz und hat zur Entstehung einer Ansiedlung von 130 Einwohnern Veranlassung gegeben; noch zwei andere, Pozones und Cumaragua, liegen weiter nördlich, und haben ebenfalls kleinere Ansiedlungen hervorgerufen. Die grösste Ortschaft ist jedoch jetzt Pueblo Nuevo oder El Progreso mit 908 Einwohnern, unterhalb Aroa. Von diesem schmutzigen, ungeordneten und wüsten, vielfach von Italienern und den englischen Eisenbahnbeamten bewohnten Orte pflegen die Züge der Minenbahn nach La Luz und Tucacas zu gehen.

Die Quebrada Railway Land and Copper Company hat zu beiden Seiten der Eisenbahn einen Streifen Land angekauft, der zwischen Yumare und der Mündung des Rio Aroa durch diesen im Süden begrenzt wird, aber auch noch Tucacas einschliesst.

---

[1]) Schottky, Die Kupfererze des Distrikts von Aroa, Venezuela. Inaug. diss., Tübingen 1877 und Ernst, a. a. O. S. 66. [2]) Ebenda S. 68.

2. Die Yaracui-Niederung.

Die Yaracui-Niederung wird geographisch begrenzt durch das Yaracui-Gebirge im Westen und das Gebirge von Nirgua im Osten. Beide sind Theile des Karibischen Gebirgssystems, letzteres der westliche Ausläufer des Gebirges von Carácas und Valencia, ersteres ein von diesem Zuge getrenntes Glied. Zwischen den Gebirgen von Nirgua und des Yaracui klafft als eine weite Lücke die Yaracui-Niederung. Sie ist ohne Zweifel als ein Querbruch im Karibischen Gebirge aufzufassen, doch stimmt die Streichrichtung der Schichten zu beiden Seiten der Senke nicht überein: im Yaracui-Gebirge ist sie vorwiegend nach ONO, im Gebirge von Nirgua nach NW gerichtet. Wir haben aber gesehen, dass im Gebiete des Zusammentreffens des andinen und karibischen Systems die Streichrichtung der Schichten sehr wechselt; es scheint somit, dass das Yaracui-Gebirge bereits der corianischen Richtung nach ONO gefolgt, von derselben vielleicht nachträglich beeinflusst worden ist, während das Gebirge von Nirgua die westlich von Puerto Cabello häufige Richtung NW bewahrt hat. Uebrigens ist es nicht unmöglich, dass im Norden des Gebirges von Nirgua, um Temerla und Taria, die ONO-Richtung sich finden werde, entsprechend dem gegenüber liegenden Yaracui-Gebirge; doch liegt es näher zu glauben, dass der äusserste Eckpfeiler des karibischen Systems, das Yaracui-Gebirge durch die wohl später erfolgte jüngste Faltung der Gebirgsketten Coros mit beeinflusst und gewissermassen in die corianisch-andine Streichrichtung hineingerissen worden ist. Vielleicht ist sogar die klaffende Lücke, die wir als Yaracui-Senke bezeichnen, auf diese Einwirkung der andinen Faltungsrichtung auf die karibische, wahrscheinlich ältere, Scholle zurückzuführen, die Yaracui-Senke also ein Ergebniss der Gebirgsstörungen an der Grenze des karibischen und andinen Systems.

Ueberhaupt sind die Verhältnisse hier anscheinend verwickelt. Dafür spricht auch der Umstand, dass die Yaracui-Senke nicht einer bestimmten Himmelsrichtung folgt, sondern eine Drehung nicht etwa im Gegensatze des Flachlandes zum Gebirge, sondern zwischen den Gebirgen vollzieht. Von Yaritagua bis San Felipe verläuft die Axe der Yaracui-Senke nämlich von Süden nach Norden, dann aber von WSW nach ONO, ähnlich wie das Yaracui-Gebirge selbst eine Drehung aus der nördlichen in die nordöstliche Richtung vollführt, da das Gebirge zwischen Yaritagua und dem Gipfel Cúcuta NNW, von da an NO und ONO verläuft. Dieser Drehung gemäss verläuft auch der Rio Yaracui zunächst nach N, dann nach ONO. Auch tritt an der Stelle, wo der Hauptort des Yaracui, San Felipe, liegt, eine

Verschmälerung der Senke ein, und es ist gewiss kein Punkt geeigneter, den Durchgang von dem südlichen Yaracui nach der Mündung des Flusses zu beherrschen als San Felipe, so dass man versucht sein musste zu glauben, die Spanier hätten diesen Punkt im Bewusstsein seiner strategischen Vortheile zum Hauptort des grossen Thales gemacht. Die Breite der Yaracui-Senke beträgt nämlich in ihrem Kern von der Gegend von Yaritagua bis nach Guama etwa 20 km, vergrössert sich bei letzterem Orte auf 23 km, verengt sich aber bei San Felipe auf 15 — 16 km, zwischen Albarico und Taria auf nur 11 —12 km; dann geht sie in das tiefliegende Gebiet am Unterlaufe des Rio Yaracui über und vereinigt sich vor den Ausläufern des Yaracui-Gebirges mit der Küstenebene am Rio Aroa. Dass die Yaracui-Senke sich im Süden bis nach Buría und an den Rio Barquisimeto erstreckt, habe ich schon anderen Orts gezeigt. [1]

Die Höhe der Yaracui-Senke beträgt nicht mehr als 300 m zwischen Buría und Chivacoa, weiter im Norden noch weniger; San Felipe liegt nur 280 m hoch, die Abdachung ist also nach Norden hin eine sanfte und wird erst abwärts San Felipe stärker. Auffallender ist die Abdachung von Westen nach Osten, von dem Yaracui-Gebirge gegen den Rio Yaracui und das Gebirge von Nirgua. Die meisten Ortschaften der Westseite am Fusse des Yaracui-Gebirges liegen in Höhen von 350—600 m: Yaritagua im Süden in 390 m, Urachiche in 480 m, Cuara in 600 m, Guama und San Pablo in 340 und 373 m, Cocorote in 450 m Höhe. Einige von ihnen, wie Cuara, sind auf den Vorhöhen des Gebirges erbaut, die Niederung beginnt in etwa 450—500 m (Cocorote, Urachiche) und senkt sich nun zum Rio Yaracui bis auf 180 m an der Sabana de Obispo, dort wo an der Mündung des Baches von Urachiche die Strasse von Chivacoa nach Nirgua den Fluss überschreitet; das Gefälle beträgt somit auf etwa 20 km rund 300 m, also 1 : 70. Demgemäss laufen die vorhandenen Gewässer ziemlich raschen Laufes von Westen nach Osten über die Yaracui-Senke zum Rio Yaracui, wie der aus zwei Bächen bei Urachiche entstehende kleine Fluss und die Quebrada Guayabero, die bei Guama aus dem Gebirge tritt, endlich der Bach von Cocorote und auch noch der von Albarico. Die Wasserscheide gegen den Rio Barquisimeto zieht zwischen Yaritagua und Urachiche hindurch ostsüdöstlich gegen die grosse Kaffeepflanzung El Hato zwischen Buría und Sabana de Castillo.

Der Boden der Yaracui-Senke beteht am Ostfusse des Yaracui-Gebirges aus Kalkphyllit bei Sabana de Parra südlich Urachiche,

[1] Die Cordillere von Mérida, Wien 1888, S. 54 ff.

Kalkbreccie zwischen Urachiche und Sabana de Yaracui, Kalkschiefer bei Cuara und polygenen Conglomeraten bei Guama, weiter im Osten wahrscheinlich aus dem Schutt des Yaracui-Gebirges, den die Bergwässer zum Yaracui hinabführen, Breccien, Conglomeraten junger Bildung, Geröll und Schutt. Den Untergrund bilden wahrscheinlich Glimmerschiefer, die zwischen Guama und Cocorote sowie bei Yaritagua anstehen, in der Gegend von San Felipe und südlich Guama Granit.

Das Pflanzenkleid der Yaracui-Senke erzeugt einen beständigen Wechsel von Wald und Sabane. Die Sabane bedeckt den äussersten Süden, von Buría an als Sabana de Merei, Sabana de Londres und Sabana de Nuare, östlich Urachiche als Sabana de Castillo, den Westen zwischen Yaritagua und Urachiche als Sabana de Piedra, Sabana de Parra und Sabana de Yaracui und besteht hier aus niedrigem, um Buría und nahe den Flussufern aus hohem Grase. Nördlich von Urachiche erstreckt sich die häuserbedeckte Sabana de la Virgen, weite Sabanen dehnen sich ferner zwischen Guama und Cocorote und zwischen Cocorote und San Felipe sowie um letztere Stadt und verschmelzen im Westen mit den die Vorhöhen des Yaracui-Gebirges ersteigenden Grasflächen. Umgekehrt hat der frische Wald seinen grössten Verbreitungsbezirk am und um den Rio Yaracui, bedeckt beispielsweise die Zwischenräume zwischen der Sabana de Londres und der Sabana de Nuare im Süden, zwischen El Hato und der Sabana de Castillo, die Umgebung des Rio Urachiche, wie überhaupt aller Flussläufe, das Land zwischen Chivacoa und die Umgebung von Sabana de Obispo. Hier ist er frischer, nahezu unberührter Urwald, in dem noch Affen an den Wegen hausen, und der Eindruck eines echt tropischen Waldes entsteht. So zieht er sich dem Yaracui entlang bis zur Mündung, verschmilzt mit dem Bergwald des Gebirges von Nirgua und Taria, und greift, wo Wasser fliesst, in die Sabanen des westlichen Yaracui über. Im Ganzen haben wir also Sabanen im westlichen, Wald im östlichen Theil der Senke und in der Mitte ein Ineinandergreifen von Wald und Sabane je nach der Bewässerung des Bodens; trockener lichter Wald kommt nur auf den westlichen Sabanen vereinzelt und ferner zwischen Urachiche und Yaritagua in den dem trockenen Barquisimeto genäherten südwestlichen Grenzgebieten vor.

Als ein drittes, die Physiognomie der Landschaft bestimmendes Element treten die Kaffeepflanzungen hinzu, deren hohe Schattenbäume im westlichen Theil des Yaracui vielfach eine angenehme Abwechselung für den des Reitens durch die Sabanen Ermüdeten bieten. Ihr Verbreitungsgebiet liegt in der Niederung besonders zwischen Cuara und Guama; bald nachdem man Cuara verlassen hat, nimmt die Frische der Vegetation zu, reichlicher fliesst das im Südwesten des Yaracui noch spärliche Wasser, Winden in vielfarbigen Arten umklettern die Bäume, Zäune und Hecken, Bananenpflanzungen stellen sich ein, einzelne Kaffeepflanzungen treten auf und schliesslich führt der Weg fast fortgesetzt über frische Wasserläufe inmitten von Kaffeepflanzungen und Häusergruppen hin, besonders vor San Pablo. Nördlich von Guama nehmen die Kaffeepflanzungen ein Ende, ziehen sich hier und bei Cocorote auf die Berge zurück, erscheinen aber vor und um San Felipe von neuem und erfüllen nun die Gegend von San Javier, Albarico und die Ufer des Yaracui. Hier werden sie abgelöst durch Cacaopflanzungen, die ihr Bedürfniss nach hoher Wärme und Feuchtigkeit im mittleren und unteren Yaracui befriedigen können und Veranlassung zu bedeutenden Anlagen und Grossbetrieb gegeben haben. Im Westen des Yaracui wären Cacaopflanzungen, nicht so sehr wegen der Höhenlage, als wegen des Mangels an Schutz vor dem Winde und zu geringer Niederschlagsmenge unmöglich, auch der kühlen Nebel halber, die z. B. am 19. November früh bei Urachiche das ganze Gebirge einhüllten, bis 8ʰ früh in der Ebene hin und her wogten, und ein lästiges Kältegefühl erzeugten. Die Grösse und Verbreitung der Kaffee- und Cacaopflanzungen im westlichen und nördlichen Yaracui hat den Grund für den Wohlstand der Bevölkerung gelegt und trägt hauptsächlich dazu bei, dem Reisenden bei der Erinnerung an den Yaracui das Bild einer wundervollen, reichen und gut kultivirten, bei der Durchreisung mannigfachen Genuss bietenden Landschaft wiederhervorzulocken. Freilich nehmen an diesem Wohlstand nur einige Bezirke des Yaracui theil, viele andere dagegen bieten auf ihren Sabanen nur spärliche Viehzucht oder sind in Folge ihrer gewaltigen Wälder noch nicht in den Kreis der Kultur eingetreten; dennoch aber erscheint auch die Landschaft in ihnen üppig, frisch und lieblich.

Wenn man eine Karte des Yaracui überblickt, so ersieht man sogleich, dass sämmtliche bedeutenderen Ortschaften sich an der Westseite, theils auf den Vorhöhen des Yaracui-Gebirges, theils am Fusse derselben in den Sabanen befinden; zugleich bemerkt man, dass sie sich an der grossen Strasse von San Felipe nach Yaritagua erheben. Inmitten des Uebergangsgebietes zwischen Wald und Sabane sind nur San Javier und Chivacoa erbaut, das Waldgebiet des Ostens sowie des Unterlaufs des Rio Yaracui entbehrt dagegen jeglicher grösseren Ortschaft. Die Städte und Dörfer des Yaracui liegen also fast sämmtlich in der Sabanenzone, Albarico, San Felipe, Cocorote,

Guama, San Pablo, Cuara, Buena Vista, Urachiche und auch noch
Yaritagua, und am Nord- und Südende des grossen Thales hat sich
je eine grössere Ansiedlung entwickelt, im Norden San Felipe, im
Süden Yaritagua, erstere bereits seit der Mitte des 16., letztere seit
dem Ende des 17. Jahrhunderts.

Die Stadt Real de San Felipe wurde im Jahre 1551 von Don
Juan Villegas gegründet, ist also eine der ältesten Venezuela's. Ihre
Bewohner waren hauptsächlich aus den biscayischen Provinzen und
von den canarischen Inseln eingewandert, also im Ganzen eines der
besseren Bestandtheile der spanischen Einwanderung, und haben denn
auch, nachdem sie durch den König Philipp II. gegen die Wünsche
des konkurrirenden Barquisimeto Stadtrechte erlangt hatten, den
Platz bald zu einem der hervorragendsten des Generalkapitanats
Carácas emporgehoben. Vor dem grossen Erdbeben, das San Felipe
am 27. März 1812 zerstörte, besass die Stadt vier Kirchen, heute
nur noch eine grosse; die damals mit grossen Kosten erbaute Bogen-
wasserleitung ist verschwunden, viele alte spanische Häuser sind
durch neue ersetzt, der Charakter der Stadt und auch ihr Platz seit
1812 verändert worden, denn die jetzige Stadt steht westlich von dem
früheren Orte. Dennoch vermag ich dem nicht beizupflichten, was
der Bearbeiter des Yaracui in den Apuntes estadisticos sagt [1]: »La
ciudad actual es de feo aspecto, porque sus habitaciones en lo general
son bajas y de ordinaria construccion«. Im Gegentheil San Felipe
machte mir den Eindruck einer gut gehaltenen Stadt von alt-
spanischem Typus, mit gut gebauten Häusern, freundlicher Bevölkerung
und regem Verkehr, alles natürlich im Verhältniss zu den übrigen
Städten des Yaracui und Barquisimeto's; besonders hübsch gehalten
ist der mit schattigen Bäumen bepflanzte Platz vor der Kirche. In
der That ist San Felipe mit 6441 Einwohnern die zweitgrösste Stadt
des Staates Lara, und hat vor der grössten, Barquisimeto, den Vortheil frischerer Vegetation in der Umgebung voraus. Die Stadt
krankt jedoch an dem Mangel passender Verkehrswege zur Küste.
Der Rio Yaracui eignet sich zu grösserer Schiffahrt nicht, wenn auch
Fahrzeuge geringen Tiefgangs, Schuten, Lanchas, bis Chino herauf-
kommen können, und besitzt auch keinen grösseren Handelsplatz an
der Mündung. Der Handel der Stadt San Felipe ging daher meist
nach Puerto Cabello über den sumpfigen fieberreichen Waldweg nahe
der Küste, vor dem selbst die Eingeborenen warnen; seit der Eröffnung der Eisenbahn von Tucacas nach dem Binnenlande fand man

---

[1] Apuntes estadisticos del Estado Yaracuy, Carácas 1875, S. 33.

sodann vielfach den Anschluss an diese auf dem gleichfalls sumpfigen Waldwege San Felipe — Albarico — Palma Sola. Auf dieser Strecke mussten aber Waaren, die nach Puerto Cabello bestimmt waren, zweimal umgeladen werden, zuerst in Palma Sola auf die Eisenbahn, dann in Tucacas auf Schiffe; daher zogen viele Kaufleute es vor, ihre Waaren trotzdem auf dem Landwege nach Puerto Cabello zu senden, persönlich allerdings Eisenbahn und Dampfer zu benutzen.

Unter diesen Umständen ist es bedauerlich, dass der Plan einer Eisenbahnverbindung von Puerto Cabello mit San Felipe noch nicht zur Ausführung gekommen ist. Dieser Plan einer Yaracui-Bahn ist merkwürdigerweise immer wieder zurückgestellt worden, obwohl an keiner Stelle zwischen der Mündung des Unare und Coro ein bequemerer Durchgang von der Küste nach dem Llano gefunden werden kann als gerade hier und wenige Gebiete reichere Hülfsquellen bieten als der Yaracui; denn die Eisenbahn hätte zwischen der Küste und dem Llano auch nicht einen einzigen Höhenrücken zu überwinden, sondern könnte ohne Schwierigkeit auf die Sabane gelegt werden und in derselben sich zwischen dem Hügelland von Buría und Altár nach der Ebene südlich desselben hindurchwinden, wo die bedeutenden Llanosstädte Acarigua und San Carlos derselben einen Doppelendpunkt liefern würden. Die einzige Schwierigkeit bestände nur darin, das sumpfige Küstengebiet zwischen Puerto Cabello und San Felipe zu durchmessen, doch sind bereits andere Hindernisse ähnlicher Art auch in Venezuela überwunden worden, z. B. die grossen Sumpfstrecken im Zulia auf der Bahn Santa Barbara—El Vejia, und die gewaltigen Gebirge zwischen Carácas und Valencia. Es würde auch Frachten genug für die Eisenbahn geben, da das Departamento de San Felipe schon 1875 jährlich ungefähr 4000 Fanegas = 468,000 Liter Cacao und 20—25,000 Quintales (Centner) Kaffee, ausserdem 6000 Rinderhäute aus dem Llano ausführte, und in dem bedeutenden Heerdenreichthum der Llanos, sowie dem erstarkten Tabakbau von Yaritagua, ferner auch den ausgedehnten Kaffeepflanzungen daselbst, um Guama, San Pablo und den Yaracui-Fluss werthvolle Wirthschaftszweige des Hinterlandes für den Handel nutzbar gemacht werden könnten. Erst nach Herstellung einer Eisenbahn würden San Felipe und die übrigen Städte des Yaracui den Aufschwung nehmen, der ihnen wegen der Fruchtbarkeit ihrer Umgebung und der günstigen Lage in einer Durchgangsebene zwischen den Gebirgen gebührt; freilich dürfte nur der Anschluss an Puerto Cabello, nicht an Tucacas gesucht werden, da der Hafen von Tucacas nicht viel taugt, von grossen Dampferlinien nicht angelaufen wird und geschäftlich keine besondere Bedeutung hat. Die Kosten einer Eisenbahn nach Palma Sola würden allerdings erheblich geringer sein als die einer solchen nach Puerto Cabello. Nördlich von San Felipe liegt nur eine Ortschaft von einiger Wichtigkeit, die alte Ansiedlung Albarico oder Alvarico mit 845 Einwohnern auf dem Wege nach Palma Sola; im Süden schliessen sich an der grossen Strasse nach Yaritagua zahlreiche Dörfer an. Nur ¼ Stunde von San Felipe liegt das grosse Dorf Cocorote mit etwa 800 Einwohnern auf grasiger Sabane; es besteht wie mehrere der folgenden fast nur aus einer einzigen langen Häuserreihe zu beiden Seiten der Landstrasse, enthält einige bessere Läden, ziemlich viel Verkehr und besitzt Handel mit San Felipe, wohin vor allem die grossen Kaffeepflanzungen im Gebirge oberhalb Cocorote ihre Früchte senden. Guama ist ein 962 Einwohner zählender, etwas zerstreuter gebauter Ort, den eine wasserreiche Quebrada, der Oberlauf des Rio Guayabero, in raschem Laufe mitten durchströmt, so dass Mannigfaltigkeit, Schatten und sogar eine Holzbrücke hier anzutreffen sind. Das benachbarte San Pablo verdankt seinen Aufschwung der Vergrösserung der Kaffeepflanzungen, in denen es wie vergraben liegt, wird von Codazzi noch nicht erwähnt, sondern wurde als Kirchspiel erst 1851 errichtet[1]), zählt aber schon 676 Einwohner. Bedeutend älter ist Cuara, das schon im Jahre 1706 als Kirchspiel bestand[2]) und jetzt besonders bekannt geworden ist, weil sich Spuren von Silbererzen im Kalkstein der benachbarten Berge befinden. Cuara ist mit 600 m Höhe das höchstgelegene Dorf des Yaracui und führt jetzt officiell den Namen Campo Elias. Die Einwohnerzahl beträgt 764, man muss jedoch eigentlich das 201 Einwohner besitzende Caserio von Buena Vista hinzurechnen, das von Cuara nur durch einen ziemlich tief in den Höhenrücken eingeschnittenen Bach getrennt ist; mit diesem zusammen würde die Gesammtansiedlung an Einwohnerzahl (965) Guama gleichkommen.

Ein in der Entstehung begriffenes Dorf ist Sabana de la Virgen mit 215 Einwohnern, eine Stunde vor Urachiche, dann folgt am Ausgange einer Schlucht Urachiche in 480 m Höhe, die grösste aller Yaracui-Ortschaften zwischen San Felipe und Yaritagua. Es ist etwas jünger als Cuara, da es erst 1714 zum Pfarrdorf gemacht wurde, hat es aber bis 1891 auf 1335 Einwohner gebracht, die, wie in Cocorote und Cuara hauptsächlich in einer langen Strasse wohnen. Die Lage des Ortes ist frisch und schön, wird aber gefährdet durch die ungestümen Wildwässer, die sich bei Urachiche am Ausgange des Gebirges vereinen und den Ort zwischen sich einschliessen, so dass

[1]) Carácas 1875, S. 36. [2]) Apuntes estadisticos del Estado Yaracui.

an beiden Ausgängen vor Urachiche eine riesige Geröllmasse liegt, die neben dem Orte von den Bächen aufgeschüttet worden ist; eine ernste Gefahr trat im Oktober 1892 bei den geschilderten ungeheuren Regen ein und es ist bei einer Wiederholung solcher riesigen Regenmengen eine Katastrophe für den Ort nicht ausgeschlossen. Urachiche ist Hauptort eines Distrikts des Yaracui und führte aus diesem Distrikt schon 1875 jährlich 13,000 Quintales Kaffee sowie Tabak aus. Zwischen Urachiche und Yaritagua, eine Reitstunde von ersterem Orte, bildet sich auf der Sabana de Parra das gleichnamige Dorf, dessen an der Landstrasse spärlich vertheilte Häuser nicht vermuthen lassen, dass die gesammte Häusergruppe bereits 675 Einwohner zählt.

Der südlichste zum Yaracui zu rechnende Ort ist nun wieder eine der bedeutenderen Landstädte Venezuela's, Yaritagua. Diese Stadt liegt eine halbe Stunde nördlich des Rio Barquisimeto in frischem Lande zwischen zwei nördlich und südlich an sie herantretenden Höhenzügen, breitet sich mit einer grossen Hauptstrasse und ziemlich zahlreichen Nebenstrassen von Westen nach Osten aus und besitzt (1891) 4177 Einwohner, steht also mit Carora auf einer Stufe und ist etwas kleiner als Tocuyo. Sie wurde 1671 auf dem Besitzthum des Tomás de Ponte und Antonio Mujica gegründet, erhielt 1709 die Rechte eines Kirchdorfs, wurde 1822 Hauptort eines Cantons und 1867 zur Stadt erhoben. Ihre Meereshöhe beträgt etwa 350 m, ihre Entfernung von San Felipe 60 km, ihre Bedeutung beruht in ausgedehntem Kaffee-, Zucker- und Tabakbau; namentlich der Tabak von Yaritagua ist im ganzen Lande bekannt. Die Stadt macht wegen ansehnlicher Häuser einen beachtenswerthen Eindruck und besass auch eine ältere steinerne Brücke über eine an ihr vorüber in den Rio Barquisimeto strömende Quebrada, doch ist diese Brücke leider theilweise dem ungeheuren Regen des 7. Oktober zum Opfer gefallen. Auch Yaritagua würde durch einen Eisenbahnbau ohne Zweifel erneuten Aufschwung erfahren und wegen seines ergiebigen Ackerbaues einem solchen Unternehmen eine Stütze gewähren.

Unter den an der Grenze der Sabanen und des Waldgebiets gelegenen Ortschaften des Yaracui nimmt Chivacoa mit 914 Einwohnern die erste Stelle ein, bietet jedoch nichts besonders Erwähnenswerthes. Camunare zwischen Chivacoa und Urachiche hat 430 Einwohner, San Javier zwischen San Felipe und dem Yaracui 150, eine ganze Reihe kleiner Häusergruppen haben je bis zu 500 Einwohner, entbehren jedoch noch der Geschlossenheit. Am Rio Yaracui selbst beginnen die Ansiedlungen sich erst zu entwickeln, im südlichen

Hügelland, bereits ausserhalb des eigentlichen Yaracui haben Buría und Altar nur wenig mehr als 100 Bewohner.

Der Rio Yaracui selbst ist ein Waldstrom, der von den Bergen Santa Maria und Enjalma, an denen seine Quellen liegen, bis an die Mündung nur selten Sabanen an seinen Ufern sieht, sondern von gewaltigem tropischen Urwald eingeschlossen ruhig dahinfliesst. Auf der Strasse Chivacoa-Nirgua liegt nahe seinem linken Ufer der 1867 zum Pfarrdorf erhobene Ort Yamaro oder La Libertad, gegenüber am rechten die Häuser von Sabana de Obispo, sodann eine Anzahl von Häusergruppen. Unterhalb von San Felipe hatte der Flusshafen Chino mit fast 264 Bewohnern grössere Bedeutung, da bis dorthin Lanchas in 4 Tagen hinaufgingen, um Cacao, Kaffee, Indigo, Zucker, Häute zu holen und Waaren nach San Felipe zu bringen, die zwischen Chino und San Felipe auf Karren verfrachtet wurden. Seit der Erbauung der Eisenbahn ist dieser Handel zurückgegangen, und die Ansiedlung an der Yaracui-Mündung ist auf 62 Einwohner herabgesunken, während Appun sie 1850 noch als ziemlich ansehnlich befand[1]). Die Gegend bei Chino hat jedoch ihren Reiz behalten: »Im Hintergrunde«, sagt Appun[2]), dunkelblaugrüner Wald, überragt von der mässig hohen tiefblauen Gebirgskette von San Felipe, im Mittelgrunde saftiggrüne Sabanen mit ihrem Sammtteppich von Gras und schönblumigen Stauden, abwechselnd mit riesigen Bambusgruppen mit kugelförmigen Kronen, vereinzelt stehenden ungeheuren Samans und Ceibas mit ausgebreiteten schirmförmigen Laubdächern oder Gruppen der stolzen Palma de vino, umgeben von grossblättrigen Scitamineen,: ein herrlicher natürlicher Park.« Von Chino an aber dehnt sich der ungeheure üppige tropische Urwald bis an die Mündung des Flusses aus.

Ueberschreitet man den Yaracui, so betritt man das Gebirge von Nirgua und damit den westlichen Theil des Karibischen Gebirges.

Zweite Abtheilung.

Die Westhälfte des Karibischen Gebirges.

Das Karibische Gebirge östlich des Yaracui, der Kern des Karibischen Systems, wird zwischen dem Cap Codera und Barcelona durch einen weiten Busen unterbrochen, der unter dem Namen Golf von

---

[1]) A p p u n, Unter den Tropen, I, 115. [2]) Ebenda, I, 139.

Barcelona bekannt ist. Durch diesen Einbruch, über dessen Entstehung und Bedeutung unten Näheres mitgetheilt werden soll, wird das Karibische Gebirge in zwei Theile getheilt, die als die Westhälfte und die Osthälfte desselben bezeichnet werden können; erstere reicht im Norden vom Yaracui bis zum Cap Codera, im Süden vom Rio Barquisimeto-Cojedes bis etwa zum Meridian von Rio Chico, doch setzt sie sich im Süden auch über diesen hinweg als Gebirge fort. Man wird jedoch besser thun, bei Rio Chico auch die südliche Kette abzutheilen, da sie von dort an einen anderen Charakter gewinnt. Dann folgt der Bruch von Barcelona und hierauf die östliche Hälfte des Karibischen Gebirges, die also nicht in unmittelbarem Zusammenhang mit der westlichen steht. Dem Bau und der Zusammensetzung nach sind beide Hälften im Ganzen gleichartig, im Einzelnen verschieden; vor Allem fällt auf, dass beide aus zwei parallelen Ketten von west-östlicher Streichrichtung bestehen, von denen die nördliche die ältere ist, und dass zwischen diesen Ketten eine Senke sich erstreckt, in der im Westen zahlreiche ausgetrocknete und ein noch gefülltes Seebecken sowie ein Längsfluss, der Tuy, verlaufen, im Osten eine grössere Lagune, niederes früher wasserbedecktes Land und kleine Flüsse hinziehen. In beiden Hälften sind die beiden Ketten nahe der Mitte ihrer Erstreckung durch höhere Querriegel mit einander verbunden, im Westen durch das Bergland von Los Teques, im Osten durch das von Casanai und Pilar; in beiden Hälften bildet die Nordkette die Küste des Landes, die Südkette die Begrenzung der Llanos, und jedesmal besteht die nördliche aus archaeischen Schiefern. Eine Abweichung der beiden Hälften von einander findet insofern statt, als im Osten zwischen die nördliche und die südliche Kette das Meer eingedrungen ist, im Osten die südliche 2000 m, im Westen dagegen die nördliche Kette 2800 m die höhere ist, im Allgemeinen die Höhen der Westhälfte bedeutender sind und endlich ein Unterschied in der Zusammensetzung der Südkette vorliegt. Diese besteht nämlich im Westen, wo sie Serrania del Interior heisst, aus archaeischen Schiefern, einer grossen Diabasmasse und daran gelagerten Kreideschichten, im Osten und schon im Bruchgebiet von Barcelona ausschliesslich aus den letzteren. Die Südkette ist ausserdem zusammenhängender, da sie wenn auch erniedrigt, so doch zum grössten Theile stehen geblieben und nur bei Barcelona selbst vollständig unterbrochen ist, während die Nordkette auf der 220 km langen Entfernung zwischen dem Cap Codera und der Spitze von Araya völlig unter das Meer gesunken ist. In hydrographischer Beziehung sind beide Hälften ähnlich gebaut, nur besitzt die östliche an und für sich weniger Flüsse; auch ist das Vorland im Süden

anders gebaut, da die Ströme aus der westlichen Hälfte dauernd
gegen Süden abfliessen, in der östlichen aber nach kurzem südlichen
Laufe ostwärts, zum Theil auch westlich, umbiegen und dem Golf von
Paria oder dem Golf von Barcelona zu eilen. Auch in Bezug auf die
Pflanzenbedeckung und die Ansiedlungen besteht ein Unterschied
zwischen beiden Hälften, der Osten ist kahler, der Westen reicher
an Wald, der ausserdem weiter aufwärts reicht; der Osten ist ärmer
an Städten und Dörfern, zum Theil im Verfall, der Westen besitzt
die bedeutendsten Städte des Landes, Caracas, Valencia, einen reich
entwickelten Ackerbau und seit einem Jahrzehnt mehrere Eisen-
bahnlinien.

Das Areal der Westhälfte beträgt etwa 36 000, das der Osthälfte
16 000 qkm.

Die genannte Anordnung des Karibischen Gebirges in zwei
parallelen Ketten ergiebt für die Besprechung desselben eine bequeme
Eintheilung in die Nordkette, für die ein einheitlicher Name fehlt,
die jedoch an manchen Stellen im Lande Küstenkette, Serrania
costanera, genannt wird, und die Südkette, die Serrania del Interior.

A. Die Nordkette der Westhälfte des Karibischen Gebirges, Serrania costanera.

Ueber die Nordkette der Westhälfte des Karibischen Gebirges
habe ich schon in meinen früheren Veröffentlichungen [1] einige Angaben gemacht, denen ich hier nun die neu gewonnenen Ergebnisse
hinzufügen will. Meine Beobachtungen aus den Jahren 1892/3
beginnen östlich von der Linie Puerto Cabello-Valencia, und betreffen
vornehmlich den Schichtenbau der Nordkette, über den namentlich
die Erbauung der grossen deutschen Eisenbahn Carácas—Valencia viel
neues Licht verbreitet hat.

I. Der westliche Abschnitt der Nordkette.

Die gesammte Nordkette lässt sich in drei Abschnitte theilen.
Der westliche erstreckt sich von dem Mittellaufe des Rio Nirgua
westlich der Stadt in nordöstlicher Richtung bis an den Pass von
Las Trincheras zwischen Valencia und Puerto Cabello, den die Eisenbahn zwischen beiden Städten zur Ueberschreitung des Gebirges benutzt. Die grössten Höhen dieses Gebirges liegen wahrscheinlich
nördlich des Rio Nirgua im Cerro de Santa Maria mit etwa 1600 m,
und entsprechen der Höhe des gegenüber liegenden Yaracui-Gebirges.

---

[1] Die Cordillere von Mérida, S. 38—42, 53—54.

Das Gebirge besteht auf dieser Strecke, soweit bekannt ist, aus archaeischen Schiefern, Gneiss, einigen Graniteinschaltungen, vornehmlich aber aus Glimmerschiefer.

Westlich Nirgua ist das Gebirge mit tiefem Walde bedeckt, und zwar auf beiden Seiten; von Nirgua an aber beginnt ein Unterschied in der Pflanzendecke einzutreten, da von nun an nur noch der dem Meere zugewendete Abhang dichten Wald trägt, der südliche dagegen nur noch lichten, an dessen Stelle ausserdem vielfach in den tieferen Theilen bei Bejuma und Miranda Sabane, Grasland und an einzelnen Stellen sogar die trockene Kakteenvegetation tritt. So bereitet sich hier bereits der Gegensatz vor, der weiter im Osten das Land fast vollständig beherrscht, der des waldreicheren Nordens und des kahlen Südens. Die wasserscheidende Kette verläuft fast nordöstlich, die Flüsse fliessen daher von diesem westlichen Abschnitte der Karibischen Nordkette hinab nach Nordwesten und Südosten, folgen jedoch auf der nördlichen Seite auch nicht selten der Streichrichtung des Gebirges, wie der Rio Cocote und der Fluss von Temerla, die zusammen den Rio Urama bilden. Bei manchen der nördlichen Flussläufe ist auch erkennbar, dass sie zunächst dem vorherrschenden Streichen der Schichten nach NW und NNW folgen, dann aber nach Ostnordosten umbiegen wie der Yaracui selbst und der Fluss von Cabria; diejenigen der Nordküste zwischen der Yaracui-Mündung und Puerto Cabello, der Guadua, Cannabito, Urama, Salado, Alpargaton und Morón sowie die kleineren halten nordöstliche Richtung ein. Auf der Südostseite fliessen die Bäche in südsüdöstlicher Richtung hinab, der Tacuao, Oruje, Tigre, Onoto, Aguirre, Tirgua, der Taya, Totumo, Tucuabo, von denen die meisten den Rio San Carlos bilden, und ihre südsüdöstliche Richtung in eine südliche umsetzen, sobald sie die Anfänge der Serrania del Interior zu durchbrechen beginnen. Dieser westlichste Abschnitt der Karibischen Nordkette erzeugt ausserdem auch noch die Quellflüsse des Rio Tinaco, den Tamanaco und Tinaco, und die des Pao, den Chirgua, Tocuyito und Guataparo, ist also recht wasserreich.

Der Distrikt Nirgua gehörte, wie erwähnt, bis 1880 zum Yaracui, ist aber seitdem wieder Carabobo zugetheilt worden. Die Einwohnerzahl des Distrikts Nirgua betrug 1891: 28708, wovon 2849 auf die Stadt Nirgua, 533 auf die erst 1857 gegründete Ansiedlung Salóm und 715 auf Temerla fallen, ein schon Ende des vorigen Jahrhunderts bekanntes Dorf, dessen Bewohnerzahl sich aber wegen der ungünstigen Lage am Nordabhange, fern von grossen Strassen und nahe den Sümpfen der Niederung, nicht vermehrt hat.

Das übrige Gebiet der Nordwestkette gehört politisch zu den Distrikten Montalbán, Bejuma, Valencia und Puerto Cabello mit 17 469, 18 282, 95 654, 18 489 Einwohnern, doch gehören nicht alle Bewohner der beiden letzteren zu unserem Gebiet. Am Südhang sind die im Alter sehr verschiedenen Städte Montalbán aus dem Jahre 1630 mit 4021 Einwohnern und Bejuma aus dem Jahre 1840 mit 1527 Einwohnern die Hauptorte der Distrikte gleichen Namens. An Einwohnerzahl wird Bejuma jedoch von dem noch nicht zur Stadt erhobenen Pueblo Miranda mit 2620 Einwohnern übertroffen. Auch im Uebrigen ist das Südgehänge dieses Theils des Karibischen Gebirges gut bevölkert, fruchtbar und reich an ausgezeichnetem Kaffee, Obst, Zuckerrohr und Mais. Das Chirgua-Thal in dem Distrikt Bejuma besitzt 4105 Einwohner, die weitere Umgebung von Miranda etwa 6000, das entstehende Dorf, vecindario, Aguirre 1751, das caserio Guataparo auf dem Wege nach Valencia 1254, La Barrera 1196 Einwohner, alles beachtenswerthe Zahlen.

Weniger dicht bevölkert ist das Nordgehänge, die Distrikte Temerla und Canuabo, zusammen mit 9947 Einwohnern. Das Dorf Canoabo oder Canuao an einem der Quellflüsse des Rio Urama ist mit 949 Einwohnern die grösste Siedelung desselben, seine Umgebung viel stärker bevölkert als die von Temerla. Die Ortschaften des Küstengebietes endlich sind nur sehr schwach bevölkert, Urama zählt 139, San Pablo 133, Morón 256, Alpargaton 105 Einwohner, die sich hauptsächlich mit dem Bau des hier vorzüglich gedeihenden Cacaos beschäftigen.

II. Der mittlere Abschnitt der Nordkette.

Der mittlere Abschnitt der Nordkette beginnt im Westen an dem grossen Passe von Las Trincheras, in welchem das Gebirge bis auf etwa 600 m sich erniedrigt und kann östlich bis zu einem zweiten wichtigen Passe gerechnet werden, der wiederum zwei der Hauptstädte des Landes, Carácas und La Guaira mit einander verbindet und eine Eisenbahnlinie besitzt, dem Passe von Catia. In diesem erleidet das Gebirge eine Erniedrigung bis etwa 1000 m Meereshöhe. Merkwürdigerweise tritt aber gerade da, wo die Hauptkette des Karibischen Gebirges mit ihren 2000 m übersteigenden Gipfeln sich erniedrigt und einem Passe Raum giebt, südlich davon eine Anschwellung ein, die in dem Berglande von Los Teques eine erhebliche Verbreiterung der Nordkette verursacht und ihr hier eine Berglandschaft vorlegt, die auf dem Wege Carácas—Charayave noch 1350 m hohe Uebergänge bietet. Diese Vorberge fehlen der übrigen Nordkette westlich der Tuy-Linie zwar nicht ganz, beschränken sich aber hier auf eine schmale Zone, das eigentliche Südgehänge der Nordkette; nördlich der Tuy-Linie dagegen erheben sie sich als ein ansehnliches Bergland, dessen Ueberschreitung nahezu eine Tagereise kostet. Dieses Bergland ist von Humboldt als Gebirgsknoten von Higuerote bezeichnet worden und verknüpft die Nordkette mit der Südkette so, dass nur das Tuy-thal sich zwischen beide einschiebt. Weiter im Westen liegt in der Zone dieses Berglandes der See von Valencia, im Osten die Niederung des unteren Tuythales von Santa Teresa bis zur Mündung.

In dem mittleren Abschnitt schwillt die Nordkette zu grösseren Höhen an, übersteigt mehrfach 2300 m, anscheinend ganz allgemein 2000 m und übertrifft somit den westlichen Abschnitt erheblich an Höhe. Sie ist hier eine streng geschlossene Kette von ostnordöstlicher Richtung und wird durch keinerlei tiefere Passschartung gegliedert; nur wenige Wege erlauben einen Uebergang, vor allen der von Ocumare de la costa nach den Quellen von Mariara, und der von Choroní nach Maracai. Diese hat A. Jahn begangen. Ich selbst erstieg die Nordkette von Mariara aus bis nahe an die Passhöhe und überquerte sie schliesslich zwischen La Victoria und Carayaca über die Colonie Tovar und Petaquire. Ein anderer Weg, der von San Estéban bei Puerto Cabello nach Nagua Nagua bei Valencia führt über die sogenannte Cumbre, wird aber kaum noch benutzt.

Der mittlere Abschnitt der Nordkette ist bereits an seinem westlichen Ende ausgezeichnet durch den Gegensatz in der Vegetation zwischen dem dichtbewaldeten Nordabhang und dem fast kahlen Süd-gehänge, welcher Gegensatz schroff ist und einem Jeden bei dem Uebergange auffällt. Die Höhen namentlich der östlicheren Theile unseres Abschnittes sind mit Gras bedeckt, sobald man 2000 m erreicht hat, Lagunen und Hochmoore rufen Páramo-Charakter hervor, der Hochwald steigt bis etwa 1900 m Höhe und geht dann in lichtes Gehölz über. Die Wasserscheide läuft meist scharf auf dem Kamme, und die Zahl der abfliessenden Bäche ist gross, ihre Bedeutung aber, ausser für die Bewässerung der Pflanzungen, besonders des kahleren Südabhanges, gering; der gesammte Westen erzeugt keinen ansehnlichen Fluss, im Osten entquillen der Tuy und der Rio Guaire der Nordkette, auch fliesst von ihr aus der Rio Aragua zum Valencia-See. Der Nordabhang der Nordkette ist steiler als der Südabhang, da das Land am Fusse des letzteren mindestens 400, bei Carácas 950 m hoch liegt.

a. Der Hauptzug der mittleren Nordkette.

Der grosse Pass von Las Trincheras ist eine der wichtigsten Verkehrslinien des Landes. Seit der Erbauung der Eisenbahn von Puerto Cabello nach Valencia ist er eine der beiden wichtigen Zufahrtsstrassen in das Innere in noch höherem Maasse geworden als früher, und die Verbindung zwischen der zweitgrössten Stadt und dem zweitwichtigen Hafen des Landes sichert ihm dauernd eine der Hauptrollen in der Versorgung desselben mit auswärtigen Erzeugnissen, und in dem Export der Landesprodukte. Die Stadt Puerto Cabello hatte 1891 11 646, die Stadt Valencia 27 538 Einwohner, mit den umgebenden Municipios Puerto Cabello, Goaigoaza, Borburata erstere 15 135, mit der Gesammtbevölkerung ihrer sechs Kirchspiele letztere 54 387 Einwohner. Besonders günstig für die Entwicklung des Verkehrs ist auch die Erbauung der Bahn Carácas — Valencia geworden, da die reichen Gestade des Valencia-Sees nunmehr im Stande sind, ihre Produkte rasch nach der Küste zu senden. Auch die Verkehrsstrasse Puerto Cabello — Valencia selbst ist ziemlich gut bewohnt; Palito an der Küste hat zwar nur 107, El Cambur, die erste Station an der Passstrasse aber 489, das gesammte Municipio um Cambur, Democracia, 1361 Einwohner. Nahe der Passhöhe enthält die Ansiedlung Las Trincheras 1068, die Gehöftgruppe Barbula 490 Einwohner, in der Ebene von Valencia das Dorf Nagua Nagua 571, das Municipio gleichen Namens, das sich nordwärts bis Las Trincheras erstreckt, 3998 Einwohner, so dass im Ganzen etwa 75 000 Bewohner an dem nächsten Verkehr über den Pass Antheil haben, ganz abgesehen von der Bevölkerung im weiteren Umkreise um Valencia, deren Interessen auch zum Theil dem Meere zugewendet sind.

Die von der »Compañía anónima del Ferro Carril de Puerto Cabello á Valencia« erbaute Eisenbahn zieht im Thale des Rio Agua Caliente als eine Schmalspurbahn empor, überschreitet 9 km von Puerto Cabello hinter El Palito denselben zum ersten Male, 11 km von dort zum zweiten Male und führt sodann bis 17 km an der Mündung der Quebrada Bobera am rechten Ufer des Flusses entlang. Sodann tritt sie auf das linke über, verbleibt auf demselben bis zur Guayabal-Brücke und verläuft darauf durch einen längeren Tunnel zur Station Trincheras. Die Gebäude von Trincheras haben sich seit dem Jahre 1885, in welchem ich sie zuletzt sah, sehr vermehrt, verbessert und verschönt, und es ist aus einem gewöhnlichen Wirthshaus an der Landstrasse mit einigen Nebengebäuden ein ganz ansehnlicher, allerdings zerstreut liegender Ort erwachsen, in welchem mehrfach Pflanzungen, u. A. auch eine Cacaopflanzung eine erfreuliche Unterbrechung hervorrufen. Auch die Bäder sind neu; 1885 standen nur höchst primitive Hütten an der Strasse, gegenüber den heissen Quellen; jetzt hat man in ihrer unmittelbaren Nähe eine Anzahl von ansehnlichen Gebäuden errichtet und das Badeleben scheint einer Zukunft entgegen zu gehen. Hinter Trincheras wird die Schmalspurbahn zur Zahnradbahn und ersteigt in einer 8 procentigen Steigung die nahezu 600 m betragende Passhöhe bei La Entrada, dem höchsten Punkte der Bahn, wo jedoch nur ein paar Hütten und wenige Einwohner vorhanden sind; die Fahrt inmitten des engen Thales längs der Granitfelsen über vier hohe Viadukte ist reizvoll. Bei La Entrada verlässt die Bahn das Thal des Rio Agua Caliente, tritt in das des Retobo oder Cabriales, des Flusses von Valencia ein, wird wieder gewöhnliche Schmalspurbahn und führt ohne irgendwelche Hindernisse anzutreffen, über Barbula nach Nagua Nagua und in ebenem Lande nach Valencia. Meist verläuft neben ihr, zwischen Palito und Cambur auf dem entgegengesetzten Ufer, der Camino real, die alte Landstrasse, über deren verfallenen Zustand schon auf Seite 19 berichtet worden ist. Die Gesammtlänge der Bahn vom Muelle in Puerto Cabello bis zum Bahnhof Camoruco in Valencia beträgt nahezu 34 km, die Fahrzeit 2 ¹/₂ Stunden. Zum Anschluss an den Bahnhof San Blas der Eisenbahn Valencia—Carácas ist eine besondere Strecke ausgebaut worden. Reisende, die früh 7 Uhr Puerto Cabello verlassen, können daher Abends 7 Uhr in Carácas eintreffen.

Der Uebergang über das Gebirge zwischen Puerto Cabello und Valencia giebt im Kleinen eine Uebersicht über die Zusammensetzung und den Bau der Nordkette. Den nördlichen Abhang bilden an der Küste bei El Palito bis zur Quebrada Vallecito und Limoncito grossentheils krystallinische Schiefer, an denen besonders der für den Westen des Karibischen Gebirges bezeichnende rothe Glimmerschiefer auffällt. Er steht hauptsächlich zwischen Cambur und José Luis an, während nordwärts gegen das Meer namentlich dunkelbläuliche quarzreiche Schiefer erscheinen, die über dem Glimmerschiefer lagern. Das ganze System streicht vorwiegend nach Nordosten und fällt nicht sehr steil nach Nordwesten gegen die Küste ein, nur zwischen José Luis und der Brücke Ultimo Paso liegen die Schichten horizontal. Der Quarzreichthum ist auch in diesem archaeischen Schiefer gross, wie im ganzen westlichen Gebirge bei Nirgua, am Rio Chirgua und bis nach Valencia zu. Gegenüber der Quebrada Limoncito steht am linken Flussufer am Eisenbahndamm flaseriger Gneiss an, der von quarzreichen Schiefern überlagert wird, und ein typischer Gneiss bildet auch das Gestein der Quellen von Las Trincheras. Ausserdem aber tritt bereits am Unterlaufe des Rio Agua Caliente bei José Luis rother Granit vereinzelt auf, schwarzweisser grobkörniger beginnt bei Vallecito an beiden Ufern des Flusses häufiger zu werden, und setzt nun von Limoncito an aufwärts das Gebirge, im Verein mit Gneiss, grossentheils zusammen. Namentlich die Strecke von Las Trincheras bis La Entrada besteht fast ausschliesslich aus Granit mit grossen weissen Feldspathen.

Im Ganzen liegen also nahe der Küste die weniger alten, auf dem Passe die ältesten Gesteine. Der Südabhang ist bei Barbula ausserordentlich verwittert, besteht wahrscheinlich aus quarzreichen Schiefern, lässt aber keine Beobachtung über Schichtung zu; bei Valencia steht im Morro graublauer Urkalk an, dessen Brüche dem Eisenbahnbau werthvolles Material für den Unterbau geliefert haben. Die Zusammensetzung des Gebirges auf der Linie über die Cumbre zwischen Puerto Cabello und Valencia ist mir nicht bekannt geworden, da ich den Bergweg niemals begangen habe; wahrscheinlich ist sie aber ähnlich wie auf dem Passübergang im Thale des Rio Agua Caliente. Auf dem Wege von Puerto Cabello nach San Esteban stehen nordöstlich streichende, nach Nordwesten gegen das Meer einfallende krystallinische Schiefer an; bei San Esteban selbst setzen weisser, glimmerarmer, kleinkörniger Muscovitgneiss und typischer silberweisser, dünnschiefriger Glimmerschiefer mit dünnen Nestern von Chlorit und kleinen Granaten das Gebirge zusammen, und zu ihnen gesellen sich in der Quebrada bei dem Hause der Familie Simon bläulichgrauer, stengeligkörniger, heller Kalkschiefer sowie weisser kleinkörniger Marmor, der in grossen Mengen am Nordhange bei Borburata und Patanemo.auftreten soll. Der Rio San Esteban führt gewaltige Blöcke eines grobkörnigen, porphyrartigen, durch Druck veränderten Biotitgranits, der wahrscheinlich die grössten Höhen der Cumbre, des Cerro Hilaria und der übrigen Berge östlich von Las Trincheras bildet.

Quarzige, helle, glimmrige, weisse Schiefer bilden den Südabhang des Gebirges zwischen Guacara und San Joaquin und springen hier gegen den See von Valencia vor, ihre hochgradige Verwitterung erzeugt einen weissen Staub, der das ganze Nordufer des Sees bedeckt und dem Reisenden ausserordentlich lästig fällt. Zwischen Mariara und dem Passübergange nach Ocumare wird das Südgehänge des Gebirges aus sehr quarzreichen Glimmerschiefern gebildet, aus denen in der Höhe von 1100 m gewaltige Quarzriffe ausgewittert sind. Der Bau des Gebirges ist hier verwickelt. In der genannten Höhe streichen die Schichten westöstlich und fallen 60° gegen Süden zum

Valencia-See ab; weiter abwärts wird das Streichen südöstlich, der Einfall nordöstlich, anderseits aber auch umgekehrt, in 900 m Höhe ist wieder westöstliche Streichrichtung erkennbar, in 700 m Höhe streicht der rothe Glimmerschiefer nordwestlich bei steilem Einfall von 70° gegen den See, in 1000 m Höhe fällt das gesammte System gegen NO ein; kurz, es besteht hier keine ausgesprochene Streichrichtung, sondern ein ungewöhnlich häufiger Wechsel, der auf erhebliche Störungen und starken Gebirgsdruck schliessen lässt, den auch die Trümmerstruktur des Granits am Rio San Esteban erkennen lässt. Auf der Halbinsel Cabrera stehen unmittelbar am See, 5 Minuten von der Strasse, am östlichen Ausgange des Engpasses feinkörnigschuppige, dünnschiefrige, helle Glimmerschiefer und klein- bis mittelkörnige, gelbbraune bis dunkelblaugraue Kalkglimmerschiefer an von zum Theil gneissartigem Aussehen; sie enthalten braun gefärbten Calcit (Ankerit) und sericitischen Glimmer.

Das Gebirge bildet hier überall eine geschlossene Kette von 1700 bis 2000 m Höhe und entsendet nach der Küste und dem See von Valencia eine Anzahl von Vorsprüngen und Spornen, die theilweise an den See und die Küste selbst herantreten.

Auf diese Weise wird die K ü s t e zwischen Puerto Cabello und der Punta Tunja durch eine Reihe von Vorgebirgen gegliedert, von denen je zwei eine geräumige Bucht umschliessen, so dass ein auffallender Wechsel von Buchten und in das Meer hinaustretenden Kaps eintritt. Die Buchten sind, von Westen nach Osten gerechnet, der Puerto de Patanemo, der Puerto de Turiamo, die Ciénaga de Ocumare, die Ensenada de Ocumare, die Ensenada de Cata, die Boca Cuyagua, der Puerto de Choroní, von denen einzelne Inseln vor ihrem Ausgange tragen, nämlich die Isla de Ocumare, die Isla de Cata vor den gleichnamigen Einschnitten der Küste und die Islas de Alcatraz, de Santo Domingo und Larga östlich von Puerto Cabello. Die vorspringenden Halbinselchen zwischen den Buchten haben meist keine bestimmten Namen, zeichnen sich aber durch die Gleichartigkeit ihrer Gestalt, ihre meist breiten, plattenartigen Ausläufer und ihre ausgezackten Ränder aus; nur der Morro de Choroní ist etwas anders gestaltet, da er nur durch eine schmale Halbinsel mit dem Festlande zusammenhängt. Die Buchten gewähren meist guten Ankergrund, besonders der Hafen von Turiamo, mit 20 brazos Tiefe, Schlamm und Sandboden, die Ensenada de Ocumare mit 7 brazos Tiefe, die Ensenada de Cata mit 5—27 brazos, und der Hafen von Choroní; unbrauchbar für die grösseren Schiffe und ausschliesslich der Küstenschiffahrt zugänglich ist dagegen die Ciénaga de Ocumare. Uebrigens verkehren auch in den übrigen Häfen keine grösseren Schiffe, da ihnen kein Hinterland zur Verfügung steht. Die zahlreichen Buchten haben zur Anlage von Ortschaften auch nur insofern Veranlassung gegeben, als an den Ufern der in sie mündenden Flüsse schon früh Ansiedlungen errichtet wurden, am Ufer des Meeres selbst aber liegt ausser Puerto Cabello nur Choroní. Alle übrigen Orte befinden sich einige Kilometer von der Küste entfernt, und treiben den Anbau von Cacao und Kaffee, Zuckerrohr, Bananen und Mais; namentlich der Cacao der feuchten Nordküste ist geschätzt. Das Klima ist aber nicht gesund, Fieber häufig, die Mangrovebestände der Küste tragen nicht zur Verbesserung derselben bei, und die Einwohnerzahl der Ansiedlungen ist daher gering. Die grösste ist Ocumare, zum Unterschied von der gleichnamigen Stadt im Tuy-Thal Ocumare de la costa genannt, mit 1121 Einwohnern, der Ausschiffungsort Bolívar's 1816; dann folgen Cata mit 652, Borburata mit 399, Patanemo mit 278, Cuyagua mit 397 und Turiamo mit 244 Einwohnern; Choroní mit 826 Einwohnern gehört schon nicht mehr dem Staate Carabobo, sondern Miranda an. Oestlich von Choroní ist die Küste fast gänzlich unbewohnt, obwohl grössere Bäche vom Gebirge herablaufen, wie der Rio Chuao, der Rio Maya, der Cagua und der Fluss von Petaquire sowie der Mamo und Catia, aber ausser einigen kleinen Ansiedlungen an den Mündungen der Flüsse, wie der Boca de Mamo und Catia, trifft man erst am Ausgange des Passes von Catia wieder einen grösseren Ort, Maiquetia. Die Gesammtzahl der Küstenbewohner zwischen Puerto Cabello und Choroní beträgt 8599, nämlich 3350 im Municipio Choroní, 622 im M. Cuyagua, 652 im M. Cata, 2386 im M. Ocumare, 839 im M. Borburata und 750 im M. Patanemo, wovon jedoch ein erheblicher Bruchtheil auf die Bewohner der zur Küste abfallenden Nordgehänge des Gebirges kommt.

Der Eindruck, den das Gebirge macht, ist ein sehr verschiedener, je nachdem man sich ihm von Norden oder von Süden nähert. Von der Küste aus sieht man recht üppigen Wald, ein Waldgebirge von erheblicher Höhe, von dem Innern aus nur kahle Höhen, deren Schichten aber nur selten, wie bei Mariara, entblösst, vielmehr meist unter einem Grasteppich versteckt sind. Auf der Höhe findet sich zwar auch auf dem südlichen Gehänge Bergwald, allein von der Niederung des Valencia-Sees aus erblickt man diesen meist nicht, sondern man sieht ihn erst beim Ersteigen der Gebirgskette selbst etwa von 1100 m Höhe aus. Er beginnt ungefähr in 1400—1500 m Höhe und erstreckt sich aufwärts bis 2000 m. Diese Höhe wird wahrscheinlich aber nur von dem Gipfel Choroní zwischen Choroní und Maracai erreicht, da schon der zwischen beiden Orten das Gebirge übersteigende Pass Pargo y Guavina

1618 m hoch ist. Die übrigen sind niedriger, doch fehlen genaue Bestimmungen ihrer Höhen. Codazzi zählt zwar eine Reihe von Gipfeln auf, seine Zahlen sind aber augenscheinlich nicht zuverlässig, sondern in diesem Falle überall bedeutend geringer als die wirkliche Höhe. Dem Gipfel Puerto Cabello giebt er 1275 m Höhe, dem Hilaria 1388; zwischen beiden führt der Weg von dem reizenden San Estéban (791 Einwohner) nach Valencia über die Cumbre, deren Höhe nach Jahn 1370 m beträgt. Dennoch müssen beide Gipfel höher sein als der Pass, höher als 1400 m, wenn nicht die Vermuthung Jahn's richtig ist, dass unter dem Gipfel Puerto Cabello der Cumbre-Kamm selbst (1405 m) zu verstehen ist.[1] Die folgenden Gipfel der Nordkette nennt Codazzi nach den vor ihnen an der Küste gelegenen Ortschaften, und bestimmt den Patanemo zu 1362 m, den Turiamo zu 1245, den Ocumare zu 1254, den Choroní zu 1133 m Höhe. Wahrscheinlich sind alle diese Angaben erheblich zu niedrig gegriffen; sicher ist dies von dem Choroní, an dessen Gehänge der erwähnte Pass-übergang in 1615 m Höhe vorbeiführt. Ich selbst erreichte auf dem Wege von Mariara nach Ocumare eine Höhe von 1120 m, war aber noch keineswegs auf dem Kamme des Gebirges angelangt, sondern dieser erhob sich noch etwa 200—300 m über meinen Standpunkt. Da er aber mit Bergwald bedeckt war, die höchste Erhebung sich somit nicht sicher erkennen liess, so mag die Kammhöhe vielleicht noch 500 m über meinem Beobachtungspunkt gelegen haben. Jedenfalls ist der Kamm des Gebirges, der eigentliche Passübergang hier mindestens 1350—1400 m hoch Nun liegt aber dieser Uebergang zwischen den Gipfeln Turiamo und Ocumare Codazzi's, deren Höhe somit nicht gut 1245 und 1254 m betragen kann, sondern wahrscheinlich 1600 m übersteigt. Ich kann also Jahn's Ansicht, dass die Codazzi'schen Höhenangaben zu niedrig sind, nur beipflichten. Wir dürfen sonach annehmen, dass die Nordkette auf der Strecke vom Trincheras-Pass bis zum Choroní-Gipfel von etwa 1500 m im Westen auf rund 2000 m im Osten ansteigt; damit stimmt auch überein das weitere Anschwellen derselben Kette weiter nach Osten zu, wohin dieselbe in fast regelmässiger Weise immer mehr an Höhe zunimmt, bis sie endlich in dem Naiguatá bei Petare ihren höchsten Gipfel erreicht; die einzige Unterbrechung bildet der erwähnte Pass von Cátia zwischen Carácas und La Guaira.

Nördlich von La Victoria giebt Codazzi den Gipfel Tamaya auf 1211 m und nördlich von Las Tejerias den Palmar zu 1943 m Höhe

---

[1] Die Cordillere von Merida, S. 114; Jahn, Almanaque anuario de Venezuela, Carácas 1886, S. 297.

an; diese Höhen bleiben weit hinter der Wirklichkeit zurück. Schon
A. Jahn[1]) hat den Tamaya, den er für den Picacho de la Colonia
Tovar hält und nach Codazzi's Karten halten muss, auf 2455 m
Höhe bestimmt und giebt dem Palmar 2270 m. Ich selbst habe den
Picacho de la Colonia nicht bestiegen, stimme jedoch in der für die
Ansiedlung Tovar gefundenen Höhe 1960 m völlig mit Jahn überein
und muss annehmen, dass dessen Höhenangabe für den Gipfel eher
noch zu niedrig ist als zu hoch, denn auf dem Wege von La Victoria
nach der Colonia überstieg ich den letzten Sattel vor Erreichung der
Ansiedlung in der Höhe von 2250 m, der Gipfel liegt aber wohl immer
noch einige hundert Meter über diesem Punkte. Ueberhaupt bin ich
der Ansicht, dass der Kamm und die Gipfel des Gebirges bis nach
dem Passe von Cátia hin höher sind als man erwartete und als Jahn
angab. Dieser merkt zwischen dem Palmar und dem Passe von
Cátia noch zwei Gipfel an, den Apretadero in der Fila del Tibron
mit 2212 m und den Alto de Irapa oder Picacho de Agua Negra mit
2017 m. Ich fand bereits zwei Reitstunden östlich von der Colonia
Tovar, dort wo sich die Wege zum Guairethal und nach Petaquire
scheiden, 2424 m Höhe, bestimmte das Hochthal El Lagunazo, drei
Reitstunden von der Colonia, zu 2365 m und gelangte 1 ¼ Stunden
oberhalb Petaquire auf einem durch ein Kreuz bezeichneten Punkt,
an dem sich die Wege nach Carácas über den Kamm und nach
Petaquire trennen, sogar zu einer Höhe von 2627 m. Diese Höhe
übertrifft alle bisher auf diesem Gebirge westlich Carácas gemessenen
beträchtlich und bleibt nur um ein geringes unter der der Silla de
Carácas 2665 m zurück.

Da aber einerseits die Höhe 1960 m für die Colonia Tovar mit
derjenigen von Jahn übereinstimmt, und anderseits der Weg von
dieser nach Petaquire in der That stark steigt, so habe ich vorderhand
keine Veranlassung, diese Messung für unrichtig zu halten, stelle aber
künftigen Reisenden anheim, sie zu kontrolliren. Man kann von
Carácas früh aufbrechend, diesen Punkt im Laufe einer Tagereise
bequem erreichen. Es scheint demnach, dass nahe dem Meere die
höchsten Gipfel des Gebirges liegen, während Jahn's Pico de Agua
Negra und Apretadero unmittelbar nördlich des Thals des Rio Macarao
aufsteigen, also dem Südhang genähert sind; übrigens giebt die Karte
der Section Carácas—La Victoria der Gran Ferrocarril an den Quellen
des Rio Macarao die Fila de Petaquire mit 2111 m an,[2]) einen Punkt

---

[1]) Jahn in Anuario del Comercio de Venezuela, Carácas 1886, S. 298.

[2]) Plano general de la linea entre Carácas y La Victoria, 1 : 110 000; Carácas 1891.

den ich ganz bestimmt südlich habe liegen lassen, obwohl der Weg am Moor von Lagunazo noch auf der Südseite des höchsten Kammes führt. Wie dem auch sein mag, jedenfalls ergiebt sich eine erhebliche Vergrösserung der Höhe gegenüber Codazzi sowohl aus Jahn's wie auch aus meinen Messungen und man muss mindestens zugeben, dass sich der Kamm des Gebirges zwischen der Colonia Tovar und dem Picacho de Agua Negra meist weit über 2000 m Höhe erhebt.

Uebrigens behält auch das Gebirge am Rande des Absturzes gegen die Küste noch eine bedeutende Höhe bei, da jenseits des zwischen den Hauptkamm und die Küstenberge eingeschnittenen Thals von Petaquire (1480 m) noch einmal auf dem Wege nach Carayaca eine Höhe von 1890 m überstiegen werden muss, ehe der Abstieg nach Carayaca beginnt. Der Nordabhang fällt somit sehr steil zur Küste ab. Auf dem Wege von Carayaca nach der Mündung des Rio Mamo sieht man aus nahezu 900 m Höhe fast unmittelbar unter sich das Meer, und empfängt den Eindruck eines fast lothrechten Absturzes des Gebirges zur Küste, wenn auch die Ueberwindung des Höhenunterschiedes bis zur Mamo-Mündung in nordöstlicher Richtung volle 3 Stunden kostet.

Die südlichen Abhänge des Gebirges sind ebenfalls ziemlich schroff, besonders gegenüber La Victoria. Von dieser Stadt aus erreicht man im kahlen Thale des Rio Guaipoa, nur in dem mittleren Thoil durch Kaffee und Zuckerpflanzen reitend, in drei Reitstunden den Fuss der Hauptkette bei dem Gehöfte El Tigre oder Pié del Cerro, in 775 m Höhe, also nur 240 m über La Victoria, und ersteigt dann in weiteren vier Stunden das Gebirge bis zur Höhe von 2250 m, also in der Stunde fast 400 m; am steilsten ist der Anstieg unmittelbar über Tigre, von wo man in 1 Stunde 1275 m, also 500 m über dem Fusspunkt, erreicht, doch bleibt der Aufstieg auch im übrigen schroff, mit Ausnahme der Höhe von 1700—1800 m, in der der Weg längere Zeit bequem am linken Berggehänge entlang führt. Ueber den Südabhang zwischen El Tigre und der Gegend von Las Tejerias liegen keine genauen Messungen vor, ausser über das Thal des Tuy. der an dem Picacho de la Colonia Tovar entspringt und zunächst gegen Ostsüdost, dann gegen Süden nach El Consejo hinabeilt und in seinem unteren Gebirgslauf die grossen Haciendas del Carmen und La Urbina in 685 und 623 m bewässert. Gemessen sind dagegen bei Gelegenheit des Eisenbahnbaues die Vorberge der Hauptkette nördlich von Las Tejerias und der Begonia, nämlich der Alto de Freyre (del Fraile?) mit 1657 m, an dem der bei Las Tejerias mündende Bach entspringt und der Alto de San Miguel bei Las Lagunetas mit 1827 m. Auch sie fallen ziemlich steil zur Begonia (740 m) und Mostaza (963 m) ab.

Das Gebirge besteht, wie weiter im Westen und Osten, aus archaeischen Schiefern, Gneiss und Granit, und zwar bilden auch hier Granit und Gneiss die Gipfel und den Kamm, die verschiedenen archaeischen Schiefer die Flanken. Im Norden nahe der Küste tritt zwischen Mamo und Carayaca Zoisitamphibolit von schmutziggrüner Farbe, in Carayaca selbst feinkörniger, hellblaugrauer, an kleinen Pyriten reicher Kalkschiefer auf; blaue quarzreiche Schiefer und Gneiss gesellen sich nordöstlich Carayaca hinzu, Gneiss bildet auch den 1900 m hohen Kamm zwischen Carayaca und Petaquire. Oberhalb Petaquire steht in dem Hohlwege vor dem Alto de la Cruz 2627 m ein schwarzer, metallisch glänzender Graphitphyllit an, der auch im Berglande von Los Teques nicht selten ist, und auf dem Kamme bei Lagunazo bildet Glimmerschiefer den Boden. Die Umgebung der Colonia Tovar besteht wesentlich aus Gneiss und Granit, der Abfall nach La Victoria zunächst aus denselben Gesteinen, unterhalb von 2000 m meist aus Glimmerschiefer und Glanzschiefer, zum Theil auch noch aus Gneiss. Im Thale des Rio Guaipao treten fast nur noch Glimmerschiefer, vor La Victoria selbst quarzitische Schiefer auf. Das Gebirge nördlich der Begonia und Mostaza besteht wesentlich aus Kalkglimmerschiefer und Graphitschiefer.

Diese archaeischen Schichten sind stark gefaltet. Nördlich von La Victoria fallen sie nördlich gegen das Meer ein, dann bemerkt man abwechselnd einen Einfall gegen Südost und Nordwest, bei El Tigre gegen Nordost, oberhalb dieses Ortes in 1200 m gegen Südwest, in 1500 m gegen Süd, gleich darauf wieder nach Südwest und diese Neigung behalten sie nun bis zur Passhöhe bei, wo Granit auftritt, der also den Picacho de la Colonia Tovar bildet. Nordöstlich der Colonia ist der Einfall südöstlich, auf dem Kamme erlaubt die Rasendecke keine Beobachtung. Jenseits des Rio Petaquire wird der Einfall nordöstlich, und behält diese Richtung bis Carayaca bei. Zwischen Carayaca und dem Meere fallen die Schichten bei wechselnder, bald nordöstlicher, bald nordwestlicher Streichrichtung zunächst gegen das Innere des Landes, sodann nach Passirung eines Gneisszuges meist gegen das Meer, nordöstlich bis nordnordöstlich, zum Theil auch nördlich ein und zwar, dem Absturz des Gebirges gemäss sehr steil, in Winkeln bis zu 80°. Auch an dem Südhang nördlich der Mostaza und Begonia sind sehr scharfe Faltungen in nordöstlicher bis nordwestlicher Richtung allgemein, wie unten näher ausgeführt werden wird.

Im Ganzen ergiebt sich, dass die Hauptkette zwischen La Victoria und dem Meere bei Carayaca eine Reihe von Falten bildet, im Ganzen aber im Norden gegen das Meer, im Süden gegen das Innere einfällt; an einigen Stellen tritt die Gneissunterlage, auf dem Gipfel der Colonia Tovar auch Granit zu Tage, dem das Aufragen des letzteren über seine Umgebung zuzuschreiben ist.

Der Uebergang über die Nordkette bietet wiederum Gelegenheit, den Unterschied in der Pflanzendecke zwischen dem Norden und dem Süden zu erkennen, ist aber nicht ganz so scharf ausgeprägt, wie weiter im Westen bei Puerto Cabello und Valencia oder im Osten an den Gehängen des Avila. Im Allgemeinen ist der Südabhang nur schwach bewaldet, vielfach ganz kahl. Wer von La Victoria aus das Gebirge besteigt, wird im Thale des Guaipao zunächst nur kahle Bergwände, in der Flussaue viel Geröll und einzelne Zucker-pflanzungen sehen, dann mehrere Kaffeepflanzungen durchschreiten, hier-auf über rasenbedeckte Anhöhen aufsteigen zum Kamme, und erst in mehr als 2000 m Höhe frischere Vegetation, Wasserläufe und schattige Bäume finden, über die zahllose Mapore-Palmen hinausragen und förmliche Wälder bilden. Zu einem eigentlichen Bergwald kommt es erst auf der höchsten Höhe von 2200 m, doch ist derselbe auch hier licht und die Mapore-Palmen ragen noch immer stangenartig über die mässig hohen Laubkronen hinaus. In der Umgebung der Colonia Tovar ist der Wald vielfach gerodet, um die Ansiedlung sind Kaffee-pflanzungen, Maisfelder, Weizen- und Gerstefelder entstanden, die jedoch nicht gerade gut aussehen. Frischerer Bergwald erfüllt die Gehänge der beiden die Colonie einschliessenden, nach Osten ziehenden Hochkämme, allein bei dem Hochmoor von Lagunazo wechselt die Pflanzendecke wiederum ihr Kleid, auf den Wald und die auch hier häufigen Palmengruppen folgt Bergwiese, Farrengebüsch, Stauden und Kräuter. Hier und auf dem ganzen Hauptkamme des Gebirges sowohl, wie auch auf dem der Küstenkette herrscht Páramo-Charakter; kleine Lagunen, Grasland, Hochsabane, Gebüsche, Farren, Befarien mit ihren rothen Blüthen bedecken die Höhe, Nebel wogen besonders an dem küstennahen Kamme hin, die Feuchtigkeit des Bodens ist gross, überall quillt Wasser, rinnen Quellen, und über dem Ganzen schwebt auch hier die Melancholie des südamerikanischen Hochgebirges, man hört kaum einen Laut, die wohlthuende Stille der Cordillere umfängt den Reiter, dessen Auge weithin über das Land schweift. Sieht man schon oberhalb El Tigre von einer kleinen Hochfläche in 1275 m Höhe aus die Morros von San Juan, den Cerro Pelón und den Guaraima südlich des Sees von Valencia, so erblickt man von der Wegetheilung, zwei Stunden östlich der Colonia Tovar die Lagune selbst auf der einen, das Meer auf der andern Seite, die Häuser der Colonia Tovar unter sich im friedlichen Hochthale.

Ein ganz anderes Bild bietet sich uns, sobald wir hinabsteigen in das enge Thal des nach Osten fliessenden Rio de Petaquire: hier liegt zwischen Apfelbäumen versteckt manch ein Gehöft über dem rauschenden Bergfluss, und Pflanzungen dehnen sich zerstreut besonders am Südufer und am Gehänge des Hauptkammes aus; wir haben die tierra templada wieder erreicht, und erinnern uns gern der Siedelungen in den mittleren Theilen der Cordillere von Mérida in Höhen von etwa 1500 m. Wiederum anders gestaltet sich der Eindruck, sobald die trennende Kette zwischen Petaquire und Carayaca überstiegen ist; da treten wir von 1500 m an ein in einen frischen Bergwald von üppiger Fülle, und erfreuen uns an dem Grün der Bananenpflanzungen, der Zucker- und Maisfelder und der Kaffeehaciendas. Wald bedeckt auch anfangs noch das verwitterte Gebirge nördlich von Carayaca; je mehr aber die unteren Theile desselben erreicht werden, je mehr wir uns dem Meere nähern, desto häufiger wird wieder die öde Vegetation der Küste. Aus den röthlichen und graugelben Bergen spriessen die Agaven, die Gehänge bedecken sich mit dem Mattgrün der Kakteen, Hitze, Staub und Durst stellen sich von Neuem ein und das Bild gleicht dem der verbrannten Höhen von La Guaira. Nur der rauschende Mamo, der hier in enger Schlucht aus dem Gebirge bricht, giebt Frische, und erzeugt eine reiche Zuckerkultur, der die spärlichen Bewohner (92) des Weilers an der Mündung des Mamo obliegen.

Die Besiedelung des Gebirges ist wegen der Schwierigkeit der Bergwege noch sehr gering und Ortschaften finden sich nur in Annäherung an grössere Städte. So liegen im äussersten Westen die Orte Guaiguaza (321 Einwohner), San Estéban (791 Einwohner) und Valle Seco (113 Einwohner) vor Puerto Cabello im nächsten Gebirge, und versorgen die Stadt mit den Produkten ihres Acker- und Gemüsebaues, doch ist keiner von ihnen eine geschlossene Ansiedlung, Goaigoaza noch am meisten, San Estéban dagegen eine Reihe auf langer Strasse verstreuter Häuser und Villencolonie der Fremden. Im äussersten Osten hat Carayaca durch seine Beziehungen zu La Guaira, wohin ein guter Reiter in vier Stunden gelangen kann und als Mittelpunkt zahlreicher Kaffeepflanzungen der Umgebung, die sogar telephonisch an La Guaira angeschlossen sind, einige Bedeutung gewonnen, doch besitzt der durch einen Bach in zwei Abtheilungen getrennte, im felsigen Gebiet gelegene Ort nur 658, das Municipio aber 4963 Einwohner. Zu diesem gehört auch ein zweites älteres geschlossenes Dorf, Tarma mit 290 Einwohnern und Petaquire mit 625 Einwohnern, jedoch ohne Herausbildung von Strassen, ein zerstreuter Weiler. Im Uebrigen trägt das Gebirge nur einzelne Pflanzungen, Häusergruppen und Einzelhöfe und ist namentlich in den grösseren Höhen nahezu unbewohnt.

Eine Ausnahme macht nur die Colonia Tovar, eine deutsche Kolonie, deren Entstehung auf das Jahr 1839 zurückzuführen ist. Damals, wie noch jetzt, suchte die venezolanische Regierung europäische Einwanderer heranzuziehen und gewann auch wirklich etwa 100 schwäbische Bauern aus dem südlichen Schwarzwald. Diese siedelte sie in der Höhe von 1960 m unter dem jetzt nach der Colonie genannten Hochgipfel an, und übergab ihnen Land zur Bebauung. In den vierziger Jahren durch Zuzug aus der Heimath verstärkt, gedieh die Ansiedlung Anfangs leidlich, gerieth aber dann zur Zeit der Bürgerkriege in Verfall und wurde bereits als erloschen betrachtet. Thatsächlich besteht sie aber noch, und die 319 Einwohner, die man 1891 zählte und unter denen auch einige Pfälzer und Hessen sind, führen unter der Leitung ihres Vorstehers, Wilhelm Ruh, ein erträgliches Leben. Im Dezember 1892 waren sie beschäftigt, eine katholische Kapelle zu bauen. Sie reden noch vollkommen deutsch, und zwar ihren alemannischen Dialekt, obwohl von den ursprünglichen Einwanderern nur noch wenige leben. Ihrem Aeusseren und Wesen nach haben sie sich ebenfalls noch vollkommen deutsch erhalten, da sie nicht in venezolanische Familien heirathen, allein es zeigt die Kolonie leider Zeichen des Verfalls. Zwar war eben die Revolution vorübergerauscht und hatte trotz der abgelegenen Lage der Kolonie sogar Truppenbewegungen und viel Schaden gebracht, und dieselbe von den Märkten Carácas und La Victoria monatelang abgesperrt, so dass von allen den mir geschilderten Herrlichkeiten, frischer Butter, Gemüsen, Schwarzbrot, nichts zu erhalten war. Allein ganz abgesehen davon waren die Kaffeepflanzungen schlecht gehalten, die Häuser keineswegs gut gepflegt und der Kirchhof so vernachlässigt, dass eine ganze Reihe von Grabkreuzen durch eingedrungene Esel umgerissen waren. Augenscheinlich verlieren die Ansiedler nach und nach den Zusammenhang mit dem Mutterlande und den Deutschen in Carácas mehr und mehr und fangen an, sich zunächst in äusseren Dingen zu vernachlässigen. Man kann der Kolonie sonach keine günstige Zukunft voraussagen. Das Klima ist in Colonia Tovar sehr frisch, die Mitteltemperatur etwa 16 °, am 23. December 1892 früh 5 Uhr notirte ich 7 °, am 22. December 12 Uhr Mittags 25 °, Abends 5 Uhr 19 °.

b. Das südliche Vorland.

Die kahlen Vorsprünge des Gebirges schieben sich nach Süden kulissenartig gegen den See von Valencia vor. Zwischen Valencia und Maracai sind es sieben Riegel, die bis dicht an den See oder in denselben hineintreten. Der erste ist der Morro von Valencia, dessen blaue Kalke das Thal von Valencia—Nagua Nagua im Südosten bastionartig abschliessen; ein zweiter aus weissgrauem Kalkglimmerschiefer erreicht 2 km östlich von Guacara die Strasse gegenüber dem Morro de Guacara, der seine Fortsetzung gebildet haben muss; ein dritter drängt sich 2 km vor San Joaquin an die Strasse heran und wird im See selbst durch eine Insel fortgesetzt. Unmittelbar östlich von San Joaquin erhebt sich ein vierter Vorsprung, in dessen südlicher Fortsetzung wiederum Inseln im See liegen, und halbwegs zwischen San Joaquin und Mariara findet sich noch ein fünfter Riegel südlich der Strasse; seine Fortsetzung bildet die Insel Chamberge. Ein sechster wird östlich Mariara ebenfalls südlich der Strasse passirt; seine Schichten fallen gegen das Gebirge nach Nordosten ein und man erhält hier den Eindruck, dass der Südabhang des letzteren aus einer Reihe gegen Nordwesten streichender Bergrippen besteht, die sich an dem Hauptkamm schaaren. Endlich springt in den See selbst der siebente Riegel vor, die Halbinsel Cabrera.

Die Halbinsel Cabrera ist auf dem Atlas von Codazzi und auf allen übrigen Karten bisher falsch dargestellt worden. Sie ist nämlich nicht nach Süden oder Südsüdwesten gerichtet, sondern nach WSW, streicht also in der Richtung ONO gegen das Gebirge. Ihr Gestein besteht aus Kalkglimmerschiefer, ihre Höhe beträgt 100 m über dem Spiegel des Sees von Valencia, der hier 411 m hoch ist. Südlich des Einschnittes, den der Weg über die Halbinsel bildet, erhebt sich ein altes verfallenes spanisches Fort, das die Strasse von Carácas oder Maracai nach Valencia sperrte und in den Befreiungskriegen eine wichtige strategische Rolle gespielt hat. Die Vegetation ist die der trockenen Gebiete des Innern, Monte, Kakteen, Agaven und Dornsträucher, nur unmittelbar am See erheben sich über dem Wasser hohe dichtbelaubte Bäume, unter deren überhängenden Zweigen frische Badeplätze locken.

Oestlich der Halbinsel Cabrera tritt kein Riegel mehr aus dem Gebirge hervor. sondern die Ebene breitet sich weiter gegen Norden aus. Der See liegt in einer Antiklinale, da die Schichten des Glimmerschiefers im Norden gegen die Küste, im Süden gegen die Llanos einfallen; wahrscheinlich sind eine Anzahl von Längsbrüchen und Verwerfungen auf dem Sattel dieser Antiklinale eingetreten, die

die in das Gebirge einschneidenden Thäler erzeugt haben: in ihnen treten mehrere heisse Quellen heraus, deren bekannteste die von Mariara und Onoto sind. Die heissen Quellen von Mariara liegen eine halbe Reitstunde von dem Wirthshause an der Landstrasse bei dem Caserio Agua Caliente, das nach ihnen seinen Namen hat, am Abhange des Gebirges in 520 m Höhe. Am Fusse der Vorberge bilden sich hier mehrere von prachtvoller Vegetation umrahmte Becken, die in Gneiss eingesenkt sind. Die Temperatur des von mir besuchten 2 m breiten und 2 ¼ m langen Tankes betrug am 6. December 1892 früh 8ʰ 41° bei einer Lufttemperatur von 26°; doch sollen andere Tümpel auch Wassertemperaturen bis zu 59° enthalten. Die Wasser von Onoto liegen in 680 m Höhe nordöstlich von Maracai in einem Gebirgsthal, das der Weg Maracai—Choroni benutzt und haben eine Temperatur von 44°.

Aus den Thälern zwischen den einzelnen Bergrippen fliessen mehrere kleine Wasserläufe und der ansehnliche Fluss von Guacara zum See von Valencia ab. Von Nagua Nagua über Valencia verläuft zu diesem der Rio Cabriales, von San Diego über Los Guayos ein kleinerer Bach, dann der Fluss von Guacara, ein Wasserlauf vor San Joaquin und ferner die Bäche von Cura und Mariara, etwa sechs an der Zahl, deren Frische und Feuchtigkeit zwischen Cura und Mariara und bei dieser Ansiedlung selbst reiche Vegetation, üppige Haine und fruchtbare Pflanzungen hervorrufen, durch die man um so freudiger hindurch zieht, als die gesammte Strecke von Valencia bis Cura auf staubiger Landstrasse zurückgelegt wird, und nur an den Flussübergängen, besonders bei Guacara Schatten zu finden ist. Ganz ähnlich ist der Weg von Mariara nach Maracai; auch auf ihm spenden nur die Quebrada Saladillo westlich der Halbinsel Cabrera und der Rio Tapatapa, etwa 4 km vor Maracai, Wasser und Schatten, der namentlich am letzteren recht erfrischend ist, da ganz riesige, gewaltige Bäume das Flussufer am Uebergang über denselben umgeben. Endlich strömt etwa 3 km östlich von Maracai der von den heissen Quellen kommende Bach dem See zu, in dessen nordöstliche Ecke er sein Wasser ergiesst.

Der Boden der Ebene zwischen dem See von Valencia und der Nordkette ist ohne Zweifel verlassener Seeboden, doch darf derselbe nicht so weit ausgedehnt werden wie es auf meiner Karte der Cordillere von Mérida geschehen ist [1]), und es ist auch die Umgrenzungslinie desselben keine so regelmässige, wie dort dargestellt

[1]) Die Cordillere von Mérida, Wien 1888, Karte; u. Venezuela, Hamburg 1888; Karte.

wurde. Vielmehr engen die gegen den See vorspringenden Riegel den alten Seeboden ein, an anderen Stellen aber dringt er weit in die Thäler hinein, z. B. im Thale des Rio de Aguas tibias bei Mariara. Die weite Ebene, die sich vom See aus hier landeinwärts erstreckt, ist als eine frühere Bucht desselben anzusehen und noch jetzt verrathen kleine Lagunen in der Fortsetzung des einschneidenden Seebusens, über den die deutsche Eisenbahn einen Damm geworfen hat, die frühere Ausdehnung desselben. In die Thäler also dringt der alte Seeboden ein, an den vortretenden Riegeln wird er eingeengt. Bezeichnend für den Seeboden ist die sogenannte Tierra de caracolillo, Schneckchenerde, die in einem sehr günstigen Aufschluss bei El Encanto nahe der Halbinsel Cabrera bei km 3 + 300 im December 1892 sichtbar war. Der Boden bestand hier aus sieben auf einander folgenden Schichten. Oben lag 40 cm Humus, dann folgte eine 20—30 cm mächtige Geröllschicht, hierauf die Tierra de caracolillo, dann 40 cm Torf mit Tierra de caracolillo, das Ganze mit Wurzeln durchwachsen; als fünfte Schicht zeigte sich 25 cm Tierra de caracolillo mit zahlreichen Glimmerschieferbrocken, dazwischen und darunter 1 m Glimmerschiefergeröll mit Tierra de caracolillo, und endlich erreichte man als anstehendes Gestein den Glimmerschiefer.

Profil bei El Encanto nahe Cabrera beim Eisenbahnbau, Punkt 3 km 300 m, 19. December 1892:

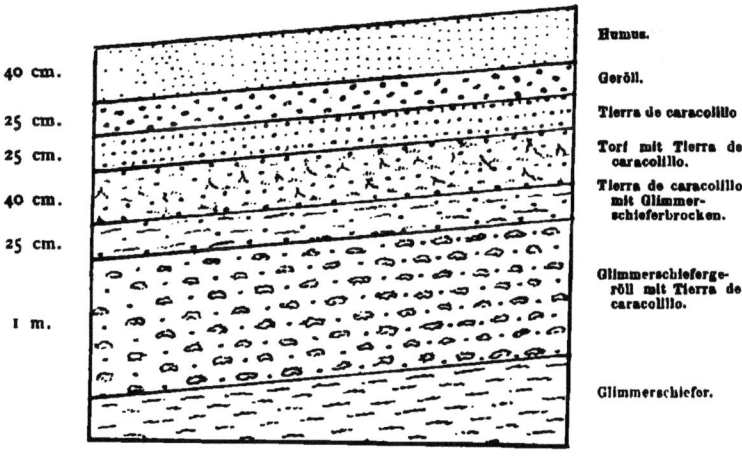

Profil bei El Encanto nahe Cabrera beim Eisenbahnbau, Punkt 3 km 300 m, 19. December 1892:

Dieses sehr lehrreiche Profil zeigt, dass die Vermuthung, unter den jungen Ablagerungen des Sees den Glimmerschiefer anzutreffen richtig war, es giebt aber auch die Möglichkeit, die Geschichte dieser nördlichen Uferlandschaften des Valencia-Sees zu verfolgen. Die Schicht Glimmerschiefergeröll mit Tierra de caracolillo entspricht dem Uebertreten des Sees über den Glimmerschieferboden, es ist eine Strandbildung, und vereinigt die damals aus dem Glimmerschiefer ausgewitterten Gerölle, die wohl mit Hilfe der an das Ufer schlagenden Wellen abgerundet wurden, mit den ersten Absätzen des Sees selbst, der sich zu jener Zeit entweder erst gebildet hatte, oder ein höheres Niveau erreichte. Die Tierra de caracolillo besteht nach Ernst und Slack[1]) aus einer thonigen Masse mit zahlreichen Einschalern, und enthält viel Phosphorsäure. Unter den Mollusken sind festgestellt: Ancylus Moricandi Orb., Hydrobia coronata Pfr., Hydrobia stagnalis L., Hydrobia Ernesti, E. v. M., Planorbis pronus, E. v. M.; ausserdem finden sich Reste von Spongien und Diatomaceen, z. B. Epithenium turgida, Epithenium gibba, Coconceis placentula, Cyclotella Kützingiana, Nitzschia scalaris, Nitzschia sigmoidea, Navicula sphoerophora, Gomphonema insignis, (?) Odontidium mesodon, Odontidium mutabile, Denticula inflata, Denticula sinuata, Orthosira punctata, Orthosira orichalcea, Mastogloia Smithii, Pinnularia viridis. Der Gehalt an Phosphorsäure giebt dem aus der Tierra de caracolillo bestehenden Boden besondere Fruchtbarkeit.

In der dritten Schicht sehen wir die Tierra de caracolillo bereits überwiegen und die Glimmerschiefergerölle nur noch brockenweise auftreten, der See breitete sich damals wahrscheinlich am weitesten gegen das Land aus. Besonders interessant ist Schicht 4, in welcher Torf mit Tierra de caracolillo auftritt. Sie beweist Schwankungen des Wasserspiegels, zeigt uns eine Landbildung, Vegetation, wahrscheinlich einen Uferwald, der mit der Zeit vertorft worden ist, und einem Rückgang des Wassers des Sees gefolgt sein wird. In Schicht 5 dehnt sich dagegen wieder ausschliesslich die Tierra de caracolillo aus und beweist ein erneutes Ansteigen des Sees, Schicht 6 bahnt den gegenwärtigen Zustand an, indem ein endgültiger Rückgang des Wassers eintritt, und eine Uferbildung auftritt; darüber bildet sich endlich die Humusschicht. Wir haben somit zwei Perioden des Anwachsens des Sees und zwei des Rückgangs desselben zu unterscheiden, vermögen uns jedoch keine Vorstellung von dem Zeitmass derselben zu machen, da es sich kaum feststellen lassen wird, wie langer Zeit es beispielsweise

---

[1]) Ernst, La Exposicion nacional de Venezuela, Carácas 1884. S. 129, nach E. von Martens. Die Binnenmollusken Venezuela's, Berlin 1873 und Ernst und Slack, The Monthly Microscopical Journal. VI 1871, pag. 69, 70.

zum Absatz einer 25 cm mächtigen Schicht von Tierra de caracolillo oder zur Bildung einer 40 cm mächtigen Torfschicht in einem tropischen Lande bedarf.

Der verlassene Seeboden der Lagune von Valencia hat in der That zur Anlage überaus fruchtbarer Pflanzungen Veranlassung gegeben; namentlich im Osten und Westen umgeben den See reiche Haciendas, aber auch im Norden zieren üppige Gefilde das Ufer. So ist denn auch das Nordufer, dessen ebener Boden sich zur Anlage von Strassen und Eisenbahnen besser eignete als das südliche, mit Ortschaften von grösserer Bedeutung bedeckt und in die Thäler hinein erstrecken sich A n s i e d l u n g e n kleinerer Art. Die Grösse und Bedeutung Valencia's ist schon gewürdigt worden; neben dieser Hauptstadt des Innern bestehen aber noch drei grössere Orte im Norden des Sees, nämlich Guacara mit 3430, San Joaquin mit 2000 und Maracai mit 3800 Einwohnern, während Los Guayos mit 527 zurücksteht, dagegen wohnen verstreut in Mariara selbst und im Thale des Rio Aguas tibias 1590, in der Umgebung von San Joaquin 1275, im Municipio Guacara, abgesehen von Guacara selbst, 6800 und im Municipio Los Guayos im Ganzen 5146 Menschen. Rechnet man noch das Municipio San Diego, dessen Hauptort zwar nur 695 Einwohner hat, mit 2244 Einwohnern, sowie Nagua Nagua und Barbula mit Umgebung, im Ganzen 1414 Bewohnern, endlich das Municipio Maracai (6155) hinzu, so kommt für den Südabhang des Karibischen Gebirges zwischen Valencia und Maracai eine Einwohnerzahl von 57859, mit der Bevölkerung der Umgebung von Valencia etwa 85000 heraus. Diese Gebiete gehören also zu den am stärksten bevölkerten der Republik, und sind auch schon früh besiedelt worden. Guacara stammt aus dem Jahre 1624, Maracai von 1697, über die Gründung von San Joaquin ist mir keine Quelle zugänglich geworden.

In dem Strassenzuge zwischen Valencia und Carácas folgen östlich auf Maracai die sogenannten V a l l e s d e A r a g u a, die Thäler der Zuflüsse des in den Valencia-See fallenden Rio de Aragua, dieses selbst sowie des Rio Turmero. Sie müssen dem Südabhang der Nordkette noch zugerechnet werden, bestehen aus den Vorbergen derselben, sowie den östlich an die Lagune grenzenden Ebenen und gehören zu den fruchtbarsten Landschaften des Landes. Schon Humboldt preist mit begeisterten Worten ihre Schönheit, und auch jetzt weidet sich der Wanderer trotz der zunehmenden Bebauung an der Frische der Vegetation, der Ueppigkeit der Pflanzungen, den frischen Weiden und dem Fortschritt der Bewohner.

In drei Armen kommt der Rio Turmero als Rio Turmero, Paya und Guaire, in zweien der Rio Aragua als Rio Guaipao und Rio Tigre

von der Nordkette herab, und in der Breite des Nordufers der Lagune
von Valencia wenden sich beide nach WSW zum See. Ihre Ufer sind
weithin mit Kaffeepflanzungen bedeckt, sowohl in den Vorbergen der
Nordkette, wie in der Ebene. Zwischen Maracai und Turmero durchzieht man zunächst die reichen Weiden, Potreros, der Besitzungen des
Generals Crespo, dann folgen 4 km vor Turmero die Kaffeepflanzungen,
die sich nun über diesen Ort ostwärts ausdehnen. Zwischen San Mateo
und La Victoria (537 m) überwiegen Zuckerpflanzungen, die sich auch
östlich von dieser Stadt bis über El Consejo (538 m) und Las Tejerias
(601 m) nach Las Guayas fortsetzen, gegen Süden aber beherbergen
die Ufer des Rio Aragua dichte schattige Pflanzungen von Kaffee und
Cacao, die sich weithin südwärts bis über Santa Cruz und Cagua hin
erstrecken. Ein grosser Theil dieser Ebenen war früher ohne Zweifel
vom Wasser der Laguna de Valencia eingenommen; noch bei El Consejo
fand Humboldt Helix und Valva, die beiden häufigsten Bewohner des
Sees. 3 km westlich von La Victoria beginnen bei der schlossartigen
'Hacienda Belen kleine, häufig von Gebäuden gekrönte Hügel, wahrscheinlich frühere Inseln des Sees, der sich vermuthlich einst bis
östlich von El Consejo ausdehnte. Ungeheure Fruchtbarkeit, Wohlstand und Reichthum zeichnete diese Thäler von jeher aus, doch hat
das grossartige Leben der reichen Gutsbesitzer allmählich aufgehört,
da die meisten Familien jetzt in Carácas ansässig sind, und nur noch
selten ihre Haciendas selbst bewirthschaften und bewohnen. Immerhin sind die Güter noch im Betrieb und liefern einen bedeutenden
Theil des Kaffees und Zuckers, Tabaks, Maises und der Gemüse des
Staates Miranda (früher Guzman Blanco).

Auch das Alter der Ortschaften ist bedeutend. Die Stadt
La Victoria stammt schon aus dem Jahre 1593, Turmero wurde 1603
gegründet, Cagua und San Mateo sind ebenfalls älter als Maracai und
bestanden schon während des 17. Jahrhunderts. Am meisten haben
sich Turmero und La Victoria entwickelt, da sie beide am Zusammenflusse der Quellflüsse der Rios Turmero bez. Aragua liegen. La Victoria
hatte 1891: 6820 Einwohner, übertraf also damals schon San Felipe
und wird ohne Zweifel noch bedeutend wachsen, da der Eisenbahnbau
ihr neuen Aufschwung geben wird. Turmero kann mit 3758 Einwohnern
mit Guacara und Maracai auf eine Stufe gestellt werden und auch
Cagua gehört mit 3400 Bewohnern in diese Kategorie von Landstädten.
Kleiner sind San Mateo mit 1657, Santa Cruz mit 1483 Bewohnern;
El Consejo hat dieselbe Einwohnerzahl wie San Joaquin, nämlich 2000,
und weiter im Osten entwickeln sich Las Tejerias mit 622 und Guayas
mit 1308 Bewohnern zu geschlossenen Wohnplätzen. Neben diesen

Orten sitzt eine bedeutende Zahl von Menschen auf den Haciendeu und vereinzelt in Häusergruppen in der Ebene wie auf den Vorhöhen des Gebirges. Man erhielt 1891 folgende Volkszahl:

Distrikt Ricaurte	..25 712	Distrikt Mariño	..13 235
Municipio Victoria	..14 109	Municipio Turmero	. 5 554
» Consejo	... 9 475	» Cagua	... 4 227
» San Mateo	2 128	» Santa Cruz	3 454

Rechnet man diese 39 000 Bewohner den früher gezählten 85 000 hinzu, so ergiebt sich, dass zwischen Valencia und Guayas am Südabbange der Nordkette und in den Thälern von Aragua etwa 124 000 Menschen wohnen, mehr als der zwanzigste Theil der Einwohnerzahl der Republik.

Die im Februar 1894 eröffnete Eisenbahn von Carácas nach Valencia über Las Tejerias, Consejo, Victoria, Cagua, Maracai hat schon nach Herstellung der ersten Theilstrecken einen vortheilbaften Einfluss auf die Ortschaften ausgeübt: bessere Wirthshäuser kommen hie und da auf, das Leben beginnt sich zu verfeinern, der Gesichtskreis der Bewohner sich zu erweitern, der Unternehmungsgeist sich zu heben, manches Vorurtheil zu verschwinden. Vor allem hat Maracai gewonnen, das noch im Jahre 1885 eine unansehnliche Landstadt, jetzt ein recht hübscher Ort mit grosser Zukunft geworden ist, wenn auch Victoria stets der Mittelpunkt der Thäler von Aragua bleiben wird.

III. Der östliche Abschnitt der Nordkette.

a. Die Hauptkette.

An der Boca de Mamo beginnt eine Erniedrigung in dem Karibischen Gebirge, die sich an der Küste bis nach Maiquetia bei La Guaira verfolgen lässt, im Innern durch den Pass von Catia bezeichnet wird, und südwärts zum Thale von Carácas überführt. Diese Erniedrigung zeigt sich vor allem in der geringeren Gipfelhöhe, indem zwischen dem Picacho de Agua Negra (2017 m) nördlich von Macarao und dem Avila (2176 m) nördlich von Carácas kein Berg der Nordkette 2000 m mehr erreicht. Sodann aber bildet sich zwischen beiden ein wirklicher Pass im Gebirge aus, der nach der Ansiedlung Catia (424 Einwohner), westlich von Carácas, die auf dem höchsten Punkte desselben liegt, der Pass von Catia genannt wird. Er erreicht, dort wo ihn die Eisenbahn Carácas—La Guaira überschreitet, bei Catia, 952 m Höhe und erscheint, zum Beispiel von Petare aus gesehen, als eine klaffende Lücke, ein tiefer Einschnitt im Gebirge und ist dies auch, da er um nahezu 1200 m unter dem Avila, um 500—600 m unter den östlichen Ausläufern des Pico de Agua Negra zurückbleibt. Auch an der Küste wird der Ausgang dieses Passes besonders bezeichnet durch die Vorlagerung eines früher für tertiär gehaltenen, durch Martin als quartär erkannten Vorsprungs junger Meeresbildungen, des Cabo Blanco, das durch eine Niederung von dem Gebirge getrennt ist. So ist der Pass von Catia geeignet, den mittleren Theil der Nordkette von dem östlichen zu scheiden; dieser letztere erstreckt sich also von dem Passe von Catia bis zum Cap Codera über eine Entfernung von nahezu 100 km.

Die Erniedrigung im Gebirge beginnt bereits westlich des eigentlichen Passüberganges in den Bergen nördlich von Antímano; vom Agua Negra-Gipfel ostwärts erstrecken sich langsam auslaufende Höhen gegen den Pass, auf denen die Haciendas La Haciendita in 1446, El Guamal in 1328 und Vicoy bei Tipe in 1222 m Höhe liegen, deren Erhebung über den Meeresspiegel A. Jahn gemessen hat. [1] Nordwärts setzen sie sich zum Meere hin als ein etwa 1000 m hohes Bergland fort, das die Flüsse Mamo und Tacagua von einander scheidet. Ersteren haben wir bereits kennen gelernt; er entspringt südwestlich von Carayaca auf dem Kamme des Gebirges, wahrscheinlich am Apretadero auf der Fila del Tibron und verläuft zunächst ostnordöstlich, dann nördlich zur Mündung, wo ihn die Strasse Carayaca-La Guaira überschreitet. Östlich von ihm zieht der Rio Tacagua oder Catia in nordnordwestlicher Richtung zum Meere und bezeichnet den tiefsten Einschnitt im Gebirge. Er entspringt mit mehreren Quellarmen oberhalb von Sanchorquiz an den Gehängen des Avila, zieht eine Reihe von Wasseradern aus dem Westabfall desselben an sich und mündet in zwei Strängen bei Catia westlich des Cabo Blanco ins Meer. Ihm entlang führte die alte Fahrstrasse von Carácas nach La Guaira in tiefem Einschnitt über Guaracarumbo (282 Einw.) zwischen den Bergen hinab, während die Eisenbahn hoch über ihm am Gehänge des Avila erbaut ist. Die Stationen dieser Eisenbahn haben nach den Messungen der Ingenieure folgende Höhen: Carácas Bahnhof 912 m, Catia 952, Blandín 900, Ojo de Agua 825, Quebrada Paují 780, Peña de Mora 702, Boquerón 609 m. Bis hierher, der Mitte der 36½ km langen Eisenbahnstrecke, ist das Gefälle noch mässig, dann aber folgt der steile Abstieg der grossartigen Bahnlinie über Zigzag und Curucutí 300 m nach Maiquetía 15 m und La Guaira 8 m. Das Gebirge besteht in dem Einschnitt von Catia grösstentheils aus weissem, feinkörnigem, körnig schuppigem Glimmerschiefer (355,

---

[1] Anuario del comercio de Venezuela 1886, S. 298.

356, 358) mit lichtgrünem Glimmer, auch kommen saftgrüner und blauschwarzer, fleckiger Serpentinschiefer (353/4) und kleinkörniger, dichtschuppiger Muscovit-Hornblendeschiefer in der Mitte des Weges vor.

Die Küste wird am Cabo Blanco von altquartären Schichten gebildet, wenigstens nach Martin's[1]) Aufsammlungen daselbst, während sie von Humboldt[2]) und Karsten[3]) als tertiär, von letzterem auch als quartär bezeichnet werden. Sie bestehen aus Trümmergesteinen mit Bruchstücken der archäischen Formation, die durch einen feinkörnigen, zerreiblichen Sandstein von lichtgrauer Farbe verkittet sind sowie aus mächtigen, lockeren, darüber lagernden Sanden. In diesen Ablagerungen finden sich in der unteren Schicht an Fossilien Leda acuta, Conrad (?), Cytherea maculata, Marginella marginata, Marginella interrupta, Oliva jaspidea, Oliva nitidula, Oliva fusiformis, Oliva reticularis, Conus echinulatus, Murex spec.; in der oberen Balanus spec., Pectunculus spec., Cardita spec., Venus cancellata, Turritella variegata, Turritella imbricata, Triton antillarum, Columbella recurva, Purpura haematostoma, Terebra rudis, Terebra Cosentini, Conus columba, Conus pygmaeus und von denen der unteren Schicht die als Nrn. 2, 3, 4, 6, 7, 9 angeführten. Alle diese, mit Ausnahme der vom La Plata bekannten Columbella recurva Sow. leben noch im Karibischen Meere. Martin, dem ich diese Liste entnehme, hält die Ablagerung demnach für quartär. [4]) Ich selbst entnahm einige graugelbe Kalke von grosser Aehnlichkeit mit denen von Paraguaná's Nordspitze, und von feinkörniger, sandiger Beschaffenheit einem Punkte an der Küste in der Mitte des Weges zwischen Rio Mamo und Maiquetía, also an einer Stelle, die wahrscheinlich etwas westlicher liegt als der Ort der Aufsammlungen Martin's, nämlich westlich vom Cap Blanco; hier steht über weissem mürben Sandstein grauer bis gelber Kalk an, der leicht gegen das Innere geneigt ist. Das Ganze lagert sich wahrscheinlich an die archäische Formation an, deren Glimmerschiefer an der Küste meist in roten Laterit verwandelt ist; nach Humboldt soll die archäische Formation am westlichen Ausläufer des um das Cabo Blanco gebildeten, leicht nach dem Meere geneigten Tafellandes hervortreten. Den Südhang dieses von dem Gebirge durch eine Niederung getrennten Höhenzuges habe ich nicht besucht, da die Strasse am Meeresufer entlang führt.

[1]) K. Martin, Geologische Studien über Niederländisch Westindien; Leiden 1888. S. 227.

[2]) v. Humboldt, Reise in die Aequinoctialgegenden des neuen Kontinents. Stuttgart 1826. V. 596.

[3]) Karsten, in Zeitschrift der deutschen Geol. Gesellsch. II 1850 und Géologie. S. 8.

[4]) A. a. O. S. 228.

Drei Vorsprünge erstrecken sich gegen das Meer, zwischen sich kleine Buchten bildend, von denen jedoch nur die zweite nahe ihrem Ufer ein Gehöft besitzt. Den Westen der ganzen Ablagerung bilden Gerölle, sowohl östlich der Mündung des Rio Catia, wo sie das gesammte Hügelland bilden, wie auch zu beiden Seiten der Mündung des Rio Mamo, an dessen östlichem Ufer der Hügel in etwa 100 m Höhe völlig flach ist, so dass man versucht sein könnte, auf ihm das alte Meeresufer zu vermuthen, zumal da sich in derselben Höhe westlich des Flusses zahlreiche Rollsteine befinden, die wahrscheinlich einen früheren höheren Lauf des Rio Mamo bezeichnen. Niedrige Küstenebene umgiebt die Mündungen des Rio Catia, zwischen denen Catia, eine ärmliche Ansiedlung von 149 Einwohnern, liegt.

Bei Maiquetía treten die Berge des Karibischen Gebirges wieder dicht an das Meer und es beginnt nun der Steilabsturz des östlichen Theils der Nordkette zur Karibischen See, eines der grossartigsten Küstenbilder und jedenfalls der schönste Theil der Küste des nördlichen Südamerika. Unmittelbar östlich von Carácas, südöstlich von La Guaira, erreicht das Karibische Gebirge Höhen bis zu 2800 m und schiebt seine Ausläufer dicht an das Ufer vor. Die Küste erhält daher hier den Charakter einer grossartigen Steilküste mit Vorsprüngen und Einbuchtungen und lässt wenig Raum für flachen Strand und für Ansiedlungen übrig. Solche mangeln vornehmlich in der Mitte dieses Küstenstrichs, sind dagegen nach dem West- und Ostende zu häufiger. Namentlich im Westen gab der Haupthafen der Republik, La Guaira, mit 1891: 7068 Einwohnern, Veranlassung zur Bildung von kleineren Ansiedlungen, unter denen namentlich das Dorf Maiquetía es bereits zu 5861 Bewohnern gebracht hat. Maiquetía und La Guaira sind beide an die vorspringenden Felsen geklebt und erstrecken sich um das Süd- und Ostufer der kleinen Bucht zwischen Cabo Blanco und der vortretenden Küste östlich der Stadt. Sie sind durch eine fortlaufende Reihe von Häusern verbunden, die am Fusse des Gebirges nur eine Strasse bilden können und haben sehr regen Verkehr unter einander, da nicht nur die Eisenbahn Carácas-La Guaira, sondern auch die Dampfstrassenbahn Maiquetía-La Guaira-Macuto zwischen beiden Wohnplätzen verkehrt. So können beide zusammen als eine geschlossene Siedelung aufgefasst werden, die demnach auf 12929 Einwohner zu veranschlagen ist. Maiquetía liegt ein wenig entfernter vom Meere als La Guaira, nahe der Mündung des Flusses Maiquetía, der den Ort in der Länge durchfliesst und aus einer steilen Schlucht herauskommend, ungeheure Massen von Geröll mit sich führt. Maiquetía ist aber frischer als La Guaira und wird daher von manchem als Wohnort vorgezogen. Noch frischer und als schattiger Strandplatz bekannt ist Macuto, ein noch zum Distrito federal der Hauptstadt Carácas gerechnetes Dorf von 807 Einwohnern östlich La Guaira, der östliche Endpunkt der Eisenbahn von Maiquetía. Hier erlaubt das Gebirge die Ausbildung eines schmalen Strandes, auf dem sich eine üppige Vegetation, Gärten und Kokospalmenreihen ausbreiten, Villen und Wohnhäuser entstanden sind und der Anfang eines Seebades für die besseren Klassen der Hauptstadt, die zur heissen Zeit hier Kühlung suchen, gemacht worden ist. Die übrigen Küstenplätze sind klein und unbedeutend, Caraballeda hat 318, Naiguatá, des dem höchsten Berge des karibischen Systems, dem über dem Dorfe sich erhebenden Pico de Naiguatá den Namen gegeben hat, 580 Einwohner. Weiter östlich behält die Küste denselben Charakter einer Steilküste mit Vorsprüngen und Einbuchtungen, in die kleine Flüsse münden, entbehrt aber ganz der Ortschaften. Erst zwischen der Punta del Fraile und der Punta Maspa in der Ensenada de Caruao treten, bei gleichzeitiger Abnahme der Gipfelhöhe des Karibischen Gebirges bis auf 1700 m wieder einige Ortschaften auf, die das Municipio Caruao mit allerdings nur 1160 Einwohnern bilden, an dem das Dorf La Sabana mit 342 und die Caserios Caruao mit 111 und Chuspa mit 358 Einwohnern Theil nehmen. Obwohl sich aber einige längere Flussthäler, wie das des Caruao, Chuspa und Aricagua ausbilden, ist doch die Besiedelung sehr gering und der für Pflanzungen ohne Zweifel vorzügliche Boden bleibt unausgenutzt.

Der Verkehr der Küstenorte ist daher auch sehr gering, Wege über das Gebirge nach Süden fehlen fast ganz, nur zwischen La Sabana und Guarenas giebt es einen Pfad über die Berge östlich des Gipfels Cares. Am bequemsten ist der Uebergang von Chuspa nach Südosten über den Rücken des Cabo Codera nach dem Hafen Carenero an der Küste von Barlovento, wohin ein Reiter von Chuspa aus in einem halben Tage gelangen kann.

Im Ganzen wird die Nordküste zwischen Catia und Cap Codera von nur etwa 16—17 000 Menschen bewohnt, wovon jedoch 14 000 auf die Umgebung von La Guaira, nur 2—3000 auf die gesammte übrige Küste entfallen.

In der grossen Hauptkette, die von dem Avila bis zum Cap Codera streicht, hat man es mit dem Kern des Karibischen Gebirges und mit seinen höchsten Gipfeln zu thun; zugleich aber beginnt gerade hier die langsame Erniedrigung des Gebirges gegen Osten hin und mit dem Abbruch am Cap Codera tritt der Zerfall desselben ein.

Man kann in dem Gebirgszuge zwei Theile unterscheiden. Der eine, westliche, verläuft fast genau westöstlich und bezeichnet die

Stelle, an der die Nordkette des Karibischen Gebirges am weitesten nach Norden vortritt, ausserdem trägt er die höchsten Gipfel des gesammten Systems. Nördlich von Guarenas beginnt aber die streng westöstliche Streichrichtung sich zu verändern und die Höhe sich zu vermindern, das Gebirge zieht nun in einem gegen Norden offenen Bogen nach dem Cap Codera, das wieder nahezu auf derselben Breite liegt wie die westlichen Hochgipfel. Der der Hauptstadt Carácas benachbarte Westen des Zuges ist ziemlich gut bekannt, der Osten fast ganz unbekannt und bisher von keinem wissenschaftlichen Reisenden überschritten worden, obwohl die Nähe des Hafens von Carenero einen Uebergang erleichtert.

Im Westen besteht das Gebirge zwischen Carácas und La Guaira aus Gneiss und Glimmerschiefer; vom Meere aus erreicht man sogleich die rothen Lateritfelsen, deren Material aus dem verwitterten Glimmerschiefer entstanden ist, und steigt über diesen und gelegentlich auftretenden Gneiss zur Passhöhe empor; auf der Südseite liegen auf dem bekannten Wege von Carácas nach Galipan über Ananco etwas unterhalb des Passüberganges in 1600 m Höhe körnig schuppige Glimmerschiefer mit lichtgrünem Glimmer, dann folgen in 1400 m Höhe knotig flaserige Glimmerschiefer, in 1250 m Höhe schmutzig grauer Felsittuff, unmittelbar darunter rothgefärbte Muscovitschiefer und in 1050 m dunkelgrüne Glimmerschiefer und Grünglimmergneisse. Granit habe ich nicht gefunden, auch scheint derselbe in diesem gesammten Theile der Nordkette kaum vorzukommen. Der Bau des Gebirges ist ziemlich verwickelt, in 1600 m auf der Südseite streichen die Schichten NNW und fallen 70° nach ONO, in 1450 m Höhe aber ist die Streich- und Fallrichtung nahezu entgegengesetzt, die Schichten fallen hier gegen das Innere des Landes nach SSO ein, gleich darauf nach NW, in 1250 m nach NW und SO, und in 1050 m nach SO, endlich aber in 980 m wieder SW; im Ganzen also meist gegen Süden, so dass eine grosse Falte angenommen werden darf, deren Emporwölbung die Aufrichtung des Gebirges entspricht. A. von Humboldt bemerkt, die gesammte Nordkette vom Meridian von Choroní bis zum Cap Codera bestünde aus Gneiss, »allein mitten auf diesem Gneissgebirge kommen enclavirte Glimmerschiefer zum Vorschein, die öfters talkartig sind«, [1] ebendort soll auch nach von Humboldt zwischen $68\frac{1}{2}$—$70\frac{1}{2}$° W. L. von Paris = 66° 10′ — 68° 10′ W. L. von Greenwich der Gneiss zuweilen in Glimmerschiefer übergehen, und der Anschein eines Uebergangs zum Granit sich nur auf dem Gipfel der Silla de Carácas zeigen.

---

[1] Reise in die Aequinoctialgegenden des Neuen Kontinents, V. 568.

Diese habe ich nicht besucht; nach Jahn soll sie aus Gneiss bestehen [1]) und nahe ihrer Spitze allerdings granitoidisches Gestein sowie Hornblende-Gneiss und ganz oben Granit enthalten. [2]) Im Allgemeinen aber sind diese grösseren Vorkommnisse von Gneiss doch wohl nur Ausnahmen; ich wenigstens fand auf der ganzen Strecke zwischen der Colonia Tovar und dem Avila keinen Gneiss und sehe, dass auch Wall auf seiner kleinen Skizze der Nordkette den Gneiss nur untergeordnet im Glimmerschiefer auftreten lässt. [2]) Man muss in der That die Nordkette in ihrer ganzen Ausdehnung vom Yaracui bis zum Cap Codera als ein Glimmerschiefer-Gebirge auffassen, in dem nur an einzelnen Stellen grössere Einlagerungen von Gneiss sich zeigen, wie bei Colonia Tovar und an der Silla de Carácas, und einzelne Granitstöcke die hohen Gipfel bilden, z. B. den Hilaria, den Picacho de la Colonia Tovar, die Silla und auch wohl den Naiguatá, auch zuweilen in niedrigeren Niveaus, wie bei Las Trincheras und im Yaracui auftreten. Ueber die Zusammensetzung der Berge östlich des Naiguatá wissen wir so gut wie nichts, die Vorberge bestehen bei Guarenas und Guatire aus glimmerigen und quarzigen Schiefern, zu denen sich allerdings bei Guatire bereits quarzitischer Carora-Sandstein gesellt; doch dürfte auch Cap Codera noch aus archaeischem Gestein bestehen, wenigstens giebt Humboldt an, dass in der Bai von Higuerote, wahrscheinlich dem jetzigen Puerto Carenero, Gneiss ansteht, der in N 60° O streicht und recht steil in 80° gegen NW fällt, also wie nördlich Carácas. [3])

Die hohen Gipfel des westlichen Theils dieses Abschnittes der Nordkette beginnen nördlich von Carácas mit dem 2176 m hohen Pico del Avila oder Salto de Piedra, an dessen Gehängen zwei Wege über das Gebirge von Carácas nach La Guaira führen. Beide sind Saumpfade. Der eine, der alte Maulthierpfad, camino de recuas, verlässt Carácas bei der Puerta de Carácas im Kirchspiel La Pastora in 1043 m, erreicht kurz oberhalb der Häuser von Sanchorquiz (1532 m) die Passhöhe mit 1601 m bei El Castillito und fällt dann über die Cumbre 1434 m und La Venta 1210 m steil ab zur Ansiedlung Torquemada 418 m über La Guaira. Der andere führt über Anauco ohne Häuser zu berühren auf die Boca del Tigre (nach Jahn 1900 m), überschreitet nach meinen Messungen die Passhöhe in 1800 m und erreicht über die Hacienda El Galipan 1500 m (nach Jahn 1556 m) und das Dorf San José in noch schärferem Abfall La Guaira. In diesem Gebiete

---

[1]) Anuario del Comercio de Venezuela 1886, S. 305. Ebenda S. 310, 313.
[2]) Quarterly Journal of the Geological Society of London 1860, XVI, Taf. 21.
[3]) Humboldt, a. a. O. II, 322.

sind neben dem Avila der Picacho de Galipan oder Palmar mit 2000, und der Hauptkamm de los Jarillos westlich der Boca de Tigre mit 1945 m die höchsten Erhebungen [1]).

Das Gebirge ist hier auf der Südseite ganz kahl, arg verwittert und nur mit spärlichem Grase bestanden; die Waldgrenze liegt auf dem Galipan-Wege in 1580 m Höhe, etwa 200 m unter dem Pass-übergang. Von da aus dehnt sich frischer Hochwald über die Höhe und verhindert die Aussicht auf die Umgebung, das Thal von Carácas und das Meer. Letzteres sieht man jedoch etwas abwärts am Nord-abhang, sobald man sich der Hacienda Galipan nähert. Diese liegt in 1500 m Höhe am Gehänge des hier schroff zum Meere abfallenden Gebirges in einer überaus reizvollen Lage und sollte von jedem Fremden aufgesucht werden. Der Besitzer, Don Miguel Bueno, hat nicht nur erheblichen Kaffeebau, sondern auch einen wundervollen Garten mit zahlreichen Pflanzen der gemässigten Zone ins Leben gerufen. Hier blühen im frischen Klima der tierra templada auf wohl gepflegten Beeten europäische Blumen in Fülle, Rosen, Heliotrop, Geranien, Fuchsien; Erdbeeren sind in grossen Mengen vorhanden und unter Pfirsichhainen gedeihen alle Arten Gemüse, einheimische und fremde. Da sieht man, was mit Eifer, sorgfältiger Pflege und Verständniss für Gartenbau, Obstzucht und Blumenkunde in der tierra templada eines tropischen Landes zu erzielen ist, und was aus der Colonie Tovar bei reichlicher fliessenden Mitteln und energischer Leitung hätte gemacht werden können. In der That diese Hacienda Galipan ist einzig in ihrer Art. Im Uebrigen ist der Nordabhang mit ziemlich bedeutenden Wäldern bestanden, in denen die Axt noch nicht weit vorgedrungen ist. Die unteren Theile freilich mit ihrem Laterit-boden sind kahl, die oberen aber dicht bewaldet, und ihres frischen Klimas wegen zukunftsreich, doch wird die Besiedelung wohl kaum rasch zu-nehmen; zur Zeit enthält der Distrikt von Macuto erst 2168 Einwohner, von denen 807 auf Macuto selbst, 433 auf El Cojo, 190 auf San José fallen, der Rest von 700 vertheilt sich auf die Haciendas im Gebirge und einige Ansiedlungen an der Küste.

Je weiter nun die Uebersicht über das Gebirge nach Osten zu fortgesetzt wird, desto unwirthlicher, höher, unbesiedelter wird es. Nördlich von Chacao steigt man zur Silla de Carácas empor, die aus zwei Gipfeln besteht, dem östlichen Hauptgipfel Aguilón mit 2665 m und dem westlichen mit 2502 m Höhe, zwischen denen ein Sattel La Silla, der dem Berge den Namen gegeben hat, in 2340 m

---

[1]) Jahn, a. a. O. S. 298.

Höhe liegt. Die Besteigung geschieht von den Hütten von Cachimbo in 1675 m Höhe aus, dem letzten dauernd bewohnten Punkte der Südseite, doch finden sich noch in 1923 m an den Cabeceras de Camburí auf dem Punkte Palmar de Azúcar Ranchos. Man hat also von diesem Standquartier aus 742, von Cachimbo an rund 1000 m zu steigen, erreicht bereits in 2200 m Höhe die der Silla eigenthümliche Espeletia neriifolia Wedd; die freilich am Nordabhange des kühleren Klimas halber bis 1900 m Höhe herabreicht und vermag bis zum Gipfel in etwa 3 Stunden, ohne Aufenthalt gerechnet, zu gelangen. Der Gipfel besteht aus einer Grasfläche von Podosaemum alpestre, und wird umgeben von zahlreichen Espeletien mit dicken Stämmen. Die Aussicht reicht bis zu den Inseln des Karibischen Meeres, Aves, Roques, Orchila, und anderseits zu dem Llano des Guárico.

Noch 120 m höher als die Silla ist der von Spence 1681 zuerst erstiegene Pico de Naiguatá, mit 2782 m der höchste Gipfel des Karibischen Gebirges. Ueber dem 2613 m hohen Kamme erheben sich nach Jahn zwei Gipfel, der Pelón oder La Aguja mit 2782 und ein anderer mit 2753 m, so dass eine Art langgezogener Rücken entsteht, der die Besteigung erleichtert, wozu namentlich auch ein in 2137 m Höhe befindliches Haus des Benito Flores und die Kaffeehacienda Las Mercedes auf der Loma del Líbano in 1578 m Höhe beitragen, die man von Caucagüita aus, zwischen Petare und Guarenas, erreicht. Die Aussicht ist noch umfassender als die von der Silla.

Während also die südlichen Gehänge noch bis über 2000 m Höhe Leben tragen, ist der schroffe Nordabhang öde. In den beiden am Nordfusse der Berge Silla und Naiguatá gelegenen Municipios Caraballeda und Naiguatá wohnen nur 1044 und 1340, zusammen 2384 Menschen, und zwar 898 in den Dörfern gleichen Namens, der Rest an der Küste und an den unteren Gehängen des Gebirges, z. B. 236 in der grossen Hacienda Juan Diaz am Fusse der Silla. Der obere Theil des Gebirges ist hier mit dichtem Walde bestanden und unbewohnt. Dieser Charakter setzt sich fort in den östlicheren Theilen des Gebirgszuges; im Norden liegt schweigender Wald, im Süden erstrecken sich halbwegs besiedelte Vorberge bis Guarenas und Guatire mit einzelnen Kaffeepflanzungen an den Höhen und vielen Zucker- und Kaffeehaciendas an dem Fusse. Der Kamm des Gebirges mag zunächst noch 2000 m Höhe behalten, und über ihm sollen nach Codazzi noch die Gipfel Cáres und Caculo mit 2466 und 2265 m Höhe aufsteigen, ersterer nördlich von Guarenas, letzterer südlich von Carguao; dann aber sinkt die Höhe und schliesslich tritt das Cap Codera als eine sanft gebuckelte Schwelle in das Meer hinaus. Nach Norden fällt das Gebirge überall steil zum Meere ab. Die Berge sind (nach Humboldt [1]) »überall in einer Höhe von 3—4000 Fuss senkrecht abgeschnitten. Sie werfen breite und dichte Schatten über das feuchte, sich bis ins Meer aus- dehnende und mit frisch glänzendem Grün bedeckte Erdreich. Mit Zuckerrohr und Mais bepflanzte Felder dehnen sich in enge Thäler aus, welche Felsrissen oder Bergspalten ähnlich sind.«

Am Südfusse der Nordkette dehnt sich von Antímano im Westen bis über Guatire im Osten eine Thalweitung aus, die nur zwischen Petare und Guarenas enger wird, aber im Westen dem Rio Guaire, im Osten dem Flusse von Guarenas und Guatire Raum gewährt. Sie senkt sich langsam von Westen nach Osten, hat bei Antímano 925 m, bei Guatire nur noch 320 m Höhe, und folgt somit dem sich er- niedrigenden Gebirgszuge nach Osten hin auch in der Abnahme ihrer Höhe. Ihr bekanntester Abschnitt ist das einerseits bis Antímano, andererseits bis Petare sich ausdehnende Thal von Carácas; es ist im Westen 1, in der Mitte 2½ km breit, und wird von dem von der Nord- kette herabgeführten Schutt und Gerölle gebildet, das einen fast ebenen Thalboden geschaffen hat, an dessen Südseite der Rio Guaire fliesst. Demgemäss findet ein Abströmen der Gewässer von der Nordkette quer über das Thal nach Süden statt, wo sie sämmtlich vom Rio Guaire aufgenommen werden.

Dieses reiche Thal ist jetzt fast vollständig mit Pflanzungen, namentlich mit Zucker- und Maisfeldern sowie mit Ortschaften be- deckt. In ihm hat sich die Hauptstadt des Landes, Carácas, in 900—950 m Höhe entwickelt, und durch ihr Aufblühen Veranlassung zu der Entstehung anderer Orte gegeben. Von drei Bächen durch- flossen lehnt sie sich im Norden an die Vorberge der Nordkette, im Westen an den Cerro del Calvario, im Süden an den Rio Guaire an und bietet nur im Nordwesten nach dem Passe von Catia und im Osten einen breiten Ausgang. Ihre Einwohnerzahl ist 1891 zu 72 429 festgestellt worden, doch ernährt das Thal von Carácas eine viel grössere Zahl von Menschen. Politisch zerfällt es in den Distrito federal, den Bundesdistrikt, zu dem ausser Carácas die westlich da- von gelegenen Orte La Vega, El Recreo, Antímano und Macarao, das südlich gelegene El Valle und merkwürdigerweise auch Macuto an der Küste des Karibischen Meeres gehören, und in das Municipio Pacheco des Staates Miranda mit dem Hauptort Petare sowie das Municipio Chacao; von diesen können jedoch El Valle, Macarao und Macuto nicht mit zum Thale von Carácas gerechnet werden, und

---

[1] A. a. O. II, 325.

das Municipio Petare erstreckt sich auch über eine Reihe von Orten ausserhalb desselben. Es ergiebt sich daher folgende Einwohnerzahl:

Stadt: Carácas 72 429

Municipio: Antímano ...	3 057	} westlich Carácas 6853
» La Vega	1 467	
» Recreo	2 329	

| Municipio: Chacao ..... | 2 051 | } östlich Carácas 6051 |
| » Pacheco ca. | 4 000 | |

Um Carácas wohnen also gegen 13 000 Menschen, mit Carácas zusammen besitzt das Thal demnach über 85 000 Bewohner.

Neben Carácas ist Petare der bedeutendste Ort des Thales, am östlichen Ende desselben 11 $^{1}/_{4}$ km von der Hauptstadt in 840 m Höhe gelegen; im Jahre 1704 wurde der Ort gegründet, ist also keineswegs sehr alt, und stand auch zuerst nicht an der jetzigen Stelle, sondern an der Quebrada La Vieja bei der heutigen Hacienda La Vega. Gegenwärtig hat es 2148 Einwohner, führt die Benennung Poblacion, ist also noch nicht Ciudad, aber wichtig, weil die zahlreichen Kaffee-Haciendas der Umgebung, besonders von Los Mariches und den östlichen Altos, ihre Produkte auf den Markt nach Petare zu senden pflegen, so dass die Einläufe an Kaffee in Petare oft für die Preise des Kaffees überhaupt von Einfluss werden. Kleiner ist Antímano im Westen von Carácas mit 1171 Einwohnern, ein beliebter Ausflugsort und zur Zeit Guzman Blanco's, der dort ein Haus besass, in der Mode. La Vega mit 516 Einwohnern ist ein Ackerbaudorf, das hauptsächlich von den benachbarten Haciendas abhängt, Chacao im Osten mit 707 Bewohnern ebenfalls ein Landbau treibender Ort, El Recreo mit 967 eine Art Vorstadt von Carácas, Dos Caminos mit 300 Einwohnern bekannt als Knotenpunkt für die Wege nach Petare und dem Tuy einerseits, Guarenas und Guatire anderseits. Ungefähr ebenso gross ist Sabana Grande, und zwischen diesem und Carácas wohnen in Haciendas noch mehrere Hundert Menschen, wie denn überhaupt von Dos Caminos bis Carácas fortgesetzt grössere Kaffeepflanzungen passirt werden. Auch Los Ravelos westlich von Chacao hat 244 Einwohner.

Nordöstlich von Petare schiebt sich ein Höhenzug vor die Nordkette, doch erreicht derselbe nur 100 m Höhe über Dos Caminos, so dass die Wasserscheide zwischen dem Guairethal und dem des Rio Guarenas keineswegs sehr ausgeprägt ist. Auch nimmt die Höhe des Vorlandes der Nordkette fortgesetzt weiter ab und da im Süden das Bergland von Los Mariches ziemlich bedeutende Höhe erreicht, so bleibt der Eindruck einer Senke zwischen diesem und der Nordkette bestehen. Gneiss und rothe Schiefer bilden den Höhenrücken der Wasserscheide bei La Cortada 990 m, Kaffee- und Zuckerpflanzungen liegen häufig am Fusse der Nordkette, gegen Süden erblickt man Petare, und einzelne Haciendas treten auch an den Weg heran, der allmählich zum Flussbette des Rio Guarenas, des Quellflusses des Caucagua, überführt. Graue graphitische Schiefer, die in ausserordentlich steile von SW nach NO streichende Falten gepresst sind, stehen hier an und werden nur selten von einzelnen Kalksteinvorkommnissen abgelöst. Auf grasiges Land an der Wasserscheide und Haciendas mit schönem Schatten, wie San Fernando, folgt weiter abwärts lichter Trockenwald an der südlichen Berglehne, mit schmalen Blättern und weissen Stämmen, wie im Tuythal bei Santa Lucia. So geht es in einem häufig engen Flussthale über die Ansiedlung Caucaguita 677, Jahn 605 m (160 Einwohner) in ein zweites breiteres Thal, das von Guarenas und Guatire.

Dieses Thal kann zwar nicht mit dem von Carácas wetteifern, liegt jedoch ganz ähnlich wie jenes. Die Breite ist ungefähr dieselbe, die Länge etwas geringer, die Seehöhe bedeutend geringer, da Guarenas nur etwa 400, nach Jahn 360, Guatire nur 350, nach Jahn 305 m über dem Meere liegt. Da aber die Gebirge um Guarenas und Guatire in ihren höchsten Spitzen 600 m niedriger sind, als die von Carácas, so ist der Höhenunterschied zwischen Gebirge und Thal hier genau derselbe wie im Westen. Auch der Anblick des Thales hat manches Gemeinsame mit dem von Carácas: reiche Zucker- und Kaffeepflanzungen, Maispflanzungen und Weidegründe dehnen sich in dem Thal von Guarenas und Guatire aus, und zahlreiche Haciendas drängen sich zu beiden Seiten des Weges, bald diesem nahe, bald den Gehängen der Berge angefügt. Die Besiedelung ist sehr dicht, da etwa 14—15 000 Menschen in dem Thale wohnen, von denen auf das Municipio Plaza (Guarenas) 6817, auf das Municipio Zamora (Guatire) 7720 entfallen. Der auf einem Höhenzuge über dem Flusse erbaute Ort Guarenas selbst hat 3163, das in flacherer Umgebung gelegene Guatire 2875 Einwohner; jedes von beiden ist also bedeutend grösser als Petare, Guarenas etwa so gross wie Petare und Antímano zusammen, und der grösste Ort östlich von Carácas, bedeutender als Rio Chico. Auch die Haciendas sind stark bewohnt, El Ingenio von fast 200 Menschen, ihr Betrieb bedeutend, ihre Produkte, besonders Zucker und Kaffee, so zahlreich und werthvoll, dass bereits der Plan einer Eisenbahn Carácas-Guatire aufgetaucht und von dem Ingenieur der Grossen Venezuela-Eisenbahn, Herrn L. A. Müller, ausgearbeitet worden ist. Vorderhand besteht jedoch keine Aussicht zur Verwirklichung dieses

Vorschlags und das Thal von Guarenas und Guatire entbehrt daher noch der grossen Verkehrswege, die das Thal von Carácas auszeichnen.

Östlich von Guatire endet das Thal, da bedeutende Vorberge sich vor die Nordkette legen; wir treten damit ein in

b. Das centralvenezolanische Mittelgebirge.

Vor der Nordkette des Karibischen Gebirges entwickelt sich östlich von La Victoria und südlich von Carácas und Guatire ein Bergland, das eine besondere Stellung für sich beansprucht. Es entsteht dadurch, dass die Nordkette von dem Meridian von La Victoria an ostnordöstlich, die Südkette aber ostsüdöstlich verläuft. Während die Entfernung der Kämme dieser beiden Hauptketten bei La Victoria nur 30 km beträgt, sind sie im Meridian von Carácas schon 60 km von einander entfernt und halten sich in diesem Abstand bis gegen den Meridian von Altagracia, wo derselbe sogar 70 km beträgt. Veranschaulicht wird dieses Auseinandertreten der beiden Ketten am besten durch die Richtung der Nordküste zwischen Puerto Oricaro und der Ensenada de Todasana einerseits, die des Tuythals anderseits, das der Tiefenlinie zwischen der Serrania costanera und der Serrania del Interior folgt.

Auf diese Weise lagert sich zwischen die beiden Hauptketten ein Bergland von Mittelgebirgshöhe, dessen südliche Grenze der Tuy, dessen nördliche die Thäler von Carácas und Guarenas bilden. Im Osten erstreckt sich dieses Bergland bis zur Küste von Barlovento, im Westen besitzt es keine scharfe Grenze, da es sich allmählich aus den an Breite zunehmenden Vorbergen der Nordkette entwickelt; man könnte allenfalls den Oberlauf des Rio Tuy von der Quelle bis Guayas als westliche Grenzlinie betrachten. Durchzogen wird es im Westen von dem in einem grossen Bogen strömenden Rio Guaire, im Osten vom Rio Caucagua, und da alle wichtigeren Strassen den Norden mit dem Tuy-Thale verknüpfen und meist zum Tuy und Guaire verlaufen, so nenne ich es nach diesen beiden wichtigsten Flüssen des Centrum's Venezuelas das Tuy Guaire-Gebirge oder das centralvenezolanische Mittelgebirge.

Obwohl dieses Gebirge der Hauptstadt Carácas unmittelbar benachbart liegt, und leicht erreicht werden kann, so sind doch die über dasselbe vorliegenden Nachrichten recht spärlich und es ist nur ein bestimmter Theil dieses Berglandes oft besucht worden, nämlich derjenige, durch den die grosse Strasse von Carácas über Los Teques nach

La Victoria führt. Von Humboldt [1]) durchzog das Land im Februar 1800 auf der damaligen alten Strasse, die von Carácas oberhalb von Las Adjuntas die Höhe gewinnt und in San Pedro mündet; er nannte das aus Gneiss und granathaltigem Glimmerschiefer bestehende Gebirge Higuerote und versteht unter Cocuizas denjenigen Theil, der südwestlich des Thals von San Pedro liegt und jetzt von der grossen deutschen Eisenbahn durchzogen wird. Was wir heute als Bergland von Los Teques zusammenfassen, kennt er unter den Namen Gebirgsknoten von Higuerote und Las Cocuizas. Karsten [2]) hat auf seiner »Geognostischen Karte des nordöstlichen Venezuela« das gesammte Tuy-Guaire-Gebirge als aus metamorphischen Gesteinen zusammengesetzt bezeichnet, und lässt nur östlich einer Linie von Curiepe nach Caucagua Tertiär vorkommen; er dehnt auch das metamorphische Gebiet bis über die Hauptkette der Serrania del Interior südwärts aus. In seiner »Karte der Verbreitung der geognostischen Formationen in Columbien« [3]) vom Jahre 1856 ist jedoch das gesammte Gebiet zwischen Carácas und dem Tuy mit der Farbe der jüngeren Kreide bedeckt, der Osten als tertiär, der Nordosten als plutonisch bezeichnet. In seinem neuesten Werke [4]) endlich ist das Mittelgebirge wiederum vollständig plutonisch, das tertiäre Gebiet liegt hier östlich von einer Linie von Curiepe nach Santa Lucia. Diese Darstellung ist die richtigste. allein ein so auffallendes Schwanken in der Zuweisung der Ablagerungen bald zum plutonischen System, bald zur Kreide verbannt das Vertrauen zu dem Text der Karten und zu diesen selbst. Prüfen wir den Text der neuesten Veröffentlichung, so zeigt sich, dass Karsten das Tertiär von Curiepe bis Araguita am Tuy ausdehnt, aber auch westlich davon im Valle de Suapire solches anmerkt. Weitere Beobachtungen als die Humboldt's und Karsten's besitzen wir über dieses Bergland nicht; nur Jahn veröffentlichte einige Höhenzahlen. [5]) Auch auf meiner ersten Reise 1884/1885 habe ich das Gebirge südlich von Carácas garnicht betreten, sondern nur die Strasse Victoria—Los Teques—Carácas bereist.

Meine Reise 1892/93 hat mir auch über diese Gebiete Klarheit verschafft, insofern ich viermal dieses Bergland durchschnitten habe, nämlich auf den Wegen Carácas—Charayave, Santa-Lucia—Petare, Guatire—Caucagua und Caucagua—Capaya, namentlich aber durch die

[1]) Reise in die Aequinoctialgegenden des Neuen Kontinents, III, 62 ff.

[2]) Zeitschrift der deutschen geol. Gesellsch. 1850. Tafel XI.

[3]) Amtlicher Bericht der Naturforscher-Versammlung zu Wien 1856.

[4]) Géologie de la Colombie Bolivarienne; Berlin, 1887.

[5]) Anuario del comercio de Venezuela 1886. S. 295.

Möglichkeit, einen Einblick in die durch den Eisenbahnbau angeschnittenen Berge südwestlich von Los Teques zu thun.

Um das Ergebniss vorweg zu nehmen, stellte sich heraus, dass das Tuy-Guaire-Bergland aus einem nordwestlichen archaeischen Theil und einem südöstlichen sedimentären besteht, deren Grenzlinie durch die Orte Charayave-Guatire bestimmt wird. Das archaeische Gebirge ist die unmittelbare Fortsetzung der Nordkette, das jüngere sedimentäre Gebirge ist aber dem archaeischen konkordant aufgelagert und mit demselben zusammen gleichsinnig gefaltet, so dass irgend welche scharfe Scheide zwischen beiden Ablagerungen wegfällt. Daher wird es auch unrichtig sein, noch weiter zu behaupten, dass die archaeischen Schiefer des Nordens aus jüngeren Sedimentgesteinen metamorphosirt seien, sondern es ist einfach ein alter Kern von krystallinischen Schiefern durch jüngere Ablagerungen bedeckt worden, die nicht nur aus der Tertiärzeit, sondern auch schon aus der Kreideperiode stammen, und im Süden an die Sedimentgebirge der Serrania del Interior sich anlehnen. Immerhin ist es auffallend, dass plötzlich südlich von Carácas das Sedimentgebirge mit nordöstlichem Streichen in die Nordkette einzudringen beginnt und den ganzen Südostrand derselben bedeckt; wir erkennen aber darin den Beginn des Vorwaltens jüngerer Gesteine im Karibischen Gebirge, das ja im Oriente fast ganz aus solchen besteht. Der westlichste Punkt des Auftretens der Kreide- und Tertiärablagerungen an der Nordkette ist noch nicht sicher bekannt: ich bemerkte sie bereits nördlich von Charayave und vermuthe ihrem Streichen nach, dass sie etwa bis nach Tácata vorkommen. Verlängert man nun die Linie Guatire-Charayave, so trifft sie nahezu San Juan de los Morros, das wie unten gezeigt werden wird, ebenfalls an der Grenze der älteren krystallinischen Schiefer und der sedimentären Bildungen der Kreide liegt.

Beide das Gebirge bildende Theile, die krystallinischen Schiefer und die sedimentären Bildungen, namentlich aber erstere, sind ausserordentlich scharf gefaltet, in sehr steile Falten gepresst und hochgradigem Druck ausgesetzt. Demgemäss ist auch das Mittelgebirge kein deutlich übersehbares, leicht in einzelne Abschnitte zu zergliederndes, sondern es ist anscheinend regellos, wirr und unübersichtlich gebaut. Man kann auch nicht nach der Zusammensetzung zwei getrennte Theile unterscheiden, sondern die einzige Gliederung geben die Flüsse, obwohl auch sie meist Erosionsthäler haben. Immerhin kann man das Gebirge westlich des Rio Guaire als Bergland der Altos ausscheiden von dem östlich des Guaire gelegenen, für das man vielleicht den Namen Caucagua-Bergland deshalb nicht für unpassend halten wird, weil der Rio Caucagua dasselbe mitten durchfliesst und für den Osten ebenso die Hauptwasserader bildet wie der Guaire für den Westen.

α. Das Bergland der Altos.

Das westlich des Guaire gelegene Gebirge besteht aus dem Berglande von Los Teques um den gleichnamigen Ort und den wirren Höhen östlich von Los Teques und südlich von Carácas, die man unter dem Namen Los Altos, die Höhen, zusammenfasst, welche Bezeichnung auch auf die daselbst liegenden Dörfer San Diego, San Antonio, Carrizal, Paracotos, Hatillo, Baruta, ja auch auf Los Teques und San Pedro angewendet wird. Es ist der eigentliche Kern des centralvenezolanischen Mittelgebirges und entspricht an Höhe den höheren deutschen Mittelgebirgen, z. B. dem Schwarzwalde, Erzgebirge, Riesengebirge. Die Höhe wird bezeichnet durch die Dörfer San Pedro 1210, Los Teques 1171, Carrizal 1300, San Diego 1275, San Antonio 1400, El Hatillo 1150, Baruta 1000 m, nach Jahn's Aufnahme;[1] hinzufügen kann man noch Macarao mit 1000, El Valle mit 888, Rincon mit 900 m Höhe. Ueber die Dörfer ragen die Gipfel und Passhöhen nur wenig hinaus. Zwischen Carácas und Cúa steigt die Fahrstrasse in La Cortada de Guayabo bis 1230 m, der Maulthierpfad oberhalb dieses Wirthshauses bis 1350 m an, zwischen El Valle und Baruta erreicht man 1100, zwischen San Antonio und San Diego 1490, zwischen Carácas und El Hatillo 1280 m. Der Gipfel Pan de Azúcar bei Los Teques hat 1371 m, der Picacho de San Antonio oder Alto de Pipe 1762 m Höhe und ist damit wahrscheinlich der höchste Berg der Altos; nur dort, wo das Bergland von Los Teques in die Nordkette übergeht, ragen naturgemäss noch höhere Gipfel auf, wie der Alto de San Miguel nördlich von Las Lagunetas, dessen wir bereits auf Seite 142 erwähnt haben. Im Allgemeinen senkt sich das Bergland der Altos von Nordwesten nach Südosten und fällt bereits oberhalb von Charayave rasch ab. Charayave liegt nach meinen Messungen 385, nach denen R. Ludwig's 400 m, Suapire nach meinen Ablesungen 270 m hoch. Dem nach Südosten gerichteten Abfall folgen die Flüsse Guaire und Tuy, letzterer auf der Strecke Tácata-Cúa, ersterer zwischen Carácas und Santa Lucia, sowie der Fluss von Charayave, während der Oberlauf des Rio Guaire, der Rio San Pedro sowie auch der Rio del Valle in der entgegengesetzten Richtung von SW nach NO verlaufen.

---

[1] Anuario del comercio de Venezuela 1886, S. 295. Leider hat Jahn keine Beschreibung seiner Reise in die Altos veröffentlicht.

Diese letztere Richtung entspricht im Allgemeinen der Streichrichtung der Schichten, die besonders von SW und WSW nach NNO streichen und nach NW und SO, namentlich aber nach SSO fallen, sowohl zwischen El Valle und Charayave wie auch im Guaire-Thal bei Pichao und Arenaza nördlich von Santa Lucia. Der Rio Tuy und der Guaire verlaufen also auf den genannten Strecken quer gegen das Streichen der Schichten, womit auch der Charakter des Guairethales von Petare bis Santa Lucia als eines grossartigen Erosionsthales übereinstimmt, während ich gleiches nicht von dem Tuy zwischen Tacata und Cúa aussagen kann, da ich sein Thal daselbst nicht kenne; wahrscheinlich liegt hier aber kein scharfes Erosionsthal vor, wenngleich das Tuythal hier viel enger sein dürfte, als zwischen Cúa und Ocumare oder auch zwischen El Consejo und Guayas. Der obere Rio Guaire und der Rio Valle strömen der Streichrichtung vorwiegend parallel, und zwar letzterer in einem kleinen Längsthal, das sich bei El Valle bedeutend erweitert, während der obere Guaire zwischen Los Teques und Las Adjuntas ein tiefes Erosionsthal besitzt, da die Streichrichtung der Schichten hier wechselt und oft nordwestlich ist, ausserdem aber gerade hier der Zusammenhang zwischen dem Berglande der Altos und der Nordkette noch besteht.

Wir haben es daher in dem Berglande der Altos nicht mit einem von Nordwesten nach Südosten gerichteten, in einzelnen parallelen Zügen abfallenden Berglande zu thun, sondern mit nordöstlich bis ostnordöstlich streichenden Falten, die durch Wasserläufe in der Richtung NW—SO zerschnitten sind, deren Engen mehrere Strassen, z. B. die von Guayabo nach Yare in der Quebrada Caisa, und die durch das Valle de Suapire führende, benutzen. Die meisten Wasserläufe winden sich mühsam durch die krystallinischen Schiefer hindurch und nehmen daher eine Diagonalrichtung zwischen der nordsüdlichen Neigung der Nordkette gegen den Tuy und der ostnordöstlichen Streichrichtung der Falten ein; sie fliessen ostsüdöstlich, der Tuy, der Fluss von Charayave, die Caisa, das Wasser von Suapire, der Guaire zwischen Petare und Arenaza, der Rio Guarenas bis zur Mündung der Quebrada Araire. Sobald sie aber in die leichter zu durchschneidenden Sandsteine, Konglomerate, Kalksteine und Kalkmergel eintreten, wenden sie sich südlicher, was besonders deutlich der Rio Guaire und der Guarenas-Caucagua zeigen.

Infolge der nicht unbedeutenden Höhen und des nordöstlichen Streichens der Gebirgszüge und Schichten sind die Wege zwischen der Nordkette und dem Tuy beschwerlich, müssen hohe Ketten übersteigen, sich in mühevollen Windungen durch das Bergland schlängeln und vermögen grössere Flussthäler nicht zu benutzen; das jetzt von der Eisenbahn theilweise durchzogene Guairethal war weder oberhalb Carácas noch unterhalb Petare bequem zu benutzen und ist auch erst durch die hochgestiegene Technik der letzten Jahrzehnte gangbar gemacht worden. Humboldt musste es noch umgehen und weiter unterhalb zieht noch heute die Strasse zu beiden Seiten des Erosionsthales des Guaire auf den Höhen, nicht aber im Thale.

Auch führt der nächste Weg von Carácas nach dem Tuy bei Cúa über das Gebirge, ohne eines der daselbst liegenden Dörfer zu berühren, obwohl es ihrer auch auf der Höhe eine ganze Reihe giebt, abgesehen von dem Carácas nahen El Valle. In der That sind diese Ansiedlungen keineswegs jung, sondern gehören zu den älteren des Landes, sind aber mit der Zeit nicht vorwärtsgekommen, sondern wegen ihrer Lage im unübersichtlichen Berglande in der Entwicklung stehen- und zurückgeblieben gegen andere, die an den grossen Strassen erst neu angelegt sind. Infolge der frühen Besiedelung ist aber auch der landschaftliche Charakter ein anderer als in Anbetracht der geringen Zugänglichkeit und der Höhe des Berglandes zu erwarten wäre. Wald findet man nur noch wenig, fast ausschliesslich auf dem nordwestlichen Flügel bei San Antonio, Los Teques, Pipe und San Pedro, fast garnicht auf dem südöstlichen Gehänge; die frischen Bergwiesen der Cordillere vermisst man aber auch hier, und der landschaftliche Eindruck ist ein unbestimmter, wechselnder, bald Feld, bald ein kleiner Hain mässig hoher Stämme, meist Gebüsch und Waldreste, häufig Häuser, aber keine grossen Ansiedlungen, immer mit Ausnahme des ansehnlichen Ortes El Valle.

Dafür aber ist auch die Aussicht nicht behindert, der Blick schweift z. B. vom Gipfel des Alto de Pipe und von der Passhöhe über La Cortada de Guayabo weithin ins Land, über das unregelmässige unruhige gebuckelte Bergland zu den gewaltigen Bergen der Nordkette durch die Lücke von Catia auf das Meer bei La Guaira und jenseits des trockenen mit Monte und lichtem Trockenwald dicht bestandenen Tuy-Thales zu den blauen Bergen der Serrania del Interior, deren mächtiger Kamm den gesammten Horizont im Süden abschliesst und weithin nach Westen und Osten sich in dunstige Ferne verliert.

Die Verbindung des Berglandes der Altos mit der Nordkette wird aufrecht erhalten durch die Berglandschaft um Los Teques einerseits und den Riegel von Petare anderseits. Erstere erscheint als die Fortsetzung der Hauptkette gegen Südost und nimmt zuerst östlich von El Consejo, wo der Tuy aus dem Gebirge tritt, breiteren Raum ein. Durch den Bau der Gran ferrocarril de Venezuela ist dieses

Bergland derartig angeschnitten worden, dass eine genauere Einsicht in seine Zusammensetzung und seinen Bau gewonnen werden konnte. Ende December 1892 habe ich theils mit Hülfe eines von der Direktion der Eisenbahngesellschaft zur Verfügung gehaltenen Zuges, theils reitend, theils zu Fuss die Strecke der Eisenbahn zwischen Las Adjuntas und der Begonia, km 15 bis 56, einer näheren Untersuchung unterworfen und eine Reihe von Profilen aufgenommen.

Die Bahn verläuft auf dieser Strecke von Las Adjuntas bis zum Corozaltunnel oberhalb Los Teques nahezu südlich mit leichter Abweichung gegen Westen, vom Corozaltunnel bis Tejerias fast südwestlich, abgesehen von den zahlreichen Krümmungen, die zur Umgebung der Schluchten von Encanto, der Mostaza und der Begonia nothwendig waren, und von denen die Umfahrung der Mostaza 16 km erfordert. Nun streicht das Gebirge hier meist von Südost nach Nordwest, und es ergiebt sich daraus, dass die Bahn die Streichrichtung meist durchschneidet, was für die Erkenntniss des Baues nur vortheilhaft sein kann.

Ueberblickt man das mitgebrachte Gesteinsmaterial, so ergiebt sich, dass wie in der Nordkette überhaupt, so auch an der Eisenbahnlinie Glimmerschiefer vorwiegt. Derselbe tritt freilich in verschiedener Form auf, als Gneissglimmerschiefer und Grünglimmerschiefer mehr nördlich von Los Teques, als Kalkglimmerschiefer südwestlich davon. Ferner kommen noch Graphitschiefer ziemlich häufig, Phyllit bei Encanto und Epidot-Amphibolschiefer stellenweise, endlich Serpentin bei Las Adjuntas vor.

Entsprechend der Häufigkeit des Kalkglimmerschiefers an dem ganzen Südabfall der Nordkette zwischen Valencia und La Victoria, erreichen wir von letzterer Stadt kommend bei km 56 nahe der Begonia vorwiegend Kalkglimmerschiefer, der die gesammte Umgebung der Quebrada Mostaza zusammensetzt und wechsellagert mit dicken Bänken krystallinischen Kalkes und nicht sehr mächtigen Schichten Graphitschiefers. Diese Gesteine wechseln in bunter Reihenfolge und verleihen dem Boden verschiedene Färbung; der röthliche quarzreiche Kalkglimmerschiefer giebt röthlich gelben, der Graphitschiefer grauschwarzen, der Kalkstein graugelben Boden. Der grosse Steinbruch bei der Kabelstation km 40 enthält noch einen ebenschiefrigen, violett rostbraunen Kalkglimmerschiefer, dann folgen bei Encanto km 36 Graphitschiefer mit Pyriten und dünnblättriger thonschieferähnlicher durch transversale Schieferung holz- und stengelartiger Phyllit, Dachschiefer von dunkelbäulichgrauer Farbe und mattem Glanz; wahrscheinlich stellt dieser Phyllit die obersten, hier bei Encanto eingeklemmten in scharfe Falten gepressten Theile des gesammten Systems krystallinischer

Schiefer dar. Zwischen El Encanto und dem Corozaltunnel stehen wieder ausschliesslich Kalkglimmerschiefer von gelbröthlicher Farbe an, dicke Lagen von feinkörnigem schwarzen krystallinischen Kalk mit weissen, gelben, rothen Muscovithäuten, doch geht die Farbe auch durch Zersetzung in braun und schmutzig gelb, röthlichgrau und violett über; Quarz tritt häufig hinzu. Am Corozaltunnel erscheinen wiederum Graphitschiefer, bei km 29/30 typischer weissglänzender, theilweise rostgelber und brauner Muscovitschiefer, dann bei km 26/27 dicht an der Station Los Teques abermals Kalkglimmerschiefer.

Nördlich von Los Teques verändert sich die Zusammensetzung etwas, und es treten ältere Gesteine auf, wohl aus dem Grunde, weil man sich hier der Hauptkette nähert; es besteht auch oberhalb Tunnel 9 eine Verwerfung, die uns in das ältere Gestein führt. Auf dünnschiefrigen weiss glänzenden Sericitschiefer folgt an der Südseite des Tunnels 8 ein dem Adula-Gneiss der Alpen nahestehender Grünglimmergneiss, das älteste Glied unserer Reihe, und nördlich des Tunnels schmutzig gelbgrauer bis rostgelber Epidot-Amphibolschiefer, sowie hellgrauer weicher Thonschiefer und neuerdings violettröthlicher Kalkglimmerschiefer. Bei km 21/22 steht normaler weissglänzender Glimmerschiefer an, zwischen Tunnel 5 und 4 bei km 20 eine mächtige Wand von weissem Gneissglimmerschiefer, der nun bis zum km 19 vorherrscht, und hier die engste Stelle des Thales bezeichnet, die wilde Schlucht von Sebastopol, in welcher der Fluss schäumend in der Tiefe rauscht und riesige Felsen aufstarren, über denen auf der Westseite die Strasse mühsam aufwärts klettert, und in die im Osten die Eisenbahn gesprengt ist. Die Härte des Gneissglimmerschiefers und des mit ihm vergesellschafteten Grünglimmerschiefers erlaubt beiden nur eine sehr schmale Passage. Bei der Annäherung an Las Adjuntas am Ausgange aus dem Engpass steht silbergrauer Sericitphyllit zwischen km 19 und 18 an, und bei Las Adjuntas selbst gegenüber dem Bahnhofe hellgrüner und braunschwarzer Serpentin von theilweise flaseriger, theilweise schieferiger Textur. Dieser Serpentin findet sich auch noch weiter oberhalb an der östlichen Thalwand, dort wo man von der Hacienda Elvira aus den Weg nach Pipe betritt; über ihm lagert hier ein augengneissartiger rostgelb gefärbter porphyrähnlicher Granit mit Trümmerstruktur. Diese Stellen sind die einzigen der Nordkette, an denen es mir gelang, Serpentin aufzufinden, der sich dagegen in der Serrania del Interior häufiger zeigt. Im Ganzen ergiebt sich, dass ein grosses System krystallinischer Schiefer das Bergland von Los Teques zusammensetzt, dessen jüngere Glieder im Südwesten, dessen ältere im Nordosten liegen; die Grenze beider zieht bei Los Teques selbst.

Diese Grenze wird durch den weiten Thalkessel von Los Teques bezeichnet, der in einem Gegensatze zu dem wirren Berglande im Südwesten und dem schroffen Erosionsthal des Flusses im Norden steht; dieser Grenze folgt ·wahrscheinlich auch der Oberlauf des Rio Guaire, der Rio San Pedro von WNW gegen OSO. Dort wo er sich mit dem Bache von Los Teques vereinigt, liegt an den San Pedro-Brücken bei km 25 über schwarzem graphitischen Thonschiefer Flussgeröll, das ausschliesslich aus Quarzbrocken besteht und wahrscheinlich das alte Bett des Rio San Pedro bezeichnet. Seine Höhe über dem jetzigen · beträgt 6—10 m, der Spiegel des Flusses ist daher entweder durch die Bildung des Erosionsthales von Sebastopol um 6—10 m tiefer gelegt worden oder es haben aussergewöhnliche Hochfluthen das Flussgeröll auf seinen jetzigen Ort geführt; die Gleichmässigkeit der Form der Kiesel spricht aber zu Gunsten der ersteren Entstehung.

Das ganze Gebirge ist nun in ausserordentlich intensiver Weise gefaltet worden und zwar grossentheils in der Richtung von SW nach NO, zum Theil jedoch auch von SO nach NW, und vereinzelt von S nach N, so dass mehrfach ein Wechsel in der Richtung der Faltung erkennbar ist, der auf die ungeheuer gewaltige Pressung zurückgeführt werden muss. In der That geben uns die Eisenbahn-durchstiche und Felsensprengungen ein grossartiges Bild der ungeheuren Faltung und es sind sogar manche der von mir mitgebrachten Hand-stücke deutlich gefaltet, z. B. der Kalkglimmerschiefer No. 413/4 von Tunnel 12 bei km 32. Im Allgemeinen ist der Einfall südwestlich von Encanto nach Südwest gegen das Tuy-Knie gerichtet, zwischen Encanto und Los Teques häufig gegen Nordwest, und nördlich von Los Teques wieder südwestlich und nordöstlich, doch kommt auch an der Mostaza, besonders zwischen dieser und El Tigrito südöstlicher Einfall vor, beim Kabelsteinbruch nordnordwestlicher, bei km 26/27 nördlicher.

Der Einfallswinkel ist meist sehr steil; gleichmässige Falten, flache und leicht geschwungene sind selten, z. B. an einer dreieckigen Felswand zwischen km 31 und 32 vorhanden, äusserst unregelmässige dagegen gewöhnlich und wahrhaft wilde Faltung mit Einpressung und fast saigerer Schichtenstellung garnicht selten. Die intensivsten Faltungen beobachtete ich bei km 39 -|- 100 nahe Encanto, bei km 41 -|- 900, km 44, und von hier an bis km 48 unausgesetzt, dann wieder am km 52 -|- 740, ferner bei Tunnel 47 und 50; es würde aber zu weit führen, weiter aufzuzählen, da die ungemein scharfe Faltung überhaupt Regel ist. Einige der eigenthümlichsten Falten stelle ich hier zusammen:

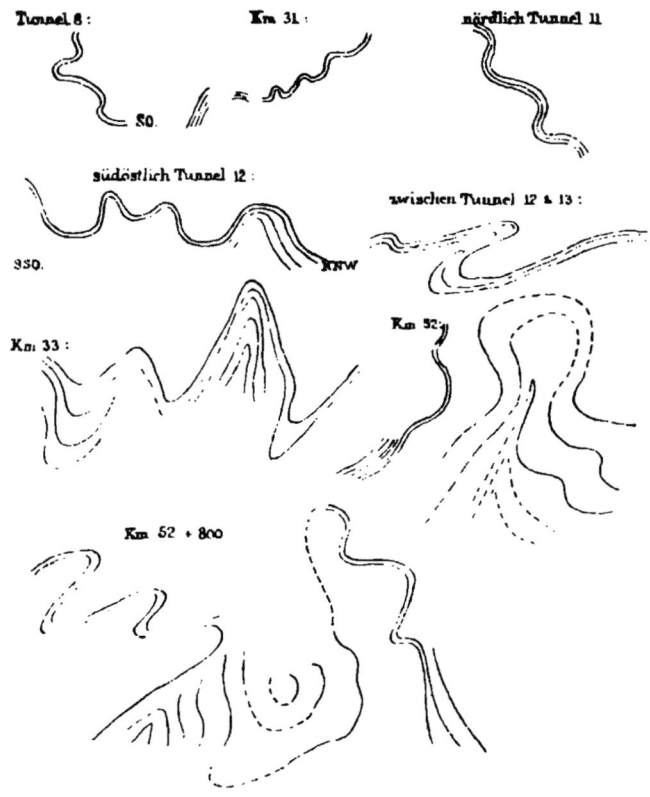

Im Allgemeinen scheint der Druck südwestlich von Los Teques heftiger gewesen zu sein als im Norden des Ortes, doch lässt sich die geringere Zahl grosser Störungen auf dieser Seite auch wohl aus der grösseren Festigkeit der Gneissglimmerschiefer von Sebastopol erklären; immerhin stehen die Schichten desselben auch bei km 21/22 nahezu auf dem Kopf, fallen etwa 80° gegen SW.

Der landschaftliche Eindruck des Berglandes von Los Teques ist sehr verschieden. Der südwestliche Theil, Humboldt's Cocuizas, ist augenscheinlich arm an Niederschlägen, trocken, warm und von den feuchten Seewinden durch die Hauptkette abgesperrt; daher beschränkt sich die Vegetation hier auf den Monte, Kakteen und Agaven, nach denen dieser Theil sogar seinen Namen Cocuizas führt. Sobald man sich aber dem Corozaltunnel nähert, wird das Land frischer und der Higuerote zwischen Los Teques und Macarao ist mit schönem Bergwalde bestanden. Auch der Osten ist frischer, wenigstens in den höheren Theilen, z. B. um die Haciende Pipe des Herrn Engelke, in welcher wiederum europäische Blumen, Rosen, Fuchsien, Geranien gedeihen und über der sich der waldbedeckte Picacho de San Antonio erhebt. Die Besiedelung aber ist recht gering. Im Jahre 1893 freilich hatte der Eisenbahnbau zahlreiche Arbeiter angezogen und überall in den Schluchten der Mostaza und Begonia, der Quebrada Guayas und auf den Höhen von Tigrito, Sabaneta und Lagunetica lagen Hütten und Häuser; auf den Höhen thronten die Ingenieure in luftigen Häusern mit weitem Blick über das Land, in den Schluchten lebten die italienischen und deutschen Arbeiter in Wellblechhütten und roh gezimmerten Kneipen. Das ist aber mit der Eröffnung der Eisenbahn wieder verschwunden und die Ruhe und Öde des Berglandes von Cocuizas wird nur durch die seltenen Züge gestört. Ortschaften fehlen ganz zwischen Guayas und Teques, Häusergruppen liegen reichlicher nur an der Fahrstrasse, z. B. Flores, Los Colorados mit 416, Morochas mit 225 Einwohnern und Los Canales; auf der Höhe hatte 1891 während des Eisenbahnbaues La Lagunetica sogar 382 Einwohner. Dagegen ist das Thal von Los Teques besser besiedelt. Nahe der Eisenbahn liegen hier im Süden Camatagua mit 211, Corozal mit 259, Corozalito mit 208 Einwohnern; das Dorf San Pedro hat zwar nur 375 Bewohner, allein eine ziemlich dichte Bevölkerung umgiebt es auf den benachbarten Höhen, so dass das ganze Municipio auf 2842 Seelen zu berechnen war. Den Kern des Ganzen bildet aber das Pueblo Los Teques mit 3225 Einwohnern, etwa der Hälfte der Einwohnerzahl des Municipio, 6916. jetzt der bedeutendste Ort zwischen Carácas und La Victoria, der einzige der Altos, der sich gehoben hat. Im Jahre 1777 gegründet, war das 1170 m hoch gelegene Los Teques zur Zeit Humboldts, 1800, noch ein elendes Dorf[1]) und erschien mir auch noch 1884—1885 als ein wenig einladender Aufenthalt, hatte jedoch schon damals ein erträgliches Gasthaus. Der Aufschwung begann aber erst seit dem Eisenbahnbau, und jetzt ist Los Teques ein sauberes Städtchen mit freundlichen Häusern und ziemlich viel Leben, besitzt reiche Kaffepflanzungen in der Umgebung und wird auch von Carácas aus seines frischen Klimas wegen gern, oft und lange besucht.

Ueber den Rest des Berglandes der Altos besitzen wir naturgemäss keine so genauen Beobachtungen, wie sie an der Eisenbahnlinie möglich waren; doch ist auch die grosse Strasse Carácas-

---

[1]) Humboldt, a. a. O. III, 68.

Cua geeignet, Licht auf den Bau desselben zu werfen. Im Allgemeinen ist hier die Streichrichtung der Schichten eine ostnordöstliche, und es lässt sich auch im Norden ein so gerichteter Höhenzug erkennen, nämlich der zwischen dem Guairethal bei Carácas und El Valle liegende, der von den nördlichen Bergen aus gesehen halbinselförmig zwischen die beiden Flüsse und Orte eingreift. Man übersteigt ihn zweimal in der Höhe von 950 und 970 m, da sich ein kleines Thal, in welchem die Ansiedlung El Rincon in 900 m Höhe liegt, in ihn eingebettet hat; seine quarzigen Schiefer fallen gegen SO in der Richtung zum Tuy ein. Dann folgt das weite Thal von El Valle in der Höhe von 880 bis 900 m, erfüllt mit leuchtend grünen Zuckerfeldern, Maispflanzungen und Potreros, die sich von El Valle nach Südwesten ausdehnen. Zunächst im Thale des Flusses von El Valle, dann in einem Engpasse zwischen den Häusergruppen La Mariposa, La Esperanza und La Providencia steigt der Weg zur Wasserscheide in etwa drei Stunden auf. Sehr steil gestellte Schiefer mit Einfall nach SO und NW, zuweilen auch noch nach NO, bilden das Gebirge, graphitische Schiefer wie bei El Encanto treten dazwischen auf, aber Kalkglimmerschiefer wiegt auch hier noch vor. Die Faltung ist nicht ganz so stark, wie an der Grau Ferrocarril, doch kommen steile Stellungen der Schichten häufig vor. Etwa 4 km vor La Cortada de Guayabo zeigt der Gebirgsbau eine gewaltige von NNW nach SSO gerichtete Doppel-Falte.

NNW.   SSO.

Dann führt der Weg in grossen Krümmungen hoch über das Gebirge zur Passhöhe in 1350 m bei einer Häusergruppe, und langsam hinab in zwei Stunden zur Quebrada Caisa, wo er wieder auf die von La Cortada de Guayabo westlich über Maitana abbiegende Fahrstrasse trifft. Auch hier streichen die rötblichen Kalkglimmerschiefer meist nach ONO und fallen theils nach NNW, namentlich aber nach SSO, meist steil gegen den Tuy ein. Aus der Quebrada Caisa führt der Maulthierpfad dann nochmals über südöstlich fallenden rothen und grauen Kalkglimmerschiefer zum Alto de Parapara in 700 m empor und fällt dann rasch abwärts bis Charayave 385 m, von wo sich Hügelland bis Cua, nach L u d w i g 300 m, ausdehnt. Zwischen dem Alto de Parapara und Charayave vollzieht sich nun der Anschluss der jüngeren Sedimentgesteine an die archäischen Schiefer. Man durchzieht zunächst noch ostnordöstlich streichende graue Schiefer, findet dann

grosse Blöcke einer grobstückigen Quarzbreccie am Wege, stösst hierauf
auf mässig mächtige Lagen grünlich gelben feinkörnigen Epidot-
schiefers mit gelben und röthlichen Streifen und Flecken von Epidot und
Withanit, und erreicht dann feinkörnigen grauschwarzen krystallinischen
Kalk, ähnlich wie er bei Cuara im Yaracui ansteht. Dieser sowie
der Epidotschiefer streichen ONO und NO und fallen steil gegen SSO
und SO zum Tuy ein. Sie bilden den Uebergang zu dem sie über-
lagernden gelblich körnigen Sandstein, Mergelschiefer und Thonschiefer
von einiger Aehnlichkeit mit dem des Cerro de Oro-Systems. Damit
ist das jüngere Sedimentgebirge erreicht, das wir nun am Guaire
wieder zwischen Pichao und Arenaza, dort wo der Fluss nach Süden
umbiegt, antreffen werden.

Der Rio Guaire bildet zwischen Petare und Pichao ein grosses
Erosionsthal in den archaeischen Schiefern, die als die Fortsetzung
derjenigen der Altos anzusehen sind. Den oberen und den unteren
Theil dieses Thales habe ich besucht, die Mitte nicht, da der Fluss
Weg und Eisenbahn im Oktober 1892 völlig zerstört hatte und letztere
Anfang 1893 erst wieder bis El Encantado hergestellt war. Glücklicher-
weise liegt gerade in dem südlichen Theil der Anschluss des Sedimentgebirges an die archaeische Formation. Bei Petare setzen am linken
Ufer des Flusses graue und rothe Glimmerschiefer das Gebirge zusammen, streichen hier, wie bei Los Teques, gegen NW und fallen
südwestlich gegen Petare ein. Im unteren Guairethal streicht dagegen
sowohl die archaeische Formation wie auch das Sedimentgebirge
gegen ONO, und fällt vorwiegend nach NNW ein. Der Gebirgsdruck
muss auch hier ausserordentlich stark gewesen sein, da nicht nur grossartige Falten an den Felswänden aufgeschlossen sind, sondern auch die
im Flussbette umherliegenden abgerissenen Schieferblöcke deutliche
Faltung und Fältelung im Kleinen zeigen. Am Eisenbahndamm des
rechten Ufers sieht man beispielsweise südlich Arenaza folgende Faltung:

und in der Quebrada Arenaza steht beim Aufstieg
westlich vom Wege ein Baum auf einer senkrecht
stehenden Falte.

Das Gestein besteht meist aus Kalkglimmerschiefer vom Typus desjenigen in der Mostaza, das Sedimentgebirge aus ebenfalls sehr steil aufgerichtetem Sandstein; zwischen diesen und die Schiefer, die nahe der jüngeren Ueberlagerung schwarzweiss an Farbe und dachschieferartig ausgebildet sind, schieben sich aber auch Conglomerate und Breccien ein, die meist aus Quarzbrocken bestehen und mit von der Faltung ergriffen worden sind. Dieses Vorkommniss zeigt wiederum deutlich, dass von einer Metamorphosirung der Sedimentärbildungen keine Rede sein kann. Am Ausgang des Engpasses bei Pichao fällt das gesammte System der letzteren in 45° gegen SSO ein. Berücksichtigt man noch die Fortsetzung des archaeischen Gebirges zwischen Petare, Guatire und Pichao, so bemerkt man hier wechselndes Streichen, mit vorwiegend ostnordöstlicher Richtung; krystallinische Schiefer von grauer und rother Farbe bilden das Gebirge, dem bei El Remington auch Kalk auf den höchsten Höhen in 1010 m aufgelagert ist, wahrscheinlich ein Rest der Kreidekalkdecke, die in der Serrania del Interior noch besser erhalten ist, aber auch in der Nordkette, z. B. bei Nirgua auftritt. Weiter nordwestlich bildet wieder Glimmerschiefer den Kern und den Kamm dieser Höhen östlich des Guaire, die auf dem höchsten Punkte der Fahrstrasse, der Carretera de los Mariches, südöstlich von La Lira 1174 m erreichen, so dass für die Gesammthöhe 1300—1400 m, also nahezu soviel wie in der Gegend von La Cortada de Guayabo, angenommen werden müssen.

Codazzi giebt für die Höhen zwischen Guatire, dem Guaire und Petare nur wenig über 1000 m an, entschieden zu wenig; den Gipfel Mariches und den Araguita bestimmte er zu 1028, den Guaire zu 1046 m Höhe; jedenfalls aber erreicht das Gebirge 1300 m Höhe. Es besitzt hier den Charakter eines frischen Waldgebirges, in das zahlreiche Kaffeepflanzungen eingesprengt sind. Steigt man in der engen Quebrada Arenaza aufwärts den steilen, von etwa 380 m Höhe beginnenden Pfad empor, so gelangt man in 1¼ Stunden bis auf 850 m Höhe und erhält zunächst einen Blick über das Erosionsthal des Guaire hinüber in die Altos; weit und breit bedeckt mässig dichter Wald die Höhen zu beiden Seiten des engen Thales, und gegen Süden zeigen sich jenseits des Tuy die blauen Höhen der Serrania del Interior, in der man deutlich mehrere Ketten unterscheidet. Bei weiterem Aufstieg erreicht man in 900 m Höhe das Gebiet der Kaffeepflanzungen. Das Gebirge besitzt hier mehrere schmale Grate, die durch tiefe Einschnitte von einander getrennt sind; in diesen und an den Gehängen zu ihren Seiten liegen die

Kaffeepflanzungen, deren Häuser und Schuppen man oftmals weit
jenseits am Bergabhang erblickt, während sich der Pfad durch Wald
und Pflanzungen in bedeutenden Krümmungen windet. Ortschaften
fehlen hier völlig, dagegen ist der Kamm des Gebirges bedeckt mit
Einzelhöfen, Wirthschaftsgebäuden und Schenken an der Strasse.
In 945 m Höhe liegt das Wirthshaus El Remington, in 960 m Höhe
die Hacienda El Helechal an den Quellen des gleichnamigen Baches,
der, wie alle aus diesem Gebirge herabströmenden, in einem
steilen Thale zum Rio Guaire verläuft, den er bei La Envidia erreicht. Aehnliche steile Thäler besitzen die bei Tusmare in den Guaire
fallenden Bäche Chaguaramo und Laton, ferner Rosario und Lira,
der Weg aber zieht zwischen Haciendas und in feuchtem Bergwalde
auf rothem schlüpfrigen Boden in ungeheuren Krümmungen einher
und erreicht auf dem höchsten Punkte 1174 m bei La Esperanza.
Von hier an lichtet sich der Wald, die Pflanzungen werden seltener
und an dem Gehöfte La Lira (1060 m) vorbei fällt der Weg langsam
bis Petare. Die Ueberschreitung des grossen Rückens erfordert wegen
der vielen Krümmungen des Weges von Arenaza bis Petare über
sieben Stunden. Die Bevölkerung sitzt ziemlich dicht, doch verstreut
auf den Pflanzungen, die einen grossen Theil des nach Petare
gelangenden Kaffees liefern und das Gebirge ist frisch, schön und
angenehm zu bereisen.

Die das Guairethal durchziehende Eisenbahn der englischen
Gesellschaft Clark war im Herbst 1892 bereits bis Los Mangos,
30 km von Petare, fertig gestellt und im Unterbau schon bis über
Pichao hinaus, also auf der gesammten Gebirgsstrecke, beendet, als
der ungeheure Regen des 7. Oktober dem Guaire eine so kolossale Wasser-
masse zuführte, dass in einem Tage die gesammte Strecke unfahrbar
wurde. Infolge dieses Ereignisses und der Konkurrenz der deutschen
Grossen Venezuela-Eisenbahn hat man die Erneuerung der Linie der
grossen Kosten halber aufgegeben und die Bahn nur bis El Encantado
unterhalb Petare geführt. Damit ist auch der ursprüngliche Plan
einer Verbindung zwischen Carácas und Valencia durch das Guaire-
und Tuythal gefallen, und die auf manchen Karten[1]) schon einge-
zeichnete Linie Petare— Santa Lucía—Cua—El Consejo ist zu streichen.

Der Südabhang des Berglandes der Altos trägt nicht den
frischen Zug des nördlichen Theiles. Auf dem Wege Carácas—Cua
erreicht man schon in der Quebrada Caisa die trockene Vegetation,

---

[1]) Z. B. auf einer von Stanford's Geographical Establishment herausgegebenen
Karte des Staates Miranda, ohne Namen des Verfassers und ohne Jahr, einer Vergrösserung
der Codazzi'schen Karte, mit neuer politischer Eintheilung.

den Monte des Innern, und am Abhange des Alto de Parapara steht nur noch lichter Trockenwald; dieser Typus der Landschaft herrscht auch in der Gegend von Pichao und wird nur dort, wo reichlich Wasser dem Boden entquillt, durch frische Zuckerpflanzungen verändert, z. B. im Thale von Suapire, das in südöstlicher Richtung aus der Gegend südlich Baruta zum niederen Lande bei Santa Lucía hinabführt. Im Uebrigen besteht der Süden, etwa von der Grenzlinie zwischen dem Gebiete der archaeischen Schiefer und dem Sedimentgebirge an aus mittelhohem Hügelland, das bei Charayave noch 400—500, bei Santa Lucía und Suapire nur noch 300 m hoch ist; hier liegt Suapire in 270 m Höhe. Kahle oder mit lichtem Trockenwald bestandene Hügel erstrecken sich östlich von Charayave und schliessen sehr ausgedehnte Weidegründe in weitem Thale ein, graue verwitterte Kalkmergel von wahrscheinlich tertiärem Alter und Conglomerate bilden das Land um Guapo, und streichen hier nordöstlich, bei Einfall gegen NW. Unübersichtlicher, ziemlich dichter Trockenwald führt von den spärlichen Hütten von Domoso über zu dem frischen weiten Thale von Suapire mit seinen ausgebreiteten Zuckerfeldern, auch eine Kaffeepflanzung passirt man am Flusse von Suapire, dann aber beginnt wieder ein Gewirre völlig dürrer Hügel aus quarzigem Sandstein, ziegelrothen Sandsteinhöhen mit Monte, Kakteen, Gebüsch, und einem weissstämmigen Trockenwald, der an die öden Gegenden von Carora erinnert und für das Tuy-Thal zwischen Caucagua und Cua bezeichnend zu sein scheint. Nachdem noch einmal Conglomerate passirt sind, folgt das frische Thal des Guaire mit zahlreicheren Ansiedlungen. Der Gesammteindruck des Südabhanges ist aber ein öder, trübseliger, einförmiger.

Die Besiedelung des Berglandes der Altos ist denn auch eine ganz verschiedene, da auf den frischen Höhen zahlreiche Ortschaften über das Bergland verstreut sind, am Südgehänge aber nur in wasserreicheren Thälern solche fortzukommen vermögen.

Der grösste Ort des gesammten Berglandes ist, abgesehen von Los Teques, El Valle, pueblo, mit 2807 Einwohnern und einer Umgebung von weiteren 1900 Bewohnern, ein sehr lebhafter Platz von einigem Wohlstand. In dem weiten Thale des wasserreichen Baches von El Valle, der besonders dem Zuckerbau einen grossen Aufschwung gewährt hat, suchte und fand die Bevölkerung von Carácas seit einigen Jahren mehr und mehr einen Landaufenthalt. Die anfangs kleine und fast ausschliesslich von dem Handel der Haciendas lebende Ansiedlung hob sich daher bald und wurde namentlich in den 80er Jahren durch die Herstellung einer kleinen von der Puente de hierro in Carácas abfahrenden Eisenbahn eine Art von Sommerfrische der Caraqueños; es war damals Mode, oft nach El Valle zu gehen und sich daselbst auch wochenlang niederzulassen. Die Eisenbahn ist jedoch verfallen und die Caraqueños gehen jetzt lieber ins Seebad nach Macuto. El Valle aber hebt sich trotzdem, schon wegen der Nähe der anwachsenden Hauptstadt, aber auch wegen der Fruchtbarkeit seiner Umgebung und ist jetzt eine ziemlich ansehnliche Landstadt, obwohl noch ohne städtische Rechte. Viel geringer sind die Einwohnerzahlen der übrigen Pueblos der Altos: die volkreichsten sind im Süden Paracotos mit 956, im Norden Baruta mit 892 Bewohnern, viel schwächer bewohnt sind Hatillo 516, Carrizal 513, San Diego 497 und San Antonio 206 Einwohner. Dagegen sitzen noch zahlreiche Bewohner auf den Haciendas verstreut im Gebirge; für Majada y Pipe, die Umgebung der Hacienda Pipe über Las Adjuntas, werden 424 Einwohner angegeben, das Municipio San Diego enthält trotz der geringen Einwohnerzahl des Dorfes 4164 Bewohner, das Municipio Carrizal 1247, das von San Antonio 1135, das von Paracotos 4222; Baruta enthält als Municipio 3461, El Hatillo 3911 Einwohner, so dass abgesehen von dem Gebiet um Los Teques und dem Südabhange, ungefähr 23 000 Menschen die Altos bewohnen.

Auf dem Südabhange fällt auf den Ort Charayave eine Einwohnerzahl von 1409, auf das Municipio 3734 Einwohner, das Pueblo Suapire, die zerstreuten Häusergruppen im Thale gleichen Namens, besitzen 1335 Einwohner, das Hügelland selbst aber ist menschenarm. Pichao und Arenaza haben 462 Einwohner. Die Ortschaften der Ebene und des Tuythals, also auch Santa Lucía werde ich weiter unten besprechen.

β. Das Caucagua-Bergland.

Der östliche Theil des Tuy-Guaire-Gebirges lässt sich durch den Unterlauf des Guaire und dessen Verlängerung bis Guarenas von dem westlichen abgrenzen. Er ist viel weniger bekannt, besucht und besiedelt als der westliche, und unterscheidet sich von diesem hauptsächlich durch die geringere Höhe, die anderartige Zusammensetzung, den grösseren Reichthum an Niederschlägen und demgemäss weitere Verbreitung frischen Waldes. Er besteht fast ausschliesslich aus jungem Sedimentgebirge und liegt nur im Norden theilweise noch im Gebiete der krystallinischen Schiefer.

Zu beiden Seiten des Rio Caucagua, des hauptsächlichen Flusses dieses östlichen Abschnittes, bemerkt man wiederum den Anschluss des Sedimentgebirges an die krystallinischen Schiefer, und erhält ein ähnliches Bild wie bei Pichao-Arenaza und bei Charayave. Verlässt man Guatire in der Richtung nach Caucagua, so trifft man nach Ueberschreitung des Flusses zunächst noch das Schiefergebirge, aber bereits auf den ersten Höhen über demselben harten Carora-Sandstein, dessen quarzige Bestandtheile in zahllosen Brocken auf den Hügeln liegen. Steigt man in das Bett der Quebrada Caraota hinab, so gelangt man wieder in das Niveau der quarzigen Schiefer, die hier wiederum nach Nordost streichen und südöstlich, dann nordwestlich einfallen. Bei den Häusern von El Cenizo betritt man das Bett des Rio Caucagua, der hier inmitten von Bananenpflanzungen und blühenden Bucares-Schattenbäumen der Kaffeepflanzungen in ausserordentlich üppiger Landschaft dahinfliesst, geht sehr häufig über den Fluss und befindet sich auch hier noch im Schiefergebiete. Bald darauf aber zeigt sich auch hier nach dem Durchschreiten des Uferwaldes, feuchter schöner Montaña, nur noch das Sedimentgebirge, und zwar Carora-Sandstein unten, blaue Kalksteine darüber, die wie die Schiefer des Nordens nordöstlich streichen und nach Nordwesten einfallen. Dieses Schichtensystem setzt nun in häufigem Wechsel die gesammte Umgebung des Rio Caucagua zusammen und zeigt sich sowohl auf der Höhe östlich desselben am Alto de Palogacho; wie auch am Ufer selbst. Das Streichen ist meist, wie oben angegeben; nur einmal, etwa ^{5}/$_4$ Stunden vor Caucagua ist der Einfall nach Südwesten gerichtet. Ich halte dieses System für gleichaltrig mit dem Gebirge um Carora und weise es der unteren Kreide zu.

Weiter im Osten liegen bei Capaya Kalkmergel von ähnlicher Beschaffenheit wie bei Guapo nahe Charayave, doch kommen auch hier noch Sandsteine, Thone und Kalke von wahrscheinlich jüngerem Alter als die vom Rio Caucagua vor. Vom Rio Merecure zwischen Caucagua und Capaya merkt K a r s t e n einen blauen thonigen Schiefer, graue Sandsteine und Konglomerate an; bei Siquire soll Kohle in ähnlichen Ablagerungen vorkommen, bei Santa Lucia Gyps. Karsten[1]) hält alle diese Ablagerungen für Tertiär; möglicherweise gehören sie dem Cerro de Oro-System an. Mir selbst gelang es nicht, zwischen Caucagua und Capaya passende Aufschlüsse zu finden, da der Waldboden solche bedeckte, und auch zwischen Capaya und Tacarigua finden sich keine günstigen Stellen zur Beobachtung. Jedenfalls beginnt eine Stunde vor Higuerote bei El Aguazal der Muschelboden der Küste die bis dahin vorwiegenden Hügel aus Quarzgeröll abzulösen, das wahrscheinlich ein Verwitterungsprodukt des Carora-Sandsteins ist. Wenn also auch Sicheres über die Zugehörigkeit und das Alter des

---

[1]) Géologie de la Colombie Bolivarienne S. 12.

Gebirges von Barlovento nicht bekannt ist, so steht jedenfalls fest, dass Sedimentgebirge hier allein vorherrscht.

Das aus diesen Gesteinen zusammengesetzte Gebirge erreicht nicht mehr die bedeutende **Höhe** des Berglandes der Altos. Nur im Norden giebt **Codazzi** dem Cerro Capaya eine Höhe von 1672 m; es ist aber zweifelhaft, ob wir diesen nicht besser der Nordkette zuzählen sollten, und es scheint auch, als ob er noch dem Gebiete der krystallinischen Schiefer angehörte. Genauere Angaben über die nördlichen Theile unseres Gebietes vermag ich überhaupt nicht zu machen, doch lassen die Erzählungen der Kaufleute, die einmal den Weg von Guatire nach Capaya gemacht haben, darauf schliessen, dass hier ein wahrscheinlich noch 1000 m hohes Waldgebirge vorliegt. Leider besitzen wir keine Höhenzahl für die Kolonie Bolívar an der Quebrada Ariara, wahrscheinlich aber liegt dieselbe etwa 600—1000 m hoch verstreut im Thale und an den Gehängen, da die Mitteltemperatur zwischen 20 und 24° schwanken soll.[1]) Jedenfalls beträgt die Höhe des Gebirges zwischen dem Rio Caucagua und dem Rio Chuspita etwa 6—700 m, zwischen Capaya und Caucagua aber überschreitet man nur noch 200 m hohe Hügel, so dass ein gleichmässiger Abfall von Westen nach Osten anzunehmen ist. Ersteigt man von dem Rio Caucagua bei dem Passe Cucu, etwa drei Reitstunden südlich von Ceniza die Höhe, so überblickt man von dem Alto de Palogacho aus ein **Waldgebirge** von grosser Unübersichtlichkeit, aber echt tropischem Charakter. Wohin man schaut, zeigen sich nur dunkle, grüne Bergrücken mit dichtem Walde, über den Palmen emporragen, und in dem Ansiedlungen und Häuser überaus spärlich sind. Das Bild erinnerte an die Nordabhänge der Cordillere von Merida, und auch die schweigende Ruhe, die über dem Ganzen lag, rief Erinnerungen an die Waldgebirge des Nordwestens der Republik wach.

Durch dieses ostnordöstlich streichende Gebirge bricht der **Rio Caucagua**, dessen Oberlauf der Fluss von Guarenas ist, in einem ziemlich engen Thale, das in der Mitte zwischen Ceniza und Caucagua so schmal wird, dass der Weg über die Höhe führt. Sonst zieht der Weg meist im Flussbette selbst, unterhalb Ceniza zwischen Pflanzungen und Wald, 66mal über den Fluss, unterhalb der Mündung der Quebrada Chuspita noch 35mal, so dass im Laufe des Tages über 100 Flussübergänge stattfinden, die im Unterlaufe wegen der durch die Chuspita verstärkten Wasserfülle nicht immer bequem sind. Der Fluss besitzt an seinen Ufern auch unterhalb der Chuspita-

---

[1]) Statistischer Jahresbericht über die Vereinigten Staaten von Venezuela 1889. S. 6.

Mündung einzelne Zuckerpflanzungen, ist aber im Ganzen wenig besiedelt. Erst wo er in die Ebene des Tuythals tritt, finden sich häufiger Häuser, Zucker- und Kakaopflanzungen und die grössere Ansiedlung Caucagua. Die Quebrada Chuspita fliesst in engem Thale südlich, dem Rio Caucagua parallel, und vereinigt sich mit diesem, nachdem er in östlichem Laufe das Gebirge durchbrochen hat.

Die übrigen F l ü s s e unseres Waldgebirges verlaufen ostwärts, sämmtlich in nach Norden offenen Bögen, zunächst nach Südost, dann Ost und endlich nach Ostnordost, sobald sie die Ebene erreicht haben. Der Merecure ist der südlichste und kleinste, der Capaya der mittlere und grösste, der Curiepe der nördlichste und kürzeste, aber wasserreicher als der Merecure, da er von den Gipfeln Caculo und Capaya der Nordkette herabkommt. Diese drei Flüsse fliessen zunächst in dichtem Walde, später zwischen Pflanzungen und bilden im Unterlaufe an der Küste Sümpfe. Der Weg von Caucagua nach Capaya führt zunächst über Weiden und Hügelland, dann am Merecure durch sumpfigen Wald mit vielen Curua-Palmen, hohen Stämmen und prachtvoller Fülle der Pflanzenformen: es ist ein Wald der tropischen wasserreichen Niederung, in dem naturgemäss nur selten auf kleinen Lichtungen Häusergruppen liegen. Nur an den Rio Capaya ist die Besiedelung etwas weiter eingedrungen und hier entwickeln sich dann dem aus dem Walde hervortretenden Reisenden reizvolle Bilder tropischen Ackerbaus, eine üppige Abwechslung von Kaffee- und Zuckerpflanzungen, hochstämmigen blühenden Schattenbäumen der ersteren, volltropischem Hochwald, und einzelnen Kakaopflanzungen, eine prachtvolle tropische Flusslandschaft. Von dem Dorfe Capaya abwärts werden die Cacaohaciendas häufiger, der Weg versumpft oftmals zwischen ihnen und wird in dem dichten Röhricht unkenntlich; man begrüsst es daher mit Freude, dass er sich von dem Flusse abwendet, einen kleinen Höhenzug ersteigt und zwischen etwas trockneren Cacaopflanzungen hindurch führt. Von Tacarigua an dehnt sich zunächst frischer Hochwald aus, dann folgt lichter Trockenwald auf trockenem Boden aus Quarzgeröll und endlich Monte, Kakteen, Gebüsch, Uva de Playa und Sümpfe, auch ziemlich tiefe Lagunen, deren Ueberschreitung für des Weges Unkundige beschwerlich ist.

Die Bevölkerung des Waldgebirges ist sehr gering, besonders zwischen Guatire und Caucagua. Die Colonie Bolívar hat im Ganzen 684 Bewohner, davon Ceniza 115, Acaira 236, im Chuspita-Thal wohnen etwa 870 Menschen, am und um den Merecure 933; das Municipio Capaya besitzt 2666, das Municipio Curiepe oder Urdaneta 2859, das Municipio Acevedo oder Tacarigua 4093 Einwohner, im Ganzen mit

dem Thale des Caucagua etwa 12000, von denen der grössere Theil
auf den Osten, um Curiepe und Tacarigua, Capaya und Merecure
entfällt, in denen lebhafter Ackerbau herrscht. Tacarigua selbst liegt
aber bereits an der Grenze der Küstenebene, und zeichnet sich durch
die Ungefälligkeit seiner 939 Bewohner aus, wie denn überhaupt die
Bevölkerung des unteren Tuythals und von Barlovento wegen der
bedeutenden Negerbeimischung besonders unangenehm, unkultiviert und
unverschämt ist.

Der grösste geschlossene Ort dieser Gegenden ist Curiepe mit
1769 Einwohnern, der kleinste Capaya mit 489; in allen diesen Plätzen
kann man nur mit grösster Mühe Unterkunft und Beköstigung finden
und in Tacarigua gelang mir das überhaupt nicht.

c. Das Tuy-Thal.

Zwischen die beiden Ketten des Karibischen Gebirges schiebt
sich in langer schmaler Niederung das Tuy-Thal ein, dessen mittlere
Theile in der Verlängerung der Achse des Sees von Valencia liegen.
Es ist in der That eine Scheide zwischen der Serrania costanera und
der Serrania del Interior, denn gegenüber den 2000 m hohen Bergen
des Nordens und den 1500 m hohen des Südens verläuft es fast vollständig in einer Senke, deren Höhe 500 m kaum überschreitet, da
Tejerias in nur 500 m, die letzte Tuy-Station der Eisenbahn, El Trapiche
del Medio, nur 530 m über dem Meere liegt. Das Tuy-Thal setzt also
die Senke zwischen den beiden Gebirgsketten nach Osten zu in etwa
derselben Höhe fort wie der See von Valencia und die Thäler von
Aragua, und der grösste Theil seines Laufes liegt demnach unterhalb
von 500 m.

Das Tuy-Thal hält im Allgemeinen eine östliche Richtung ein,
doch lassen sich zwei nach Süden geöffnete flache Bogen
unterscheiden, deren Endpunkte bei Cua und Panaquire liegen. Diese
Bogen theilen den Mittellauf in zwei Theile, sind aber unter sich verschieden. Rechnet man nämlich den Oberlauf des Flusses bis Consejo,
wo er die südliche Richtung verlässt und in die Senke eintritt und
den Unterlauf von Panaquire, wo er sich nordnordöstlich wendet, bis
zur Mündung bei Paparo, so ergiebt sich für den Mittellauf die gesammte Strecke, auf der der Tuy zwischen den beiden Gebirgsketten
ostwärts fliesst. Je nachdem nun diese an ihn herantreten, hat er
bald ein engeres, bald ein weites Thal und zerfällt in zwei engere und
eine dazwischen gelegene breitere Thalstrecke. Die erstere engere
Strecke wird begrenzt von den Orten Consejo und Cua, und umfasst

den gesammten ersten Bogen; der zweite Bogen zwischen Cua und Panaquire zerfällt aber in zwei Theile, eine Thalerweiterung von Cua bis zur Mündung des Guaire, unterhalb Santa Teresa, und eine Verengerung zwischen diesem Punkte und Panaquire.

Ich habe das Tuythal an vier Stellen gesehen, nämlich bei Guayas und Consejo, bei Santa Lucía, bei Caucagua und an der Mündung bei Paparo. Ueberall besteht der Boden aus Alluvionen des oben nicht sehr wasserreichen, unten über 2 m tiefen Flusses; ob dies auch an den Stellen der Verengung der Fall ist, vermag ich nicht zu sagen, glaube es aber, da das Thal wohl kaum irgendwo so eng wird, dass von Durchbrüchen durch Querriegel gesprochen werden darf.

Zwischen El Consejo und Guayas fliesst der Tuy in einem etwa 700 m breiten Thale zwischen den Gebirgen, die hier aus krystallinischen Schiefern bestehen, dahin und ist ein kleiner, wenige Meter breiter Bach. Seine Ufer sind überaus fruchtbar, bedeckt mit Kaffee- und Zuckerpflanzungen, Wirthschaftsgebäuden der Haciendas und zahlreichen aufblühenden Siedelungen, und gewähren reizvolle Bilder, wenngleich sie nicht die Üppigkeit der Thäler von Aragua erreichen. Gegenwärtig ist der Verkehr, der an und für sich auf dieser Strecke des Thales, dem hier die grosse Strasse von Carácas nach Valencia folgt, sehr lebhaft ist, noch gesteigert worden durch die Erbauung der Grossen Deutschen Eisenbahn, die nicht weniger als vier Stationen, Consejo, Trapiche del Medio, Santo Domingo und Las Tejerias im Tuythale besitzt.

Von diesen ist nur El Consejo ein geschlossenes Dorf von 2000 Einwohnern, die übrigen sind zerstreute entstehende Dörfer, und nur in Las Tejerias ist es bisher zu einem Kern, einer entstehenden Dorfstrasse, gekommen. Die Bevölkerung sitzt aber doch recht dicht: Las Tejerias hat 622, Guayas 1308, Santo Domingo 431 Einwohner und dazwischen liegen noch zahlreiche Haciendas mit grossem Betriebe, so dass man, da das Municipio El Consejo 9475 Einwohner hat, die gesammte Bewohnerzahl dieser kurzen Strecke auf etwa 5000, mit Consejo auf 7000 zu veranschlagen hat. Unterhalb Guayas nimmt der Tuy eine ostsüdöstliche Richtung an und verläuft in einem weniger bekannten Thale bis Cua. Seine Seehöhe beträgt bei Ocampo 425, an der Mündung der Quebrada Cagua 430 m, bei Cua selbst weniger als 300 m, da Cua (300 m) ziemlich hoch über dem Tuy liegt. Auf der gesammten Strecke steht nur eine Ortschaft von geringer Grösse, Tácata mit 361 Einwohnern, doch hat das Municipio Tácata 4888 Bewohner, von denen für das Tuythal selbst etwa die Hälfte, 2500 in Haciendas, Gehöften und dem Dorfe Tácata verstreute Einwohner angenommen werden können; der Rest vertheilt sich auf die Gehänge der benachbarten Gebirge. Cua selbst oder Guzman Blanco, wie es zeitweise hiess, ist ein grösserer Ort von 2318 Einwohnern, bekannt durch das auf lokale Ursachen zurückzuführende Erdbeben von 1878, wahrscheinlich ein Einsturzbeben, und streitet sich mit Ocumare um den ersten Rang im gesammten Tuythal. Das Municipio Cua hat sogar 8775 Bewohner, 1000 mehr als das von Ocumare, begreift aber bereits einen Theil des nun folgenden Gebietes des zweiten Bogens in sich.

Von Cua an beginnt der Tuy nämlich wieder einen nordöstlicheren Lauf einzuschlagen, und tritt hier in die Thalweitung seines Mittellaufs, die bis zur Guaire-Mündung sich erstreckt. Zunächst zwar wird er nochmals nach Süden abgelenkt, und erreicht bei Ocumare in 180 m Seehöhe seinen südlichsten Punkt auf dieser Strecke, an der Mündung der von Süden kommenden Quebrada Tarma, wendet sich dann aber schärfer nach Ostnordost, da die südlichen Gebirge nordwärts vortreten und das junge Sedimentgebirge von Suapire nordwärts zurückweicht. Auf dieser Strecke fliesst der Tuy in der Richtung des Schichtenstreichens gegen ONO, und hat daher hier in einer tektonischen Mulde zwischen den Tertiärgebieten des Nordens und dem Diabasgebirge des Südens ein weites Thal von 5 bis 12 km Breite, in welchem ihm die Quebradas von Charayave und Suapire von Norden, die von Súcuta und der Rio Lagartijo von Süden zugehen. Dieses Thal ist weithin bedeckt mit trocknem Gebüsch, Monte, Kakteen und dem lichten Trockenwald mit weissen Stämmen, dessen ich schon oben gedacht habe (S. S. 164, 180). Nur am Flusse selbst ist die Vegetation frischer, und bietet der Wasserreichthum Gelegenheit zur Anlage von Haciendas von Kaffee, Zucker und auch schon Cacao.

Hier haben sich denn auch eine Anzahl von Ortschaften entwickeln können, und hier liegt der Mittelpunkt des Tuythals, Ocumare, an der Südseite desselben, auf der grossen Strasse von Carácas nach Altagracia. Ocumare del Tuy, wie es im Gegensatz zu Ocumare de la costa bei Puerto Cabello genannt wird, ist mit 2347 Einwohnern der grösste Ort des Tuythals, eine alte Ansiedlung, das Herz der Valles del Tuy, jedoch früher wichtiger als jetzt, da der grosse Verkehr andere Bahnen eingeschlagen hat und auch die Tuy-Bahn Carácas—Santa Lucía—La Victoria nicht zur Ausführung gekommen ist, die allerdings Ocumare selbst wohl nicht berührt haben würde. Das grosse Dorf steht auf einer Sabane etwa 25 m über dem Tuy in 213 m Höhe und ist Hauptort des Municipio Ibarra, das 7745 grossentheils am Tuy wohnende Einwohner besitzt; der lebhafte

Handel vermittelt zwischen Carácas und Altagracia. Südlich des Flusses liegen ferner eine Anzahl Haciendas und Caserios, nördlich desselben San Francisco de Yare, mit 633 Einwohnern, Hauptort des Municipio Bruzual, das im Ganzen 2510 Seelen zählt, aber grossentheils aus wenig fruchtbaren Montegebieten besteht. Bevölkerter ist das Municipio Santa Teresa mit 4075 Einwohnern, von denen 1193 auf die Ortschaft selbst, eine der älteren Gründungen kommen. Dann folgt das Municipio Paz Castillo am Unterlaufe des Guaire, an welchem die Ebene aufwärts bis gegen Pichao reicht, mit dem Hauptort Santa Lucía, der 1731 von den Otomacos- und Cumabos-Indianern gegründet wurde, und jetzt 1767 Einwohner hat. Hier sitzt die Bevölkerung besonders dicht, zum Theil allerdings auch in den Thälern der benachbarten Hügelketten, im erwähnten Valle de Suapire und in den östlich von Santa Lucía liegenden Valle de Siquire mit 1217 Einwohnern; so wohnen zwischen Santa Lucía und Santa Teresa in El Hormiguero 104, in El Volcan 153, in Virginia 251, in Las Plazas 192, Las Monjas 179, im Ganzen etwa 800 Menschen, und das Municipio zählt 9598 Bewohner. Im Ganzen wird man auf das Thal des Tuy zwischen Cua und Santa Lucía etwa 25000 Köpfe zählen dürfen. Die Bevölkerung betreibt fast ausschliesslich Ackerbau und ist sehr betriebsam, doch schreitet das Gebiet in Bezug auf Verkehrsstrassen nicht fort, und der Osten besitzt bereits eine Beimischung von Negern, die nicht zum Vortheil der Gesammtbevölkerung ist.

An der Mündung des Guaire beginnt die zweite Hälfte des östlichen Bogens des Tuy, eine erneute Verengung des Thales durch die wieder weiter südwärts vorspringenden Ausläufer der Nordkette, doch ist die Einengung nicht so erheblich, wie sie auf den Karten, besonders der Karte des Staates Miranda, gezeichnet wird. Vielmehr ist auch bei Caucagua das Tuythal noch ziemlich breit, die benachbarten Berge sind aber höher als weiter im Westen. Von der Guaire-Mündung an fliesst der Strom zunächst ostsüdöstlich, und ist hier bereits bedeutend wasserreicher, nimmt auch noch den Rio Taguai von Süden auf; seine Ufer sind jedoch nur wenig bewohnt. In der Umgebung der Mündung des Rio Caucagua sammelt sich aber wieder die Bevölkerung in grösserer Menge an, und es haben sich hier eine Anzahl Ortschaften ausgebildet. Von Westen kommend erreicht man zunächst die einander gegenüber liegenden Dörfer San Francisco de la Paz oder Araguita mit 590 Einwohnern am nördlichen und San José mit 236 Bewohnern am südlichen Ufer des Tuy, in deren Umgebung im Municipio San Francisco de la Paz noch weitere 2100 Menschen zerstreut wohnen, passirt dann die Mündung des Rio Taguaza und erreicht darauf das Becken von Caucagua, in das von Norden der Caucagua, von Süden der Cuira münden. Diese gesammte Gegend zeichnet sich im Gegensatz zu der von Cua und Ocumare durch Frische, Wasserreichthum und reichlichen Niederschlag aus, da die über die Küste von Barlovento wehenden Winde grosse Regenmengen namentlich am Nordabhange der Serrania del Interior absetzen. Demgemäss ist der grösste Theil des Thales hier in der Regenzeit versumpft und schwer zu passiren, mit Rohr, Schilf und frischem Walde bedeckt und von Cacaopflanzungen umgeben, die von hier an bis zur Mündung herrschen. Der Uebergang von dem Trocknen zum Feuchten liegt zwischen Santa Lucía und Araguita.

Das Thal erhält demgemäss einen ganz anderen Charakter; während um Ocumare und Cua, Santa Teresa und Yare über dem lichten Trockenwald und Monte der Niederung kahle Höhen aufsteigen, erblickt man bei Caucagua über üppig frischem Flussuferwald, weiten Weiden, Rohrsümpfen und Cacaopflanzungen die duftig grünen Bergwälder der Serrania del Interior und der Berge des Nordens. Der Hauptort dieser Landschaft, Caucagua, wurde 1737 von Tumuzos-Indianern auf einer Sabane über dem Rio gleichen Namens gegründet und besitzt jetzt 1025 Bewohner, das Municipio 5896; zu diesem gehört Tapipa mit 1359 Einwohnern, grösser als Caucagua, aber weniger bekannt, während Panaquire nur 838 Einwohner hat. Es sind also kleine am Uebergang von Dörfern zu Landstädten stehende Ortschaften, doch zeichnet sich Caucagua durch eine recht wohlgepflegte Plaza aus. Sie alle beschäftigen sich mit dem Cacaobau, der gerade hier besonders guten Ertrag giebt, und so sind denn zahlreiche Haciendas um diese Dörfer verstreut, so dass die Bevölkerung ziemlich dicht ist. Das Municipio Panaquire hat 4069 Bewohner, woraus man für die Strecke Araguita-Panaquire etwa 13 000 Menschen ableiten kann. Leider kranken alle diese Gebiete an ungenügenden Verkehrswegen; derjenige nach Altagracia von Caucagua und Panaquire aus ist meist ganz versumpft, der Weg nach Carácas ist sehr schlecht. Dafür bietet der Tuy in der Regenzeit eine Wasserstrasse, die aber bisher dem möglichen Verkehr flachgehender Dampfer noch nicht geöffnet worden ist.

Unterhalb Panaquire empfängt der Tuy von Süden die wasserreichen Bäche Panaquire, Uroa, Sapo und wendet sich dann nach Nordnordosten. In seinem Unterlaufe ist er, wie der Yaracui, ein Waldstrom, in dessen schweigende Waldufer viele Cacao-Haciendas eingesprengt sind. Durch Wald, Sumpf und Röhricht zieht er langsam zur Küste, nimmt noch von links den Merecure, Colorado und Aramina, dicht vor der Mündung auch den wasserreichen Rio Capaya auf und mündet an der Boca de Paparo mit 2 m Tiefe als ein stattlicher, 300 m breiter Strom, dessen Bett von der Eisenbahnbrücke der Linie Carenero-Rio Chico überspannt wird. Früher mündete er weiter östlich, und noch jetzt heisst die Mündung des Flusses von Rio Chico und San José alte Tuy-Mündung, Boca del Tuy Viejo; zur Zeit aber ergiesst sich in die Tuy-Mündung der Haupt-Arm des Rio San José. Vielleicht hat man es hier, wie an der Küste von Guayana mit einer Ablenkung nach Nordwesten durch Verlandung herbeiführende Meeresströmungen zu thun.

Südlich des Tuy erreicht man:

B. Die Serrania del Interior und ihr südliches Vorland.

Die südliche Kette der Westhälfte des Karibischen Gebirges wird mit Recht in Gegensatz zu der nördlichen gestellt und besonders behandelt werden müssen, weil sie sowohl geologisch wie orographisch von der Nordkette in wichtigen Punkten abweicht; geologisch, insofern Eruptivgesteine und Kreideformation einen breiten Raum in ihr einnehmen, das archaeische Schiefergebirge dagegen nach Osten hin allmählich zurücktritt; orographisch, indem sie sich mit einer Reihe von 1500 m hohen Gipfeln und in geschlossenem Zuge deutlich von den niederen Landschaften des Valencia-See- und Tuy-Gebietes abhebt.

In Central-Venezuela, den Staaten Miranda und Carabobo, wird diese südliche Kette mit dem Namen Serrania del Interior, Bergkette des Innern, bezeichnet, eine Benennung, die im Ganzen als recht passend erscheint und einen guten Gegensatz gegen die der Küste nahe Nordkette, die Serrania oder Cordillera costanera, ergiebt.

Ihre Länge beträgt in gerader Linie vom Rio Cojedes bis zum Rio Unare 390 km, wegen des Winkels bei Villa de Cura jedoch in Wahrheit mehr als 410 km, bis Barcelona 470 km, ist also bedeutender als die der Nordkette, insofern sie ebenfalls an der Senke des Rio Cojedes-Yaracui beginnt, im Osten aber nicht im Meridian des Cabo Codera abbricht, sondern sich vielmehr als noch immer 800—1200 m hohe Kette bis zum Rio Unare, ja, darüber hinaus bis gegen Barcelona fortsetzt, und hier den einzigen noch vorhandenen Gebirgsast des ganzen Systems zwischen dem Llano im Süden und dem Meere im Norden bildet. Rechnet man sie jedoch nur bis zum Meridian von Rio Chico, in welchem sie sich verändert und erniedrigt, und von wo an sie kaum noch als Serrania del Interior gelten kann, da die Küstenkette fehlt:

so wird sie um 100—160 km kürzer, je nachdem man von Unare oder von Barcelona an zählt.

Ihre Breite ist gering, wenn man den eigentlichen Hauptzug allein betrachtet, übersteigt kaum 30 km, im Westen zwischen Tinaquillo und Tinaco kaum 25 km, und bleibt damit gegen die nördliche Kette, wenigstens von der Gegend von Los Teques an nach Osten zurück; rechnet man aber das südlich an die Serrania del Interior gegen die Llanos zu sich anlehnende Vorland hinzu, so steigt die Breite zwischen La Victoria und der Galera de Ortiz auf 80, zwischen Guigue und der Galera del Pao auf 70 km.

Ihre Höhe scheint an keinem Punkte 1600 m zu übersteigen, bleibt also gegen die der Nordkette um mehr als 1000 m zurück, folgt aber im Allgemeinen denselben Gesetzen wie in der Nordkette, indem nämlich die höchsten Punkte östlich des Meridians von Carácas einerseits und im Meridian von Nirgua anderseits, ferner aber auch südöstlich des Valencia-Sees zu liegen scheinen, während in der Gegend von Valencia eine erhebliche Erniedrigung eintritt, die in dem nur 400 m hohen Passe von Tinaquillo einen bequemen Uebergang ermöglicht. Anderseits findet eine zweite Abschwächung der Höhe in der Gegend von Villa de Cura statt, wo das Gebirge in 560 m Höhe überschritten werden kann; eine dritte Erniedrigung scheint in dem zwischen Guapo südlich vom Rio Chico liegenden Passe zu liegen, der nach Sabana Grande östlich von Altagracia hinüberführt. Alle drei Pässe sind denn auch für Eisenbahnbauten nach dem Llano in Aussicht genommen worden, und sie ermöglichen auch eine natürliche Eintheilung des Gebirges in zwei Haupttheile mit je zwei Unterabtheilungen, letzteres, wenn man es über Rio Chico hinaus fortsetzen will.

Der Pass von Villa de Cura ist nicht nur in verkehrsgeographischer Hinsicht der wichtigste unter den Genannten, indem er die bestbebauten Theile Venezuela's, die Thäler von Aragua und die Eisenbahnlinie Carácas—Valencia mit den heerdenreichsten Gebieten der Llanos, der Gegend um Calabozo, verbindet, sondern auch, weil er die Grenzen zwischen zwei verschieden ausgebildeten und angeordneten Theilen der Serrania del Interior bildet. Hier endet der 240 km lange, östliche, fast geradlinig nach Ostsüdosten und Osten verlaufende Ostflügel der Serrania del Interior mit seinem regelmässig und gleichmässig ausgebildeten Hauptkamm und hier beginnt der 170 km lange westliche Flügel der Serrania del Interior, mit mehr westsüdwestlicher Richtung, südlicher verlaufendem Hauptkamm und mehrfach gegen die Llanos vorgeschobenen Spornen. Hier liegt auch ungefähr die westliche Grenze der in dem östlichen Strange häufig vorkommenden und oftmals fast beherrschend auftretenden alten Eruptiv-gesteinsstöcke, die im Westen, wenigstens westlich von Guigue-Pao nicht mehr vorkommen. Demnach können wir die Serrannia del Interior zunächst in zwei Theile, einen westlichen Zweig vom Rio Cojedes bis zum Passe von Villa de Cura und einen östlichen vom Passe von Villa de Cura bis zum Rio Unare eintheilen.

I. Der westliche Zweig der Serrania del Interior.

Der westliche Zweig zerfällt wiederum in zwei Theile, den westlichen Ast von dem Rio Cojedes bis zum Passe von Tinaquillo und den östlichen Ast, vom Passe von Tinaquillo bis zum Passe von Villa de Cura. Der Pass von Tinaquillo ist die ungemein wichtige Verbindung zwischen Valencia und den Landschaften des Beckens von Valencia, also auch dem Hafen von Puerto Cabello einerseits und dem Llano von San Carlos anderseits; er bietet eine fahrbare Strasse zwischen dem kaum 500—600 m hohen Gebirge hindurch unter Benutzung des Flussthales des Rio de Tinaco und fällt von Tinaquillo bis Tinaco von 400 auf 170 m Höhe.

Der westliche Ast wird durch das ostwestlich verlaufende Flussthal des Rio Tucuragua von der grössere Höhen enthaltenden Cordillera de la costa getrennt und entwickelt sich südlich desselben zu einem ostnordöstlich verlaufenden Gebirgszuge, dessen höchster Punkt, der Cerro Tucuragua, nach Codazzi noch 1000 m Höhe haben soll. Da aber Codazzi's Höhenangaben in der Gegend von Nirgua meist zu hoch und die Zahl 1000 ausserdem noch geschätzt, nicht gemessen ist, so bin ich geneigt, dem Gebirge hier eine Höhe von nur höchstens 900 m zu geben. Das Gebirge erscheint hier, von den Llanos am Rio Camoruco aus gesehen, als ein mässig hohes, aus einzelnen Kuppen bestehendes, wenig geschlossenes Bergland, dessen Vorberge völlig kahle baumlose Hügel sind, deren Grasbekleidung unmittelbar in die Sabane der Llanos übergeht.

Dieser Charakter des Gebirges bleibt sich überall gleich, und verschärft sich sogar noch westlich vom Rio Cojedes, wohin, wie ich schon früher [1]) gezeigt habe, das Karibische Gebirge, in diesem Falle die Südkette, ihre Ausläufer vorschiebt, in Gestalt von Hügeln, *deren einzelne Kuppen durch Ebenen mit Graswuchs von einander

---

[1]) Die Cordillere von Mérida, S. 56.

getrennt sind.« Im Osten nimmt die zerrissene Hügellandschaft mehr und mehr den Charakter einer fester geschlossenen Kette an, ohne dass jedoch breite Durchlässe fehlen, deren einen der Rio de San Carlos zum Austritt in die Ebene benutzt.

Die Zusammensetzung des Gebirges ist wohl überall eine ähnliche, jedenfalls gehört die Südkette hier der archaeischen Formation an. Am Cerro Toruno und an der Cuesta del Burro sowie am Paso de Cojedes bei El Altar traf ich 1885 quarzitische Schiefer und steil gestellte NW bis WNW streichende Glimmerschiefer. Am Südrande des ganzen Gebirges, dort, wo sich westlich des Rio Camoruco die Vorhügel desselben in den Llano hinaus erstecken, liegen röthliche feinkörnige Quarzsandsteine über thonigen, hellgraugrünen Schiefern von ähnlicher Ausbildung, wie in Barquisimeto und Coro, vielleicht also unterer Kreide angehörig. Das eigentliche Gebirge aber zeigt die charakteristisch zerfurchten greisenhaften Formen der archaeischen Gebiete des Karibischen Gebirges. Wahrscheinlich liegt hier ein Band älterer Kreideablagerungen vor der archaeischen Hauptkette; bei San Carlos selbst aber fehlt es bereits, seine Ostgrenze scheint vielmehr am Rio Camoruco zu liegen. Denn östlich von San Carlos bei Tinaco stehen als südlichste Gesteine der Serrania del Interior weisse Quarzite bei El Topo und graue Schiefer westlich von Tinaco selbst an; allerdings dehnen sich noch südlich vor Tinaco Hügel in den Llano hinein, die ich nicht besucht habe.

Zwischen Tinaquillo und Tinaco ist das Gebirge geschlossener als weiter westlich und besteht aus krystallinischen Schiefern verschiedener Ausbildung und weisslich-grauen Quarziten; namentlich treten graublaue, mit weissen Quarzadern durchsetzte Lyditartige Kieselschiefer und chloritische Hornblendeschiefer auf, die an diejenigen von den Wegen Villa de Cura—San Juan und La Victoria—San Sebastián erinnern. Das Ganze ist überaus scharf gefaltet, und fällt steil namentlich gegen den Llano ein. Die Flüsse sind mässig tief in dieses Schiefergebirge eingeschnitten, und arbeiten eifrig an der Nivellirung ihres Bettes, doch kommen noch steile Stufen vor, wie an dem Punkte El Salto, wo der Rio Tinaco so stark über graublaue Schiefer fällt, dass Rauch aufsteigt. Ueberall ist das Streichen der Schichten westöstlich, der Einfall meist südlich. Die Berge sind rothe und graue kahle Höhen, mit reichlichem Grase bestanden und daher mit Rindern belebt, die Vegetation, in der Curua-Palmen und die gelbblühenden Urumaco-Bäume besonders auffallen, drängt sich an den Flussufern zusammen, Wald findet sich nur in den Schluchten der Berge, grössere Pflanzungen sind selten, einzelne Häuser beleben den Weg, grössere Häuseransammlungen fehlen, Rodungen und Viehhöfe liegen zerstreut an den Flussufern. So verläuft der Weg, bis man hinaustritt aus der engumgrenzten Berglandschaft: sei es im Süden in den weiten Llano von Tinaco, sei es im Norden in das Becken von Tinaquillo mit seinen Sabanen, seinen zerstreuten Viehhöfen und den schweigenden Gebirgszügen im Hintergrunde. Hier liegt die Stadt Tinaquillo mit 3544 Bewohnern und einer Municipio-Bevölkerung von 15 964 Seelen.

Auch die im Nordosten von Tinaquillo verlaufende wenig ausgeprägte Wasserscheide zwischen dem Rio Tinaco und dem Rio Chirgua ist ein Ausläufer der Serrania del Interior und besteht aus grauen und rothen quarzitischen archaeischen Schiefern und Glimmerschiefern.

Der östliche Ast des westlichen Zweiges der Serrania del Interior beginnt am Passe von Tinaquillo und erstreckt sich im Süden des Valencia-Sees bis zur Pforte von Villa de Cura. Ueber diesen Theil des Gebirges sind wir nur wenig unterrichtet, da Wege in demselben von jeher spärlich waren, der Verkehr zwischen der Seelandschaft und den Llanos vielmehr stets östlich und westlich des Gebirges über die genannten Pässe sich bewegte. Nur eine grössere Strasse, die von Valencia nach Pao, führt durch die westlichen Theile dieses Abschnittes des Gebirges. Sie zweigt auf dem Blachfelde von Carabobo, dem Schauplatze der Entscheidungsschlacht der Befreiungskriege, bei den Gehöften Las Manzanas de Carobobo als breiter Wiesenweg ab und verläuft im Westen des Rio Pao bis zur Stadt gleichen Namens. Auf dieser Strecke scheint der Bau und die Zusammensetzung des Gebirges nicht von den Verhältnissen am Passe von Tinaquillo abzuweichen. Hier brechen die vereinigten Flüsse des westlichen Theils des Beckens von Valencia durch die Serrania del Interior, der Rio Chirgua, der Rio Guataparo und der Paito, letzterer zeitweise ein Abfluss des Sees von Valencia. In dieser Gegend mag das Gebirge 500—700 m Höhe kaum übersteigen; dann aber beginnt es grössere Höhen anzunehmen und verläuft in ostnordöstlicher Richtung, der wasserscheidende Kamm erheblich nördlicher als der westliche Ast westlich von Tinaquillo, unter Entwicklung grösserer Breite gegen den oberen Guárico. Unter den Gipfeln giebt Codazzi dem Cuípa an den Quellen des Rio Cano 1033 m, dem Cerro Azul südlich Guiguë 1187 m, dem Palmar an den Quellen des Tisnados 1128 m, dem Yuma südlich der Hacienda Yuma 669, dem Baul ebenso viel Höhe; letztere beiden schliessen den Quellfluss des Rio Guárico ein. Wir hätten demnach eine nach Osten zu niedriger werdende einfache Gebirgskette vor uns, doch sind die

Höhen mit Ausnahme der des Palmar, den Codazzi auf 1236 varas angiebt, augenscheinlich sämmtlich in varas geschätzt und daraus in Meter umgerechnet, demnach noch durchaus unsicher.

Dem Anschein nach sind diese Berge aber höher, wenigstens machen sie von der Nordkette, etwa oberhalb der Quellen von Mariara aus, dort wo der Weg nach Ocumare das Gebirge übersteigt, einen grossartigen Eindruck und man erhält das Gefühl, als ob das Gebirge verwickelter gebaut und höher erhoben ist als die bisherigen Quellen erkennen lassen. In der That verläuft als eigentliche Fortsetzung des westlichen Astes an den Quellen des Rio Tinapu ein Gebirgszug, dem Codazzi im Cerro Tiramuto 1003 m Höhe giebt, und im Westen von San Juan de los Morros schiebt sich eine Bergkette vor, die gegen Südosten vorspringend in dem Cerro Platilla 1886, im Cerro de Flores 1434 m Höhe erreichen soll. Letzteren Berg habe ich bis zur Höhe von 1220 m Ende 1884 erstiegen, über das Gebirge zwischen ihm und dem Südufer des Sees von Valencia sind wir jedoch noch ganz ununterrichtet; ja nicht einmal die Namen der höheren Gipfel stehen fest, vielmehr nennt man jetzt den Cerro Azul Manuare und den höchsten von allen, den südostwärts vorgeschobenen Cerro Platilla, Cerro Pelón.

Immerhin ist soviel sicher, dass mit der Annäherung an den Pass von Villa de Cura das Gebirge eine Verbreiterung erfährt, und diese mag man wohl aus einem demselben bisher fremden Bestandtheil erklären, nämlich dem Hinzutreten von alten Eruptivgesteinen. Wir wissen zwar nicht viel über die Zusammensetzung der Serrania del Interior im Süden des Sees von Valencia, doch ist es zweifellos, dass das Südufer des Sees, überall wo das anstehende Gestein unter dem Schwemmland und Sand hervortritt, aus Glimmerschiefern und Gneissen besteht. Dies ist namentlich der Fall an der felsigen Halbinsel, die zwischen El Magdaleno und der Hacienda Yuma mit zwei Zipfeln in den See vorspringt und über die Isla del Burro zur Halbinsel Cabrera hinüberweist, wo wieder dieselben Gesteine auftreten wie am Südufer. Ueber den Bau der Hauptkette und die Zusammensetzung der Gipfelreihe vom Cuipa bis nach Villa de Cura haben wir jedoch keine Kenntniss, und es ist mir nicht bekannt, dass jemals ein wissenschaftlicher Reisender in diese Berge eingedrungen wäre. Wahrscheinlich ist das ganze Gebirge ein archaeisches Schiefergebiet von ähnlichem Bau wie am Passe von Tinaquillo; im Süden mag sich daran die Kreideformation lagern, wie bei Parapara und Ortiz, auch ist es möglich, dass einzelne Schollen derselben dem Gebirge selbst aufsitzen, wie der Kalkstein des Calvario bei Villa de Cura und die gewaltigen Reste der Morros de San Juan vermuthen lassen.

Dagegen haben wir einen Anhaltspunkt dafür, dass der Osten und Südosten dieses Gebirgszuges mit Eruptivgesteinsstöcken durchsetzt ist, denn der Cerro de Flores und das Land am Fusse desselben auf dem Wege San Juan—Parapara besteht nachweislich aus Augitporphyriten, die auch unter den Morros von San Juan hervortreten. Im Uebrigen aber lässt das Vorkommen von Gneiss, Chloritschiefer und Kieselschiefer bei und um Villa de Cura den Schluss zu, dass die Hauptmasse der Serrania del Interior auch südlich des Valencia-Sees aus archaeischen Schiefern und Gneiss, mit theilweiser Auflagerung erhalten gebliebener Schollen der Kreideformation besteht.

Da das in Rede stehende Gebirge auf beiden Seiten von den hauptsächlichen Verkehrsstrassen umgangen wird, so ist auch seine Besiedelung gering. Als einzige grössere, im Entstehen begriffene Ortschaft wird Belen (San Francisco de Asis?) angeführt, doch ist es mir nie gelungen, herauszubringen, wo dieselbe liegt. Aus dem Umstande, dass sie hoch gelegen, klimatisch frisch sein und ihre Erzeugnisse nach Villa de Cura auf den Markt bringen soll, schliesse ich, dass sie sich nahe den Quellen des Rio Guárico befindet. Im Uebrigen werden nur einzelne Rodungen, Viehhöfe und Haciendas im Gebirge liegen, dessen landschaftlichen Charakter, wie den der ganzen Südkette, kahle grasige Höhen bestimmen, zwischen denen allein in den Schluchten spärlicher Wald auftritt. Doch ist das Gebirge ziemlich wasserreich und birgt die Quellen mehrerer grosser Flüsse der Llanos, in der Mitte die einiger Nebenflüsse des Rio Pao, nämlich der Rios Naranjos, Pacaragua und Prepo, etwas weiter östlich die des langen Rio Chirgua, ferner die des Rio Tisnados in Gestalt der Flüsse Camové, Manuare und Platilla und endlich die Quelle des grossen Guárico, des Flusses von Calabozo. Unter den zum Valencia-See herabrinnenden Gewässern ist einzig der Rio Guiguë erwähnenswerth.

II. Der östliche Zweig der Serrania del Interior.

An der Senke von Villa de Cura, deren Bedeutung für den Verkehr zwischen den Thälern von Aragua und Carácas einerseits und dem Llano von Calabozo anderseits schon S. 192 gewürdigt worden ist, beginnt der östliche Zweig der Serrania del Interior. Die Senke erreicht bei Villa de Cura selbst mit 562 m ihren höchsten Punkt und fällt langsam nordwärts bis zum See von Valencia mit 411 m, südostwärts bis zum Tucutunemo-Guárico-Durchbruch bei San Juan de los Morros mit 443 m. Der Weg folgt vom

Becken von Valencia ausgehend zunächst dem Bache Aguablanca und
tritt dann in die weite, von Höhen rings umrahmte Fläche von Villa
de Cura ein. Diese Stadt, deren unvergleichliche Lage für den Verkehr schon früh hier eine grössere Ansiedlung entstehen liess, hat sich
in den letzten Jahrzehnten sehr gehoben, und seit etwa 100 Jahren
den Charakter als Stadt gewonnen. Eine kurze Beschreibung derselben habe ich schon in meinem Buch »Venezuela« [1]) gegeben. Nach-
zutragen ist hier, dass der Ort als Hauptstadt des Staates Guzman
Blanco, jetzt Miranda, von 1889—1892 Bolivia hiess, zeitweise des
Regierungssitzes entkleidet wurde, jetzt aber wieder Sitz der Behörden
des grossen Staates Miranda ist, obwohl er an der westlichen Grenze
desselben liegt. Wenn irgend etwas der Stadt nachtheilig gewesen
ist, so war es ihre wichtige strategische Lage, denn wegen ihres
beherrschenden Einflusses auf den Verkehr zwischen dem Llano und
Carácas-Valencia und wegen der fast regelmässigen Entstehung aller
Aufstände in den Llanos hat sie fast bei jedem Bürgerkriege die
feindlichen Heere in ihren Strassen gesehen und ihr Weichbild ist oftmals der Schauplatz erbitterter, ja entscheidender Kämpfe gewesen.
So während des Feldzugs von 1814, wo Bóves bei La Puerta Bolívar
schlug, und im Jahre 1818, als Bolívar gegen Norden vordrang; so
auch 1892, in welchem Jahre sie zwei blutige Kämpfe erlebte, deren
letzterer dem General Crespo den entscheidenden Eingang in die
Thäler von Aragua erzwang. Die Stadt hatte 1891 7880 Einwohner,
gehört daher zu den grösseren Mittelstädten des Landes.

Aus dem grauen Gneiss, dessen tiefgehende Zersetzung die Strasse
nach Cagua mit ausserordentlich lästigem Staube erfüllt, gelangt man
bei Villa de Cura selbst in ein Gebiet archaeischer Schiefer, über dem
auf der Höhe des Calvario ein Rest eines blauen, wahrscheinlich der
Kreideformation angehörenden Kalksteins erhalten ist. Dort, wo die
Strasse nach Passirung mehrerer neuer Zuckerhaciendas den Tucutunemo
überschreitet, stehen grüne chloritische Schiefer an, die weiter abwärts
bei der Posada Carmen dem Kieselschiefer Platz machen.

Zwischen dem Guárico und dem Tucutunemo tritt sodann auf
einer grösseren Strecke als Unterlage des Kalksteins der Morros de
San Juan ein Augitporphyrit auf, der bereits bei Tierra Blanca
¹⁄₄ Stunde nordwestlich der Posada Carmen ansteht. Es ist ein dunkel-
grüngraues bis hellgraugrünes mit zahlreichen bis 5 mm grossen Augiten
durchsetztes Gestein, dessen Grundmasse theilweise in Amphibolfels
umgewandelt ist. Dieser Augitporphyrit spielt nunmehr eine wichtige

[1]) Hamburg, L. Friederichsen & Co., 1888, S. 329.

Rolle auf der Südseite der Serrania del Interior, setzt den Cerro de Flores zusammen und kommt in Form von gebuckelten, schildförmigen Hügeln bis in die Gegend von Parapara zwischen der Kreideformation vor. Diese beginnt an der Südseite der Serrania del Interior bei den Morros de San Juan und setzt nun mit dem Diabasporphyrit vereint das Vorland des Gebirges bis zur Galera de Ortiz zusammen. Der Tucutunemo-Guárico durchbricht alle die genannten Schichten in einem engen Erosionsthal, das von der Strasse nicht benutzt wird, ausser, wo unmittelbar am Fusse der Morros die Kalksteinmassen so nahe zusammenrücken, dass die Strasse an den Fluss selbst herabsteigen muss.

Die Serrania del Interior beginnt mit ihrem östlichen Zweige im Nordosten von Villa de Cura bei Cagua, wo der von Codazzi auf 1597 m angegebene Gipfel Pao de Zárate, ein wegen seines Kupfer- und angeblichen Goldreichthums oft gepriesener Berg, ihren westlichsten Ausläufer bildet, dem sogleich der Guaraima mit angeblich 1670 m Höhe benachbart ist. Diese Höhen sind wahrscheinlich zu hoch gerechnet, wenigstens führte mich der Weg von La Victoria nach San Sebastián zwischen beiden Gipfeln hindurch über eine Passhöhe von nur 1000 m, und die Gipfelhöhe war entschieden nicht viel bedeutender, so dass eine Gesammthöhe von 1200 m für diesen Theil der Serrania del Interior anzunehmen sein wird.

Hier finden wir genau dieselbe Reihenfolge der Gesteine wie im Passe von Villa de Cura, was sich aus folgender Gegenüberstellung ergiebt, zu der ich auch noch Jahn's Beobachtungen von der Loma de Hierro hinzufügen will:

Villa de Cura—San Juan.	La Victoria—San Sebastián.	Loma de Hierro (nach Jahn)
Gneiss	Sericitgneiss	Gneiss
Chloritschiefer	Chloritgrünschiefer	
Kieselschiefer	Lyditartiger Kieselschiefer	
	Augitporphyritbreccie	
	Chloritischer Hornblende-schiefer	
Augitporphyrit	Augitporphyrit	Serpentin (?)
Kreidekalkstein der Morros	Kreidekalkstein der Morros	Kreidekalkstein

Es ergiebt sich danach eine völlige Uebereinstimmung im Bau der Serrania del Interior am Passe von Villa de Cura und am Wege La Victoria—San Sebastián, und wahrscheinlich auch an der Loma de Hierro, denn die »schwarzen Serpentine« Jahns sind wohl nichts anderes als die dunkelgraugrünen Augitphorphyrite. Es folgen also an diesen drei Stellen von Norden nach Süden aufeinander: Gneiss, krystallinische Schiefer, Augitporphyrit, und endlich die Kreideformation. Den Kamm bildet meist der Gneiss, die höheren Theile des Südabhangs der krystallinische Schiefer, die niederen des Südabhangs das Eruptivgestein, während die Kreideformation den Fuss des Gebirges umsäumt. Die gleichartige Zusammensetzung lässt sich daher überall erkennen und der Zug alter Eruptivgesteine ist von der Fila Rabón an der Südseite der Loma de Hierro bis zu den Peñas Negras und dem Zamuro bei Villa de Cura zu verfolgen, wo auch schon einige Augitporphyrit-Vorkommnisse auftreten.

Das Gebirge ist hier, wie bemerkt, nicht sehr hoch, fällt steiler nach der nahezu 600 m hohen Wasserscheide zwischen Tuy und Aragua, also nach Norden hin ab, als nach der 400 m hoch gelegenen Furche des Guárico im Süden, was sich auch schon aus der Länge der Flussläufe ergiebt; denn nach Norden ergiessen sich nur kleine Bäche in den Tuy und Aragua, nach Süden aber laufen drei wasserkräftige Flüsse hinab, nämlich der Rio Paguaisito, der Rio Caráte-Pao und der Rio Caramacate, von denen die beiden letzteren sich bei San Sebastián, der erstere westlich der Morros de San Sebastián mit dem Guárico vereinigen. In der That braucht man zur Ersteigung der Passhöhen von La Victoria aus nur 2½ Stunden, zum Abstiege nach San Sebastián aber fast 9 Stunden.

Der Nordabhang der Serrania del Interior ist hier ebenso kahl wie der Kamm selbst; der Savannencharakter tritt hie und da am Nordgehänge hervor, nur wenige Häusergruppen liegen in dem Thale zwischen der Hauptkette und den nördlich davon bis nach La Victoria hin sich einschiebenden Hügeln. Ueber schwarzrothe und schwarzbraune Schiefer und völlig zerrütteten, verwitterten wie auch innerlich zertrümmerten Gneiss klimmt man in Windungen die grasige Höhe hinauf, auf welcher kein einigermassen hoher Baum die Aussicht auf die benachbarten Thäler hindert. Der völlig baumlose, mit Gras bedeckte Kamm des Gebirges ist hier etwa eine halbe Reitstunde breit, und streicht in derselben Kahlheit nach Ostsüdosten weiter. Auch in den Schluchten ist der Baumwuchs spärlich, und selbst im Flussthal des Rio Pao fand ich erst abwärts von der Kaffeehacienda El Pao oder La Fundacion üppigere Vegetation. Eine ganze Reihe von werthvollen Kaffeehaciendas liegen hier und werden vom Wege durchschnitten, der im Uebrigen fast stets im Flussbette entlang führt und oberhalb von El Pao 38 Flusspässe in 2 Stunden, unterhalb derselben etwa ebensoviele in einer Stunde zu nehmen hat. Lichter Wald, Gestrüpp und Gebüsch überziehen die Hügel zu beiden Seiten des tiefer und tiefer eingeschnittenen Flusses, aber nur in den Kaffeehaciendas sieht man hohe Bäume dicht stehend guten Schatten geben. Im Uebrigen ist der ganze Südabhang nur mässig bewachsen und nicht baumreich. Nur elende Viehhöfe liegen hie und da zerstreut auf den Bergen.

Die am häufigsten vorkommende Streichrichtung der Schichten in diesem Theile der Serrania del Interior ist Nordost, sowohl unmittelbar südlich von La Victoria, als am Nordabhang der Hauptkette, wie auch am Südabhange, besonders in der Region der grossen Kaffeepflanzungen, während auf dem Kamme das Streichen der Schichten mehr östlich ist. Der Einfall ist wechselnd, auf der Südseite mehr nach Süden, doch ist das ganze Gebirge in überaus steile Falten gepresst, so dass intensiver Druck eingetreten sein muss, worauf auch die weitgehende innere Zertrümmerung mancher Gesteine hinweist.

Das nordöstliche Streichen führt nun allmählich für die weiter östlich folgenden Theile der Serrania del Interior eine Aenderung in der Zusammensetzung herbei. Die krystallinischen Schiefer und Gneisse beginnen mehr und mehr auf die Nordseite allein sich zu beschränken und verschwinden südlich von Ocumare anscheinend ganz; dafür aber nehmen die alten Eruptivgesteine und die Kreideformation eine immer breitere Entwicklung. Schon an der Loma del Hierro treten die Eruptivgesteine, Jahn's Serpentine, in der Höhe von 1200 m nahe dem Kamme auf, nämlich in der Quebrada Seca zwischen dem Alto de la Puerta, den Jahn zu 1367 m bestimmt hat und der südlich davor liegenden 1103 m hohen Fila Rabón, südlich von Ocumare aber scheinen sie bereits den grössten Theil der Hauptkette einzunehmen und zwischen Altagracia und dem Tuy bei Araguita herrschen sie mit Ausnahme des Südhanges allein vor. Unterbrochen ist ihre Ausdehnung nur auf dem Wege von Ocumare nach Altagracia, wo hauptsächlich Gesteine der Kreideformation angetroffen werden; es entstehen daher zwei getrennte Eruptivgesteinsstöcke, nämlich ein kleinerer schmaler, westlich des Rio Súcuta, von dem wahrscheinlich die Vorkommnisse der Loma del Hierro Ausläufer sind und ein grösserer, östlich des Rio Lagartijo, der sich in massiger Entwicklung bis Macaire erstreckt. Die Gesteine dieses Gebietes sind von Herrn Dr. Bergt als veränderter Diabas, als Salit-Feldspath-Amphibolit oder Proterobas bestimmt worden. Herr R. Ludwig, dem wir die Untersuchung dieser Theile des Gebirges verdanken, ist geneigt, die Gesteine eher für eruptiven Charakters als für krystallinische Schiefer zu halten, womit ich durchaus übereinstimme. Da alle hierher gehörigen Gesteine erhebliche Druckeinwirkung erkennen lassen und theilweise scharf gefaltet sind, so darf man annehmen, dass die im Westen Augitporphyrit, im Osten Diabas und Proterobas genannten Eruptivgesteine von der Faltung mit ergriffen worden sind. Auch das nordöstliche Streichen des ganzen Schichtensystems, wodurch die südlicheren Glieder im Osten grössere Entwicklung erreichen müssen, spricht dafür, dass die genannten zweifelhaften Gesteine Eruptivgesteine, nämlich die Fortsetzung der weiter im Westen gelegenen Augitporphyrite sind. Es ist nicht sicher bekannt, ob die beiden zwischen Tácata und San Casimiro gelegenen, von Codazzi auf 1463 und 1143 m bestimmten Gipfel El Roncador und Consumidero, welche die Quellen des bei San Casimiro vorbeifliessenden Rio Suata tragen, aus altem Eruptivgestein oder aus Kreideschichten bestehen, dagegen steht es fest, dass die Hauptkette nahe dem von Codazzi auf 1383 m angegebenen Gipfel Loma del Viento altes Eruptivgestein enthalten muss, da der Rio Súcuta bei Ocumare solches als Gerölle hauptsächlich führt.

Sodann aber schiebt sich die Kreideformation zwischen die beiden Eruptivgesteinsstöcke ein und bildet, wie es scheint, zum Theil die Loma del Viento. Allerdings herrschen auch hier wiederum Widersprüche zwischen Codazzi's Höhen und den neuen Messungen anderer Reisender. Herr R. Ludwig bestimmte nämlich im Oktober 1893 den höchsten Punkt der Strasse Ocumare—Altagracia zwischen El Cambural und Chiripital zu 933 m, und es ist nicht wahrscheinlich, dass sich die Gipfel um 400 m über den Pass erheben werden; voraussichtlich ist daher die Loma del Viento auch niedriger als 1383 m. Dieser Pass liegt nun im Sandstein und Thonschiefer der Kreideformation, die hier also bereits bis zu 1000 m Höhe die Gehänge des Gebirges zusammensetzt. Thonschiefer in den unteren, Kieselschiefer und Sandstein in den oberen Schichten bilden den ganzen Südhang der Serrania del Interior bis 350 m abwärts, Quarzsandstein, Kalkstein und Feuerstein, gelblicher amorpher Kiesel treten hinzu, letzterer an der Örtlichkeit Garapita bei Guaitoquero.

Wo nun diese Gesteine in Berührung mit den dioritisch-diabasischen kommen, verändern sie ihren Charakter; der Thonschiefer wird nahe dem Hause El Jobito aphanitisch, grüngrau, runde Blöcke stellen sich ein, und die Schichtung geht verloren. Auch im Lagartijobache tritt dieses harte, kieselige, aphanitische Gestein neben dem Schiefer auf, und südöstlich desselben lagern harte, grüne, dicke, aphanitische Bänke, meist in Gesellschaft von kohlig schiefrigem Gesteine, zuweilen auch in meterdicken Bänken und begleitet von Konglomeratblöcken mit nussgrossen runden Bestandtheilen, graubraunem und grünlichem Cement; dünne geschichtete schiefrige Schichten wechsellagern mit dickeren, anscheinend rein dioritischen. So beschreibt R. Ludwig das von ihm gesehene Grenzgebiet zwischen den

Schiefern und Sandsteinen der Kreideformation und dem Eruptiv-gesteinsgestock vom Rio Lagartijo. Fügt man hierzu die Ergebnisse der petrographischen Untersuchung seitens Bergt's, so scheint sich als Resultat zu ergeben, dass durch die Einwirkung des Eruptiv-gesteins die benachbarten Kreideschichten verändert worden sind. Nach der geologischen Beschreibung Ludwig's dürfte das Auftreten krystallinischer Schiefer hier auszuschliessen und der erwähnte Salit-Feldspath-Amphibolit lieber als Proterobas aufzufassen sein. Die Eruptivgesteinsstöcke treten hier bereits am Rio Súcuta dicht an den Tuy und die Kreideformation greift am Lagartijo augenscheinlich bereits über beide Uferseiten des Tuy hinweg.

Das Streichen der Schichten ist hier noch immer östlich bis nord-östlich, der Einfall meist scharf südlich, die Faltung in den höheren Theilen der Loma del Viento sehr kräftig.

Diese Strasse Ocumare-Altagracia führt über die letzten Aus-läufer der grossen Bergsavannen der Serrania del Interior. Bis zur Loma del Viento scheinen alle Theile des Kammes noch fast ganz baumlos zu sein, und der Wald sich, wie im Westen der Kette, auf die wasserführenden Schluchten zu beschränken; von der Loma del Viento nach Osten zu nimmt aber der Wald wieder an Ausdehnung zu und scheint auch die Gehänge der Loma del Viento nach Norden früher überkleidet zu haben. Zu Seiten der alten, lange geöffneten Strasse hat aber die Kultur bereits grössere Fortschritte gemacht, und der Wald ist verschwunden, so dass die Bewohner des Tuythales schon weit in den Seitenthälern aufwärts gehen müssen, wenn sie die zum Canoebau nöthigen Ceiba-Bäume fällen wollen. Diese Bäume sind jetzt auf die Ufer der Wasserläufe zurückgedrängt, und an ihre Stelle sind theils Kulturen, Kaffee-, Mais- und Zuckerpflanzungen, theils hohes Gras, das sogenannte Guinea-Gras, auch Gamelote und Carrizo genannt, und die wasserreichen Rastrojos getreten. So sind denn die Vorberge der Serrania del Interior südlich des Tuy-thales überall kahl, weiter hinauf aber nimmt der Wald zu, doch ist beispielsweise der ganze Bergrücken von Chiripital noch fast kahl, und oben mit Wiesen, an den Gehängen, besonders zum Thale des Lagartijo, mit Kulturen bedeckt.

Während also der Norden der Serrania del Interior östlich etwa bis zum Rio Lagartijo, wechselnde Vegetation hat, bald hohes Schilfgras, bald Röhricht, dann wieder Felder und Bergsavannen, auch ein wenig frischeren Wald, entbehrt der Süden des Gebirges völlig des Waldes, der nur in der Form von lichtem Trockenwalde am Fusse, etwa in 300—400 m Höhe, vorkommt. Den ganzen Südhang

bekleiden vielmehr die Bergsavannen, die im Süden viel höher am
Gebirge aufwärts steigen als im Norden und nur in den Schluchten
und Thälern für den Wald Raum lassen; auch scheinen sie auf den
Kreidegesteinen, Schiefern und Sandsteinen weiter emporzusteigen
als im Gebiete der Eruptivgesteine, und erstrecken sich auf der Südseite zwischen Chiripital und Altagracia etwa bis an die Grenze des
Diabases. Auf den Höhen wiegt das hohe Gras, Gamelote, vor, in
den unteren Theilen des Gebirges ein kürzeres; ebenso geht der
frischere Wald der engen Schluchten der höheren Berge mit der Abnahme der Höhe und der Verbreiterung der Thäler in lichten Trockenwald über, eine Erscheinung, die auf der ganzen Südseite des Gebirges
und überhaupt überall in Venezuela, wo wasserfrisches Gebiet in
trockneres übergeht, zu bemerken ist.

Die Bergsavannen-Region der Südseite ist ziemlich stark bewohnt.
Auf dem Wege von Ocumare nach dem Llano liegen in der Höhe von
780 m das Dorf Chiripital und weiter abwärts La Mesa, etwas unter-
halb von Chiripital das neue Dorf La Democracia (243 Einw.), sowie eine
Anzahl von Gehöften, wie El Jobito 820 m, und El Garutico zu beiden
Seiten der Loma del Viento; ferner nördlich des Hauptweges am
Gehänge des Gebirges das Gehöft La Fila in 660 m, das Haus Las
Bestias in 525 m, Caña Fistula in 566 m (213 Einw.), Quere in
676 m (61 Einw.) und Guanapa (143 Einw.) in 513 m, endlich das
Haus Caña Fistula de Guanapa in 600 m und im Thale des Rio Macaire
die Hacienda Las Marias (176 Einw.) in 571 m, sowie San Francisco
de Macaire selbst (735 Einwohner) in 510 m Höhe: alle diese im Gebiete
der Bergwiesen und Kulturen. Nahe dem Südfusse erheben sich die
Häusergruppen El Cambural in 450 m, Los Pilones in 460 m, während
Altagracia selbst nur 368 m, San Rafael de Orituco 330 m, das Haus
Las Camasas nahe dem Rio La Guaya 368 m Höhe haben, also bereits
den Fuss des Gebirges bezeichnen.

Ganz abweichend von allem eben Geschilderten ist nun die Hauptkette und der Nordabhang der Serrania del Interior auf der Strecke
von dem Rio Lagartijo bis zum Rio San José gestaltet. Hier wiegt
überall das Eruptivgestein vor und hier bedeckt tiefer, feuchter,
tropischer Regenwald, in den höheren Theilen dichter Bergwald Gehänge und Kamm. Das Ganze ist eine der unzugänglichsten, unweg-
samsten und unbekanntesten Berglandschaften Venezuela's, in die
etwas Licht gebracht zu haben, das Verdienst der im September 1893
und im März 1894 gemachten Reisen R. Ludwig's ist.

Die Grenze der Bergsavannen des Südens gegen das
Waldgebiet und zugleich der Kreideformation gegen das Eruptiv-

gestein liegt, wie aus dem vorigen zu entnehmen ist, sicher höher als 700—800 m, zwischen Guanapa und Macaire nach Ludwig's Messungen in etwa 850 m. Von hier an aufwärts herrscht ausschliesslich das Eruptivgestein, das auch wahrscheinlich dicht an den Tuy herantritt, wenigstens in dem zwischen Rio Cuira und Rio Macaire gelegenen Morro de Apa noch ansteht. Die östliche Grenze ist nicht bekannt, doch glaubt Ludwig, dass der Weg von Panaquire am Tuy nach Macaire bereits wieder vielfach die Gesteine der Kreideformation anschneidet. Je weiter man sich von den Rändern des Eruptivgesteinsstockes nach den inneren Theilen desselben begiebt, desto grobkörniger wird die Ausbildung, und je mehr man sich dem Tuythale nähert, desto dichter der Wald, der nur nahe dem Flusse durch Pflanzungen, hier schon vielfach des Cacao criollo, unterbrochen wird.

In diesem Eruptivgesteinsgebiet liegen nun auch einige der höchsten Gipfel der Serrania del Interior. Codazzi giebt dem Berge Palomita, südlich von Araguita, 1584, dem Cerro de Altagracia, nordwestlich von dieser Stadt, 1505 m. Letzterer ist wahrscheinlich der von Ludwig bestiegene und auf 1494 m berechnete Cerro Santa Inés, dessen Höhe mit der von Codazzi ermittelten gut übereinstimmt. Der Palomita Codazzi's ist wahrscheinlich identisch mit dem von Ludwig gesehenen Cerro Lucero oder dem Cerro Azul östlich des Lagartijo, den Ludwig auf 400—1000 Fuss = 130 bis 330 m höher schätzt als den Santa Inés. Demnach hätte man für den höchsten Gipfel der Serrania del Interior östlich von Villa de Cura den Cerro Lucero mit über 1800 m Höhe zu halten. Diese Gipfel erheben sich aber nur wenig über den Kamm des Gebirges, der hier vielmehr sehr hoch ist, vom Rancho Fila an stets 1410 m übertrifft, so dass eine fortlaufende Kammhöhe von über 1400 m für die Gegend zwischen dem Cerro Azul und dem Santa Inés angenommen werden kann. Im Norden erhebt sich als Vorsprung gegen den Tuy der seltsam geformte 1220 m hohe Morro de Apa, im Nordosten gegen Panaquire in der sogenannten Barlovento-Kette.

Das ganze Gebirge ist dicht bewaldet, nur selten findet sich eine Lichtung; »das massige Gestein ist meist tief verwittert, der Boden feucht und moosig, wie er in einem von Bejucos durchwobenen Tropenwald immer ist; wo die Lianen zurücktreten und in grösserer Höhe der feuchtkalte Hauch weht, den Bromelien und Orchideen lieben, da verdichten diese das Geäste; in diesen Höhen stehen noch mehrere Arten Palmen, am häufigsten die Palma brava mit ihren Strebepfeilerwurzeln und höher hinauf in dem paramo-ähnlichen Ge-

biet auf filzigem Moosboden Baumfarren«. [1]) Eine grossartige Waldwildniss ist das ganze Gebirge, besonders am Abhang zum Tuythale.
Niedrige Temperaturen bis zu 10° C. beobachtete Ludwig, feuchter
Nebel hüllte die Berge oftmals ein, so dass nur selten ein Blick auf
die Thäler und den Llano sich öffnete, häufiger Regen überschüttet
das Gebirge mit Feuchtigkeit, Wasserreichthum herrscht überall.
Die grosse Feuchtigkeit des Nordhanges der Serrania del Interior
östlich von Araguita ist der Lage über dem unteren Tuythal und der
Einwirkung des vorherrschenden Nordostpassats zuzuschreiben, der
über die Küste von Barlovento und das feuchtheisse, wasserreiche
Tuythal wehend, an der Serrania del Interior aufsteigt und hier seine
Feuchtigkeit absetzt. Daher entstand hier jener riesige Wald, in den
auf die Dauer keine Bresche gelegt ist, obwohl die Spanier hier alte
Goldminen, Apa y Carapa, gehabt haben; die Gruben sind aber seit
langer Zeit verlassen, vom Walde überwuchert und dem jetzigen Ge-
schlechte nicht mehr bekannt, zahlreiche Versuche, sie wieder aufzufinden, sind missglückt. Dagegen ist unter Guzman Blanco der
Versuch gemacht worden, am Nordabhange des Cerro Lucero eine
Ackerbaukolonie, die Colonia Guzman Blanco, anzulegen, deren
Häuser fast die einzigen Beweise der Kultur in dem gesammten Waldgebirge sind. Diese Kolonie wurde 1874 gegründet, sollte 1888 bereits
über 1500 Einwohner haben, und beschäftigt sich mit dem Anbau von
Kaffee, Zuckerrohr, Cacao und Bananen, Mais etc. Die Seehöhe wird
auf 1800 m angegeben [2]), die Einwohnerzahl des Hauptortes Taguacita
auf 300 Seelen. Eine Kontrole dieser Angaben vermag ich nicht zu
geben, da ich die Kolonie nicht besucht habe.

Die höchsten Theile des Gebirges nähern sich in Bezug auf die
Vegetation bereits der Baumgrenze und der Parámo-Region, indem
bereits in 1500 m Höhe Laubbäume ihre Zwergformen anzunehmen
beginnen, und die Palmen des Bergwaldes verschwinden. Wenn auch
diese Erscheinungen in der Cordillere von Mérida erst in 2500 m zu
beginnen pflegen, so entspricht doch hier im Osten die Herabdrückung
der Baumgrenze ganz wohl dem sehr niedrigen Auftreten der Bergwiesen.

Die Serrania del Interior trägt auf dem Abschnitte zwischen
Ocumare und Altagracia die Quellen des Flusses Orituco, eines
der grösseren Llanosflüsse und des bedeutendsten Zuflusses des
Guárico. Südlich vom Cerro Azul und dem Lagartijo fliessen der Rio
Guaya und der Rio Memo, während der westlichere Taguai noch dem

---

[1]) Nach der Schilderung Ludwig's in einem an den Verfasser gerichteten Privatbriefe aus Curaçao, 28. Januar 1894.

[2]) Statistischer Jahresbericht der Vereinigten Staaten von Venezuela 1889, S. 6.

Guárico nach kurzem Laufe direkt zugeht. Oestlich von Orituco dagegen fliessen der Orituco, nahe dem Altagracia und San Rafael de
Orituco liegen und der Macaire, die sich südlich von Lezama vereinigen.
Nach Norden entsendet die Serrania del Interior zahlreiche
wasserreiche Zuflüsse zum Tuy, wie den Taguazito, den Fluss der
Colonia Guzmán, den Taguazo, den nördlichen Macaire und den
Cuira, die dem Tuy sämmtlich auf der Strecke San José bis Panaquire zugehen; auch die kleineren Flüsse Panaquire, Uroa und Sapo
entquillen ihr. Der Rio San José geht zwar noch in den Tuy, sendet
aber einen Theil seines Wassers in den Rio Chico.

III. Das Vorland der Serrania del Interior.

Eng verbunden mit der Serrania del Interior ist das der Kreide-
formation angehörige Vorland, das mit Sicherheit von Pao bis nach
Guanape und Guaribe festgestellt werden kann und bei Ortiz und
San Francisco de Tisnados seine grösste Breite und Ausdehnung nach
Süden erreicht. Im Allgemeinen ein niedriges Land, dessen Höhe
zwischen 470 m bei San Juan, 420 m bei San Sebastián, 370 m bei
Altagracia im Norden und etwa 200 m bei Pao, 220 m bei Ortiz im
Süden schwankt, bietet es dennoch Unübersichtliches genug dar, da es
aus zahllosen, anscheinend regellos angeordneten gebuckelten Hügeln
besteht, zwischen denen scharf eingeschnitte Thäler hindurchführen
und einzelne grössere Becken liegen, die von den genannten Thälern
verbunden werden. Als solche Becken kann man bezeichnen die von
Pao, San Francisco, Parapara, Ortiz und auch noch von San Juan; zum
Theil liegen sie nahe dem Rande der Llanos hinter der letzten diese
begrenzenden Gebirgsmauer, der sogenannten Galera, und zwar stets
dort, wo Flüsse durchzudringen sich bemühen. Sowohl das Thal des Rio
Pao wie dasjenige des Tisnados als auch endlich das des Rio Paya werden
im Süden durch den Riegel der Galera abgesperrt, deren Höhe südlich
Ortiz aber auch nur etwa 50 m über dem Orte, also ungefähr 270 m
beträgt; Codazzi's Angabe 568 m für den östlichen Ausläufer der
Galera bei Barbacoas ist wohl bedeutend zu hoch gegriffen.

Die Galera, der äusserste Gebirgswall vor den Llanos ist von
manchen Reisenden als ein mauerförmiger Steilrand geschildert
worden, der die Llanos begrenze, wie etwa die Kreideküste von
England und Frankreich den Kanal. Indessen geht dieser Eindruck
nicht überall auf und meist auch erst in der Entfernung von mehreren

Stunden südlich der Galera. Von Norden aus gesehen erscheint sie
als ein niedriger, kaum 50 m hoher Höhenzug, auf den man von Ortiz
aus bequem zu Fusse hinaufsteigen kann und auch unmittelbar am
Fusse des hauptsächlichen Rückens der Galera, von dem Gehöfte Dos
Caminos aus, dort wo sich die Wege von Ortiz nach Calabozo und
nach Sombrero scheiden, macht sie nur den Eindruck einer mässigen
Höhe. Von den vor Dos Caminos gelegenen letzten grösseren Hügeln
von etwa 250 m Höhe übersieht man den Llano des Guárico ziemlich
weit. Hier fällt bereits der Gegensatz der Vegetation auf; südlich
der Galera Sabanen- und Llanoscharakter schon bei Dos Caminos,
grosse Mengen von Copernicia-Palmen zwischen der eigentlichen
Galera und den Vorhöhen: jenseits der Galera bei Ortiz Trockenwald,
Gestrüpp und nur in den Flussauen frischere Vegetation. Die Hügel
der Galera streichen in fast östlicher Richtung von der Quebrada
Gamelotal zwischen Tinaco und El Pao bis nach San Francisco de
Tisnados und nehmen hier eine mehr ostnordöstliche Richtung an, die
sie bis Barbacoas behalten; hier bricht die Galera ab, doch scheint
ihre Fortsetzung noch weiter östlich in der Montaña de los Guires
zwischen dem Orituco und Memo erkennbar zu sein.

Es ist davon die Rede gewesen, dass die Galera als ein gewaltiger
Wall von Granit das Küstengebirge umsäume, allein in Wahrheit besteht sie bei Ortiz aus Gesteinen der unteren und mittleren Kreideformation. Grauer, weisser und röthlicher Sandstein sind die hauptsächlichen Bestandtheile der Galera, und haben an der allgemeinen
Faltung des Karibischen Gebirges in hohem Maasse theilgenommen.
An dem ersten Hügelzug südlich von Ortiz, zwischen diesem und der
Häusergruppe La Cuesta, ist das Gebirge in grosse nach Nordost
streichende Falten gelegt, doch wiegt der Einfall gegen die Serrania
del Interior vor; die Einfallswinkel sind meist sehr steil, nahe dem
Veladero über 80°. Auch bei Dos Caminos fallen die Schichten noch
in 50° nach Nordwesten, also gegen das Gebirge ein.

Auch die Vorhöhen der Galera, z. B. der sich über dem Gehöfte
Pajarote erhebende, von mir bestiegene Hügel, bestehen noch aus dem
quarzitischen Carora-Sandstein, den wir in Barquisimeto und Coro als
eines der untersten Glieder der Kreideformation kennen gelernt haben.
Dies bestätigte sich auch hier, denn nahe der Ansiedlung La Cuesta
fand ich an der Westseite des Weges einen grossen Kalksteinblock
mit Versteinerungen, deren Art genau denjenigen der mittleren Kreide
von Rubio, Capacho im Táchira, von Surui, Agua Negra und Araguato
in Coro entsprach. Im Uebrigen wird versteinerungsleerer blauer
Kalk mit weissen Adern in Ortiz zum Brennen und Pflastern benutzt,
ist aber voraussichtlich jünger als der oben erwähnte.

Die Galera de Ortiz ist mit lichtem Trockenwalde, Kakteen-Gestrüpp und Dornengebüsch bewachsen, und daher landschaftlich ebensowenig anziehend wie die Landschaften am Südhang der Serrania del Interior überhaupt; eine reizvollere Landschaft beginnt erst bei Dos Caminos durch das Auftreten der Sabanen mit Copernicia-Palmen. Die Galera ist auf dieser Strecke wegen der Wichtigkeit derselben als des grossen Verbindungsweges zwischen Central-Venezuela und Calabozo besser besiedelt als diese Randlandschaften es sonst sind; auf ihr liegen die Ansiedlungen La Cuesta, El Veladero und mehrere einzelne Häuser, vor ihr das grosse Gehöft Dos Caminos.

Dieser Höhenzug aus Kreidesandstein und Kreidekalk sendet nach dem Llano zu noch bis zu etwa 25 km Entfernung Ausläufer; denn den Beginn des eigentlichen Llano setzt man erst bei El Morrocoi, den ersten Viehhöfen des Generals Crespo, an, so dass bis dahin noch leicht gewelltes bis hügeliges Land vorherrscht.

Ob im Westen die Zusammensetzung der Galera dieselbe ist, wie vor Ortiz, ist mir nicht bekannt, aber wahrscheinlich ist es, nach einer Angabe H. Karsten's, [1] wonach die steil gestellten Gesteinsschichten der Galera »nicht selten saiger stehen und zuweilen, wie in dem westlichen Profile in der Galera del Pao, wellig gebogen sind«.

Zwischen Ortiz und San Juan de los Morros liegen nun Schichten-complexe, die von jeher den wissenschaftlichen Reisenden aufgefallen sind. Es handelt sich hier nämlich um die Durchdringung von Schichten der Kreideformation mit eruptivem Material, durch das erstere mehrfach verändert und umgewandelt worden zu sein scheinen, ähnlich wie in der Serrania del Interior auf dem Wege von Ocumare nach Altagracia. Humboldt spricht hier von der Formation des Thonschiefers von Malpaso und unterscheidet eine obere »Lage grüner, specksteinartiger, mit Hornblende vermischter Schiefer«, und eine untere blauschwarzer, sehr brüchiger und mit zahlreichen Quarzgängen durchzogener Schiefer. [2] Karsten [3] spricht von Polythalamienschiefer (Mergel) mit dunkelblauem Inoceramenkalk als oberer und Kalk-, Kiesel- und Thonschiefern als unterer Stufe; letztere stehen bei Piedras Azules zwischen Parapara und Flores an. Ich selbst bemerkte zunehmende Mannigfaltigkeit in der Richtung nach Norden. Zwischen Ortiz und Parapara stehen noch grösstentheils die den Südrand der Galera bildenden quarzitischen Carora-Sandsteine an, deren Streichen nach Nordost, deren Einfall

---

[1] Zeitschrift der Deutschen Geol. Gesellschaft 1862. XIV. S. 286.

[2] A. a. O. Theil V. 574.

[3] A. a. O. siehe Anm. 1.

meistens gegen den Llano nach Südosten gerichtet ist. Bei Parapara
tritt Kohle auf und nun folgt ein überaus steil gefaltetes System
von Sandsteinen in Wechsellagerung mit Schiefern, Thonschiefern,
Kieselschiefern sowie jüngeren Kalksteinen, die jedoch gegen die
Thonschiefer und Sandsteine zurücktreten. Bei Piedras Azules überwiegen die blauschwarzen Schiefer Humboldt's, bei Gabazut, eine
Stunde südlich von Flores, kommt der Carora-Sandstein wieder häufiger
vor, und die Vorhöfe der Häuser sind sämmlich mit blauem Kalkstein gepflastert.

Dieses System von Thonschiefern, Schieferthonen, blauen Kalksteinen und gelegentlichen Kohlenflözen halte ich für jünger als den
versteinerungsführenden Kalkstein der Galera oder den Carora-Sandstein und stelle es in Parallele zu dem von mir so genannten Cerro
de Oro-System der Cordillere und den von Hettner so genannten
Guaduas-Schichten. Es ist südlich der Serrania del Interior in grosser
Ausdehnung zwischen San Juan und Parapara aufgeschlossen, erstreckt
sich im Westen wahrscheinlich bis Pao, im Osten aber schwillt es
immer mehr an und erfüllt schliesslich den ganzen östlichen Ast der
Serrania del Interior. Deutlich steht es auch zwischen San Juan
und San Sebastián an, wo übereinanderlagern: Konglomerat aus
Schieferbrocken, grauer und weisser Sandstein, graugelber und graublauer Kalkstein und endlich graubrauner sehr harter Kalkstein; die
genannten Konglomerate trifft man auch bei Flores, besonders am
südlichen Ausgange. Dazwischen hinein ist nun ohne Zweifel erup-
tives Material, wohl meist Augitporphyrit, gedrungen, wie bei El
Veladerito zwischen Flores und San Juan, bei Flores selbst, bei
Parapara und an anderen Orten, so dass die verschiedenen Gesteine
der Kreideformation Veränderungen erlitten haben. Das ganze System
der Kreideschichten sammt dem darin eingedrungenen eruptiven
Material ist nun in sehr steile Falten gelegt worden, die meist in
nordöstlicher Richtung streichen. Dies ist der Fall fast in dem
ganzen Hügelland zwischen Ortiz und San Juan, sowohl auf dem
Wege Ortiz—Parapara, als auch bei Flores selbst, wo der Weg
½ Stunde südlich vom Ort in einem Antiklinalthal entlang führt,
wie auch zwischen Flores und San Juan und regelmässig zwischen
San Juan und San Sebastián. Nur selten tritt, wie auf halbem
Wege zwischen Parapara und Flores, das entgegengesetzte Streichen
nach Nordwest ein. Der Einfall ist meist sehr steil, 80° ist fast
das gewöhnliche, die Richtung nach NW, also gegen das Gebirge,
häufiger als nach Südost, zum Llano. Südöstlichen Einfall bemerkte
ich vornehmlich in der Entfernung von einer Stunde von San Juan

aus auf dem Wege nach San Sebastián, ferner nahe Parapara auf dem Wege nach Ortiz und auf halbem Wege zwischen Parapara und Flores, endlich am Abstieg von der Galera de Ortiz nach La Cuesta. Auch im äussersten Osten, bei Altagracia, fallen die Schichten seltener nach Süden, sondern meist nach Norden gegen das Gebirge ein, z. B. zwischen Macaire und Las Marias, zwischen Macaire und Altagracia, zwischen Guaitoquero und El Cambural, bei Los Pilones. Hier scheint am Südabhang im Ganzen das Streichen östlicher zu sein, als in der Gegend von San Juan, der Einfallswinkel bleibt aber auch hier 70—80⁰ und saigere, ja überkippte Stellung der Schichten kommt nach L u d w i g am Südhange der Loma del Viento vor.

Während nun die sämmtlichen besprochenen Gesteine und Formationen vor der Serrania del Interior nur noch ein gewelltes, im Ganzen ziemlich gleichmässig hohes Hügelland bilden, ragt aus ihnen und über ihnen nahe dem Fusse der Hauptkette ein zerrissener Zug überaus harter und schroffer K a l k s t e i n k l i p p e n hervor, deren Gestein augenscheinlich eine überall gleichartige und zusammenhängende Ablagerung war, die nun aber durch Verwitterung in eine Anzahl von Klötzen aufgelöst und zerschnitten ist. Diese infolge ihrer grossen Härte und Widerstandsfähigkeit stehen gebliebenen Kalksteinwände sind die sogenannten Morros, und zwar die bekannteren, oft besuchten Morros de San Juan und die weniger auffallenden, aber nach C o d a z z i ebenso hohen Morros de San Sebastián. Denn nach C o d a z z i sind die Morros de San Juan 989, die von San Sebastián 995 m hoch; sie machen jedoch keineswegs den hieraus zu schliessenden grossartigen Eindruck, sondern erheben sich nur um etwa 500 bis 550 m über dem umliegenden Lande.

Ausserdem ragt wenigstens über den Morros de San Sebastián die Serrania del Interior unmittelbar auf, so dass sie nicht sehr zur Geltung kommen, während freilich die Morros de San Juan, besonders der eine zuckerhutförmige wie ein Thurm aus der Senke des Passes von Villa de Cura emporstarren.

Der grünlichgraue bis weisse, überaus harte Kalkstein von krystallinischer Textur scheint versteinerungslos zu sein, doch soll nach K a r s t e n ein anderer weisser, an ihn angelagerter, Exogyren enthalten, es ist aber unsicher, welchem Gliede der Kreideformation er angehört.

Morros de San Juan vom Wege nach Villa de Cura aus.

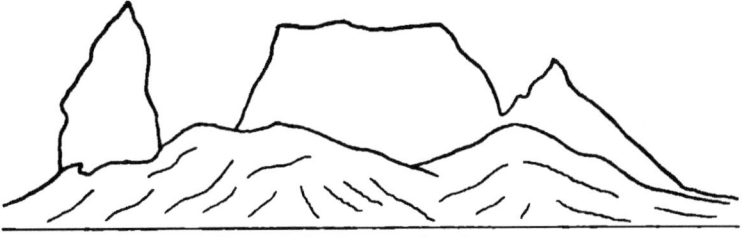

Morros de San Juan von San Juan aus.

Die Formen der Morros de San Juan sind, von verschiedenen Seiten aus betrachtet, wie aus obigen Abbildungen hervorgeht, sehr ungleich, doch tritt vielfach eine weit sichtbare zuckerhutförmige Spitze hervor, die z. B. von den Bergen der Nordkette bei Mariara aus sich gut abhebt. Das Streichen der Morros und ihrer Schichten ist Ostnordost, ihr Einfallswinkel nach Karsten 75°, die Neigung ihrer Schichten nach NW gerichtet. — Zwei Quellen von 34°,5 C. Wärme sprudeln an ihrem Fusse, 1 km nordwestlich des Ortes San Juan hervor; sie enthalten Schwefelwasserstoff, wenige Kalkbestandtheile, aber viele organische Substanzen, ihr Geschmack ist salzig. Der weisse Kalkstein der östlichen Morros wird von dem Tucutunemo-Guárico durchbrochen und tritt eine Stunde von San Juan an die Strasse nach Villa de Cura heran; hier liegt er unmittelbar auf dem Augitporphyrit.

Die Morros de San Sebastián liegen ein wenig südlicher als die Morros de San Juan zwischen den Flüssen Paguaisito und Pao, eine halbe Stunde nördlich des Flusses Guárico, eine Stunde westlich von San Sebastián bei der Ansiedlung Quebrada Honda. Hier zeigt der aus grauem bis braunem Kalkstein bestehende Zug, dessen Richtung wiederum ostnordöstlich ist, fünf gut unterscheidbare Spitzen, auf die gegen Westen zu noch zwei schroffe Klippen folgen, und ein Spitzberg erhebt sich hinter der Lücke zwischen den beiden Klippenzügen. Weissgelbe Steilwände mit ziemlich dichtem Walde, dessen Grün von der mattgefärbten Gestrüppvegetation des darunter liegenden Landes angenehm

absticht, sind von der Strasse aus sichtbar, hinter ihnen treten die durch-
furchten Formen der Augitporphyritgebirge der Serrania del Interior hervor. Schroffe Kalkhöhen setzen sich noch eine Strecke nach Osten hin
fort bis gegen den Rio Pao, dann verschwinden die Kalksteinklippen.

.Ob zwischen San Sebastián und Altagracia noch weitere Klippen-
züge hervortreten, ist mir nicht bekannt, dagegen erheben sich weit im
Osten unterhalb von San Francisco de Macaire nochmals zwei schroffe
aufgesetzte Klippen, der Morro de Macaire und der Morro de Carapa.
Ludwig hat beide besucht und giebt von dem Morro de Macaire
die folgende Abbildung[1]), in der man recht wohl den Gegensatz zwischen
der schroffen, leicht bewaldeten, aufgesetzten Kalksteinklippe und den
runden gleichmässigen Formen des seine Unterlage bildenden kohligen
Schiefers mit schwarzer Kieselschiefereinlage erkennt. Die Höhe des
Morro über dem Grundgebirge beträgt etwa 80 m; an seinem Nord-
westfusse befindet sich eine Höhle mit Fledermausguano, wie sie am
Rande der Llanos mehrfach, z. B. bei Agua Blanca[2]), vorkommen.

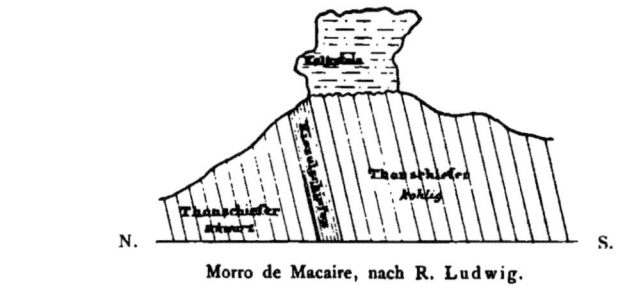

Morro de Macaire, nach R. Ludwig.

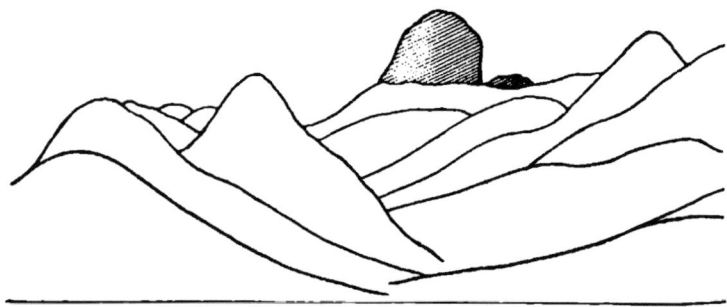

Morro de Macaire, unterhalb des Dorfes San Francisco de Macaire, nach R. Ludwig.

[1]) In einem Privatbriefe an den Verfasser aus Curaçao, 28. Januar 1894.
[2]) Sievers, Die Cordillere von Mérida, S. 36.

Der Morro de Carapa ist von der Wasserscheide zwischen Altagracia und San Francisco de Macaire sichtbar. Er sowohl wie der Morro de Macaire liegen genau in derselben Breite wie die Morros von San Sebastián, ein wenig südlicher als die Morros von San Juan; wir haben es daher anscheinend mit einem früher geschlossenen Kalksteinklippenzuge an der Südseite der Serrania del Interior zu thun.

Das Vorland der Serrania del Interior wird von einer Reihe von bedeutenden Flüssen durchzogen, die sämmtlich in die Portuguesa und den Apure zwischen El Baúl und El Guayabal münden. Des Rio Pao und seiner Nebenflüsse, die den Westen des Vorlandes entwässern, habe ich schon erwähnt. Neben ihm, dessen einer Arm sich mit dem Tinaco vermischt, dessen anderer selbstständig bei Guadarrama mündet, ergiesst sich bei demselben Orte in die Portuguesa der selbstständige Rio Chirgua (nicht zu verwechseln mit dem westlich von Valencia strömenden Rio Chirgua) ein langer Llanosfluss, der zwischen Pao und San Francisco das spärlich bewohnte Vorland in südlichem Laufe durchzieht. Ganz ähnlich gestaltet ist der Rio Tisnados, der ebenfalls fast ohne Nebenflüsse aufzunehmen, südwärts zur Portuguesa strömt, die er nördlich von San Jaime erreicht.

Das gesammte übrige Vorland von Villa de Cura bis San Francisco de Macaire und südlich bis zur Galera gehört dem grossen System des Rio Guárico an, nach dem die ganze Landschaft südlich der Serrania del Interior El Guárico genannt wird. Der eigentliche Guárico umfliesst den hügeligen Theil des Vorlandes im Osten auf der Linie San Sebastián—Camatagua—Barbacoas—Sombrero in einem gewaltigen Knie, dessen Scheitel bei Camatagua liegt, und ist schon zwischen San Juan und San Sebastián ein recht ansehnlicher, auch in der Trockenzeit breiter und etwa ³/₄ m tiefer Fluss, der zwischen gut bewaldeten Ufern frisch dahinfliesst. Auf der ganzen Strecke von der Quelle bis über Camatagua hinaus erhält er fast nur von links aus der Serrania del Interior Nebenflüsse, wie den Tucutunemo, Paguaisito, Pao, wasserreiche, in der Regenzeit hoch schwellende Gebirgswässer, ferner den Caramacate, Suata, Cagua, Camatagua und den Taguai mit dem Tinapu und Cura. Von Süden dagegen empfängt er nur den Rio de San Juan und einige Quebradas, da südlich von ihm die Wasserscheide gegen die ihm später zugehenden zum Rio Paya zusammenfliessenden Flüsse verläuft.

In südöstlicher Richtung, quer gegen das Schichtenstreichen, fliesst hier, aus diesem Grunde meist in engem Querthal, der Rio Paya, dessen hauptsächliche Quellarme die Rios de San Antonio und de Parapara sind, die beide an den Gehängen des Cerro de Flores

entstehen. Sie vereinigen sich in weitem Kiesbette fliessend dicht
vor Ortiz mit dem Rio Bilco und nehmen nahe Parapara den aus
Norden kommenden Rio Paya auf, so dass, obwohl alle diese Flüsse
wenig wasserreich sind, doch bei Ortiz bereits ein recht ansehnlicher
Fluss gebildet wird. Nachdem derselbe das weite fruchtbare Becken
von Ortiz durchzogen hat, durchschneidet er die Galera, nimmmt den
Rio Guarume mit dem Guasipo auf und mündet unter Beibehaltung
der südöstlichen Laufrichtung unterhalb von Sombrero in den Guárico,
der hier gleichzeitig den Rio Pitará von rechts und den Caño Juncal
von links empfängt und durch diese Verstärkung schiffbar wird.

Den Osten des Vorlandes, zwischen Taguai und San Francisco
de Macaire, entwässert der grösste Nebenfluss des Guárico, der
Orituco mit seinem Zuflusse Memo. Letzterer zieht die Wasser
südlich der Eruptivgesteinsstöcke vom Cerro Lucero an sich, fliesst
mit dem Guaya südlich und vereinigt sich erst im eigentlichen Llano
bei Palmasola mit dem Orituco. Dieser sowie der Rio Macaire entspringen etwas östlich des Memo, durchziehen, der Macaire in einem
grossen, nach Westen offenen Bogen, das hügelige Vorland, dessen
Höhe nur noch 400—200 m beträgt und vereinigen sich halbwegs
zwischen Lezama und Chaguaramas am Beginne des eigentlichen
Llano. In seinem weiteren Verlaufe bildet der grosse, wasserreiche
Orituco mit südwestlicher Richtung ungefähr bis Palmasola die Grenze
zwischen dem Vorland und dem Llano und mündet erst südlich von
Calabozo in den Guárico, der dann nördlich von San Fernando in
den Apure fällt und diesem neben der Portuguesa die grösste Wasser-
menge zubringt. Der Guárico ist in der That die Entwässerungsader
des ganzen östlichen Zweiges der Serrania del Interior vom Passe
von Villa de Cura bis zum Passe von Guapo.

Trotz der ziemlich zahlreichen Flüsse ist nun aber der landschaftliche Charakter des Vorlandes und des Südhanges der
Serrania del Interior ein überaus einförmiger, schwermüthiger, melan-
cholischer, so dass diese Gegenden, deren Besiedelung ziemlich früh
begann und zur Anlage grosser wichtiger Ortschaften führte, doch
zu den traurigsten und ödesten des ganzen Landes gehören. Das
liegt in erster Linie in dem schon an der Nordkette des Karibischen
Gebirges beobachteten Umstande, dass die meisten Niederschläge auf
der Nordseite des Gebirges fallen und für die Südseite wenig übrig-
bleibt. Ist schon in der Cordillera de la Costa der Südhang benach-
theiligt gegen den Nordhang, und tritt dort ein scharfer Gegensatz
mit dem Ueberschreiten des Gebirgskammes zwischen dem waldreichen frischen Küstenland und den trocknen inneren Becken her-

vor, so ist dies noch mehr der Fall in der Südkette. Hier sind schon
die Nordhänge mit Ausnahme der Landschaften südlich des unteren
Tuythals trocken, die Kämme des Gebirges meist nur grasiges
Sabanenland, der Wald auf die Schluchten beschränkt; auf der Südseite aber fehlt frischer Wald überhaupt ganz, nur dürres Gestrüpp
bekleidet das Hügelland, die wenig fruchtbaren Thonschiefer, Sandsteine, Kalke und Kieselschiefer der Kreideformation des Südens gestatten frischeren Wald nur an den Wasserläufen. Lichter dürrer
Trockenwald bedeckt die Ausgänge der Thäler gegen das Hügelland
zu, das sterile Gestein ist verwittert, entblösst und dem glühenden
Sonnenbrande ohne Schutz ausgesetzt. Gestrüpp, Dornen, Kakteen
umkleiden die Hügel, die kleineren Wasserläufe versiegen in der
Trockenzeit, und nur an den Wasseradern gedeiht der Anbau des
Zuckerrohrs, der Bananen und des Maises. So findet man grössere
Pflanzungen nur in unmittelbarer Nähe grosser Ortschaften an wasser-
kräftigen Flüssen, wie bei Villa de Cura, San Juan, San Sebastián
und Altagracia, Kaffeepflanzungen nur auf halber Höhe des Gebirges.
Bananenhaine, Platanales, sind so selten, dass ich sie auf der
Strecke von San Juan nach Ortiz immer besonders angemerkt habe.
Auch die Thierwelt ist spärlich, ein Hauch der Schwermuth liegt über
dem ganzen Vorlande. Von Zeit zu Zeit hört man den klagenden Ruf
des Turpial Icterus xanthornus, der Paraulata, und der Turtulita, der
rothe Kardinal ist nicht selten, aber im Ganzen sind Vögel spärlich; nur
das Rascheln der Eidechsen im dürren Laube hört man öfters, Schweigen
liegt über dem Lande. In der Frühe freilich lärmen die Brüllaffen,
Araguatos, gewaltig im trocknen Walde, doch schweigt ihre Stimme
schon um 7 Uhr und selten vernimmt man, wie ich auf dem Rückwege
von Ortiz nach San Juan, noch um 9 Uhr, also bei schon hochstehender
Sonne, das wirre und heisere Getöse der Affen. Auch die Bevölkerung
ist spärlich, selten trifft man Reisende, auch auf den Hauptstrassen,
und die Behausungen liegen oft still und unbewohnt da. Freilich bemerkte ich auf dem Wege San Juan—Ortiz doch 1892 eine bedeutende
Zunahme der Ansiedlungen auf der Hauptstrasse nach dem Llano gegen
1884, allein auf den Nebenwegen nehmen sie eher ab als zu, wenigstens
hatte ich diesen Eindruck nach der Revolution von 1892. Dabei wird
gerade der Guárico seit einem Jahrzehnt häufig von gefährlichen Fiebern
heimgesucht; 1884 war San Juan de los Morros im Laufe eines halben
Jahres durch Tod, Krankheit und darnach erfolgter Auswanderung
fast auf die Hälfte seiner Bewohnerschaft zusammengeschrumpft, 1892
wüthete das gelbe Fieber in San Sebastián und sperrte den Ort ab,
man suchte ihn allgemein zu umgehen und zu meiden. Irgend ein

besonderer Grund für diesen Umschlag zum Ungesunden habe ich nicht ermitteln können, wahrscheinlich waren die Ursachen lokale, da im selben Jahre 1892 in Ortiz der Gesundheitszustand als besonders gut gerühmt wurde und in San Juan kein Fall von gelbem Fieber vorlag. Betrachtet man aber das öde und triste Land aus der Vogelschau, etwa von dem Gehänge der Serrania del Interior oder von den grösseren Vorbergen, wie dem Cerro de Flores aus, so ist doch der Anblick auch hier ein grossartiger und gerade die schweigende Ruhe wirkt dahin mit, ihn zu einem solchen zu gestalten. Von letzterem Berge sieht man zwischen San Juan und Ortiz runde, abgeschliffene, hie und da kegelförmige Hügel; einige spitze Kuppen schieben sich dazwischen ein; Quebradas durchziehen das gewellte Land, spärlicher Trockenwald steht an ihren Ufern. Gegen Süden erhebt sich als letzte Schranke gegen die Llanos, zum Theil wallförmig, zum Theil mit Kuppen und runden Hügeln, die Galera, dunkelschwarz sich von den helleren Tönen der Ebenen abhebend, über die weithin der sehnende Blick schweift. Mattgrüne Hügel bilden den Vordergrund, gegen Norden aber ragt die Serrania del Interior als bläuliche Kette auf, hinter dem See von Valencia, dessen Spiegel nicht sichtbar ist, erscheinen die duftigen Formen der Küstenberge, und vor der Südkette über gelbröthlich schimmerndem Untergrunde die schroffen Gestalten der Morros. So hat auch diese Gegend ihre Reize.

Die Zahl der Ortschaften ist nur an dem Rande der Serrania del Interior bedeutender, weiter im Süden gering. Im Westen erhebt sich San Juan Bautista del Pao in der Nähe des Rio Pao zwischen grasigen Bergen auf einer Anhöhe, nur gegen Osten mit freiem Blick auf eine Lücke zwischen den Bergen des Vorlandes. Am Rio Tisnados liegt, unmittelbar am inneren Hange der Galera San Francisco de Tisnados mit 579 Einwohnern, ostnordöstlich davon in gleicher Lage Ortiz, der wichtigste Ort zwischen San Juan de los Morros und Calabozo, schon 1694 gegründet, jetzt, nach öfteren Kriegsdrangsalen wieder aufblühend, in frischer Ebene nahe dem Rio Paya. Die Stadt war 1873—1882 Hauptstadt des damaligen Staates Guárico und hatte 1891: 2011 Bewohner.

Weniger einladend sind das langgestreckte Parapara, etwa 10 km von Ortiz, mit 707 Einwohnern und Flores mit 500, viel grösser und kultivirter das ebenfalls sehr ausgedehnte, fast aus einer einzigen langen Strasse bestehende San Juan de los Morros mit 2506 Bewohnern, der grösste Platz des Vorlandes der Serrania del Interior.

Eine der ältesten Städte des Landes ist San Sebastián de los Reyes, das nahe der Mündung des Rio Caramacate in den Guárico

erbaut, seine Gründung der Hoffnung der Spanier auf eine in der
Nähe befindliche Goldmine verdankt und zu spanischer Zeit eine der
grössten und angesehensten Siedelungen im Lande war; unter der
Republik ist es zurückgegangen, theils weil der nähere Weg von
Villa de Cura nach Calabozo über San Juan und Ortiz immer mehr
aufkam, theils weil die Kriege der Partheien der Stadt bis in die
neueste Zeit grossen Schaden verursachten, und endlich, weil der
früher hier betriebene schwungvolle Anbau von Indigo in Venezuela
überhaupt fast ganz aufgehört hat. Es ist daher auch nicht mehr
richtig, was Codazzi noch 1840 sagt [1]), dass »grosse Grasländereien
in der Umgebung der Stadt dicht erfüllt mit Häusern sind, die dem
Landschaftsbilde einen lieblichen Zug verleihen«. Die Einwohnerzahl betrug 1891: 1838.

Den Guárico abwärts liegen ferner San Francisco de Cara
(984 Einwohner) am rechten und das 1693 gegründete Camatagua
(1208 Einwohner) am linken Ufer, weiter östlich am Rio Cura
Carmen de Cura (664 Einwohner), am Rio Taguai Taguai (220 Einwohner), während am Gehänge der Serrania selbst am Flusse Suata
San Casimiro vor dem Roncador die einzige gegen das Gebirge vorge-
schobene Stadt mit 2203 Bewohnern bildet.

Im Stromgebiete des Orituco wurde bereits früh zwischen dem
Flusse und der Quebrada Tememure in weithin sichtbarer Lage San
Rafael de Orituco gegründet, das jedoch jetzt sein Ansehen an das
benachbarte Altagracia abgegeben hat, ähnlich wie ein Wechsel der
Bedeutung, eine Verschiebung der Wichtigkeit zwischen Araure und
Acarigua stattgefunden hat; doch liegen letztere unmittelbar neben
einander, Orituco und Altagracia aber eine Stunde von einander entfernt. Orituco war zur spanischen Zeit einer der grösssten Produc-
tionsorte für Tabak, und erzeugt auch jetzt noch solchen, ist aber
im Handel mit Tabak und Vieh gegen Altagracia zurückgeblieben.
An Ackerbauprodukten fördert es nur noch seinen eigenen Bedarf;
die Einwohnerzahl beträgt jetzt 1116. Altagracia dagegen ist jetzt
die wichtigste Stadt auf der Südseite der gesammten Serrania del
Interior, der wichtigste Handelsplatz im Südosten von Carácas, mit
dem es einen sehr lebhaften Handel in Landesprodukten, und besonders
Vieh der Llanos unterhält. Gegründet 1694 von Guiguire-Indianern,
soll nach der Aussage einer mir in Maracai bekannt gewordenen
deutschen Dame Altagracia jetzt auch die hübscheste Stadt des Inneren
sein, deren Bedeutung noch im Wachsen ist. Vor allem ist die Aus-

---

[1]) Codazzi, Resumen de la Geografía de Venezuela, S. 378.

sicht auf eine Eisenbahnverbindung nach der Küste wesentlich, die, wie mehrfach bemerkt, über Sabana Grande nach Guapo über den dazwischen liegenden Pass führen soll. Altagracia hatte 1891: 2445 Bewohner.

San Francisco de Macaire in 513 m am Rio Macaire ist ein kaffeepflanzendes Bergdorf mit 735 Bewohnern, El Jabillal und Sabana Grande dagegen sind vor der Hauptkette liegende namentlich Viehzucht treibende kleinere Plätze.

Im Ganzen wohnen in der Serrania del Interior und ihrem südlichen Vorlande zwischen Tinaquillo und Altagracia etwa 100 000 Menschen, die sich wie folgt vertheilen:

Municipio	Villa de Cura	15 801
»	San Juan	4 956
»	San Francisco de Asis	1 555
»	San Francisco de Tisnados	6 872
»	Parapara.	5 330
»	Ortiz	5 183
»	San Sebastián	5 292
»	San Casimiro	6 678
»	San Francisco de Cara	3 439
»	Camatagua	3 606
»	Carmen de Cura	2 488
»	Taguai	3 452
»	San Rafael de Orituco	1 885
»	Altagracia	15 524
»	Macaire	3 718
		85 779

Dazu etwa 15 000 zwischen Pao, Tinaco und Tinaquillo.

--- ---

Dritte Abtheilung.

Das Bruchgebiet des Busens von Barcelona.

Der Pass von Guapo und die Linie der Flüsse Guapo und Rio Chico begrenzt die westliche Hälfte des Karibischen Gebirges im Osten und lässt sich recht wohl zur westlichen Abgrenzung des nun folgenden Abschnittes derselben verwenden, den ich das Bruchgebiet des Golfs von Barcelona nennen will. Im Meridian von Rio Chico nämlich, fast genau einen Längengrad östlich von Carácas, wird das Karibische Gebirge durch einen grossen Einbruch zerstückelt, der die Nordkette unter das Meer hat versinken lassen. Aber auch die Südkette beginnt von hier aus einen andern Charakter anzunehmen, die Eruptivgesteinsstöcke hören auf und von nun an besteht das Gebirge nur noch aus Kreidegesteinen; auch nimmt die Höhe desselben ab und sinkt auf 1200 bis 500 m herab, und die Gebirgskette löst sich in schmälere und mehrfach unterbrochene Glieder auf, deren Lücken den Austritt grösserer Flüsse zum Karibischen Meere gestatten. Damit tritt eine völlige Aenderung in der Hydrographie des Landes ein. Während westlich vom Passe von Guapo die Serrania del Interior, die Südkette des Karibischen Gebirges die Wasserscheide zwischen den nördlichen Küstenflüssen, insbesondere dem Tuy und dem abflusslosen Becken des Valencia-Sees einerseits und dem Orinocosystem anderseits bildete, tritt nun eine völlige Umkehrung des Gefälles ein. Denn anstatt dass die Wasser von der Südkette südwärts zum Orinoco ablaufen, entwickelt sich nun ein grosses Stromsystem mit entgegengesetzter Richtung, nämlich einem ausgesprochen nördlichen Verlaufe und die Wasserscheide tritt weit südwärts tief in den Llano ein, in dem sie nördlich der Stadt Pao unter $8^{1}/_{2}°$ NB ihren südlichsten Punkt erreicht, so dass von jetzt an nur noch kleinere Flüsse dem Orinoco zu eilen, während die Hauptmasse der Wasser der Llanos von Zaraza und Aragua dem Karibischen Meere zugeht.

Das auf diese Weise ausgeschiedene Areal beträgt etwa 31 400 qkm. Rechnet man die Entfernung von Rio Chico bis zum 9ten Breitengrad zu 142 km und die Entfernung von dem Schnittpunkte dieses mit dem Meridian von Rio Chico bis zu den Quellen des Rio Aragua zu 185 km, so ergiebt sich für den nördlichen Theil unseres Gebietes ein Areal von 26 270 qkm. Allerdings dehnt sich das Unare-Gebiet noch östlich über Chamariapa und Santa Rosa hinaus, allein dafür fällt das Land zwischen dem Rio Santa Fé, San Mateo und Barcelona sowie der südlichste Theil des Busens von Barcelona ausserhalb des Rahmens unseres Gebietes, so dass eine Kompensation eintritt. Das noch zu demselben zu rechnende Land südlich des neunten Grades lässt sich durch die Linien vom 9ten Grad bis zur Quelle des Rio Iguana und von hier bis zur Quelle des Rio Moquete begrenzen; der Ausfall östlich von Pao wird durch die Ausdehnung des Unare-Gebietes von Santa Maria de Ipire bis Pao wieder gedeckt. Man erhält dann ein Areal von noch 5168 qkm, im Ganzen also rund 31 400 qkm Flächeninhalt für das Gebiet des Unare und der nordöstlich daran anschliessenden Landschaften bis zur Linie Barcelona—San Mateo—Santa Rosa, was die Grösse der Provinz Pommern, 30 110 qkm, um ein geringes übertrifft.

Dieses Gebiet schiebt sich somit mit völlig verändertem hydrographischen Charakter zwischen die beiden Hälften des Karibischen Gebirges ein; freilich gehört es nur zum kleinsten Theile dem Gebirge selbst, zum bei weitem grössten dem Llano an, bei dessen Besprechung wir wieder auf das Unare-Stromgebiet werden zurückgreifen müssen.

Die beiden genannten Lücken im Gebirge liegen an der Boca del Unare, östlich der Laguna de Unare, wo das Meer am weitesten südlich in den Kontinent eingreift und bei Barcelona; an beiden Stellen münden Flüsse von Bedeutung.

Das im Westen von Piritu mündende Stromsystem ist das des Rio Unare. Es besteht aus zwei Gliedern, dem eigentlichen Unare im Westen und dem Rio Cachipo-Guere im Osten, die sich zwischen San Francisco und Clarines vereinigen. Beide nehmen zahlreiche Nebenflüsse auf, der Unare vor allem die bereits erwähnten Flüsse Tamanaco, Guaribe und Guanape von Westen, der Cachipo-Guere den Aragua und den Sacacual von Osten, so dass sich das System des Unare von der südlichen Verlängerung des Passes von Guapo bis nach der Mesa de Sala im Meridian von Cumaná erstreckt, somit einen grossen Theil der Llanos umfasst.

Das zweite Stromsystem ist das des Rio Neverí. Es unterscheidet sich von dem vorigen dadurch, dass es zunächst nicht so weit in den Llano eingreift wie das des Unare, denn seine Quellen liegen in der Breite von Aragua, $9\frac{1}{4}$° NB, auf der Mesa de Sala, und ferner durch den Umstand, dass ihm ein grosser Theil des Wassers schon aus der Osthälfte des Karibischen Gebirges durch die Flüsse Aragua, Querecual, Capiricual und Naricual und den eigentlichen Neverí zugeführt wird. Seine Richtung ist dieselbe wie die des mittleren Unare, nämlich NNW, der Wasserreichthum an der Mündung aber geringer. Infolge der Erniedrigung des Gebirges südwestlich von Barcelona ist aber die hier gebildete Lücke noch breiter als am unteren Unare, so dass die Ebene hier in noch ausgedehnterem Maasse zwischen die Gebirge eingreift.

Zwischen beiden Stromsystemen erniedrigen sich die Fortsetzungen der Südkette auf 300—450 m Höhe und verschmälern sich dabei noch mehr als westlich des Unare, so dass nur ein unbeträchtlicher Gebirgswall zwischen dem Meere und dem Llano übrig bleibt. Dennoch ist derselbe ausreichend, um den Zusammenhang der Westhälfte und der Osthälfte des Karibischen Gebirges anzudeuten, wenngleich thatsächlich eine Lücke von etwa 10 km Breite zwischen den Ausläufern des Gebirges, westlich von Barcelona, klafft. Hierher muss also die Trennungslinie zwischen dem Westen und dem Osten gesetzt werden, nicht an den Unare, der in einem nur schmalen Thale ohne Bildung wirklicher Ebene bei Clarines vorbei ins Meer geht. Politisch freilich ist der Unare von jeher die Grenze zwischen dem Westen und dem Osten, Occidente gewesen, und noch jetzt scheidet er in seiner ganzen Länge von der Mündung bis nördlich von Pao den Staat Miranda von dem Staate Bermudez.

Oestlich des Passes von Guapo beginnt also der östlichste Ast der Südkette, die nun nicht mehr als Serrania del Interior bezeichnet wird, sondern infolge des Zusammenbruchs der krystallinischen Schieferkette des Nordens und des dadurch entstandenen Eingreifens des Busens von Barcelona in das Land selbst zur Küstenkette wird. Zwar tritt sie nicht unmittelbar an die Küste heran, sondern lässt zwischen sich und dem Meere noch einen flachen Küstenstrich von 15 km Breite im Westen, 2—6 km im Osten frei, so dass nirgends eine Steilküste, wie zwischen Puerto Cabello und dem Cabo Codera entsteht, allein ihre Annäherung an die Küste ist doch so gross, dass nur ein Sandstreifen sie in einzelnen Stellen vom Meere scheidet.

Oestlich des Passes von Guapo besteht das Gebirge anscheinend nur noch aus Ablagerungen der Kreideformation. Wo ich es überschritt, nämlich zwischen der Laguna de Unare und dem Rio Guanape, wird es ausschliesslich aus Sandsteinen der unteren und mittleren Kreide, dem Carora-Sandstein des Westens und rothen und weissen weniger quarzitischen, sowie einigen Kalksteinbänken zusammengesetzt. An anderen Stellen, bei Sabana de Uchire, bei El Batatal und am Rio Unare, 3 leguas unterhalb Clarines, ferner 3 leguas westlich Clarines, sowie angeblich auch nahe dem Rio Purguei in der Quebrada Seca, eine legua oberhalb der Hacienda El Destino, liegen Kohlenflöze, so dass wir an die obere Kreide des Cerro de Oro-Systems oder die Guaduas-Schichten Hettner's zu denken haben.

Den Südhang bilden weisse, rothe, violette, glimmerige und quarzige Sandsteine von ähnlicher Beschaffenheit wie die der untersten Kreide in Barquisimeto, dann am Wege von Guatique nach Clarines Carora-Sandstein. Das Streichen der Schichten ist nordöstlich, aber auch nordwestlich, der Einfall, z. B. am Rio Chaves, steil gegen das Meer gerichtet.

Die Höhe des Gebirges nimmt von dem Passe von Guapo an nach Osten zu rasch ab. Dem Cerro Soledad an den Quellen des Rio Batatal giebt Codazzi noch 1308, dem Cerro Guanape 1128 m. Beide habe ich nicht gesehen und vermag daher über ihre Höhe nicht zu urtheilen, dagegen ist der Cerro Unare, der östliche Ausläufer des

Gebirges vor dem Rio Unare höchstens 700 und nicht, wie Codazzi angiebt, 1003 m hoch. Zwischen der Laguna de Unare und dem Rio Guanape überschritt ich das Gebirge in etwa 380 m Höhe, so dass hier für die höchsten Spitzen 450 m als Maximum der Höhe angenommen werden kann. Auch die Breite des Gebirges nimmt nach Osten zu ab, denn an der genannten Stelle dauerte der Anstieg nur zwei, der Abstieg bis zur Höhe von 200 m nur eine Stunde, bis zum Rio Guanape bei Guatique nur 3 ½ Stunden.

Das Gebirge beginnt sonach hier durch Zusammenbruch niedriger zu werden, und zeigt auch weitere Spuren kräftiger Spaltenbildungen in Gestalt von mehreren heissen Quellen. Im Westen bricht bei El Batatal nahe der Laguna de Tacarigua, also am Nordabhange, nach Villavicencio [1] eine heisse Quelle hervor, über der beständig Dampfwolken lagern sollen, so dass wir auf eine sehr hohe Temperatur von 80—90° schliessen müssen. Diese Quelle habe ich nicht besucht, dagegen hat südlich der Laguna de Unare eine Reihe von warmen, Schwefelwasserstoff enthaltenden Quellen Anlass zur Entstehung eines primitiven Badeorts, Los Baños de Clarines oder de Purguei Veranlassung gegeben. Diese Quellen liegen in der Quebrada de Purguei in der Höhe von 360 m und brechen aus Sandsteinfelsen hervor. Die oberste, La Tigra, hat 45°, die folgende, El Tigrito 37°, dann die von San Cipriano 35°,5 und die unterste, San Rafael 34° C. Wärme; unmittelbar östlich davon entspringt, jedoch in einem anderen Bache, die wärmste von allen, El Vapor, mit 55°, eine Dampf ausstossende, bleigraues Wasser führende Quelle. Westlich davon in einer dritten Quebrada bilden der Azufre und der Azufrito, ersterer oberhalb, letzterer unterhalb, zwei Becken mit opalblauem Wasser von 43—46 und 39° Wärme. Schon seit 50 Jahren sind diese Quellen von den Umwohnern zur Heilung syphilitischer Uebel und von Hautkrankheiten, in dieser Zeit im Ganzen von 2000 Personen, benutzt worden. Der »Badeort« Los Baños bestand 1893 aus etwa 20 Hütten und hatte rund 120—150 Bewohner. Eine Viertelstunde oberhalb des Platzes deutet die Quebrada de Agua Calienticas wiederum auf warme Quellen geringerer Art.

Das Gebirge ist im Süden der Laguna de Tacarigua noch mit dichtem Walde bestanden und trägt hier noch eine Reihe von Cacao- und Kaffeepflanznngen, wie südlich von Rio Chico, nimmt aber etwa von Cúpira an den sterilen Charakter der Südhänge der Serrania del Interior an, und tritt hier näher an die Küste heran, ist jedoch bereits

---

[1] La República de Venezuela; o. J.; S. 31.

zwischen der Boca Tacarigua und Machurucuto von der Küste aus sichtbar. Der Wald ist indessen im Süden der Laguna de Unare schon meist Trockenwald; Monte mit Agaven und an den nicht sehr hohen Bäumen aufrankender Vanille setzt die Vegetation zusammen, nur an den Wasserläufen ist der Baumwuchs höher und üppiger, doch ist Wasser genügend in den Bergen vorhanden und die Temperatur in dem nur 350 m hohen Los Baños auffallend frisch.

Der Kamm ist mit fast ungelichtetem halbfrischen Trockenwald bestanden, in dem Menschen noch wenig eingedrungen sind; dafür spricht das behauptete Vorkommen eines grossen Affen »Frontin« in den Wäldern bei El Batatal, und von Faulthieren bei Los Baños, von denen ich eins mit völlig weissgrauem Pelze sah, ferner von Jaguaren und Wildkatzen.

Der Südabhang ist mit Gestrüpp und lichtem Trockenwalde bedeckt, versiegte Trockenbetten durchziehen das sterile Hügelland, und nur spärliche Ansiedlungen tauchen hie und da aus dem Gebüsche auf, wie die von La Tucaca auf dem Wege nach Guatique, in der Tabak, Baumwolle und Yuca angebaut wird. Von hier erblickt man weit südwärts immer noch niedrige Hügel, welliges Land mit Monte, Buschwerk und lichtem Trockenwald, durch den die an ihren Ufern frischer bewaldeten Flüsse Guanape und Guaribe ziehen. Diese verlaufen im Gegensatz zu allen weiter im Westen fliessenden von Westen nach Osten, dem Gebirge parallel; ihre Quellen liegen nahe bei einander in den südlichen Gehängen des Gebirges zwischen Sabana Grande und Guanape, ihre Mündungen ebenfalls nahe bei einander südlich von Clarines. An ihren Ufern tragen sie nur kleine Ansiedlungen, Guanape mit 611, Los Conucos mit 476 und Guatique mit 67 Einwohnern nahe dem Guanape, Guaribe mit 202 Einwohnern und Guaribito sowie Bolívar mit 47 Bewohnern am Guaribe.

Im Süden des Guaribe dehnen sich nach der Karte von Codazzi die Selvas de Guaribe und de Tamanaco bis zum Tamanaco aus; nach der Analogie der Selvas de Ticoporo, Camilo und Turen im westlichen Llano sollte man schliessen, dass sie feuchte Regenwälder seien, doch spricht der dürre Charakter des Landes dagegen; ist doch auch der Wald zwischen Guatique und Clarines nur ein allerdings leidlich frischer Trockenwald.

Die eigentlichen Llanos beginnen nach übereinstimmender Aussage mehrerer Kenner dieser Gegenden erst in der Breite von Zaraza; vielleicht ist dies so zu verstehen, dass gewelltes Land und Wald sich bis zum Tamanaco erstrecken und dann erst das Grasland der Llanos erreicht wird.

Nach Norden fliessen durch das Gebirge ab mehrere Flüsse: Der Rio Guapo und sein Nebenfluss Rio Chiquito oder de Batatal entwässern das Land um den Cerro Soledad und haben Veranlassung zur Entstehung der Ortschaften El Batatal mit 1249 Einwohnern und reichem Kaffeebau sowie von Guapo mit 306 Einwohnern und zahlreichen Cacaopflanzungen gegeben; das Municipio Guapo zählte daher 1891: 4823 Bewohner. Dann öffnet sich das Thal des Rio Cúpira mit der Quebrada Bucaral nach NNO; an seinem Ausgange liegt die Ortschaft Cúpira mit 428 Einwohnern und Municipio-Bewohnerschaft von 3690, etwas oberhalb der Mündung bei Machurucuto geht dem Cúpira noch die Quebrada Chupaquire zu. Sodann folgt der kleinere Rio Panape und hierauf der grösste Fluss des Gebirges, der Rio Uchire, der am Cerro Guanape entspringt und mit einem grösseren Nebenflusse von links bei Uchire mündet; an seinem Oberlaufe liegt, anscheinend inmitten von Sabanen, Sabana de Uchire mit 417 Einwohnern und einer Municipio-Bevölkerung von 2824.

Die östich davon fliessenden Bäche erreichen das Meer nicht mehr, sondern fallen in die grosse Laguna de Unare; es sind der Chaves, der Cautaro und der Purguei, kleine Flüsse, die jedoch nicht immer leicht zu überschreiten sind, und zuweilen sogar aufwärts fliessen, da sie von dem Wasser der Lagune gestaut werden, so dass z. B. der Cautaro, ein Fluss, über den man beinahe hätte hinüberspringen können, im Februar 1893 von mir in einem Nachen überquert werden musste. Der Rio Purguei erreicht selbst die Lagune nicht mehr, sondern verläuft in der Nähe der Hacienda Destino theils wegen der Ableitung seines Wassers zur Bewässerung der Zuckerfelder, theils wegen der sumpfigen, brüchigen Beschaffenheit des Landes um die Lagune im Boden.

Die ganze Küste ist flach, niedrig, bei starkem Nordwinde der theilweisen Ueberschwemmung ausgesetzt und ähnelt im Ganzen derjenigen von Barlovento zwischen Carenero und Paparo; man kommt aber auf dem durch das Meerwasser angefeuchteten Sande rasch vorwärts und durchreitet die Flüsse sämmtlich in ihren Mündungen, meist schon im Meere selbst. Sämmtliche Flussmündungen sind durch den vorherrschenden Ostwind, der den Sand vor ihnen nach Westen treibt, nach Westen abgelenkt, und schon viertelstundenweit vorher durch das massenhaft am Strande gelagerte Treibholz erkennbar. Nur in der Regenzeit bricht sich die dann kräftigere Strömung einen geraden Weg zum Meere. Die Vegetation besteht theils aus der von der Küste von Paraguaná her bekannten Uva de Playa, deren grosse Blätter und Gebüsche den Blick auf das Hinterland vielfach verdecken, stellenweise aber tritt das Kakteengestrüpp, die Dornbüsche, der Monte des Innern bis unmittelbar an das Meer heran, wie zwischen dem Rio Panape und dem Uchire. Zur einen Seite hat man somit die öde Ufervegetation, dahinter die niedrigen, grauen, mit Monte bestandenen Vorhöhen des Gebirges, zur anderen das Meer, das einem tagelang fast die einzige Augenweide bietet. Denn man reitet fast unmittelbar an der Brandung, deren letzte leise Ausläufer den Reitthieren zwischen den Füssen hindurchrollen und man unterscheidet von hier aus die verschieden gefärbten der Tiefe entsprechenden Zonen des Meerwassers, die braune flache Strandsee und weiter draussen die grüne Brandung mit den weisslichen Schaumköpfen. So ist man an dieser Küste stundenlang allein mit dem Getöse der Brandung, zahlreichen in die Löcher des Ufersandes sich verkriechenden Strandkrabben und behende vor den Pferden davonhüpfenden Strandläufern. Menschen begegnet man auf dem stillen Küstenwege nur in der Nähe der Ansiedlungen, die spärlich an der unzugänglichen Küste verstreut sind. Am besten bevölkert ist noch die Küste von Barlovento zwischen Carenero und Rio Chico. Hier folgt auf den Hafen Carenero mit 153 Bewohnern Higuerote, ein primitiver Küstenplatz mit 734 Einwohnern, sodann Paparo an der Mündung des Tuy mit 207 Bewohnern, vor allem aber Rio Chico selbst, ein ansehnlicher Ort von 2751 Einwohnern. Diese Stadt wurde 6 km von der Küste im Jahre 1690 angelegt und ist jetzt der grösste Küstenplatz zwischen La Guaira und Barcelona, leidet zwar an Fiebern, die den Sümpfen der Umgebung entstammen und war selbst im Februar kaum passirbar wegen des ungeheuren Schmutzes in ihren Gassen, besitzt aber grossen Handel mit dem Cacao der Nachbar-Haciendas und ist jetzt durch Eisenbahn mit dem Hafen Carenero verbunden. An der Boca de Tacarigua liegt das Fischerdorf Tacarigua, ein unter Kokospalmen versteckter, von frischem Winde überwehter, aber doch Nachts von Mosquitos wimmelnder, etwa 60 Häuser zählender, beim ersten Anblick wohl anheimelnder, aber schmutziger Platz mit 250 Einwohnern; dann in der Boca de Cúpira das freundliche, von wenigen Kokospalmen überragte reinliche Machurucuto (mit Campo Alegre 171 Einwohner) und endlich das überaus elende, 1 km von der See entfernte Uchire am gleichnamigen Flusse, mit einigen von der Ortschaft getrennten Hütten am Strande und im Ganzen 219 Bewohnern.

Besonders charakteristisch sind für die Küste die beiden grossen Haffe, die Laguna de Tacarigua und die Laguna de Unare. Erstere ist ein etwa 300 qkm grosser, von Mangroven umsäumter Strandsee, in den eine Anzahl kleiner Bäche aus dem Gebirge und ein Arm des Rio Guapo fallen. Ihre südlichen Ufer sind mit üppiger Vegetation umkleidet, der Norden kahler. Gewaltige Mengen von Fischen bevölkern das brackische Wasser der Lagune, die häufig, aber nicht nimmer nach dem Meere einen Ausfluss hat; diesen befand ich im Februar 1893 als einen tiefen und breiten Arm, den ich im Canoe überschreiten musste.

Etwas kleiner ist die Laguna de Unare mit etwa 150 qkm Areal, ein langgestrecktes, schmales Wasserbecken, das, wie das vorige, durch eine schmale, sandige Landzunge vom Meere getrennt ist. Im Süden ragen die Sandsteinfelsen am Rio Chaves nahe an den Spiegel der Lagune, im übrigen aber sind ihre Ufer flach, mit Salzausblühungen bedeckt und vielfach sumpfig. Bis 1892 hatte die Laguna de Unare einen Abfluss nach dem Rio Unare durch den Rio Pesquería und diente dem Flusse als Regulirungsbecken, in das er bei Hochwasser einen Theil seines Wassers hineinwarf, während in der Trockenzeit die Wasser zusammenschrumpften und überhaupt Neigung zum Rückgang zeigten, so dass sie sich mehr und mehr von Uchire zurückzogen. Seit den grossen Oktoberregen von 1892 ist aber der Abfluss zerstört worden, die Lagune hat die Ufer weithin überschwemmt, ist wieder stark gestiegen und hat den Rio Uchire nach Westen abgedrängt. Auch der gewaltige Fischreichthum früherer Jahre hat, wie bei Margarita, aus unbekannten Ursachen nach Aussage des Hacendado von El Destino nachgelassen.

Der Rio Unare fliesst bei Clarines, wo ich ihn im Februar 1893, also in hoher Trockenzeit überschritt, in einem etwa 1 km breiten Bette zwischen 30 m hohen, ziemlich steilen Ufern und war hier im genannten Monat mit etwa 1 m Wassertiefe durchwatbar. Zur Regenzeit führt der Fluss aber zuweilen bedeutende Wassermassen und füllte in den Oktobertagen das ganze 1 km breite Bett völlig aus, während er im Februar 1893 etwa 250 m breit war. Sein Lauf ist gewunden und schlängelnd, das Wasser weisslich gelb, in der Regenzeit röthlich braun, die Ufer kahl, fast aller Vegetation bar; breite Sandufer umgaben den Wasserlauf, aus denen der stürmische Nordost grosse Mengen Sandes aufwirbelte. Erst in der Entfernung von einer halben Reitstunde westlich vom Flusse beginnt bei Barrancón frischere Vegetation, indem an die Stelle des Monte, der Kakteen, Cují und sonstigen Dornsträucher der halbfrische, halbhohe Trockenwald, montañuela seca, tritt. Für die Schiffahrt ist der Unare nur in der Regenzeit und auch dann nur von geringer Bedeutung.

Etwa 45 m über dem Flusse erhebt sich der Flecken Clarines mit 1336 Einwohnern und einer grossen Kirche, ein stiller Platz inmitten von hässlichem Monte, für Handel und Verkehr ohne Wichtigkeit. Drei Leguas unterhalb dieses Ortes sollen am Flusse selbst Kohlenflöze vorkommen, die vom Wasser aus ausgebeutet werden können; es scheint, dass der Unare hier dicht vor seiner Mündung noch das Gebirge in einem engen Thale durchzieht. An dieser liegt das Dorf Hatillo mit 294 Einwohnern.

Oestlich vom Unare nimmt das Gebirge einen immer sterileren Charakter an. Zwischen Clarines und Píritu, wo der Morro de Píritu 468 m Höhe erreichen soll, überschritt ich seine öden, nur mit niedrigem Buchwald bestandenen, aus rothem Sandstein gebildeten Hügel in 120 m Höhe. Ansiedlungen fehlen hier völlig, erst 2½ Stunden von Clarines trifft man das erste Haus an. In der Nähe von Píritu werden die Häuser häufiger, doch mangeln auch hier frischere Kulturen. Erst unmittelbar vor Píritu, nahe einem Hohlwege, in dem junge Konglomerate über dem Sandstein, ähnlich wie südlich von Coro, anstehen, wird die Landschaft belebter, und Píritu selbst ist ein langgestreckter, ansehnlicher Ort von 1445 Einwohnern. Es liegt am Gehänge des Hügelzuges 70 m über dem Meere, das man am nördlichen Ausgange des Dorfes überblickt. Der Hafen Puerto Píritu, eine schlechte Rhede, hat 188 Bewohner. 10 km vor der Küste liegen die mit Buschwerk bedeckten, flachen Píritu-Inseln, von einander getrennt durch einen von Riffen erfüllten Kanal und nur von Fischern gelegentlich aufgesucht.

Das Bergland östlich von Píritu besteht am Nordabhang ganz aus Carora-Sandstein, im Uebrigen wahrscheinlich aus rothen Sandsteinen, jedenfalls aus Ablagerungen der Kreideformation. Es ist mit lichtem Buchwald, Gestrüpp und einzelnen grösseren, gelb blühenden Bäumen bedeckt, und soll in der Paraulata nochmals zu 348 m ansteigen; trockene Sandsteinhöhen setzen sich bis etwa 8 km vor Barcelona fort. In diesem Hügellande liegen die kleinen Ortschaften San Miguel und San Bernardino,. am Südhang Caigua und Pilar, alle in öder Umgebung. Grössere Frische erlangt das Land erst an den Ufern des Unare und Guere, nahe deren Vereinigung mehrere Ortschaften, San Francisco, San Pablo, San Lorenzo und Margarita, meist auf Höhen. nicht unmittelbar am Flusse liegen.

Die Küste ist östlich der Unare-Mündung ebenso flach und sandig wie westlich von Uchire, doch bilden sich etwa 2 Stunden östlich von Píritu, in der Nähe des Meeres, salzige Sabanen aus, die vom Meere durch einen grünen Streifen mit mattgrüner Kakteenvegetation getrennt sind und nach dem Gebirge zu übergehen in graubraune Sandebenen mit dunkelbraunen Farbentönen, gelben Bromelien, und hie und da lichtgrauem Graswuchs. Zwischen die oftmals durch Brand geschwärzten Sabanen schieben sich blaue Lagunen ein, an deren Ufern rothe und graue Hügel auftauchen; im Osten erblickt man die grauweissen Inseln vor der Küste von Barcelona, und das braunrothe Gebirge des Ostens. Dazu tritt die bald braune, bald blaue Färbung des Meeres, die weissglänzende Salzkruste des Strandes und so bildet das Ganze trotz der Oede und des Vegetationsmangels doch ein farbenprächtiges Bild.

Leider verschmachtet der Reisende fast auf dem siebenstündigen Wege von Píritu nach Barcelona, denn das Wasser der zwei Stunden vor Barcelona gelegenen Caños ist brackig, der auf halbem Wege befindliche Rio San José in der Trockenzeit wasserlos und das nahe demselben vorhandene inmitten wüsten Kaktusdickichtes gelegene Haus war in der Revolution halb verbrannt worden, sodass die Bewohner geflüchtet waren.

Mit Freuden sieht daher der Reisende den Thurm und die weissen Häuser von Barcelona durch das matte Grün der Dornen hindurchschimmern und erquickt sich an dem frischen, wenn auch in der Regenzeit spärlichen Wasser des Rio Neverí, über den am Eingang von Barcelona eine steinerne Brücke führt. Der von den Lokaldichtern der Stadt viel gefeierte Neverí ist in der Stadt selbst etwa 40 m breit, steigt aber zur Regenzeit, geschwellt durch die aus den zentralen Theilen des Gebirges von Cumaná kommenden Zuflüsse, so beträchtlich, dass er im Juli 1892 die eiserne Brücke der Eisenbahn von Barcelona nach den Kohlenminen wegriss. Gewiss giebt es frische Auen, Pflanzungen und Palmen an seinen Ufern, aber er verdient doch nicht das überschwengliche Lob der Dichter Barcelona's, ebensowenig wie diese früher viel bedeutendere Stadt den Namen La Sultana del Neverí, den ihr die Genannten beizulegen beliebt haben.

Barcelona stammt aus dem 17. Jahrhundert, ist demnach keine der älteren Städte des Landes, doch haben schon früher in der Nähe der heutigen Stadt mehrere Ansiedlungen bestanden. Nachdem die Spanier zum ersten Male 1535 unter Aldarete und Martin Nieto die Ebenen von Barcelona durchzogen hatten, errichteten sie 1569 nahe dem Neverí an dem El Salado genannten Platze die erste Ansiedlung Santiago de los Caballeros unter dem Gobernador von Nueva Andalusia, Don Diego Zerpa, die jedoch bald wieder durch die Cumanagotos- und Chacopatas-Indianer zerstört wurde. 1579 gründete sodann Cristóbal Cóbos die Ansiedlung Apaicuare oder San Cristóbal de los Cumanagotos, die bereits 1591 durch Don Juan de Haro nahe an den jetzigen Ort Barcelona verlegt wurde. 1637 endlich

begann Don Juan Urpin, ein Catalane, die Stadt Barcelona am
Fusse des Cerro Santo zu errichten, die aber auch nur 33 Jahre an
dieser Stelle blieb, worauf sie endlich 1671 unter Don Sancho
Fernandez de Angulo nach dem jetzigen Platze überführt wurde.
Im Laufe des 18. Jahrhunderts entwickelte sie sich rasch, und soll
1790 10 000, um 1800 zur Zeit der Anwesenheit Humboldt's
16 000 Köpfe gezählt haben. Seit 1811 wurde sie Hauptstadt der
von Cumaná unabhängig gemachten Provinz Barcelona, verfiel aber
im Laufe der Bürgerkriege, wie die meisten älteren spanischen Städte,
und hatte um 1840 nur 6000 Einwohner. 1891 zählte sie 7295 Seelen
und birgt jetzt eine Reihe von Trümmern in ihrem Weichbild, die
an die frühere grössere Bedeutung und die Zerstörungen der Freiheits-
und Bürgerkriege erinnern. Besonders fällt die Ruine einer grossen
Kirche in der Nähe des Bahnhofs auf, der grosse Platz ist ansehnlich,
aber im Allgemeinen kann die Stadt mit den hauptsächlichen Städten
des Westens nicht wetteifern. Der Handel ist gering, der Ackerbau
in der Umgebung nur an den Flussufern möglich und daher
spärlich, die Viehzucht etwas ausgedehnter, aber auch von keiner
grossen Bedeutung, und selbst die immerhin bedeutenden Salinen geben
nur geringen Ertrag. Etwas mehr Leben vermöchten die Kohlengruben am Araguita der Stadt zu verleihen, wenn sie besser ausge-
nützt würden, allein bisher hat weder die Erbauung einer Eisenbahn
von dem Hafen Guanta nach den Kohlenminen, die 1893 endgültig
in ihrer vollen Länge eröffnet worden ist, der Handelsstille in der
Stadt aufhelfen können, noch auch die Eröffnung des ausgezeichneten
Hafens von Guanta selbst, der an die Stelle der alten Reede am
Morro de Barcelona getreten ist. Von diesem alten Hafen aus vermochten flache Schiffe bei hohem Wasserstande des Rio Neverí an
die Stadt zu kommen, allein dies war auch nur in der Regenzeit
möglich, (im Februar 1893, also in hoher Trockenzeit, war der Fluss
halb ausgetrocknet) und ausserdem ist der Handel mehr und mehr
verfallen. Auch in der Revolution von 1892 hat Barcelona durch Er-
pressungen der herrschenden Parthei, namentlich der Familie Monagas
harte Einbusse erlitten, und für den ausgesogenen Zustand der Stadt
war es bezeichnend, dass ich noch im Februar 1893, also 4 Monate nach
Beendigung des Krieges kein Reitthier zu miethen im Stande war.
Auch bietet die Lage der Stadt wenig Aussicht auf Besserung, da
ihr Hinterland, der Llano von San Mateo, Aragua, Onoto und
Zaraza, nicht viel anderes erzeugt als Vieh, und entschieden ärmlich
genannt werden muss. Dennoch wird Barcelona immer eine wichtige
Eingangspforte in das Innere des Landes bleiben, da an keiner Stelle

zwischen Trinidad und Puerto Cabello die Llanos ohne Uebersteigung bedeutender Gebirge von der Küste aus erreicht werden können, ausser von Barcelona aus. So führt denn auch die Telegraphenlinie von Carácas nach Ciudad Bolívar am Orinoco über Barcelona.

--- --- ---

Vierte Abtheilung.

Die Osthälfte des Karibischen Gebirges.

Der Rio Neverí mit seinen Nebenflüssen Aragua und Prespuntal bildet die westliche Grenze der östlichen Hälfte des Karibischen Gebirges, die sich von hier aus bis zum Golfo triste oder de Paria und zu den Bocas de Drago zwischen dem Festlande und Trinidad ausdehnt. Die nördliche Grenze dieser Gebirgshälfte ist durch das Meer gegeben, die östliche bilden ausser diesem eine Reihe von Caños im Mündungsgebiete des Rio Guarapiche; den Süden endlich begrenzt zunächst der Rio Aragua, sodann der Amana und ferner eine Linie von Areo über Caicara und Aragua nach Punceres und zur Boca de San Juan. Das von diesen Grenzlinien eingeschlossene Gebiet wird auf 14 200 qkm berechnet, zerfällt aber in zwei ungleich grosse Teile, einen kleineren nördlichen, die Halbinseln Araya, Paria und die Gegend südlich von Rio Caribe und Carúpano umfassenden, und einen grösseren südlichen, das gebirgige eigentliche Festland südlich der Linie Cariaco-Casanai-Pilar. Der erstere nördliche Theil der östlichen Gebirgshälfte mag etwa 3750 qkm, der letztere südliche, 10 450 qkm Areal enthalten. Das Areal der Nordkette entspricht daher ungefähr dem des Herzogthums Braunschweig (3690 qkm), das der Südketten fast genau dem der Bukowina (10 455 qkm), das gesammte Gebirgsland des Oriente kann mit 14 200 qkm etwa dem von Elsass-Lothringen (14 509 qkm) gleichgesetzt werden. Getrennt sind beide im Westen durch den Golf von Cariaco, im Osten durch das Tiefland der Caños zwischen Pilar und Yaguaraparo, verbunden dagegen in der Mitte durch einen Gebirgsriegel zwischen Casanai und Pilar.

Die Nordkette hat eine mittlere Breite von 15 km, die zwischen dem Cabo de Tres Puntas und der Punta Parapara bis zu 33 km steigt, auf Araya an der Laguna Grande auf 2 km fällt; ihre Länge beträgt von der Punta Araya bis zum Promontorio de Paria 250 km. Das Südgebirge ist etwas unregelmässiger gestaltet; da aber dem

Ausfall in der Breite an der Stelle der Auflösung der Küste in Inseln nördlich des Hafens von Guanta eine Ausbreitung nach Süden zu im Gebiete des Rio Areo bei Urica und Areo entgegensteht, so tritt eine Compensation ein, die uns erlaubt, eine mittlere Breite von 55 km, etwa auf der Linie Yaguaraparo—Boca de San Juan oder Cariaco—San Felix oder Cumaná—Südhang des Bergantin beim Rio Maravilla anzunehmen; die grösste Breite befindet sich zwischen Mariguital und Urica mit 75 km, die geringste zwischen der Ensenada Pertigalete und Quiamare mit 40 km.

Im Allgemeinen ist die Nordkette in der Gegend von Carácas breiter als die Nordkette des Ostens, die eine Analogie nur in der schmalen Kette nördlich des Valencia-Sees findet. Dagegen ist die Gebirgsmauer des Südens im Oriente auf weitere Strecken breiter als die Serrania del Interior, die mitsammt ihrem Vorlande bis zur Galera nur zwischen Pao und Barbacoas der Breite der Südkette des Ostens gleichkommt, östlich von dem Rio Guárico aber bedeutend gegen die letztere zurückbleibt.

Das Verhältniss des Areals der beiden Ketten zu einander verschiebt sich also im Oriente zu Ungunsten der nördlichen und es ist wichtig, gleich darauf aufmerksam zu machen, dass sich dasselbe in Bezug auf die Höhe sagen lässt, denn die Südgebirge sind im Oriente ungefähr um 1000—1500 m höher als die Nordkette, genau umgekehrt wie bei der Westhälfte des Karibischen Gebirges.

In der Südkette übersteigt die höchste Berggruppe, der dreigipflige Turumiquire, 2000 m um ein Geringes, etwa zwölf Gipfel 1500 m, in der Nordkette dagegen scheint sich kein Gipfel über 1000 m zu erheben. In beiden aber sind die Thäler meist tief eingeschnitten, die darin entstandenen Ortschaften liegen meist höchstens 300 m über dem Meere, nur das eine Thal von San Agustin vor der Montaña de Santa Maria hat eine Seehöhe von etwa 1200 m, das von Caripe eine solche von etwa 700 m. Hohe Pässe fehlen demnach auch; der nur dem Lokalverkehr dienende Pass von San Agustin zwischen Caripe—San Francisco und Santa Maria hat allerdings 1330 m Höhe, der Hauptweg aber von Cumaná nach Maturin überschreitet das Gebirge zwischen Cumanacoa und San Antonio im Llano Cocollar in 780 m. Die Thäler der Nordkette sind kurz und steil, aber nur spärlich an der Zahl, da die schmale Kette sich zur Ausbildung ausgedehnter Thäler gar nicht eignet.

Der räumlichen Trennung entspricht die geologische Verschiedenheit der beiden Unterabtheilungen des Gebirges des Oriente. Der Norden ist archaeischen Alters, der Süden gehört der

Kreideformation an, in dem erwähnten Riegel von Pilar greift letztere
über das Urgebirge hinüber. Der Zusammensetzung nach ist der
Norden ein Schiefergebirge, der Süden ein Sandstein- und Kalksteingebiet; der Zugehörigkeit nach ist der Norden die Fortsetzung der
am Cabo Codera abgebrochenen Nordkette der Westhälfte, der Süden
eine Fortsetzung der Serrania del Interior.

Ist schon in der verschiedenen Höhe und Anordnung ein merkbarer Gegensatz gegen den Westen des Karibischen Gebirges
begründet, so wird derselbe durch klimatische und von der Pflanzenwelt
bestimmte landschaftliche Elemente verschärft. Eine Linie von
Carúpano über den Riegel von Pilar und südwärts über den Pass von
Santa Maria nach Caripe und Aragua scheidet den trockenen Westen
von dem feuchten Osten, denn die meist östlichen Winde setzen
die Niederschläge an den östlichen Gebirgen ab, so dass dem
Westen wenig übrig bleibt. Infolge dessen haben wir im Osten
viel Wasser, üppige Vegetation, prachtvolle tropische Waldland-
schaften, im Westen dürres ödes Land, spärliche Wasserläufe, Salz-
ebenen, nackte Berge und Gestrüppvegetation.

Blickt man von den östlichen Gehängen des Riegels von Pilar
nach Osten, so übersieht man ein dunkelgrünes, mit zahllosen Cacaopflanzungen bedecktes, tief bewaldetes Gebiet, in dem die silber-
glänzenden Fäden der Caños vor allem auffallen und die wohlbekannten
Gestalten der Palmen, Brotbäume, Bananen und zahlreicher frischer hoher
gewaltiger Laubbäume sich drängen; die Berge von Guiria erscheinen
als ein dunkles sanftgerundetes Waldgebirge. Nach Westen zu nimmt
dagegen der Wald ab, ist selbst bei Carúpano nur ein mittelhoher
halblichter Bergwald, der nicht im Stande ist, die graurothe Farbe
der Berge zu verdecken, und von Casanai an nach Westen zu überwuchert die Gestrüppvegetation sogar alles Land, Niederungen und
Berge, mit alleiniger Ausnahme der Wasserläufe, an deren Ufern auch
hier üppige Vegetation herrscht.

Demgemäss sind auch die Produkte der West- und der Ostseite
des Gebirges des Oriente ganz verschiedene. Oestlich vom
Meridian von Carúpano bietet das feuchtheisse Land dem Cacao den
besten Boden und in den Wäldern wird der Kautschukbaum seines
Harzes beraubt; auf den Bergen und in einigen Thälern befinden sich
Kaffeepflanzungen, und man hat hier die Eigenart, die Cacaopflanzungen
mit einer Hecke von Kaffeebäumen zu umfriedigen, was ich nirgendwo
sonst im Lande gesehen habe. Im Westen dagegen bietet das Land
dem Maisbau zwar Raum, aber die wichtigsten Produkte sind das an
allen Wasserläufen gebaute Zuckerrohr und die Kokosnuss. Wandert

man an den südlichen Gestaden des Golfes von Cariaco, so stösst man fast jede Stunde an jeder Bachmündung auf Kokospflanzungen, förmliche Kokoshaciendas, in denen hohe Haufen von Schalen und Nüssen die Erde bedecken. Wenngleich auch noch Zuckerrohr hier in grösseren Mengen angepflanzt wird, so ist doch diese Gegend fast die einzige in Venezuela, in der man die Kokosnuss um ihrer selbst willen pflanzt und pflegt, und sie systematisch in grossen Mengen gewinnt; nur in Puerto Cabello und an einigen Punkten des Sees von Maracaibo befinden sich zur Oelgewinnung angelegte Kokospflanzungen, aber bei weitem nicht so häufig und umfangreich wie im Oriente.

Eine auffallende und für den landschaftlichen Eindruck bezeichnende Erscheinung ist der Mangel des Waldes in grösseren Höhen, das Vorwiegen von Bergwiesen und die erhebliche Erniedrigung der unteren Grenze dieser Wiesen, auf deren Bedeutung für die Landschaft des Oriente schon A. von Humboldt aufmerksam gemacht hat. Denn in einer Höhe, in welcher in der Gegend von Carácas der frische Wald erst anfängt, liegen hier bereits die Bergwiesen; zwischen Cumanacoa und Mariguital in Höhen von 400—600 m ist die gesammte Bergkette kahl, und lichter Wald selbst in den Schluchten selten; am Südostabhang des Gebirges zwischen San Francisco und Guácharo, in 500—1000 m Höhe sind sämmtliche Bergketten grasige Kämme, und ebenso ist es bei Bergantin im Südwesten in Höhen von 200—800 m, und nahe der Küste zwischen Guanta und Santa Fé in 300—800 m Höhe. Diese Wiesen erzeugen den Eindruck, als ob sich das Gebirge über die Baumgrenze erhöbe; ihr Auftreten in sehr niedrigen Höhen ist wohl auch auf die Spärlichkeit der Niederschläge oder auf erfolgte Abholzung und die Schwierigkeit für neue Bewaldung, gegen den in den Höhen herrschenden meist kräftigen Wind aufzukommen, zurückzuführen.

Zu allem dem, was das Gebirge des Oriente von denen des Westens unterscheidet, kommt nun noch ein Umstand hinzu, der dem Reisenden ganz besonders fühlbar wird, nämlich die geringe Besiedelung, die gegen den Westen von Venezuela sowohl wie die zentralen Landschaften ganz auffallende wirthschaftliche Schwäche, die Armuth und der Zustand der Zurückgebliebenheit auf allen Gebieten, ja sogar Verfall gegen frühere bessere Besiedelung und anscheinend höhere Kultur. An den Küsten verkehren im Verhältniss zu dem übrigen Venezuela nur sehr wenige fremde Dampferlinien; Carúpano wird nur von der französischen und holländischen Linie, Cumaná und Guanta nur von der letzteren angelaufen; die venezolanischen Küstendampfer verkehren nicht immer regelmässig und sind wahre Seelenverkäufer geworden, seit sie in der letzten Revolution zu Kriegszwecken verwendet worden sind. Auch gilt das, was von dem Mangel guter Hafeneinrichtungen oben gesagt worden ist, besonders für den Oriente, denn vor Cumaná und Carúpano müssen die Schiffe weit draussen vor Anker gehen und nur Guanta ist besser ausgestattet. Abgesehen von der Kohlenbahn Guanta—Barcelona—Minas, die auch erst 1893 endgültig eröffnet worden ist, führt keine Eisenbahn von einem Hafen des Oriente aus ins Innere. Aber auch an Fahrstrassen mangelt es völlig, ja der grosse Weg von Cumaná nach Maturin ist im Gebirge, z. B. im Thale des Manzanares, nichts anderes als ein Saumpfad und dazu ein sehr schlecht gehaltener, theilweise lebensgefährlicher; alle übrigen Wege der Südketten sind reinste Gebirgspfade oder im Verfalle begriffene, verwachsene, nicht wieder in Stand gesetzte Küstenpfade, wie der Gestrüpp-Pfad von Mariguital nach Cariaco. Einzig die Strasse von Cariaco nach Carúpano ist in einem halbwegs gangbaren Zustande, aber auch sie ist stellenweise, z. B. zwischen San José und Carúpano, durch Hochwasser weggerissen worden; von kleineren Strassen ist vielbesucht und leidlich gehalten der Weg von Carúpano über Rincon nach Pilar. Unter solchen Umständen ist es begreiflich, dass der Oriente mit den Zentralstaaten und der Cordillere in dem wirthschaftlichen Emporkommen nicht gleichen Schritt halten konnte, sondern theilweise nur sehr wenig weitergekommen ist, theilweise aber stillsteht oder Rückschritte macht. Der Osten mit Carúpano und dem Cacaogebiet hat einige Fortschritte gemacht, der Westen mit Cumaná und Barcelona steht still oder geht zurück. Vor allem hat der Ackerbau im Innern einen schweren Schlag durch die Aufhebung der sogenannten Missionen der Spanier erlitten. An und für sich noch ursprünglicher und mit einer an Zahl erheblicheren reinen Indianerbevölkerung, den Chaymas und Cumanagotos, ausgestattet als der Westen, hatte der Oriente die Höhe der Kultur der westlichen Staaten nahezu erreicht durch die günstig wirkende Erziehung der Indianer in den Missionen, als durch die Freiheitskriege und die darauf folgende Ausmerzung aller spanischen Einrichtungen die eben erst aufgebrochene Blüthe wieder geknickt wurde. Da die Regierung der Republik nichts that, um die Missionsansiedlungen zu erhalten und zu fördern, so sind jetzt fast alle Kirchen derselben im Verfall, die Ortschaften selbst zurückgegangen und der Ackerbau beschränkter als früher, der Wohlstand geringer. In San Fernando bei Cumanacoa ist die Kirche eine Ruine, die in Arenas geht dem Verfalle entgegen, in Catuaro stehen nur noch leere Mauern, in Caripe ist das Kloster zerstört, die Kirche schlecht erhalten, Cumanacoa ist verödet, Alt-Casanai verschwunden.

Die Bevölkerung scheint sich nur um ein Geringes vermehrt zu haben, neue Ortschaften wenigstens sind nicht entstanden, und dies ist es gerade, was einen besonderen Beweis für den Stillstand und Rückgang des Oriente abgiebt. Nur eine einzige neue Ortschaft vermag ich gegenüber der Karte von Codazzi aus dem Jahre 1840 anzugeben, das ist der Hafen El Muelle de Cariaco, der auf besondere Bemühungen eines einsichtigen Mannes hin gegründet ist und jetzt ein Dutzend zum Theil ansehnlicher Häuser zählt. Im Uebrigen ist kein Fortschritt zu verzeichnen, höchstens im Osten, im Tieflande zwischen Pilar und Yaguaraparo sowie um das Erdölgebiet von Guariquen sind Häusergruppen entstanden.

Der neue schöne Hafen von Guanta hat zu einer Verdichtung der Bevölkerung zu einer Ansiedlung noch nicht geführt, nur wenige Häuser stehen hier am Strande. Die grossen Befestigungen der Spanier auf Araya, das berühmte Kastell an den Salinen und das Fort von San Antonio über Cumaná sind durch Kämpfe und Erdbeben zerfallen, die zu Humboldt's Zeiten bedeutendste Stadt Venezuela's nach Carácas, Cumaná, ist im 18. Jahrhundert zweimal, nämlich 1766 und 1797 durch Erdbeben zerstört, im 19. durch Erdstösse, namentlich 1802, 1805 und 1839 beschädigt worden, so dass sich Trümmerfelder an ihren Grenzen ausdehnen. Auch die schweren Freiheitskriege und die nachfolgenden Bürgerkriege haben diese Hauptstadt des Ostens arg mitgenommen und sowohl ihren Wohlstand, wie den des ganzen Oriente geknickt. Daher sind fast alle Dörfer des Innern ärmlich, unscheinbar, der Kultur noch wenig zugänglich geworden und Oede und Armuth springen überall ins Auge. Die Bevölkerung lebt fast noch schlechter als in Coro und Paraguaná, die Verpflegung ist sehr mässig, Gasthöfe bestehen nur in Barcelona und Carúpano, in Cumaná eigentlich nicht. Als bestgepflegte Stadt muss aber immer noch, trotz der vielen Ruinen und Trümmer, Cumaná gelten, gegen das Barcelona und Carúpano zurücktreten, insofern es sich um städtischen Charakter handelt. Ausser diesen Städten sind höchstens noch Cariaco und Rio Caribe nennenswerth, kleine Landstädtchen oder besser gesagt, grosse Dörfer; auch Guiria kommt wegen seines ziemlich lebhaften Handels mit Trinidad allenfalls noch in Betracht. Im Ganzen aber ist der Oriente in politisch-geographischer Beziehung einer der schwächsten, kümmerlichsten Staaten der Republik, seine Volksdichte beträgt nur pro qkm 3,6, so dass nur Coro und der Zulia weniger dicht bevölkert sind.

A. Die Nordkette, das archaeische Gebirge.

Ein einheitlicher Name fehlt sowohl für die Südketten wie auch für die Nordkette; ich ziehe daher vor, diese Gebirge nach ihrem Alter zu unterscheiden und werde künftig die Ketten südlich der Linie Cumaná—Casanai—Pilar als Kreidegebirge, die nördlich daran gelegenen als archaeisches Gebirge bezeichnen.

Die Nordkette der östlichen Hälfte des Karibischen Gebirgssystems besteht in ihrer ganzen Erstreckung aus archaeischen Schiefern und kann daher wohl nur als eine Fortsetzung der Nordkette der Westhälfte aufgefasst werden, von der sie durch den Bruch von Barcelona getrennt ist. In der That liegt sie ungefähr unter derselben Breite wie diese; Carúpano entspricht mit 10° 40′ bis 10° 42′ N. B. der Punta Maspa mit 10° 40′ und nur die wenigen Vorgebirge des äussersten Ostens ragen mit Vorsprüngen über 10° 40′ nordwärts hinaus. Ihre Länge beträgt von der Punta de Araya bis zur Punta de Paria etwa 270 km, ihre Breite 12 bis 35 km, bei einer grössten Einschnürung an der Laguna Grande im Westen und einer grössten Verbreiterung südlich vom Cap Tres Puntas im Meridian von Irapa. Indem nun im Westen der Golf von Cariaco und im Osten der Golf von Paria in das Karibische System eingeschnitten sind, zerfällt die Nordkette in eine westliche Halbinsel Araya von etwa 80, eine östliche Halbinsel Paria von etwa 120 km Länge und ein mit dem Festlande verbundenes Mittelstück von 70 km Länge. Als Grenzen der beiden Halbinseln gegen das Mittelstück können die Meridiane von Cariaco und Yaguararo angesehen werden; der 63. Meridian scheidet zwar die ganze Nordkette in zwei Hälften, doch ist eine Dreitheilung, wie eben angegeben, den wirthschaftlichen Verhältnissen besser gerecht. Und auch der Pflanzendecke, da der Westen, Araya, fast unkultivirt und nur mit Kakteen und Gestrüpp bestanden ist, der Osten reich an Wald und Cacaopflanzungen, aber nur im Süden besiedelt ist, während das Mittelstück einen Uebergang zwischen beiden durch halbhohen Wald bildet und die Haupthäfen der Nordkette, Carúpano und Rio Caribe, trägt. Dass die gesammte Nordkette aus archaeischen Schiefern besteht, habe ich für Araya aus meinen eigenen und von Humboldt's Beobachtungen entnommen, für die Umgebung von Carúpano und Rio Caribe durch mehrmalige Querzüge erwiesen. Nur über den Osten, Paria, könnten noch Zweifel walten, allein der Umstand, dass die Nordkette von Trinidad ebenfalls aus archaeischen Schiefern besteht, liess schon mit Sicherheit annehmen, dass auch die östlichen

Theile des Festlandes, Paria, der archaeischen Formation angehören, was denn auch von Wall schon 1860 bestätigt worden ist.[1]

Der Kern der gesammten Nordkette besteht aus Glimmerschiefer, und auch das spricht unmittelbar dafür, dass sie eine Fortsetzung der grossen Nordkette von Valencia und Carácas ist, die wir als ein grosses Glimmerschiefergebirge mit einzelnen Einlagerungen von Gneiss und Granitstöcken erkannt haben. Diese letzteren treten nun allerdings in unserem Gebirgszuge zurück, und kommen vielleicht nur am Ostende vor.[2] Statt dessen gewinnen jüngere archaeische Schiefer mehr und mehr Boden; aus Glimmerschiefer besteht hauptsächlich nur Araya, das Mittelstück des Gebirges um Carúpano dagegen zeigt häufiger Thonschiefer von gelblich- bis grünlichgrauer Farbe, wie am Hafen von Carúpano, mit gewaltigen Quarzadern und ferner umfangreiche Einlagerungen von Kalkstein; dichter Kalk bildet z. B. die Cumbre de Areo zwischen Casanai und Carúpano. Die Zusammensetzung der Nordkette ähnelt daher hier schon mehr derjenigen der Nordkette Trinidad's, in welcher nach Wall neben Glimmerschiefern eigenthümliche Thonschiefer, quarzige Schiefer, krystallinische und kompakte Kalksteine auftreten.

Diese Formation enthält an einigen Stellen silberhaltigen Bleiglanz, besonders von der Mine Canaima bei Carúpano und Eisen, vorwiegend Brauneisen und stimmt auch in dieser Beziehung mit Trinidad überein, wo ebenfalls Eisen in den Schiefern der Nordkette einen nicht zu übersehenden Bestandtheil bildet; auch Kupfer ist aus der Gegend von Carúpano bekannt. Alle diese Metalle haben aber stets nur eine vorübergehende Ausbeutung erfahren und auch diese nur südlich von Carúpano.

Im äussersten Westen legt sich an die archaeische Formation bei Araya die Quartärformation oder oberstes Tertiär im Cerro Barrigon und an den Salinen mit gelblichen dichten Kalken von derselben Ausbildung wie in Nord-Paraguaná, ferner gelblichweisse erdige Kalkmergel und Muschelbreccien. Den Südfuss der Nordkette überlagert endlich an der Stelle des Zusammenhangs mit den Südketten die Kreideformation zwischen Casanai und Pilar; diese Gebiete sind aber aus diesem Grunde geologisch bereits der Südkette zuzurechnen, die hier keine scharfe Scheide gegen die Nordkette aufweist.

Das Streichen der Schichten ist zwischen Casanai und Carúpano meist nach Ostnordosten bis Nordosten, auch nach Osten gerichtet

--- ---

[1] Wall, Report on the Geology of Trinidad, S. 195 u. Karte.
[2] Wall, a. a. O. S. 195.

und scheint überall in der Nordkette so zu verlaufen, da auch südlich von Rio Caribe von mir, im Westen Araya's von v. Humboldt und im Osten Paria's von Wall dieselbe Streichrichtung festgestellt wurde, die auch auf Trinidad vorherrscht. Freilich kommen im Einzelnen vielerlei Abweichungen vor, so dass ähnlich wie in der Westhälfte der Nordkette um Carácas und Valencia unregelmässiges Streichen und wechselnde Richtung nicht selten sind, was auf starken Gebirgsdruck und Störungen schliessen lässt.

In Bezug auf die Höhe bleibt die Nordkette wie schon oben kurz erwähnt worden ist, erheblich hinter der Südkette und sehr bedeutend hinter der Nordkette bei Carácas und Valencia zurück. Im ganzen Westen erreicht sie kaum 500 m, zwischen Casanai und Carúpano übersteigt sie 500 m nur um ein Geringes (Cumbre de Areo 495 m), zwischen Carúpano und der Hacienda Palmer hat sie dieselbe Höhe, um Rincón erreicht sie höchstens 350 m. Oestlich des Meridians von Carúpano erhebt sie sich allerdings zu etwas grösserer Höhe, im Alto zwischen Rio Caribe und Tunapui über 500 m, bei Guárico, südlich vor Puerto Santo, 700 bis 800 m, allein ich glaube nicht, dass irgendwo mehr als 1000 m Höhe zu verzeichnen sind, auch nicht im Gipfel La Corona südlich von Rio Caribe. Immerhin aber bildet sie eine geschlossene Gebirgskette von meist 300 bis 500 m im Westen, 500 bis 800 m im Osten, lässt sich aber nur an einer Stelle, auf dem Wege Carúpano—Pilar in einem ziemlich niedrigen Passe von 220 m Höhe zwischen Carúpano und El Rincón überschreiten. Infolge der geringen Breite fällt sie aber doch meist ziemlich steil, besonders zur Küste ab und besitzt nur wenige tiefer eingreifende Flussthäler, wie das des Rio Caribe und des Trockenbettes zwischen San José und Carúpano.

Ihre Formen hängen hauptsächlich von der mangelnden oder vorhandenen Bewaldung und somit von der grösseren oder geringeren Trockenheit ab. Im äussersten Westen bilden die Höhen der jungen Sedimentärformation sanft nach Nordwesten geneigte Hügel mit steilerem Abfall nach Südosten, ganz ähnlich wie in Curaçao.

Gelbe verwitterte Hügel treten an's Meer heran, streifenförmig bedeckt mit den Excrementen zahlloser Seevögel; Gyps, Alaun und Eisen deuten auf das Vorkommen junger Sedimentärformationen, wahrscheinlich des Cerro de Oro-Systems, beträchtliche Mengen von krystallinischen Schiefergeröllen am Ufer der Saline von Araya auf die archaische Formation. Wo weiter im Osten, nordöstlich des Cerro Barrigon, diese selbst auftritt, entbehrt das Gestein jeglicher frischeren Pflanzendecke; Kakteen, Monte, Gebüsch, Dornsträucher überziehen den verwitterten Boden. Der der Sonne ausgesetzte Fels zerfällt leicht und so erhält das archaeische Gebirge diejenigen zerfurchten, greisenhaften Formen, denen man auch sonst im archaeischen Theil des Karibischen Gebirges begegnet, wenn Wald und frische Wiesen fehlen, z. B. am ganzen Südhang der Serrania del Interior. Einige grössere Lagunen greifen zwischen die grauen und rothen kahlen Höhen ein, die Laguna Chica und die Laguna Grande im Westen, die Laguna Guacaparo im Osten der Halbinsel Araya und zerschneiden diese sogar nahezu, nämlich dort, wo die Laguna Grande nordwärts vordringt. Es scheint, dass neben dem grossen Längsbruch des Golfs von Cariaco auch Querbrüche im Begriffe sind, die Nordkette noch weiter zu zerstückeln.

Die Küste ist demnach felsig und steil, bietet auf der Südseite nur in den drei erwähnten Lagunen und dem Hafen von Mero Schutz, so dass nur Fischer sie zu besuchen pflegen und nur recht ärmliche Fischerdörfer an ihr sich erheben, besonders Chiguana im Osten und Manicuare im Westen. Dort wo sich nördlich des felsigen Cerro Barrigón flacher Strand zeigt, lag das alte Castell von Araya, das die Spanier in den Befreiungskriegen der Südamerikaner selbst zerstört haben, um es nicht in deren Hände fallen zu lassen; die Trümmer sind noch sichtbar. Im Westen von Araya ist die Küste somit abwechselnd Flach- und Steilküste, im Norden dagegen zunächst bis Morro de Peña Flachküste, dann aber ausschliesslich Steilküste; nur der Cerro Guaranache springt an der Flachküste nordwärts vor gegen Margarita und Coche. Oestlich vom Morro de la Peña beginnt der zerrissene Charakter der Steilküste mit anliegenden Klippen-Inseln, wie Tuna, Lobos, Caribe, vorspringenden Kaps, z. B. Chacopata und einschneidenden Buchten. Dann folgen abwechselnd Untiefen, Barren, Sandbänke und vorspringende Küstenberge bis zu dem guten Hafen Esmeralda, dem es jedoch am Hinterland gebricht; doch führt von hier ein Weg nach Cariaco. Weitere Vorsprünge sind Morro Faquien, Morro Blanco und Morro Salinas, vorliegende Inseln haben die Einschnitte Lebranche und Garrapatas; dann folgt Carúpano. Ansiedlungen fehlen an dieser Küste, nur Fischer besuchen die Buchten, die Sandbarren erschweren öfters die Landung. Die greisenhafte graurothe Gebirgskette zieht ebenso öde und unbewohnt im Innern der Halbinsel entlang und soll nach Codazzi in den Höhen Tetas Cariaco, Pico Cariaco und Pico del Este noch etwa 400 m erreichen. Die Gesammtzahl der Bewohner von Araya beträgt nur 2500: Municipio Manicuare 2294, Chiguana 232, Guacarapo 141.

In den mittleren Theilen des nördlichen Gebirges tritt eine Verbreiterung ein, namentlich insofern die Küste nordwärts vorspringt.

Eine Anzahl von Kaps, besonders die den Hafen von Carúpano
bildende Punta Hernan Vasquez und der Morro de Puerto Santo, der
mit dem Festlande nur durch eine schmale Sandinsel in Verbindung
steht, sowie auch das Kap Mala Pascua treten ins Meer vor. Die
Flüsse von San José, Carúpano, Puerto Santo, Rio Caribe, der Popui
und der Cherepare entströmen, in der Trockenzeit meist sehr wasserarm, dem Gebirge, das auch südwärts eine Anzahl der Quellflüsse
der Rios Pilar, Tunapui und Santa Isabel entwickelt.

Die Verbreiterung desselben erlaubt auch die Ausbildung mehrerer
Ketten, von denen am Uebergange von Casanai nach Carúpano vier
zu erkennen sind. Die höchste ist die der Cumbre de Areo mit
röthlichem Glimmerschiefer und 500 m Höhe; dann folgen seewärts
zwei mittelhohe etwa 300 m erreichende und endlich unmittelbar an
der Küste eine 400 m hohe. Diese ziehen ostwärts, jedoch unter
Veränderung der Höhe. Südlich von Puerto Santo erreicht die
küstennahe Kette 700—800 m Höhe, die innere kaum 550 m; südlich
von Carúpano löst sich die Geschlossenheit der Kette in ein gewelltes
Bergland von 300—400 m Höhe auf und die höchste Erhebung liegt
bereits im Kreidegebirge südlich des Rio Pilar. Man hat daher hier
den Eindruck eines verworrenen Berglandes, das gegenüber den
Bergen von Araya noch deshalb unübersichtlicher wird, weil die Bewaldung zunimmt. Zwar kann man im Meridian von Carúpano noch
nicht von wirklichen Bergwäldern reden und selbst südlich vom Rio
Caribe fehlt dichter Bergwald den Höhen noch, allein schon auf der
Cumbre de Areo steht halbvoller Wald, und es stellen sich in Form
von Bananen- und Kaffeepflanzungen die ersten Spuren wieder-
beginnender Kulturen ein. Zugleich nimmt die Besiedelung zu; es
entwickeln sich hier ansehnliche Hafenplätze, und in den Flussthälern drängen sich die Haciendas; schon kommen auf dem feuchten
Südostgehänge Cacaopflanzungen vor, und es sind auch im Innern des
Berglandes Ansiedlungen, wie Rincón (655 Einwohner) und Tunapuisito (224 Einwohner) entstanden. Der verhältnissmässig leichte
Uebergang von Carúpano über Rincón nach Pilar begünstigte die
Anlage von Pflanzungen am Südhang und den Handel der Seehäfen.
Daher haben sich die Pflanzungen um Pilar einerseits und der Handel
von Carúpano anderseits gehoben.

Auch auf dem Nordhang ist der Ackerbau vorgeschritten und so
sind dann jetzt die Thäler der Flüsse von San José und Rio Caribe
mit fast fortlaufenden Reihen von Häusern besetzt, und die Ansammlung der Bevölkerung ist ziemlich gross. Auch ist bemerkens-
werth, dass nur hier die Nordseite des Gebirges besiedelt ist; auf

der Halbinsel Araya sind beide Seiten desselben nur sehr schwach
bevölkert, auf der Halbinsel Paria entbehrt die Nordseite grösserer
Ansiedlungen; hier aber sind beide Seiten bewohnt, vor allem aber
die Nordseite.

Parroquias (Pfarreien):

Carúpano	Santa Rosa	5176	
und	Santa Catalina	5721	
Umgebung	Sabaneta	1862	Nordseite 23 412.
	San José	4741	
	San Miguel (Rio Caribe)	5912	
	Rincón	1838	
	Tunapuisito	1738	Südseite 10 245.
	Tunapui	2004	
	Pilar	4665	
		33657.	

Von diesen 33 657 Einwohnern sind zwar einige abzunehmen,
da die Pfarreien Pilar und Tunapui bereits am Rande der Ebene
liegen und somit Ansiedlungen der Ebene mit umfassen und Rio Caribe
als Pfarrei sich ostwärts bis zur Punta de Paria erstreckt. Rechnet
man aber nur 30 000, so ist doch die Einwohnerzahl, auch ohne
Casanai zu berücksichtigen, etwa zehnmal so gross als auf dem viel
ausgedehnteren Araya. Allerdings entfallen von diesen 30 000 Bewohnern 8015 auf die Stadt Carúpano, 2744 auf den Ort (Pueblo)
Rio Caribe und 809 auf das Dorf Pilar, also zusammen 11 500,
mehr als ein Drittel, auf geschlossene Ansiedlungen, allein auch abgesehen davon ist die Landbevölkerung für ein dem Oriente angehöriges Gebiet hier ziemlich dicht.

So ist denn in der That auch das Thal des Rio Pilar ein fort-
laufender Garten, in dem Cacaohaciendas vorwiegen, die man hier im
Oriente, wie schon erwähnt, merkwürdigerweise mit einer Hecke
von Kaffeebäumen umgiebt. Cacao ist daher auch der hauptsächliche Ausfuhrgegenstand der 1740 durch Missionare gegründeten
Stadt Carúpano, jetzt des Haupthandelsplatzes des Ostens. Sie
liegt langgestreckt hinter einem Hügel, dem Morro, der sie von
der Küste absperrt und besteht fast nur aus einer einzigen Strasse.
Diese ist allerdings sehr lang und besitzt zur Verbindung der
äussersten südwestlichen Häuser mit dem Landungsplatz der
Dampfer eine Pferdebahn. Grössere Schiffe pflegen jedoch nicht
unmittelbar am Lande, sondern etwa eine Seemeile ausserhalb zu

ankern, so auch die französischen und holländischen Postdampfer, die Carúpano anlaufen. Obwohl nun dieses durch die Verbindung mit der französischen Bordeaux-Linie vor Cumaná bevorzugt ist, diesem an Einwohnerzahl wenig nachgiebt, und ihm an Handelswerth wohl voransteht, so macht doch die Stadt bei weitem nicht den städtischen Eindruck wie Cumaná, sondern erscheint mehr als ein langes Dorf, denn als eine Stadt. Vor allem fehlt ihr völlig das Vornehme in dem Aeussern der Stadt Cumaná, die Baumgänge, der Cumaná durchziehende Fluss, die wohlgepflegte Plaza, die ansehnliche Hauptkirche. Alles ist nüchtern und öde, einfach und schmucklos, und dabei macht auch die Bevölkerung, schon wegen der zahlreichen dort angesiedelten Corsen, bei weitem nicht den vornehmen Eindruck wie in Cumaná, und selbst der Handel erschien mir nicht sonderlich umfangreich, wenigstens war die Zufuhr von Waaren nach Cumaná viel stärker. Dennoch dünken sich die Carupanesen viel vornehmer als die Cumanesen und schauen mit Geringschätzung auf die letzteren herab, denen nur der holländische langsame Waarendampfer zur Verfügung steht, während ihnen der grosse französische Postdampfer häufigeren Verkehr mit Europa und Venezuela ermöglicht. Der Handel Carúpano's ist grossentheils in Händen von Corsen, meist freundlichen und höflichen Leuten, denen jedoch das venezolanische Volk nicht wohl will, weil es in ihnen Aussauger und Ausbeuter erblickt, die jetzt sogar schon eine ganze Anzahl der werthvollen Haciendas im Innern, in die Hände bekommen haben. So schlummern in diesem Theile der Republik noch fast heftigere nationale Gegensätze als im Westen zwischen Venezolanern und Italienern.

Der zweitgrösste Platz der Küste ist Rio Caribe, dessen Gründung durch Missionare 1744 erfolgte. Die Stadt liegt in dem westlich gerichteten unteren Flussthal des Rio Caribe und zerfällt in zwei Theile, einen Haupttheil mit leidlichen, durch die Ueberschwemmung vom Oktober 1892 allerdings auch hart mitgenommenen Strassen und den Hafen, La Playa, in dem nur wenige Häuser am Ufer stehen. Von dem mit einer Kapelle geschmückten Calvario im Süden der Stadt überblickt man das ruhige Thal, die friedliche Ansiedlung und das Gebirge. Die 2744 Einwohner treiben Handel mit den Produkten der nahegelegenen Haciendas, aber nur Küstenschiffahrt, da keine der europäischen Dampferlinien noch auch die venezolanischen Küstendampfer den Platz anlaufen. Dennoch ist Rio Caribe von Wichtigkeit, weil die gesammte Nordküste der Halbinsel Paria nicht etwa nach der Südküste bei Guiria ihre Erzeugnisse schickt, sondern nach Rio Caribe, mit dem sie auch politisch zu der parroquia San Miguel verbunden ist. In Puerto Santo, dem Morro und dem Llano leben zusammen 250 Menschen.

Pilar ist von allen Ansiedlungen dieser Gegend die älteste, stammt schon aus dem Jahre 1667, hat es aber erst bis auf 809 Einwohner gebracht. Dieselben besitzen jedoch infolge der zahlreichen Cacao-pflanzungen der Umgegend einigen Wohlstand, und vermögen ihre Produkte leicht in wenigen Stunden nach dem Hafen Carúpano zu schaffen. Pilar liegt auf einem kleinen Hügel an der Grenze des Gebirges und der Ebene und zeichnet sich daher durch eine umfassende, grossartige und schöne Aussicht aus. Man sieht das Gebirge von Carúpano und gegenüber das südlich davon liegende, den Höhenzug des Buen Pastor bei Guariquen, sodann das hohe Gebirge von Guiria, ferner die weite Ebene bis zum Golf von Paria, und weit hinten den Golf selbst und die zu ihm führenden Caños. Das Gebirge ist dicht bewaldet, die sumpfige Ebene, in der Silberfäden gleich Caños sich hindurch-winden, mit üppigem Tieflandswald bestanden; Cacaohaciendas treten aus dem hellen Blätterdach dunkelgrün hervor und bilden einen bemerkenswerthen Gegensatz zu dem wundervollen Roth der im Frühjahr blühenden Bucares - Schattenbäume der Haciendas. Die Parroquia Pilar hat 4665 meist in den Haciendas zerstreute Einwohner. Kleiner ist El Rincón, ein in kaum 150 m Höhe in einem Kesselthal mitten im Berglande liegendes Dorf von 655 Bewohnern, dessen Bestand auch auf den benachbarten Haciendas, namentlich am Wege nach Pilar, beruht. Die Pfarrei El Rincón hat 1838 im Gebirge zerstreute Angehörige. Noch etwas geringer an Einwohnerzahl ist San José zwischen Carúpano und der Cumbre de Areo, mit 418 Ein-wohnern, doch sitzt die Bevölkerung um das Trockenbett des Rio San José so dicht, dass 4741 Seelen der Parroquia zuzurechnen sind. Endlich ist nordöstlich von Pilar Tunapuisito mit 230 Bewohnern und einer Parroquia-Bevölkerung von 1738 zu erwähnen.

Der östliche Theil der Nordkette erstreckt sich in Form eines 500—880 m hohen Waldgebirges bis an die Punta de Paria und bildet infolge des Eingreifens des Golfes von Paria die Halbinsel gleichen Namens. Genaueres über diesen östlichsten Ast mitzutheilen, bin ich nicht in der Lage, doch ist es zweifellos, dass eine geschlossene bewaldete Kette vorliegt, die sich nach Osten zu allmählich ver-schmälert und die Formen rundlicher Berge zeigt, wie sie Waldgebieten eigen sind, insbesondere solchen aus archaeischen Schiefern. Wahr-scheinlich nimmt die Waldbedeckung von Tunapuisito an östlich zu und die Besiedelung ab. Von den halb kahlen, halb mit Pflanzungen, Weiden und lichtem Walde bestandenen Höhen zwischen Tunapui und Rio Caribe erblickt man im Norden das Meer mit den drei mittelhohen Inseln Testigos, im Süden den Golf von Paria und die Ebene, im Osten die waldigen Berge der Gebirgskette. Noch einmal greift ein Thal, das des Rio Santa Isabel, tief in diese ein, und ermöglicht einen bequemen Uebergang über dieselbe zwischen Rio Caribe und Yaguaraparo, dann streicht das Gebirge ostwärts. Zahlreiche kleine Flüsse kommen von ihm herab und fallen im Norden nach kurzem Laufe in's Meer, während im Süden durch Vorland ein längerer Lauf erzielt wird. Demgemäss fällt die Gebirgskette nach Norden steiler zum Meere ab als nach Süden und erzeugt im Norden eine Steilküste, an der als hervorragendste Vorsprünge das Kap Tres Puntas, die Punta Galera, die Punta San Pedro und im äussersten Nordosten der Morro, eine felsige Insel, auftreten. Anderseits bilden sich Buchten, z. B. der Puerto San Juan, die Ensenada de Unare, der Puerto Nuevo de Angoleta, der Puerto Viejo, die Ensenadas de Mejillones, del Pargo und Uquire.

Im Süden dagegen erstreckt sich zwischen Yaguaraparo und Guiria ein nach Osten sich verschmälerndes Vorland vor der Gebirgskette, die erst östlich von Guiria mit einzelnen Vorsprüngen an das Meer tritt.

Demgemäss ist die Besiedelung der Nordseite sehr viel schwächer als die der Südseite. In den kleinen Buchten der ersteren haben zwar Fischer kleine Ansiedlungen gegründet, und einzelne Pflanzungen dehnen sich in den Thälern der Gebirgsflüsse mühsam an den Flanken aus, allein die Bevölkerung ist äusserst gering. Mejillones hat nur 53, Uquire 47, Puerto Nuevo 4, Puerto Viejo 11, Unare 12 Einwohner, so dass von Unare an östlich keine 200 Menschen mehr die Küste besiedeln; nur der Hafen von San Juan hat 127 Einwohner.

Dagegen ist die Südseite viel stärker bevölkert. Sie zerfällt in die Pfarreien Guiria mit 4230, Punta de Piedra mit 898, Soro (Zorro) mit 504, Irapa mit 1105, Cova mit 1580, Aguilero mit 1279 und Yaguaraparo mit 2497 Bewohnern. Rechnet man noch die Parroquias Tunapui mit 2004 und Guarauno mit 1308 zu dem südlichen Vorland, so ergiebt sich eine Gesammteinwohnerzahl desselben von 15 405. Davon entfallen auf geschlossene Wohnplätze allerdings nur 5614, nämlich auf das 1767 von Missionaren gegründete, jetzt lebhaften Handel mit Trinidad treibende Guiria 1589, auf Irapa 1105, Yaguaraparo 1015, Guarauno 557, Punta de Piedra 443, Soro 353, Tunapui 230, Chacaracual 180 und Agua Santa 152. Der Rest der Bewohner lebt auf dem Lande, meist in Cacao-Haciendas, die den Ackerbau ausmachen. Verbindungen bestehen nur mit Carúpano über Pilar und mit Rio Caribe zu Lande, ferner zwischen Guiria und Trinidad zur See, dagegen nicht zwischen den südlichen und den nördlichen Küstensiedelungen.

An den Golf von Paria schliesst sich im Westen eine Niederung, die wahrscheinlich einen früheren Theil des Golfes einnimmt, die weite Ebene der Caños von Guariquen. Es ist das ein Sumpfland, das den Zwischenraum zwischen der Nordkette, den Ausläufern der Südkette und dem Golf ausfüllt und von zahlreichen Flüssen durchströmt wird. Begrenzen wir dasselbe im Norden durch den Rio Tunapui-Pilar, so fallen die westöstlich gerichteten Flüsse Coicuar, Maremari, Grande, Yaguania und der Caño Brea in unser Gebiet. Im Süden wird es durch den Höhenzug begrenzt, der bei Guariquen die Küste erreicht und nach seinem hervorragendsten Gipfel Buen Pastor benannt wird. Auch südwärts dieses Höhenzuges dehnt sich die sumpfige, von Caños durchzogene Ebene zwischen dem Caño Brea und dem Caño San Juan aus, ist jedoch hier besser als ein Ausläufer des Llano aufzufassen. Nach R. Ludwig, der die Reise nach Guariquen und auch die Reise Maturin—Coicuar gemacht hat, soll der Höhenzug des Buen Pastor nach der Insel Brea hinüberziehen und unmittelbar über Guariquen enden. Demgemäss würde die Insel La Brea garnicht bestehen, und ebensowenig der Caño La Brea, wofür auch der Umstand spricht, dass die zwischen Guariquen und Maturin verkehrenden Fahrzeuge von Guariquen zunächst den offenen Golf zu gewinnen und dann die Boca de Guarapiche zu erreichen streben. Im Westen schliesst ein Höhenzug, dem die oben genannten Flüsse entquillen, die Ebene ab, doch muss die in gleicher Höhe im Quellgebiet des Rio San Juan gelegene Lagune Putucual mit ihrer Umgebung und das Flussthal des Rio San Juan als eine Fortsetzung der Ebene aufgefasst werden, die somit hier tief ins Gebirge der Südkette eindringt.

Die gesammte sumpfige Ebene ist mit dichtem Walde bestanden, nur selten trocken, und vermag nur an wenigen Stellen Lichtungen, Rodungen, Pflanzungen aufzuweisen, obwohl gerade der Cacao hier einen ausgezeichnet günstigen Boden fände. Der Verkehr meidet daher die versumpften und verseuchten Waldpfade und hält sich lieber an die Caños, so dass meist nur im Curiare gereist und selbst Maulthiere in solchen gebrechlichen Fahrzeugen transportirt werden. Die Besiedlung ist daher auch gering, die ganze Parroquia Union mit dem Hauptorte Guariquen zählt nur 1336, Guariquen selbst nur 220, Guacarapo 457 Einwohner. Dagegen besitzt diese Küstenebene in dem Asphalt ein werthvolles Bodenprodukt, dessen weitere Ausbeutung dem sonst vernachlässigten Lande vielleicht einmal zahlreiche Ansiedler zuführen kann.

Eine junge Küstenebene begrenzt auch den östlichen Theil des Golfes von Cariaco und erstreckt sich von Cariaco ostwärts bis über Casanai. Im Norden schliesst sie sich an die archaeische Nordkette, im Süden an die sedimentäre Südkette an und bezeichnet die Bruchregion zwischen beiden. Auch sie ist, wie die östliche Ebene, wahrscheinlich ein zugeschütteter Meerestheil, ein Theil des früher weiter östlich ausgedehnten Golfes von Cariaco. Dafür sprechen die niedere Lage im Meeresniveau, die grossen Massen von Schilf und der üppige Pflanzenwuchs, vor allem aber das Vorhandensein einer grossen Lagune, der Laguna de Campona. Diese ist ein alter Rest des Golfes, steht mit diesem durch einen Wasserlauf in Verbindung, und nimmt fast den gesammten Raum zwischen der Nord- und Südkette ein. Schilf, Kokospalmen, hohe Laubbäume umgeben sie und verleihen ihren Ufern Aehnlichkeit mit denen des Golfes von Cariaco selbst. In ihre südöstliche Ecke mündet der Rio Casanai, an dessen Unterlauf 1¼ Stunden östlich von Casanai eine gewaltige mit Schilf bedekte Fläche den Eindruck erweckt, als ob hier eine zweite Lagune bestanden habe. Der Rio de Casanai ist nicht wasserkräftig genug, die Laguna de Campona auszufüllen, seine Sinkstoffe reichen dafür nicht hin; dagegen sorgt die Verdunstung dafür, dass die Lagune allmählich an Umfang abnimmt und wahrscheinlich einst ganz verschwinden wird. Ihre Zuflüsse sind gering an Zahl, und kommen aus trockenen Gegenden; wiegt doch entgegen der strotzenden Ueppigkeit des Pflanzenwuchses an den Ufern der Lagune schon bei Casanai wieder der lichte Trockenwald vor und ist doch der Monte schon der Begleiter des Reisenden auf dem Wege von Casanai nach der Cumbre de Areo. Daher verschwinden hier auch die Ansiedlungen wieder wegen der zunehmenden Trockenheit, mangeln aber auch in der Umgebung der Lagune wegen der fieberschwangeren Ausdünstungen derselben, und finden sich erst südlich derselben auf den grasigen Ebenen zu Seiten des Rio Cariaco und am Rio Casanai. So sind denn die einzigen nennenswerthen Ortschaften Cariaco selbst, eine der ältesten Ansiedlungen aus dem Jahre 1630, mit 1201 Bewohnern, mehr ein grosses Dorf als eine Stadt, sowie Casanai, ein inmitten öden Buschwaldes sich erstreckendes lebloses Dorf von 528 Einwohnern. Neuerdings freilich gewinnt der Hafen von Cariaco, Villa Frontal, an Bedeutung, zählt jedoch erst 392 Köpfe, aber an der Laguna Campona sitzen um Campona ebenfalls kaum 240 Menschen. Die ganze Parroquia Cariaco, zu der auch Chiguana und Guacarapo am Nordufer des Golfes gehören, zählt daher nur

3483 Seelen. Zwischen dieser Niederung und der von Coicuar-Guariquen liegt nun die Vereinigungsstelle der Nord- und Südkette.

B. Die Südketten, das Kreidegebirge.

Dass sämmtliche Gebirge südlich der Linie Cariaco — Pilar der Kreideformation zugehören, wird von Niemandem bestritten. Alex. v. Humboldt[1]) bezeichnete diese Ablagerungen mit dem Namen der »Formation des dichten Kalksteins von Cumanacoa« und »Formation des dichten Kalksteins von Caripe«, und fügt ihnen noch den »Sandstein von Bergantin« zu, indem er die Vermuthung ausspricht, dass »die Kalksteine von Cumanacoa und von Caripe nur zwei Schichtungen eines nämlichen Systems sind, das mit bald quarzigem, bald schiefrigem Sandstein wechselt.« Ueber die Zugehörigkeit dieses Systems zur Kreideformation spricht er sich jedoch nicht näher aus.

H. Karsten[2]) unterscheidet untere und obere Kreide. Erstere ist nach ihm bei weitem nicht so ausgedehnt, wie letztere und umfasst nur zwei grössere Gebiete, nämlich ein kleineres um Bergantin und ein grösseres zwischen Cumanacoa, Caripe und Cariaco, ferner der Oberlauf des Rio de Santa Fé und die Küsteninseln vor dem Hafen von Guanta. Der ganze Rest gehört der oberen Kreide an. Die untere Kreide besteht vorwiegend aus Kalksteinen, die obere aus Sandsteinen.[3]) Eine nähere Eintheilung hat er jedoch nicht gemacht, auch nicht in seinen übrigen Abhandlungen über die Geologie Venezuela's[4]), noch auch in seinem 1886 erschienenen Werke »Géologie de la Colombie Bolivarienne«.

Codazzi hat sich mit der Zusammensetzung des Bodens nicht beschäftigt. G. P. Wall veröffentlichte 1860 im Anschluss an seine geologische Aufnahme von Trinidad eine kurze Uebersicht über die Geologie des östlichen Venezuela[5]) mit einer Profiltafel; er stellt das gesammte Gebirge südlich von Cumaná—Casanai—Pilar in sein »Older Parian« genanntes System und gliedert es der unteren Kreide, dem Neocom ein. Auf der Profiltafel scheidet er zwei Stufen, Sandstein, Schiefer und kompakten Kalkstein sowie »Argiline« als untere und das grosse Kalksteingebiet von Caripe und

[1]) Reise in die Aequinoctialgegenden etc., V, 583, 587, 588.
[2]) Zeitschrift der deutsch. geol. Gesellsch., 1850, Bd. II Taf. XI u. S. 345 ff.
[3]) Ebenda S. 353. [4]) S. S. 96, Anm. 2.
[5]) Quarterly Journal of the Geological Society of London, 1860, 460.

Santa Maria als obere Stufe aus. Er sagt [1]): »Die wichtigsten Glieder bestehen aus Sandstein, die an Mächtigkeit von einem einfachen Lager zu vielen Hunderten von Fussen schwanken und gleichmässige Zusammensetzung in mineralogischer und physikalischer Hinsicht zeigen. Es ist oft schwer, die verschiedenen Elemente zu unterscheiden, und dazu kommt ein hoher Härtegrad, der wahrscheinlich einem sehr allgemein Eindringen kieseligen Cements in die vorhandenen Bildungen zuzuschreiben ist, ein Process, der ganz allgemein bei der Festigung dieser Schichten mitgewirkt haben muss. Die harten kompakten Kalksteine enthalten an gewissen Stellen grosse Mengen von Fossilien, deren Substanz oft durch krystallinischen Spath ersetzt ist, so dass die Formen meist verwischt worden sind und wegen der engen Verwachsung mit dem Gestein eine Ablösung erschwert ist. Hier und da nur wenige Fuss mächtig, erreicht der Kalkstein oftmals eine Mächtigkeit von hundert Fuss, und in dem grossen Bett von Caripe 700—800 Fuss. Schiefer kommen öfters vor, meist dunkel, mit einigen Blättchen weissen Glimmers, und dünnen Schichten des oben beschriebenen Sandsteins. Eine an manchen Stellen vorherrschende Felsart habe ich Argiline genannt, da sie, besonders um Caripe und auf Trinidad, oft bis zu 85 % Thon und nur etwa 3 % kohlensauren Kalk enthält; die Farbe ist weiss oder licht gelb, das Gewicht gering wegen der porösen Beschaffenheit. Diese Lager sind oft von beträchtlicher vertikaler Ausdehnung und enthalten dünne Schichten Sandstein, seltener Kalkstein. Der Ausdruck »Chertine« ist für gewisse Quarz (Chert) ähnliche Schichten gewählt worden, die anstatt Einlagerungen im Kalkstein zu bilden, unabhängige Lager von 70—80 Fuss Mächtigkeit vorstellen und in höchstens 15 Zoll dicke Blätter zerfallen; die Struktur ist zeitweise fast glasig«. Es sind das Karsten's Kieselschiefer, wie Wall in einer Anmerkung hinzusetzt.

Die Eintheilung der Schichten des Kreidegebirges des Ostens in zwei Stufen durch Wall widerspricht durchaus derjenigen Karsten's. Ersterer stellt die Kalksteine von Caripe in die obere Stufe, letzterer in die untere, ausserdem weist Wall das ganze System der unteren Kreide, Karsten dieser und der oberen Kreide zu. In letzterem Punkte glaube ich Karsten, in ersterem Wall Recht geben zu müssen; eine systematische Gliederung der gesammten Ablagerungen fehlt aber bei beiden. Wenn ich den Versuch mache, eine solche zu geben, so muss ich vor allem auf die in anderen Theilen Venezuela's gemachten Erfahrungen zurückgreifen.

---

[1]) Ebenda S. 463.

Man muss davon ausgehen, dass die durch ihre verwaschenen
Versteinerungen, ihre Neigung zur krystallinischen Struktur und ihre
ausserordentliche Härte ausgezeichneten Kalksteindecken von Caripe,
die in untergeordnetem Maasse auch bei Cumanacoa auftreten, durchaus
übereinstimmen mit den Kalksteinen von Capacho und Cerro de Oro
im Táchira, von Agua Negra, Surui, El Araguato und Buena Vista
in Coro. Diese stehen nach meiner Ansicht an der Grenze der unteren
und oberen Kreide, über dem oberen Albien. [1]) Man sollte sie also
der mittleren Kreide zurechnen. Hettner [2]) glaubt, dass die von
ihm gesammelten Kreidekalksteine der von ihm sogenannten Villeta-
Gruppe angehören, die nach Steinmann dem Urgo-Aptien und
eigentlichen Gault einzufügen ist; die oberen Theile dieser Schichten
gehören demnach, wie die Barbacoas-Schichten in Venezuela, dem
Albien an. Der Unterschied in der Auffassung des Alters dieser
Kalksteinschichten ist daher kein grosser, nach Hettner würden sie
etwas älter sein als nach meiner Ansicht.

Demnach würden die den grössten Theil des Kreidegebirges des
Ostens zusammensetzenden Sandsteine und Wall's »argiline, chertine,
indurated sandstone« sowie gelegentliche Bänke von Kalkstein älter
sein als die Caripe-Kalksteine. Wall's und meine Auffassung
stimmen darin überein und auch Hettner's Gliederung lässt
sich damit ganz wohl vereinigen, denn seine Jironschichten sind
im Wesentlichen dasselbe, was ich als Uribante-Sandstein in der
Cordillere bezeichnet habe. Hierher gehört also der Carora-Sandstein,
wahrscheinlich Wall's »indurated sandstone«, und diese Stufe wäre
also dem europäischen Neocom gleichzusetzen.

Wall hat aber eine dritte Schichtengruppe nicht ausgeschieden,
die sich in Form eines schmalen Bandes an der Südseite des Kreidegebirges des Ostens entlang zieht, und deren hauptsächliche Bestandtheile ein blättriger Schieferthon, dünne Lagen Kalksteins, zum Theil
von schwarzer Farbe, häufig grobkörniger heller Sandstein, Kieselschiefer und einzelne Vorkommnisse von Kohlenflözen in schwarzem
Schieferthon sind. Diese Schichtengruppe tritt auf zwischen Guanaguana und Aragua, zwischen San Francisco und Guácharo und westlich
von Bergantin am Südabhange des Gebirges, ferner in geringen Resten
bei Barranquin zwischen Cumaná und dem Manzanares auf dem Wege
nach Cumanacoa. Sie entspricht dem herrschenden Schichtensystem
am Südabhange der Serrania del Interior, sowie dem in der Niederung

---

[1]) Sievers, Die Cordillere von Merida, S. 24.
[2]) Hettner, Die Cordillere von Bogotá, S. 15.

von Inner-Coro zwischen La Puerta und dem Rio San Luis sowie
zwischen Las Adjuntas und La Danta gelegenen, dann dem Nordrande
der Cordillera de San Luis und zieht sich in einem breiten Bande
am Nordabfall der Cordillere von Mérida hin, wo sie im Táchira ihre
breiteste Ausdehnung erlangt. Hier habe ich diese Gruppe, die
meistens durch das Vorkommen geringer Kohlenlager sowie von Alaun,
Gyps, Ocker, Eisenvitriol erkennbar ist, als Cerro de Oro-System
beschrieben [1]) und es zweifelhaft gelassen, ob sie noch zur Kreide
oder schon zum Tertiär gehöre. Karsten [2]) hält sie für tertiären
Alters, seine behauptete Discordanz gegen die darunter liegenden
Schichten der oberen Kreide habe ich jedoch nicht bemerken können.
Hettner nennt diese Stufe Guaduas-Schichten und stellt sie, wenn auch
nicht mit voller Sicherheit, zur oberen Kreide. Wall [3]) endlich spricht
von ihr nirgends, wo er das Gebirge von Caripe beschreibt, dagegen
stellt er in seiner Aufnahme von Trinidad in der Caroní-Series eine
Stufe auf, deren Beschreibung fast wörtlich auf die meinige passt. [4])
Ob unter seinen Bezeichnungen Nariva, Naparima und Tamaná-Series
die Guadalupe-Stufe Hettner's wiederzuerkennen ist, mag zweifelhaft
bleiben; jedenfalls ist an dem tertiären Alter dieser Schichten nach
Wall's Aufsammlungen nicht zu zweifeln. Die Guadalupe-Stufe
habe ich im Osten Venezuela's nicht entwickelt gefunden.

Während also über die älteren Kreideablagerungen eine erfreuliche
Uebereinstimmung herrscht, gehen die Ansichten über die jüngeren
Schichten auseinander. Es kommt noch hinzu, dass Martin die
Formation des Cabo Blanco bei La Guaira zum Quartär stellt; thut
man dies, so muss man auch die Bildungen bei Cumaná, an der Westspitze von Araya und an der Küste von Coro zum Quartär stellen.
Karsten [5]) lässt diese Frage unbestimmt, Wall aber stellt Cumaná
in Parallele mit der Moruga-Series, die er dem Miocän zuweisen will. [6])
Wall rechnet also Schichten der Kreideformation anderer zum Tertiär,
aber auch wieder das Quartär Martin's; Hettner dagegen rechnet
alle zweifelhaften Bildungen an der Grenze der Kreide und des
Tertiärs zu ersterer. Will man nun das Cerro de Oro-System oder
die Guaduas-Schichten oder die Caroní-Series Wall's zum Tertiär
stellen, so werden alle jüngeren Bildungen wohl dem Quartär zuzu-

---

[1]) Die Cordillere von Merida, S. 26.
[2]) Hettner, Die Cordillere von Bogotá, S. 16.
[3]) Wall, Geology of Trinidad, sheet 2.
[4]) Die Cordillere von Merida, S. 28, 29.
[5]) Karsten, Archiv für Mineralogie XXIV, S. 469.
[6]) A. a. O., S. 163, 164.

rechnen sein; theilt man aber diese letzteren dem Tertiär zu, so dürften die oben genannten Gruppen, ausser dem Caroní-System, der Kreide zugewiesen werden. Ich neige mehr der Ansicht zu, die Kreide-ablagerungen mit Hettner's Guadalupe-Schichten zu beschliessen, das Tertiär mit den kohlenführenden Ablagerungen des Cerro de Oro-Systems zu beginnen und demgemäss dieses etwa dem Eocän, die tertiären Schichten von Paraguaná und La Vela de Coro dem Miocän, und endlich die Formation von Cabo Blanco, Cumaná und Araya dem Quartär anzuschliessen. Man könnte dann Wall's Caroní-Series dem unteren Tertiär, die Moruga-Series dem Miocän, die darüber folgenden dem Quartär beirechnen. Eine genauere Untersuchung aller Küsten-gebiete Venezuela's mit jüngeren Ablagerungen wäre sehr erwünscht.

I. Die Küste zwischen Barcelona und Carĺaco.

Vor Barcelona beginnt, nach langer Unterbrechung, zum ersten Male wieder seit dem Cabo de Codera Steilküste, die zertrümmerte und zerrissene Kreidekette des Südens sinkt hier bis ins Meer hinab. Schon auf dem Wege von Píritu nach Barcelona erblickt man draussen im braunen und grünen Meere die nackten schroffen Formen der grauen Inseln vor der Küste, die etwa 200 m aus dem Wasser empor-ragen. Während diese Inseln, Borracho, Piedra Maria und Las Borrachitas bereits von dem Küstengebirge abgelöst sind, ist der Morro de Barcelona noch landfest. Durch eine schmale Sandzunge mit dem Lande verbunden, erhebt er sich nordöstlich der Mündung des Neverí zur Höhe von 136 m und bildet den bis zur Eröffnung des Hafens von Guanta benutzten Hafen von Barcelona, der sich von ihm aus bis zur Neverí-Mündung erstreckt und durch den Morro gegen die Nordostwinde geschützt ist. Der Morro de Barcelona besteht nach A. v. Humboldt[1]), der ihn im November 1799 besuchte, aus muschelig brechendem Kalkstein mit dünnplattigen Einlagerungen schwarzen Kieselschiefers, also aus Gesteinen, die auf der Südseite der Serrania del Interior häufig angetroffen und von mir in das Cerro de Oro-System, die oberste Kreide oder das unterste Tertiär gestellt werden. Oestlich vom Morro dehnt sich die Küste in ostnordöstlicher Richtung bis zur Punta del Bergantin aus, ist flach und bildet eine lange Bucht, die Ensenada de Pozuelos, nach dem gleichnamigen, in 5 km Entfernung im Innern gelegenen Fischerdorfe genannt. Salinen ziehen sich an ihr hin und eine kleine Ansiedlung, Puerto La Cruz,

---

[1]) Reise in die Aequinoctialgegenden des Neuen Continents, II. 312, 313.

dient den Fischern als Hafenplatz. Der Anblick der Küste ist öde, trostlos, die Vegetation überaus gering, die ihr sich beim Puerto La Cruz nähernde Eisenbahn Guanta-Barcelona führt durch Sand, in dem kleine öde Hügel aufragen. Dann folgt die Ensenada de Guanta, eine kleine Bucht zwischen Felsen, aber ein ganz ausgezeichneter Hafen, in welchem selbst die grossen Dampfer der holländischen Westmail unmittelbar an der Werft landen können. Die Felsen, welche die Bucht einschliessen, bestehen aus demselben Kalkstein und Kieselschiefer wie der Morro und sind demgemäss grauweiss und mit schwarzen Bändern durchzogen. Die Schichten streichen hier O10°N und fallen steil gegen das Meer, also nach Norden ein, selten nach Süden, was in dem grossen Steinbruch an der Ostseite des Hafens erkannt wird. Auch von hier aus sieht man die grauen Inseln vor dem Hafen, die weisse Borracho und die kleine röthlich-gelbe Capucino. Am Hafen selbst stehen nur einige Gebäude, das Zollhaus, ein recht ansehnliches Bauwerk, der Bahnhof, einige Schuppen, Wohnungen für die Beamten und ein paar Wirthshäuser und Läden, dagegen liegt eine Viertelstunde landeinwärts, von Guanta durch einen Kokospalmenwald getrennt, das Dorf Guanta. Die Bedeutung des Hafens liegt in dem Vorhandensein tiefen Fahrwassers unmittelbar am Lande und in dem Schutz, den die vorliegenden Chimanas-Inseln dem ruhigen Wasserbecken gewähren. Da der Hafen von Guanta bereits durch Eisenbahn mit Barcelona und den Kohlenminen verbunden ist, so ist ihm ein Aufschwung vorherzusagen, zumal er der beste der Republik und das Thor zum Eingang in die Llanos von Aragua, San Mateo, Zaraza und Onoto ist; bisher haben freilich Dorf und Hafen nur 319 Bewohner.

Oestlich von Guanta nimmt die Küste einen überaus zerrissenen und malerischen Charakter an. Mehrere kleine Busen, die Ensenada de Pertigalete, die Ensenada de Conoma und die Ensenada de la Cruz sowie der grosse Golf von Santa Fé greifen in das Land ein, eine Anzahl von Vorsprüngen, die Punta Pertigalete, die Punta Conoma und die lange Halbinsel nördlich des Golfs von Santa Fé springen in das Meer vor, und eine Reihe kleiner Klippen und Inseln setzen sie in dem blauen Wasser fort, wie die Inseln de los Monos, Guaracaro und Las Arapos. Der Strand der Buchten ist vorwiegend weisser Sandboden, die Felsen treten hier meist nicht unmittelbar an das Ufer heran, sondern gewähren Raum für Hütten der Fischer am Strande. Die Inseln erheben sich schroff aus dem Meere und das Fahrwasser zwischen ihnen und dem Lande ist tief. Die Spitzen Escarpado Rojo und Gorda schliessen den Eingang zu dem schönen Golf von Santa

Fé ein; nördlich der Halbinsel gleichen Namens, über welche eine Wasserverbindung mit dem Hafen Mochima besteht, liegt dieser und der Hafen von Manare, beide gebildet durch die Loslösung von Theilen des Festlandes, die nun als Carácas- und Venados-Inseln bekannt sind. Wegen der Wassertiefe, der Sicherheit des Fahrwassers, der Grösse und Breite ist der Hafen Mochima dem von Guanta vielleicht noch vorzuziehen, doch wird er wohl niemals einen Aufschwung nehmen, da nur felsige, schwach bewohnte Gebiete hinter ihm liegen. Noch zwei weitere Buchten, die Ensenada Campanarito und der Puerto Escondido schneiden in die Küste ein, die dann theils als Steilküste, weiter östlich als Flachküste bis gegen Cumaná vorläuft.

Alex. v. Humboldt hat diese Küsten zweimal vom Meere aus gesehen, als er sich im November 1799 von Cumaná nach La Guaira begab, und wiederum, als sein Schiff im August 1800 von einer englischen Fregatte gekapert wurde. »Die kleinen Inseln Picua, Picuita, Carácas und Borracha«, sagt er, »stellen gleichsam Trümmer der alten Küste dar, die sich von Bordones in gleichartiger Richtung von Osten nach Westen hinzieht. Das zerrissene Erdreich, die gebrochenen und eingesenkten Schichten, alles kündigt sich hier als Wirkung einer grossen Umwälzung an. [1]) Der Mond stand über dem Horizont, er beleuchtete diese zerspaltenen Felsen von seltsamer Gestaltung, worauf keine Pflanzen wachsen. Die Höhe dieser Felsen beträgt wahrscheinlich nicht über 150 Toisen, aber nächtlicher Weile, vom Mond beleuchtet, erscheinen sie ungleich viel höher. Im Verhältniss der über dem Horizont aufsteigenden Sonne zeichnen sich die Schatten der gebrochenen Felsmassen auf der Fläche des Ozeans. Die Flamingos begannen ihren Fischfang allenthalben, wo in einer Bucht schmales Ufer die Kalkfelsen einfasst. Die kleinen Inseln sind gegenwärtig alle ganz unbewohnt, aber auf einer der Carácas halten sich wilde Ziegen auf, die braungefärbt, sehr gross und schnelle Läufer sind«. Und an anderer Stelle heisst es: [2]) »Wir waren über die Kanaltiefen zwischen den Inseln erstaunt, wo die Korvette bei ihren Bewegungen fast unmittelbar an den Felsen hinstreifte. Die Menge der Alcatraz, welche grösser als unsere Schwäne sind, die der Flamingos, welche in den Buchten Fische fingen oder die Pelikane verfolgten, um ihnen ihre Beute abzunehmen, verkündigten uns die Nähe der Küsten von Cumaná.«

Ein Jahrhundert ist seitdem vergangen, aber in den allgemeinen Zügen dieser Beschreibung hat sich nichts geändert. Noch sind die

---

[1]) A. a. O., II., 307.
[2]) A. a. O., V., 78, 79.

Inseln unbewohnt, noch ist die Thierwelt unumschränkte Herrin über die Klippenküste, nur die Fischer der Küstenansiedlungen fahren auf ihren leichten Fahrzeugen über das blaue Wasser dieser Kanäle.

Fast schöner noch als die Ansicht der Küste vom Meere aus, ist der Blick auf dieselbe von den Höhen des Landes aus. Von den grasigen, 700 m hohen Bergen von Los Altos im Süden der Ensenada La Cruz aus geniesst man eine der köstlichsten und landschaftlich schönsten Aussichten in Venezuela, wie denn überhaupt die Küstenlandschaften des Oriente zu den reizvollsten der Republik gehören. Es ist das Ineinandergreifen von Land und Meer, das hier so verschönernd wirkt, der Reichthum an Inseln, Halbinseln, Klippen, Buchten, Vorsprüngen, welche sich um den Golf von Santa Fé gruppiren und ferner die selbst hier ungewöhnliche Farbenpracht. Das Meer erscheint in einem um so tieferen Blau, als der Himmel dieser Gegenden besonders klar ist, und die zahlreichen weissen und gelben, grauen und rothen Inseln und Inselbrocken einen ausgezeichneten Gegensatz hervorrufen. Auf den blauen Gewässern schaukeln sich die Fischerfahrzeuge mit ihren weissen Segeln und fern im Nordosten erscheint, duftig und verschleiert, das graurothe Gebirge von Araya.

Diese Küsten sind sehr spärlich bewohnt, eine Anzahl von Hütten liegen am Ufer der kleinen Buchten und nur am Golf von Santa Fé befinden sich einige geschlossene Ansiedlungen. Die bedeutendste unter ihnen ist Santa Fé, an der Mündung des gleichnamigen Flusses gelegen, doch kann ich über den Ort selbst nicht urtheilen, da ich denselben wegen des übelen Rufes, in dem seine Bewohner, meist Neger, stehen, gemieden habe. Jedenfalls ist die Umgebung des Dorfes und des ihm gegenüberliegenden Vorwerks Querequere sehr fruchtbar; frische Auen mit Zuckerpflanzungen, Bananenhainen und Kokoswald dehnen sich an den Ufern des Golfes und am Rio Santa Fé aus, hohe üppige Vegetation bedeckt auch den innersten Winkel desselben, wo eine sehr lange, aus zerstreuten Häusern bestehende Ansiedlung, El Yaguaracual, sich erhebt. Schilf, Rohr und Mangroven wachsen bis in das Wasser des Golfes hinein und die Frische und Feuchtigkeit an den Ufern des lebenspendenden Golfes ist so gross, dass die Temperatur hier am 19. Februar 1893 um 6 Uhr früh bei den Hütten von El Nurucual auf 20 ° sank, während die Frühmorgentemperatur sonst an der Küste 25—27 ° zu betragen pflegt. Santa Fé hatte 1891 nur 70, Yaguaracual 249 Einwohner.

Einen völlig anderen Charakter erhält die Küste bei Cumaná. Wenn man sich ihr von Barbacoa am Bordonesflusse her, hie und da zwischen Kokoswald, Mispelbäumen und Ananaspflanzungen hindurch und an den Resten zerfallener und zerfallender Haciendas entlang reitend nähert, so wird man alsbald in eine gänzlich veränderte Landschaft versetzt. Auf weiter Küstenebene bläst der wüthende Ostwind und wirbelt den salzhaltigen Boden in Staubmengen empor, zur Rechten tauchen eine blaue Lagune, tiefrothe Hügel, auf den Bergen mattgrüne Kakteen auf, zur Linken verläuft der Fluss Bordones mit rauschendem Kokoswalde an seinen Ufern.

Bald erscheint im Vordergrunde das Kastell von Cumaná auf weissem Kalksteinhügel, dann der Mauerthurm eines festen Friedhofs, die beiden über den Kokoswald des Manzanares hinausblickenden Thürme der Hauptkirche, zur Linken die Gebäude des Hafens Puerto Sucre, das blaue mit Schaumköpfen gehende Meer, weisse blendende Hügel und Reihen von Häusern, so dass man über die Grösse und Ausdehnung der Stadt erstaunt, dahinter rosenroth in der sinkenden Sonne schimmernd die Halbinsel Araya.

Das vielversprechende Bild täuscht auch nicht, denn Cumaná ist bei weitem die ansehnlichste und noch in ihren Trümmern schönste Stadt des Ostens, und ich kann mir H. F. C. Ten Kate's absprechendes Urtheil nur daraus erklären, dass derselbe nur wenige venezolanische Landstädte gesehen hat. Er sagt nämlich [1]): »Cumaná is een ville morte bij utnemendheid. Indien Humboldt bij zijn beschrijving dier stad niet al te zur heeft gepoëtiseerd, dan moet er wel veel veranderd zijn. Alles is hier verval.«

Gewiss ist es richtig, dass grosse Trümmerhaufen in der Stadt einen Verfall der alten Grösse bekunden. Revolutionen, grobe Vernachlässigung und schwere Erdbeben haben die zeitweise grösste, festeste und reichste Stadt des nördlichen Südamerika, die mit den Silberstädten Santa Marta und Cartagena mit Erfolg wetteifern konnte, in den Staub geworfen, allein der heutige Zustand der Stadt ist dennoch ein weit besserer, als der der meisten anderen Städte des Landes, mit Ausnahme von Carácas, Valencia und Maracaibo.

Schon im Jahre 1520 gründete Gonzalo Ocampo an der Mündung des Rio Manzanares ein Dorf Toledo, 1521 errichtete im Auftrage Don Diego Colon's Jácome Castellon das von dem Pater Las Casas begonnene Fort und nannte die entstehende Stadt Nueva Cordoba. Sie lag zwischen Sümpfen an der Ostseite des Cerro Colorado, nahe dem jetzigen Platze und wurde seit 1521 als Hauptort der

[1]) Over Llano en Sierra : in Tijdschrift van het Koninglijk nederlandsch aardrijkskundig genootschap, 1890.

Provinz Nueva Andalusia betrachtet. Aber schon am 1. Sept. 1530 zerstörte das Meer mit einer 6 m hohen Erdbebenfluthwelle das Fort. Am 24. Nov. 1569 überführte sodann der Gobernador Don Diego Fernandez de Zerpa die Bewohner auf den jetzigen Ort der Stadt, wo sie nun rasch aufblühte und bis 1810 als Hauptstadt der alten spanischen dem jetzigen Staate Bermudez entsprechenden Provinz Cumaná bestand. Obwohl sie 1766/67, 1794, 1797 durch schwere Erdbeben zu leiden hatte und zweimal fast ganz durch dieselben zerstört wurde, war sie noch zu Humboldt's Zeit eine glänzende Stadt. Die Erdbeben von 1802, 1805, 1839 und namentlich das vom 15. Juli 1853 haben ihr weiteren grossen Schaden zugefügt, allein den eigentlichen Grund für ihren Rückgang bildeten die schlechte Wirthschaft der Republik, die fortwährende Erneuerung der Bürgerkriege, die in deren Gefolge eingetretene Geldnoth und völlige Vernachlässigung, das Unterlassen von Reparaturen an den beschädigten Gebäuden, die dann natürlich bei dem nächsten Erdstoss ganz zusammenfielen; auch ist namentlich die Regierung Guzman Blanco's, soviel sie auch dem Lande Fortschritt und Nutzen gebracht hat, für Cumaná eine sehr trübe Zeit gewesen. Die Verlegung des Sitzes der Staatsregierung nach Barcelona, der gänzliche Mangel der Regierung an Interesse für die so nothwendigen Hafenbauten, die allmähliche Aussaugung des Oriente haben ihr mehr geschadet als alle Erdbeben. Dazu kam der allgemeine Rückgang des Hinterlandes seit der Aufhebung der Missionen, der Rückschritt des Ackerbaues und Handels und die Eröffnung eines Hafens für Maturin an der Boca de San Juan. Endlich ist Cumaná in den Freiheitskriegen mehreremale erobert, verwüstet, geplündert worden; viel Blut ist in seinen Mauern geflossen.

So liegt denn das Kastell in Trümmern, von den alten Kirchen ist kaum noch etwas zu sehen, zahlreiche Mauern zeugen von Verfall und Ruin, Trümmerfelder und zerfallene Häuser sind häufig: allein, was geblieben, und was neu errichtet ist, verdient ernste Aufmerksamkeit und rückhaltlose Anerkennung. Hat man sich durch die westliche Vorstadt, durch die, wie stets in Venezuela, jämmerlichen und schmutzigen, von nackten Kindern, von Schweinen und Hunden, von gaffendem Volke wimmelnden Strassen in die eigentliche Stadt hindurchgeschlagen, so erblickt man gut gehaltene Häuser, breite Strassen, leidliche Läden, und betritt eine grosse steinerne Brücke, die über den Rio Manzanares führt. Zu beiden Seiten des Stromes laufen Reihen alter Bäume, Steinwände engen das Flussbett ein, und auf der östlichen Seite desselben ist eine grosse mit rothen und weissen Oleandern geschmückte Plaza angelegt, auf der ein im Jahre 1888 errichtetes Standbild des in Cumaná geborenen Marschalls Sucre steht. Daneben befindet sich die luftige und gut besuchte Markthalle, dahinter die rothe zweithürmige Hauptkirche von Santa Inés und das auf dem grellweissen Schlosshügel liegende noch in seinen Trümmern grossartige Kastell. Alles zeugt in Cumaná von dem lebhaften Bestreben der Bürger, ihre Stadt zu verschönern, alle Anlagen sind gut gehalten, und im Ganzen macht die Stadt schon wegen des durch sie fliessenden Flusses einen günstigeren eigenartigeren Eindruck, als die sonst langweiligen venezolanischen Städte mit ihrem Mangel an jeglicher Architektur und ihren öden gleichmässigen Häuserblocks. Eine Pferdebahn führt nach dem Hafen Puerto Sucre und es herrscht auch Leben in der Stadt; zwar kommen nicht mehr wie früher kleinere Schiffe den Manzanares bis nahe an Cumaná hinauf, allein die Bevölkerung ist thätig, und wenn auch der Handel zurückgegangen ist, so habe ich doch auf keiner Strasse des Ostens soviel Bewegung gesehen wie auf der von Cumaná nach dem Innern führenden, auf der mir an einem Tage mehr als 300 mit Tabak, Kaffee und sonstigen Landesprodukten beladene Esel begegneten. Auch ist die Bevölkerung von Cumaná reiner erhalten und weisser geblieben, als in den meisten Küstenstädten Venezuela's und alte feine Familien leben hier noch in schöngeschmückten grossen luftigen Häusern.

Die Einwohnerzahl Cumaná's betrug nach dem Census von 1891 8462 Köpfe. Die Stadt ist also die grösste des Ostens und bedeutender als San Felipe, fast so gross wie Villa de Cura und Barquisimeto. Von dem Centrum der Stadt, der Manzanaresbrücke, fährt man in 20 Minuten nach dem Hafen Puerto Sucre, der zwar nicht so gut ist wie der von Guanta, aber nach Herstellung eines Molo ebenfalls grossen Schiffen das Landen ermöglichen könnte; zur Zeit aber ankern diese noch weit vom Lande und dies ist auch der Grund, weshalb nur die holländische Dampferlinie Cumaná anläuft. Eine fast ununterbrochene Reihe kleiner Häuser und Hütten dehnt sich zu beiden Seiten der Strasse aus, am Hafen selbst bilden natürlich Zollhaus und Schuppen die Hauptmasse der Häuser, doch fehlen auch zahlreiche Läden und Wirthshäuser nicht.

Von dem alten Schloss San Antonio, dessen Mauern aus einem zahlreiche recente Muscheln enthaltenden quartären Kalkstein erbaut sind und dessen Beschreibung ich hier übergehe, da sich eine solche des damals noch völlig erhaltenen bei Humboldt [1]) findet, oder von

---

[1]) A. a. O., I. 464.

einem der flachen Dächer, Azoteas, der Häuser von Cumaná hat man eine grossartige Aussicht auf das umliegende Land. Ueber der schönen Stadt und ihrer Kirche, ihrer Plaza und dem Kastell erheben sich gegen Süden in der Ferne die dunklen, wolkengekrönten Bergketten des Innern, mit dem zweigipfligen 2000 m hohen Turumiquire; im Osten und Westen sieht man die weissen Ebenen um Cumaná, die zackige Küste bis zu den Caracas-Inseln, den Kokoswald am Manzanares, den blauen Spiegel des Golfs von Cariaco und darüber die grauen und rothen Berge von Araya, in der Ferne endlich die duftigen Bergspitzen von Margarita.

Von Cumaná dehnt sich nach Osten die Küste zunächst als bleicher, sandiger, mit Muschelhaufen bedeckter Strand aus, hinter dem erst in etwa 5 km Entfernung die Vorberge der Südkette beginnen. Dichter Monte mit der oftmals besprochenen trostlos öden Vegetation von Cují-Sträuchern, Kakteen, Agaven bedeckt die Ebene zwischen den Bergen und dem Strande des Golfs von Cariaco. Etwa halbwegs zwischen Cumaná und Mariguital treten die Vorberge näher an die Küste heran und springen zwischen letzterem Orte und der Mündung des Rio de Cariaco in das Wasser des Golfes vor, so dass die Kalkstein- und Sandsteinhöhen von dem unmittelbar am Ufer des Golfes entlang führenden, mühsam zu begehenden Pfade fortwährend überschritten werden müssen. Kleine Kaps dehnen sich gegen den Golf aus, gewöhnlich hervorgerufen durch die Auschwemmungen der zahlreichen kleinen Flüsse, die aus den Sandsteinketten nördlich von Cumanacoa heraus dem Meere zulaufen. Nur wo diese ihre Anschwemmungen gegen dasselbe vorwerfen, befindet sich flache Küste und nur wo das frische Wasser dieser Bergflüsse rinnt, üppige Vegetation. Eine Anzahl von Haciendas liegen hier an den Flussmündungen auf dem kaum 1 km breiten Landstreifen zwischen Meer und Gebirge; sie betreiben die Anpflanzung von Kokospalmen und von Zuckerrohr, und bilden das einzige grössere Gebiet eingehender Kultur der Kokospalmen, wie oben bereits erwähnt worden ist. Hier liegt 1½ Stunden östlich von Mariguital die Zucker- und Kokos-Hacienda Tarabacoa an der Mündung des gleichnamigen Flüsschens, eine Stunde weiter nach Osten hin die Hacienda Cachamaure am Rio Cachamaure. Dann folgt die kleine Ansiedlung San Antonio, etwa 20 Häuser mit äusserst geringen Vorräthen an Lebensmitteln, eine halbe Stunde weiter östlich eine weitere Hacienda und endlich die Hacienda Guillen am Rio Cotua, sämmtlich Kokospflanzungen.

Hier treten die Mangrovebestände des Golfs von Cariaco in grösserer Ausdehnung auf, der Weg führt bald durch diese fieber-

gebärenden Dickichte, durch verwachsenes Dorngebüsch, über Fels-
vorsprünge und zuweilen im Meeresgolfe selbst am Strande, bald
unter höheren Bäumen, bald durch Sumpf, über die elende, 12 Häuser,-
aber angeblich 294 Bewohner zählende Ansiedlung La Peña zum
Muelle de Cariaco, dem Hafen von Cariaco. Das ist ein neu angelegter,
von einem Herrn Frontal mit Mühe und Aufopferung ins Leben
gerufener und daher auch Villa Frontal genannter Platz mit 1891:
392 Einwohnern und etwa 40, zum Theil recht ansehnlichen Häusern,
von denen aus eine liebliche Aussicht auf den blauen Spiegel des
Golfs von Cariaco, die Kokospalmenhaine an den Ufern, die gegen-
überliegende Küste von Araya mit ihren grauen Bergen und die davor
angelegten Fischerdörfer Chiguana und Guacaparo sich eröffnet.

Die sämmtlichen Ansiedlungen zwischen Cumaná und Muelle de
Cariaco verkehren unter einander fast nur zu Wasser, in mittelgrossen
Fahrzeugen, die die Kokosernte nach Cumaná schaffen, doch liegen
überhaupt nur wenige auf den Sandstreifen der Küste. Ausser San
Antonio ist nur Mariguital oder Mariguitar am Flusse gleichen Namens
erwähnenswerth, ein reinliches, ziemlich grosses Fischerdorf unter
einem Hain schöner Kokospalmen mit 742 Einwohnern; im Ganzen
aber macht die Küste den Eindruck eines halb verlassenen Landes,
sämmtliche Haciendas der Südküste haben zusammen 405 Einwohner.

Am Muelle von Cariaco mündet der grosse Rio Cariaco, ein Fluss,
den man nur selten, auch in der Trockenzeit, ohne Canoe passiren
kann. Er hat eine nördliche Laufrichtung, entspringt südlich von
Santa Maria in den 1500 m hohen Bergen zwischen Santa Maria und
San Francisco und wendet sich erst bei Cariaco selbst westlich zum
Golfe, umgeben von Schilfrohr, Kokospalmen, üppiger tropischer
Vegetation und auf den höheren Theilen zu beiden Seiten von
viehreichen Sabanen.

II. Die westliche Hälfte der Südkette.

Der Rio de Cariaco kann zur Eintheilung des Kreidegebirges des Südens benutzt werden, insofern ihm im Süden der
Rio Guarapiche benachbart ist, der, entgegen dem Rio Cariaco einen
fast rein südlichen Lauf hat; beide theilen daher das Gebirge in zwei
Haupttheile, einen westlichen und einen östlichen. Eine geologische
Grenze zwischen beiden ist wohl nicht vorhanden; ob eine tektonische
Grenzlinie vorliegt, noch unbekannt, aber möglich. Jedenfalls ist es
auffallend, dass auch der Golf von Cariaco sich ostwärts nicht weiter
erstreckt als bis zum Rio Cariaco, so dass unter der westlichen

Hälfte des Gebirges alles Land südlich des Golfes von Cariaco sowie bis nach dem Rio Neverí hin verstanden werden kann, unter der
östlichen Hälfte alles Land zwischen dem Cariaco — Guarapiche
und der Küste des Golfs von Paria.

Ein Unterschied in den beiden Hälften des Gebirges
scheint insofern zu bestehen, als die hauptsächliche Ausbildung des
harten, fast krystallinischen, verwischte Versteinerungen führenden,
der mittleren Kreide zuzurechnenden Kalksteins in die östliche Hälfte
fällt, während der Westen vorwiegend ein gewaltiges Sandsteingebirge ist. Die grössten Höhen der gesammten Süd-Gebirge gehören
dem Westen an, in dem der Turumiquire 2000 m überschreitet; im
Osten erreichen die Berge um Caripe und Santa Maria indessen doch
auch die Höhe von 1500 m, und die Formen der hohen Kalkstein-
ketten nördlich Caripe sind zweifellos wilder, schroffer und hoch-
gebirgsähnlicher als diejenigen des Westens. Uebrigens besteht auch
insofern ein Gegensatz, als im Osten die höchsten Spitzen in der
Mitte der Breitenausdehnung des Gebirges, im Westen aber am
südlichen Rande liegen. Der Verlauf der Flüsse ist in der westlichen
Hälfte fast ausschliesslich nach Westen, in der östlichen nur nach
Osten gerichtet; dazwischen fliessen der Cariaco und der obere Guarapiche in meridionaler Richtung.

Grober Sandstein, Kreidekalk und Thonschiefer setzen die
südlich des Golfes von Cariaco befindlichen Gebirgsketten zusammen, doch wiegt der weissgelbe Sandstein bei weitem
vor. Zwischen Cumaná und dem Manzanares-Mittellaufe besteht ein
fortgesetzter Wechsel zwischen Sandstein und Kalkstein, doch unter
Vorwiegen des ersteren, zwischen Mariguitar und Cumanacoa ist der
Sandstein das herrschende Gestein, der Kalkstein untergeordnet.
Auf ersterem Wege tritt zu diesem auf der Passhöhe das System
des Cerro de Oro mit blättrigem Thonschiefer und gelbem weichem
Sandstein. Die Schichten streichen meist nach Osten und Ostnordosten, der Einfall ist vorwiegend gegen das Meer, nach NNW
gerichtet, von Cumaná bis über den Pass von Barranquin hinüber,
nur selten kommt südlicher Einfall dazwischen vor, auch im ganzen
Manzanaresthal ist der Einfall stets gegen Norden und Nordnordosten
gerichtet, meist überaus steil, 80° und darüber. Ganz ähnlich verhält
es sich im Osten davon, denn das gesammte Gebirge zwischen dem
Gipfel El Arbolito und dem Golf von Cariaco stürzt in steilen Winkeln
zum Meere ab, meist 75—80°, südöstlicher Einfall ist seltener, dagegen
scheint dieser südlich von Cumanacoa häufiger zu sein, wenigstens
berichtet v. Humboldt, dass zwischen Cocollar und San Antonio

in den Bergrücken Yepez und Fantasma der Kalkstein 40° gegen
SO einfiele.

Uebrigens vermag ich diesesmal mit Humboldt nicht ganz
übereinzustimmen, am wenigsten bei seiner Beschreibung des Weges
von Cumaná nach Cumanacoa. [1]) Dass er auf dem Imposible' und bei Punta Delgada das Streichen des Gebirges zu
NNO, das Einfallen als SO befand, ist mir verständlich, denn
Abweichungen des Streichens und Fallens von der Normale sind
nicht selten, aber auch seine Beobachtungen über Aussicht und
Vegetation vermag ich nicht zu unterschreiben. Riesenhafte [2]) Bäume
und üppigen Pflanzenwuchs vermisst man gerade hier sehr und es
scheint daher, dass seit einem Jahrhundert hier viel abgeholzt worden
ist. Den Gipfel des Imposible befand auch Humboldt als kahl,
allein es scheint, als ob damals der Weg von Cumaná nach Cumanacoa
überhaupt anders verlaufen wäre und zwar mehr östlich, denn auch
die Aussicht, deren Schönheit Humboldt (II, 18) sehr rühmt, war
von der Passhöhe trotz klaren Wetters wenig grossartig. Zudem
berichtet Humboldt, der Gipfel des Imposible, von wo er diese
Aussicht hatte, sei 296 Toisen = 577 m hoch, während ich den höchsten
Punkt auf dem Wege Cumaná — Cumanacoa in nur 455 m Höhe
überschritt.

Die Bergkette zwischen Mariguital und Cumanacoa
erreicht nahezu ebensoviel Höhe, insofern ich den Cerro Arbolito zu
550 m bestimmte, das Gebirge besteht aber hier aus zwei Strängen,
zwischen denen der Oberlauf des Rio Frio in 300 m Höhe eingesenkt
ist; der südliche erhebt sich zu 480 m Höhe, der nördliche im genannten
Arbolito, einem Doppelgipfel, zu 550. Die Gipfel sind kahl und grasig
und erhalten in Folge des über sie wehenden Seewindes trotz ihrer
geringen Seehöhe den Charakter der Hochwiesen der Cordillere.
Spärliche Häuser sind auf ihnen vorhanden, nur eine einzige Ansiedlung von mehreren Hütten besteht hier, nämlich Guasimillo nahe
dem Rio Frio; hier findet sich auch stellenweise in den Quebradas ein
lichter, frischer Waldwuchs, aber von nur geringer Ausdehnung.
Sättel und Höhenrücken wechseln, das Bergland hat einen welligen,
gerundeten, sanften Charakter, und am Abhange nach Mariguital zu,
der fast ganz mit lichtem Trockenwalde, Montañuela, bestanden ist,
befindet sich das Thal von La Vega, ein nach NNW gestrecktes,
trockenes, von Bergen umschlossenes, 2 km langes Becken, anscheinend

---

[1]) v. Humboldt, a. a. O., II., 20, 11.
[2]) v. Humboldt, a. a. O., II., 8, 15.

alter Seeboden. Der östlich von diesem Wege an den Quellen des Rio San Fernando gelegene Gipfel La Laguna wird von Codazzi auf 1170 m angegeben, was wohl möglich ist, da das Gebirge nach Osten zu anscheinend an Höhe zunimmt. Hier entspringen ausser dem San Fernando noch die Flüsse Agua Blanca, Lopez und Oricaro.

Die westliche Fortsetzung dieser Ketten sind die Berge von Barbacoa am Rio Bordones, der an der Wurzel der Halbinsel Santa Fé gelegene Cerro Saca Manteca und die Halbinsel selbst, die genau im Streichen der Mariguital-Kette liegt. Auch hier beträgt die Höhe im Cerro Saca Manteca noch 500 m. Die Zusammensetzung ist meist Sandstein, doch kommen am Südwestabhange des Berges von 500—300 m Höhe auch Kalksteine mit verwischten Versteinerungen vor, wie bei Capacho, Araguato in Coro und Caripe—Guácharo. Der Rio Bordones fliesst dagegen ausschliesslich in einem Sandsteingebiet, nur nahe der Küste treten wieder blaue Kalksteine auf. Das gesammte System streicht ONO, und fällt meist steil nach NNW ein. Diese Gebirge sind wenig bewohnt; nur im Thale des Bordones-flusses erheben sich eine Anzahl von Häusern, zum Theil mit Kokos- und Kaffeehaciendas, sowie in 100 m Höhe die Ansiedlung Barbacoas, etwa 20 an der Strasse zerstreut liegende Häuser. Die Verbindung mit Cumaná ist in diesem Flussthal bequem, während der bereits erwähnte Ort Yaguaracual durch den Cerro Saca Manteca von dem Bordonesthal getrennt ist. Dieser Name bedeutet: »Ziehe das Fett heraus«, nämlich aus dem Körper und soll die Schwierigkeit der Ueberschreitung dieses Berges andeuten, doch ist derselbe, wenigstens zur Trockenzeit, in der That leidlich gangbar, und seine Ersteigung zu Pferde ohne besondere Beschwerde ausführbar.

Das gesammte nördliche Sandsteingebirge wird durch den Rio de Cumaná oder Manzanares, den Tataracual der Cumanagotos, durchbrochen. Dieser Fluss theilt das Gebirge südlich Cumaná in zwei Theile, indem er zunächst im Süden der Mariguital-Kette entlang nach Westen verläuft und dann in einem scharfen Knie nach Norden umbiegt. Er sammelt das Wasser seiner Quellflüsse und Zuflüsse in dem Becken von Cumanacoa und entwässert einen grossen Theil des Kreidegebirges zwischen dem Turumiquire, dem Cerro La Laguna und San Fernando. Seine Quelle liegt am Nordabhang des Cerro Pionia, von wo er in nördlicher Richtung gegen Cumanacoa fliesst, im Osten in geringer Entfernung begleitet von dem weniger langen Rio Cuesta, mit dem er sich zwischen Aricagua und Cuma-nacoa vereinigt. Der Rio Cuesta entsteht auf dem Cerro Turumi-quire und erhält von Osten den Rio Aricagua und den Rio Agua

Blanca aus dem Cerro Laguna. Mit kräftigem Gefälle rinnen diese Flüsse in das niedrige Becken von Cumanacoa herab, in welchem noch eine Reihe von kleineren Flüssen sich mit dem Hauptast vereinigen, die aus der Südkette von den Bergen Cuchivano, Guacas und Culon kommen. Im Norden zieht ferner längs der Mariguitalkette der wasserreiche Rio San Juan, der dem Manzanares seine spätere westliche Richtung giebt und sich bei San Fernando mit ihm vereinigt. Eine aus blauem und grauem schrattigem Kalkstein und Sandstein bestehende Hügelkette von 350—400 m Höhe trennt beide Flüsse.

Dort wo sich diese sämmtlichen Flüsse vereinigen, liegt das **Becken von Cumanacoa**, von dem **Humboldt** annimmt, dass es einst ein Bergsee gewesen sei.[1]) Wenngleich ich keine weiteren Beweise für diese Ansicht habe beibringen können, so glaube ich doch ihr beipflichten zu sollen, da der Fund von »Strandsteinschichten mit zweischaaligen kleinen Muscheln vermengt« an und für sich dafür spricht und die Lage und ungeheure Feuchtigkeit dieses Beckens auch darauf hindeuten. In der That ist, wie **Humboldt** angiebt, die Ebene von Cumanacoa »von Bergen umzingelt« und die Vegetation ist eine solche, wie sie sonst nur an den Ufern von grösseren Wasseransammlungen vorkommt und trockengelegten Seeboden zu überziehen pflegt. Schon bei San Fernando steht viel Bambus, und zwischen diesem Orte und Cumanacoa´ tritt derselbe in grossen Beständen auf, und erinnert sehr an die südwestlichen Ufer der Laguna de Valencia.

Zahlreiche kleine Pflanzungen und der feuchte Thalgrund, von dem **Humboldt** berichtet, sind auch jetzt noch vorhanden, überall quillt und rieselt Wasser, aber es sind nicht mehr Indigo-Pflanzungen, wie vor einem Jahrhundert, sondern Mais und Zuckerrohr, Kaffee und ein wenig Cacao, dazu Tabak, während Baumwolle kaum noch gebaut wird. Wasserpflanzen und Gräser, Heliconien und Basileen wuchern hier im feuchten Erdreich. Niederschläge sind häufig, der Gegensatz gegen Cumaná sehr gross, so dass oftmals Kranke, welche die trockne staubige Luft von Cumaná nicht vertragen können, in das frische Cumanacoa gebracht werden. Demgemäss sinkt auch die Temperatur in Cumanacoa und Umgebung des Nachts tief, so dass ich am 24. Februar 1893 früh 6 Uhr nur 20,5 ° C. anmerkte. Und dabei ist zu bemerken, dass Cumanacoa nach **Humboldt** nur 104 Toisen == 202,8 m, nach meinen Messungen 210 m hoch liegt,

—

[1]) A. a. O., II, 57.

also in einer Höhenlage, die Temperaturen von 25—27° für 6 h a. m. erwarten lässt. Humboldt giebt für Anfang September sogar nur 18,5—20° C. an. Auch verhindert die starke Ausdünstung in der Nacht das rasche Ansteigen der Temperatur am Morgen, so dass Humboldt um 10 h a. m. nur 21° notirte. Heiss dagegen sind die Nachmittagsstunden, und Gewitter sollen, besonders im Oktober, häufig sein, starke Winde dagegen sind selten. San Fernando mit 93 Toisen = 181 m nach Humboldt, 190 m nach meiner Messung, bezeichnet das nordwestliche Ende des Beckens, in dem ferner noch Arenas und Aricagua liegen, während San Lorenzo am Berghange südlich von Cumanacoa erbaut ist. Die älteste dieser Ansiedlungen scheint San Fernando zu sein, das am Ende des 17. Jahrhunderts durch Kapuziner gegründet worden ist, [1]) während Cumanacoa erst 1717 von Domingo Arias als San Baltasar de las Arias angelegt wurde. Ueber die Zeit der Gründung der Dörfer Arenas, Acarigua, Mariguitar und Macarapana durch Kapuziner aus Aragonien [2]) ist mir nichts Näheres bekannt. Nach Humboldt zählte Cumanacoa 1753 bereits 600, im Jahre 1799 schon 2300 Einwohner; jetzt jedoch ist die Einwohnerzahl wieder auf 1066 zurückgegangen. Dass der Ort auf Humboldt einen düsteren und traurigen Eindruck gemacht hat, ist wohl dem von ihm angetroffenen bedeckten Himmel und der Regenzeit zuzuschreiben, denn Cumanacoa liegt frei und schön und sieht von oben aus bei heller Beleuchtung still und friedlich, aber anmuthig aus. Sowie man aber einreitet und die trostlosen Verhältnisse zu überblicken beginnt, erhält man den Eindruck des Verfalls, der Oede und des Elends. Die Häuser sind noch, wie zur Zeit Humboldt's, niedrig, wenig dauerhaft und fast alle von Holz und der landesüblichen tapia, die Kirche ist recht gross, aber im Verfall, die grosse grasbewachsene Plaza ohne Leben, und in den Häusern ist nichts zu holen. Namentlich nach der Revolution von 1892 machte Cumanacoa einen trübseligen Eindruck und der hochtrabende Name des Hauses meines Wirthes, des jefe civil von Cumanacoa, »El Leon de Belfort«, stand nicht im Einklang mit dem vorhandenen Inventar. In der That ist Cumanacoa nur noch als Durchgangshandelsplatz im Stande sein Leben zu fristen, die grossen Mengen Tabak und Kaffee, die nach Cumaná gehen, kommen aber aus den weiter südöstlich gelegenen Dörfern.

Ganz verfallen ist jetzt San Fernando, in dem nicht mehr hundert Haushaltungen zu finden sind, wie 1799, sondern nur 220 Bewohner.

---

[1]) Humboldt, A. a. O., II. 83.
[2]) Ebenda 40, Anm.

Die Kirche ist im Zusammenbruch, die Mission verfallen, von Schützen-
kompagnien, Indianern und mönchischen Militäranstalten sieht man
nichts mehr, der Ort war so todt, dass selbst hungernde und lungernde
nackte Kinder nicht, wie sonst überall, sichtbar wurden. Arenas
war schon 1799 keine Mission mehr und zeichnete sich schon damals
durch grösseren Wohlstand und bessere Kleidung der Bewohner vor
San Fernando vortheilhaft aus; dasselbe ist auch noch heute bei den
456 Insassen der Fall. Aricagua ist ein unansehnliches ursprünglich
indianisches Dorf von 161 Seelen.

Unterhalb des fruchtbaren Beckens von Cumanacoa, das unter
einer fürsorgenden Regierung das Hundertfache des jetzigen Ertrages
hervorbringen könnte, schneidet der Rio Manzanares in die
gewaltigen Sandsteinwände der sich hier nähernden nördlichen und
südlichen Ketten ein. Er bildet ein sehr enges Thal von etwa 800 m
Breite und 300 m Tiefe, in dem neben dem wasserkräftigen Strome
ein schmaler Weg in die Felsen gebrochen ist, der augenscheinlich
zu Humboldt's Zeit noch nicht bestand. In Folge des schlüpfrigen
Bodens am Rande der zahlreichen, den Pfad kreuzenden kleinen Wasserläufe und der erstickenden Hitze in der engen Schlucht, ist dieser
Theil des Weges sehr beschwerlich. In der Nähe von San Fernando
besteht die nördliche Bergwand meist aus Kalkstein, weiter westlich
aus Sandstein, die gleichmässig steil nach Norden einfallen. Die
Vegetation beschränkt sich selbst hier am Ufer des Flusses auf
lichten Trockenwald, montañuela, Häuser sind selten, obwohl dies
die grosse Strasse von Maturin nach Cumaná ist, und angebaute
Flächen fast nicht vorhanden. Der Verkehr auf dem Wege ist
dagegen ziemlich bedeutend, wie ich schon oben ausgeführt habe.
Im Meridian von Cumaná wendet sich der Tataracual nordwärts und
verlässt diese Richtung erst bei Cumaná selbst, von wo er in nord-
westlichem Laufe dem Meer zueilt. An seinen Ufern stehen nur
zwei kleine Ansiedlungen, Macarapana und San Juan zwischen
sterilem Monte; nur nahe Cumaná beginnt Kokoswald die Ufer des
Manzanares zu umsäumen. Von den Bergen Tres Picachos, Tataracual
und Yaracual der Hauptkette im Süden gehen ihm noch einige
Zuflüsse zu, von der Nordkette erhält er nur kleine Bäche; das
Gefälle ist gering.

Im Süden des Manzanares erstreckt sich in westöstlicher Richtung
die grosse Gebirgskette der westlichen Hälfte der Südkette. Ein
anscheinend geschlossener Gipfelzug verläuft von der Wasserscheide
zwischen Manzanares und Guarapiche, meist unmittelbar nördlich
des Neverí bis gegen San Diego. Ueber ihn ist nichts Näheres be-

kannt, ausser einigen Höhenangaben Codazzi's; nach diesen folgen von Osten nach Westen auf einander die Gipfel Cuchivano 1560, Guacas 1505, Tres Picachos 1505, Tataracual 927, Brito 985 und Pico Santa Fé 1028 m, während etwas nördlich davon der Culon 1500 m, weiter nördlich an den Quellen des Rio Bordones der Yaracual (wohl Yaguaracual) mit 1421 m Höhe aufsteigen. Diese Höhen sind aber ganz unsicher, da meist aus geschätzten Varas umgerechnet, z. B. Tataracual 1700 varas gleich 1421 m, Guacas 1800 varas gleich 1505 m. Wo ich einigermaassen die Höhen kontrolliren konnte, wie am Pico Santa Fé, mag die Angabe annähernd stimmen, ist vielleicht gar zu niedrig, da man sich nahe über der Küste in den Altos schon in über 700 m Höhe befindet. Wahrscheinlich fällt der ganze Gebirgszug schroff gegen den Neverí ab.

Weiter im Süden, inmitten der Quellen des nach Cumanacoa verlaufenden Rio Cuesta, des Manzanares, Guarapiche, Amana und Neverí erhebt sich über dem Llano de Cocollar, 780 m, dem Bergweidenpasse auf der grossen Strasse Cumaná—Maturin, und über dem Llano de Turumiquire der Turumiquire selbst, ein zweigipfliger, von A. von Humboldt bestiegener und zu 2049 m Höhe bestimmter Berg, der höchste Gipfel des östlichen Karibischen Gebirges, ein weithin sichtbarer, aber heutzutage fast unzugänglicher gewaltiger Kalksteinklotz, dessen obere Theile jetzt mit schwer durchdringlichem Walde bestanden sind, wie mir Herr Chr. Palmer in Carúpáno, der ihn als Pflanzensammler besucht hat, erklärte.

Dem Turumiquire unmittelbar benachbart liegt der zweite hohe Gipfel des Oriente, Pionia, mit 2048 m, von dem sich zwei grössere Gebirgszüge erstrecken; der eine zieht südwärts, enthält die Berge Tristeza (1850 varas=1544 m) und Tucuyucual (1800 varas=1500 m), deren Höhe somit ganz unsicher ist, und verläuft in der Nähe von Areo gegen den Rio Amana und die Mesa Urica. Der andere zieht nach Westen, erhebt sich im Arrempujo zu 1738 m, im Maravilla zu 2000 varas = 1672 m und endet im Bergantin mit 1658 m Höhe; er bildet die äusserste Kette gegen den Llano hin, sendet aber gegen diesen noch Vorhöhen aus und trägt die Wasserscheide zwischen den Rios Querecual und Aragua. Der westlichste hohe Vorposten, der Bergantin, ist sowohl vom Meere wie von dem Llano aus weithin sichtbar und dient dem Schiffer so gut wie dem das Grasmeer durchwandernden Reisenden als Landmarke; 800--900 m hohe Berge verlaufen aber auch noch zwischen dem Querecual und dem Neverí. Aus diesem Berglande entquillen nun die grossen Flüsse des Westens und Südens; nach Süden zieht der Rio Amana mit seinen Nebenflüssen Tristeza und Tucuima, ferner der Rio Areo, der unterhalb Areo in den Amana fällt und endlich der Rio de Oro, der aus der Gegend südlich San Antonio von dem östlichen Vorposten des Turumiquire-Stockes, dem Cambural (1700 varas = 1421 m) und der Loma La Virgen (1399 (!) varas = 1169 m) kommend, unterhalb Caicara dem Guarapiche zugeht.

Bekannter sind die nach Westen verlaufenden Ströme, die das Neverí-Gebiet bilden, drei grosse, nämlich der Neverí selbst, der Querecual und der Aragua, und zwei kleinere, Naricual und Capiricual zwischen Neverí und Querecual. Von diesen hat der dem Flussgebiete von Barcelona den Namen gebende Neverí den geradesten Lauf, er fliesst von den Gehängen des Pionia nahezu westlich bis San Diego, meist in engem Thale, über das die hohen Gipfel der nördlichen Kette emporragen. Einen grossen Bogen beschreibt der Aragua, zumal da er sich bei Quiamare nordwärts wendet. Infolgedessen nimmt er zunächst den Querecual und dann den Capiricual auf, während der Naricual dem Neverí zugeht. Der Querecual ist der Fluss von Bergantin, die übrigen haben meist nur Pflanzungen und kleine Ansiedlungen an ihren Ufern, so der Neverí San Diego und Araguita, der Capiricual die Ansiedluug gleichen Namens, der Aragua Quiamare. Ihre Thäler sind im Oberlauf und Mittellauf mit Zuckerpflanzungen bedeckt, im Unterlaufe dagegen meist nur mit ödem Monte bestanden und wenig besiedelt. Das Gebirge zwischen ihnen ist ein Sandsteingebiet, das gewaltge Trümmerfelder gebildet hat, zwischen denen das Reisen beschwerlich fällt. Ziemlich schroffe Mauern treten auf, einzelne Spitzberge kommen vor, und an den Gehängen dieser 800—1000 m hohen Ketten liegen Kaffeepflanzungen, namentlich zwischen dem Capiricual und Naricual, z. B. El Lamedero in mehr als 600 m Höhe. Gegen die Küste zu werden die Formen der Berge sanfter, bei den Altos wiegen grasige Höhen vor, runde und flache Gipfel mit Grasland, Agaven, einigen zerstreuten Pflanzungen und Siedelungen. An den Gehängen aber bilden sich auch hier arge Trümmerfelder und gegen das Innere dehnen sich wieder Kalksteinmauern und einzelne Spitzberge aus. Nach Norden ergiessen sich zum Golf von Santa Fé die Rios Santa Fé, Nurucual und Yaracual oder, wie ich am Orte hörte, Yaguaracual.

Der bekannteste Fluss im gesammten Oriente ist aber jetzt ohne Zweifel der Naricual geworden, weil an seinen Ufern Kohlen gefunden worden sind, die nun wieder die Veranlassung zur Erbauung der Guanta-Barcelona-Minenbahn gegeben haben.

Die Kohle findet sich in einem System von Sandsteinen und thonigen Schiefern der jüngeren sedimentären Formationen, und ist wahrscheinlich in die obere Kreide oder das untere Tertiär zu setzen, also dem Alter nach der Kohle im Táchira, West-Venezuela und bei Ortiz und Parapara gleichzustellen. J. Roberts und A. Pearse,[1]) zwei zur Untersuchung der Minen von Naricual nach Barcelona entsandte Ingenieure, setzen sie in die untere Kreide, ohne sichere Beweise dafür anzuführen. Eine Anzahl von Pflanzenabdrücken, die ich in der Kohle fand, geben allerdings auch keine klaren Anhaltspunkte, allein wahrscheinlich stammt sie aus derselben Zeit wie im übrigen Lande, da sie in demselben Schichtensystem vorkommt, wie dort. Paläozoisch ist sie jedenfalls nicht.

Im Jahre 1893 war die Kohle in der Quebrada Araguita am südlichen Ufer des Rio Naricual aufgeschlossen, und zwar in vier Stollen, von denen namentlich zwei bearbeitet wurden; ein fünfter am Nordufer war nicht mehr im Betrieb. Am besten vorgeschritten, nämlich bis zu 307 m, war Stollen No. 3 auf der Westseite der Quebrada, bei einer Höhe von 2 m. Die Kohle war etwa 1 m 35 cm mächtig; sie tritt hier über dem westöstlich streichenden Sandstein in Gesellschaft von Asbest auf und wird von thonigem Schiefer überlagert. Der Einfall war ungefähr 54–57° nach Süden, die Ausdehnung in horizontaler Beziehung anscheinend bedeutend; an einigen Stellen wird sie durch eine Schicht kohligen Schiefers in zwei nahezu gleich mächtige Lager getheilt. Im Stollen No. 2 ist Kohle auf 125 m Entfernung aufgeschlossen, wechselt aber sehr in der Mächtigkeit, zwischen 50 cm und 1 m 20 cm, und ist von geringerer Brauchbarkeit als in No. 3. Die übrigen Stollen waren bedeutungslos. Immerhin ist die vorhandene Menge an Kohle von den genannten Bergingenieuren auf 5½ Millionen Tonnen geschätzt worden, was genügen würde, Venezuela's Eisenbahnen und Dampfschiffe auf lange hinaus mit Brennmaterial zu versehen. Die Kohle ist sehr bituminös, reich an Heizkraft, hat aber auch sehr starke Rauchentwicklung. Zahlreiche Oertlichkeiten der Umgebung, z. B. Simplicio, 1300 m östlich Araguita, ferner zwischen Rio Capiricual und Bergantin, lassen auf eine weite Verbreitung der Kohle schliessen, so dass hier wahrscheinlich das reichste Kohlenlager Venezuela's vorliegt.

Der Betrieb in den Kohlengruben war 1893 nicht sehr ausgedehnt, beschäftigte etwa 50 Arbeiter und litt unter der unbequemen Verbindung. Nachdem aber 1893 die Eisenbahn vollständig eröffnet

[1]) The Guanta Railway, Harbour, and Coal Trust Company. Report. London 1892.

worden ist, lässt sich auf grösseren Export hoffen. Leider trat gerade damals ein Wechsel in der Leitung der Gesellschaft ein; Versuche des bisherigen Direktors J. Schaeffer, deutsches Kapital und die Grosse Deutsche Eisenbahn für die Erwerbung der Mine und der Eisenbahn heranzuziehen, schlugen fehl und führten zum Rücktritt des Genannten. Seit 1894 ist die Gesellschaft mit englischem Kapital neu gebildet worden. Es handelte sich 1893 zur Nutzbarmachung der Mine um ein Kapital von 500 000 bis 600 000 Mark, das zunächst zur Herstellung einer Briquettfabrik im Hafen Guanta und zur Erschliessung weiterer Stollen verwendet werden sollte. Man hoffte dann anstatt 50 Tonnen, 150 Tonnen Kohlen täglich aus der Mine fördern zu können, also 45 000 im Jahre und da ausserdem der Hafen von Guanta der beste der Republik ist, so hatte dieses Unternehmen bei stärkerer finanzieller Unterlage Aussicht auf guten Erfolg. Leider hat sich das deutsche Kapital auch diese Gelegenheit entgehen lassen und die Engländer sind nun dabei, den Minenreichthum auszunutzen. Die Eisenbahn von den Minen nach Barcelona ist 19 km lang, und gut gebaut; sie besitzt zwei Brücken über den Naricual bei Angostura und Las Peñas und eine über den Neverí bei Montones. Der Tarif pro Tonne Kohlen beträgt von Naricual bis Guanta 6 Bolívares, die Abgabe am Hafen 2 Bolívares. Aus der ersten Hälfte der Bahn, Barcelona—Guanta, ergaben sich 1891 und 1892 180 000 Bolívares per Jahr; rechnet man dazu eine Einnahme von $6 \times 50\,000 = 300\,000$ Bolívares für Fracht, $2 \times 50\,000 = 100\,000$ Bolívares Hafengebühr und noch 40 000 für Waaren zwischen Naricual und Barcelona, so ergiebt sich eine Einnahme von 620 000 Bolívares, der eine Ausgabe von 300 000 Bolívares für Züge, Reparaturen der Strecke und des Materials sowie für Gehälter gegenüberstand.

Die Gebände am Orte Las Minas waren 1893 noch wenig zahlreich, die Einwohnerzahl betrug 1891 kaum 100. Die Minen sind seit etwa 1848 bekannt, und verdanken ihre Entdeckung einem Indianer, der den General Hardinguey nach Europa begleitet hatte, und nach seiner Rückkehr erklärte, in Naricual gäbe es ähnliche Steine, wie die in Paris gebrannten. [1]

Die Besiedelung der Westhälfte der Südkette ist gering, und auf drei Gebiete beschränkt, das Küstenland, die Thäler des Neverí-Systems und das Becken von Cumanacoa mit der Umgebung der Strasse Cumaná—Maturin. Hält man dies fest, so ergiebt sich folgendes:

---

[1] Ernst, La Exposicion nacional., S. 80.

1. Küstenland (Barcelona mitgerechnet):
Parroquias:

San Cristóbal und El Carmen (Barcelona)	11 471
Pozuelos	1 126
Puerto de la Cruz (mit Guanta)	766
Santa Fé	1 829
Santa Inés und Altagracia (Cumaná)	14 089
Mariguital	5 402
	34 683

(ohne Barcelona etwa 23 212.)

2. Thäler des Neverí-Gebietes:
Parroquias:

San Diego	1 785
Araguita.......	1 562
Bergantin	2 020
Quiamare	734
Santa Inés	1 703
zusammen:	7 804

3. Becken von Cumanacoa, Strasse nach San Antonio und umliegende Gebirge.
Parroquias:

San Juan	2 453
Cumanacoa	3 179
Arenas	1 347
San Fernando	1 239
Aricagua	1 304
San Antonio	4 094
San Lorenzo	1 064
	14 680

Gesammtsumme, mit Stadt Barcelona:	57 167
» ohne » »	49 868

Hauptorte:

Cumaná .	8 462
Barcelona	7 295
Cumanacoa	1066
Mariguital ..	742

III. Die östliche Hälfte der Südkette.

Die Furche des Rio Guarapiche und Rio Cariaco kann als Grenzlinie der westlichen gegen die östliche Hälfte der Südkette angesehen
werden, und zwar einerseits wegen des Vorhandenseins einer Tiefenlinie,
anderseits wegen der etwas veränderten Ausbildung der Kreideformation
östlich dieser Linie. Wie schon oben angegeben worden ist, fällt in
die östliche Hälfte die Ausdehnung der versteinerungsführenden Kalksteine der mittleren Kreide, während das Sandsteingebirge zurücktritt.
Landschaftlich entwickelt sich daraus ein schrofferer Charakter, ein
wilderes Aeussere der östlichen Hälfte, die denn auch erheblich geringer
besiedelt und im Allgemeinen als eine wenig zugängliche Bergwildniss
zu bezeichnen ist, deren Höhe obendrein den westlichen Theilen wenig
nachgiebt. Endlich greift von Südosten her eine sumpfige Niederung
in das Gebirgsland ein, die sich am Rio San Juan und an der Lagune
Putucual tief in dasselbe hinein erstreckt und mit ihrem Morast und
der üppigen Waldvegetation den Osten unseres Gebietes nahezu
ungangbar macht. So führt denn auch nur über den südlichsten
trockenen Theil desselben eine grosse Strasse, diejenige von Cumanacoa
(Cumaná) nach Aragua (Maturin), der ganze Rest des Gebirges aber
wird nur von einigen schlechtgehaltenen Pfaden in der Richtung
Cariaco—Santa Maria—Caripe oder —San Francisco durchzogen.

Besonders wichtig ist dagegen in dem östlichen Theil der Südkette
der Umstand, dass sich in demselben der Anschluss an die Nordkette
vollzieht. Das ist der Fall zwischen Casanai und Pilar im Norden
der Lagune Putucual. Schon von Humboldt und Codazzi haben
darauf aufmerksam gemacht, dass sich nördlich der Lagune von Putucual
ein Gebirgsrücken befinde, der diesen Anschluss vollziehe und als
einziger Querriegel die Verbindung der Niederung am Golf von Cariaco
mit derjenigen am Golf von Paria verhindere. Sie nennen ihn Meapire
und Codazzi giebt ihm eine Höhe von 389 m, wahrscheinlich dort,
wo ihn die Strasse von Casanai nach Guacarapo überschreitet. Codazzi
zeichnet aber auch zwischen Casanai und Pilar an den Quellen der
gleichnamigen Flüsse einen Bergrücken, den er San José nennt und
zu 502 m Höhe bestimmt hat. Dieser nun ist der eigentliche Verbindungsrücken zwischen der Nordkette und der

Südkette; in ihm vollzieht sich die Verknüpfung und er ist das wirkliche Hinderniss für die Vereinigung der Niederungen von Cariaco und Paria, während der Meapire nur das Flussgebiet des Casanai von dem des Rio San Juan scheidet. Allerdings ist die Entfernung zwischen Casanai und der Lagune Putucual mit nur 8 km geringer als diejenige zwischen dem West- und Ostabfall des Cerro San José mit etwa 14 km, der Meapire somit schmäler und auch niedriger, allein die eigentlichen Niederungen scheidet der San José. Vor allem aber besteht der Cerro San José noch aus den Kreideablagerungen der Südkette und die Grenze zwischen dieser und der archaeischen Nordkette muss an seinen Nordfuss gelegt werden, rückt somit etwas nordwärts gegen die Quellen des Pilarflusses vor. Diese Grenze ist wichtig und eigenthümlich und bedarf daher einer näheren Schilderung.

Uebersteigt man auf dem Wege von Carúpano nach dem Süden die archaeische Nordkette, so zieht der Weg zwischen Rincon und San José hindurch in einem niedrigen Hügelland von kaum 200 m Höhe und erreicht bereits 1½ Stunden von Carúpano in der Breite von El Rincon die Hacienda El Chercal in einer nur 75 m hohen Niederung, die alle Anzeichen eines früheren Seebeckens trägt. Sie ist morastig, feucht, mit Zuckerrohr beflanzt, enthält viel Schilf und erzeugt Fieber. Gleich darauf tritt man in die Quebrada Caratal und in Cacaopflanzungen ein, deren Vorhandensein allein ein feuchtwarmes Klima der Niederung anzeigt. Die Quebrada ist einer der Quellflüsse des Rio Pilar und enthält bereits Kalkgeröll, während freilich ihr Bett noch in alte Schiefer eingeschnitten ist, die abwechselnd nach NNW und Süd einfallen, also gefaltet sind. In diesem Flussbette zieht man nahezu dreiviertel Stunden nach Südosten abwärts und erreicht dann bei der Häusergruppe Tuparipan in nur 40 m Höhe die Südkette, zunächst einen Hügel aus weissem Sandstein, dann ein kleines Thal mit Hacienda, auf dessen Boden bereits Blöcke des versteinerungshaltigen Kalksteins der mittleren Kreide umherliegen. Nachdem sodann die Quebrada Chuparipal gekreuzt ist, beginnt der Aufstieg auf die Kreidekette, zunächst in schrattigem Kalk, mit verwischten Versteinerungen wie im Táchira, in Coro und um Caripe, dann wieder in Sandstein, auf der Höhe aber wieder in Kalkstein, der alle Berggipfel der Umgegend bildet und schroffe Formen erzeugt. Ein halb gerodeter Bergwald bedeckt die Höhen, verkohlte Stämme liegen vielfach umher, über die gelichtete Montañuela ragen einzelne Palmen hinaus und hohe Jabillo-Bäume (Hura crepitans) aus der Euphorbiaceen-Familie streben empor. Auf dem Gipfel, dessen Höhe

495 m mit der von Codazzi angegebenen 502 gut übereinstimmt, hat man weiten Blick über den Llano von Pilar, die Caños der Ebene, und am Südabhange auch über den Golf von Paria und die hohen Gebirge von Santa Maria, in denen man den bekannten Cerro del Purgatorio deutlich erkennt. Grauer, verwischte Versteinerungen führender Kalkstein und Sandstein wechseln mit einander auch am Südhang, das Streichen ist im Ganzen östlich. Am Südfusse liegt die Hacienda des Herrn Chr. Palmer in 275 m Höhe.

Weiter im Osten liegt die Grenze zwischen der archaeischen und der Kreideformation nördlich von Pilar; dieses steht bereits auf Quarzsandstein und Konglomeraten, wahrscheinlich den untersten Ablagerungen der Kreide, El Rincon liegt dagegen noch zwischen krystallinischen Schieferhöhen; die Grenze muss das Pilar-Thal schneiden, war jedoch nicht deutlich erkennbar. Im Westen besteht der gesammte Rücken von Mundo Nuevo zwischen Hacienda Palmer und Casanai aus Ablagerungen der Kreide, abwechselnd Sandstein und Kalk, und erhebt sich bei genannter Oertlichkeit zu etwa 450, im Cerro Periquito nördlich des Rio Casanai zu 550 m Höhe. Die Grenze gegen das Schiefergebirge zieht daher nördlich vom Rio Casanai entlang. Dagegen steht weiter abwärts am Rio Casanai selbst wieder Schiefer an und zwar am rechten Ufer, während am linken Kalk und Sandstein auftreten. Diese Stelle liegt, kurz bevor man in das grosse Schilfgebiet eintritt, etwa ¼ Stunde Reitens westlich des Hauses und der Pflanzung Santa Rosa und hier ist also der Rio Casanai selbst die Grenze zwischen der archaeischen Nord- und der sedimentären Südkette.

Der Verbindungsrücken zwischen der Nord- und Südkette ist wahrscheinlich ein dem Zusammenbruch entgangener Gebirgsrest, ein zwischen den Niederungen von Cariaco und Paria stehengebliebener Pfeiler, eine Art Horst, an dem im Westen und Osten das Land abgesunken ist. Hier nun treten auch die mit dem Zusammenbruch wahrscheinlich in Verbindung zu bringenden heissen Quellen auf, deren Wärme selbst diejenige der berühmten Quellen von Las Trincheras zwischen Puerto Cabello und Valencia noch übersteigt. Es sind zwei, die eine etwa 1½ km südöstlich von der Hacienda Palmer in 270 m Höhe, die andere auf der Höhe der Wasserscheide zwischen Casanai und Pilar, bei Mundo Nuevo, mit 385 m Höhe. Ihre Temperatur ist sehr hoch, im ersteren Falle mass ich 91, im letzteren sogar 96 °. Diese Quellen sind von Wall bereits bekannt gemacht und als Azufral Grande und Azufral Chiquito geschildert worden. Danach liegen sie im Südwesten von Pilar bei Chaguaramal, haben 100 ° Wärme, setzen

Schwefelkrystalle und Kalksinter ab, werfen heisse, mit Schwefelwasserstoff geschwängerte Dämpfe aus und bedecken ihre Umgebung
auf ¼ acre Entfernung mit sinterartigen Ablagerungen. Sie befinden
sich nach Wall[1]) im Sandstein des Older Parian, also der unteren
Kreide. Alle diese Angaben stimmen mit meinen Beobachtungen
wohl überein, nur nicht die geysirartige Thätigkeit der Wasser.
Obwohl nun Wall angiebt, ähnliche »Souffrières« sollten in der Nähe
der von ihm besuchten vorkommen, so glaube ich doch nicht, dass
die von mir gesehenen andere sind als Wall's Azufrales. Man
kannte in der ganzen Umgebung keine anderen.

Meine Beobachtungen ergaben nun folgendes: Die eine Gruppe
von heissen Quellen liegt nahe der Hacienda Palmer, in der Nähe
des Bettes des Rio Chaguaramal in einer Quebrada. Schon unmittelbar
gegenüber Palmer's Hause quillt eine warme Quelle aus weissem ge-
bleichten Sandstein, dessen lichte Farbe Nachts weithin leuchtet und
dessen übelriechender Schwefelwasserstoff - Geruch auf grosse Entfernung gespürt wird. Die Schichten dieses blendenden Gesteins
streichen O10°N und fallen in 45° nach Süden ein.

Bedeutender sind die Quellen eine halbe Stunde südöstlich von
Palmer's Hause. Zwei Bäche vereinigen sich hier zu einer Quebrada
und enthalten nun zahlreiche heisse Quellen von 91, 87. 58, 37°.

 Der Kalkstein der oberen Wand ist durch
das Wasser ausgewaschen, enthält verwaschene
Versteinerungen und gehört ohne Zweifel der
mittleren Kreide an. Nahe dem Zusammenfluss
der beiden Quebrada's liegt ein Becken, in dem
bei einer Temperatur von 58° ununterbrochen
brodelndes Aufsteigen von Blasen bemerkt wird.
Hier lagern übereinander Kalkstein (oben) und Sandstein (unten),
die in gleicher Weise O15°S streichen und vom warmen Wasser
ausgelaugt sind. Das eigentliche Centrum der Quelle aber befindet
sich zwischen dem Zusammenfluss beider Bäche und hat eine Temperatur
von 91°. Ein pfeifendes und zischendes Geräusch ist hier in regelmässigen Zwischenräumen hörbar und der Boden enthält ohne Zweifel
grosse Hohlräume. Infolge des Absatzes grosser Schwefelkrystalle
nennt man die Oertlichkeit Las Minas. Dampf wallt vielfach auf
und hüllt die Gegend in Schleier.

Die zweite Quelle liegt westlich von Palmer's Hacienda auf
der Wasserscheide zwischen Rio Chaguaramal und Rio Casanai in der

[1]) Report of the Geology of Trinidad, London 1860, S 198.

Höhe von 385 m. Schon eine Viertelstunde vom Hause treten wieder Schwefellager nahe dem Flussbett des Chaguaramal im Sandstein auf, dessen Schichten nach ONO streichen und steil 85°N fallen. Nachdem man von den Cacaopflanzungen des Flusses aus etwa eine Stunde gestiegen ist, erreicht man, 10 Minuten nördlich des Weges im Dickicht des halbhohen Waldes, eine Lichtung. Hier wird eine ebene Fläche im Sandsteingebiet vom heissen Wasser derart durchzogen, dass keine Stelle unter 89, die wärmste aber 96° Temperatur hat. Die Dampfentwicklung ist natürlich stark, der Boden brennt unter den Füssen, und heisses Wasser fliesst von verschiedenen Stellen aus. Schwefel und Eisen sind in grösseren Mengen vorhanden. Diese Quelle von Mundo Nuevo ist eine der heissesten der Erde, jedenfalls die wärmste Südamerika's, und übertrifft noch die von Las Trincheras.

Das Gebirge zwischen dieser Scheidelinie und dem Llano von Maturin ist bereits von A. v. Humboldt ziemlich eingehend geschildert worden, namentlich Caripe und die Guácharo-Höhle. Ich fasse mich daher kurz und berühre nur die von mir gesehenen Theile. Von Casanai ersteigt man durch frischen Wald und über niedrige Sandsteinhügel die Vorhöhen des Meapire, den 240 m hohen Cerro de las Piedras, über die Schichtenköpfe des nordöstlich streichenden, 45° nach Nordwest fallenden schrattigen Kalksteins, verlässt dann den Weg nach Guacarapo und wendet sich nach Südwest über Sandstein in dichten, nur spärlich gerodeten, tiefen Wald, in dem nur hie und da ärmliche Hütten stehen. Darauf tritt man hinaus auf grasige, zum Theil noch bewaldete, etwas besser besiedelte Berghöhen und erreicht hier bei Limones (435) und Los Pozos (575) auf dem langsam aufwärts schlängelnden Wege nahezu 600 m Höhe. Das Land ist ziemlich frisch, den nördlichen regenbringenden Winden noch ausgesetzt und daher erträglich bewässert und einigermassen besiedelt. Auch einzelne Kaffeepflanzungen sind noch vorhanden. Sobald man jedoch in das Thal des nach Catuaro hinabführenden Baches gelangt, in dem man über eine halbe Stunde lang mühsam entlang klettert, wird das Land trockener. Hinter Catuaro (420 m), das nur wenige um eine verfallene, aus dem Jahre 1785 stammende Kirche gruppirte Häuser zählt, liegen sandige, in Terrassen abgestufte Becken mit Grasland und Schilf sowie einzelnen Häusern, die auch La Sabana heissen. Das ist wahrscheinlich ein altes Seebecken. Der Boden besteht abwechselnd aus Sandstein und Kalk, die zwischen La Sabana und Santa Cruz ein ödes, unübersichtliches, fast menschenleeres und mit lichtem Trockenwald bestandenes Hügelland bilden, dessen ewiges Auf und Ab eine ermüdende Wirkung übt. Jenseits des recht erbärmlichen Dorfes Santa Cruz in 315 m Höhe beginnen jedoch schon die Wiesen des Innern. Ueber niedrige Quarzsandhügel gelangt man zu einer flachen Mesa und stösst hier auf eine Schotterterrasse, durch die sich eine Quebrada den Weg gebahnt hat. Ueber den grasigen Höhen von Los Altos de Santa Maria (340 m) erblickt man die düsteren Berge des Purgatorio und der Montaña de Santa Maria mit ihrer Waldbekleidung, gegen deren schroffe Formen die auffallend flachen Höhen der nächsten Umgebung abstechen. Santa Maria selbst liegt am linken Ufer des aus diesem düsteren Waldgebirge herauskommenden Rio de Santa Maria auf einer Schotterterrasse, an deren Fuss in der Thalsohle Zucker und Kaffee gebaut werden, so dass die Wipfel der hohen Bucares-Schattenbäume bis an die Höhe der Mesa heranragen. Trotz der niedrigen Lage ist das Klima von Santa Maria frisch, das Dorf aber leidet unter der isolirten Lage; gegen Süden ist es fast ganz abgesperrt, nach Norden ist die Verbindung mit Cariaco auch mühsam und langwierig, nach Osten und Westen führen gar keine Wege. Westlich der drei genannten Orte Santa Maria, Santa Cruz und Catuaro zieht der Rio Cariaco in tiefem Thale nordwärts.

Seine Quellen liegen bereits in der gewaltigen wasserscheidenden Kalksteinkette, die sich nun zwischen Santa Maria und Guanaguana erstreckt. Am geschlossensten ist sie zwischen den genannten Orten und erreicht hier im Purgatorio nach Codazzi 1548, im Periquito 1068 m. Weiter östlich wird sie durch das Thal des Rio Caripe und des Baches Guácharo in zwei Theile zerlegt, schwillt aber wahrscheinlich zu noch grösseren Höhen an. Im Norden des Flusses sollen die Gipfel im San Bonifacio noch 1505, im Süden im Picacho de Caripe 1412, im Cimarronera 1505, im Quiriquire 1475 und im Punceres 1003 m Höhe erreichen, doch sind die Höhen von 1505 m aus 1800 varas umgerechnet und diese 1800 varas geschätzt. Immerhin sind diese Gipfelhöhen wohl annähernd richtig. Den Purgatorio oder die Montaña de Santa Maria überschritt ich in 1200 m Höhe, noch einige hundert Meter unter den höchsten Gipfeln, und der höchste Punkt des Weges zwischen San Agustin und dem Dorfe Guácharo hat 1340 m Höhe; auch in Bezug auf die Höhe von Periquito 1065 befinde ich mich in naher Uebereinstimmung mit Codazzi 1068 m, nur in Bezug auf San Agustin weiche ich mit 1212 m erheblich von diesem mit 1040 m ab.

Das Gebirge verdankt seine Wildheit und Zerklüftung dem Auf-treten des versteinerungsführenden Kalksteins der mittleren Kreide, der, wie Wall sehr richtig erkannt hat, den ganzen oberen Theil des Berglandes in Form eines gewaltigen Walles erfüllt, und ist hier überall deutlich gefaltet, am Nordabhang anscheinend in zahlreiche nahe an einander herantretende Falten gelegt, in der Mitte aber in eine grosse Falte gestaut, die alle nach ONO streichen. Demgemäss sieht man nördlich der Montaña de Santa Maria die Kalksteinschichten eines gewaltigen Felshorns nach NNW einfallen, sobald man von Santa Maria kommend, den Bergwald verlassen hat, und bemerkt andererseits zwischen Guácharo und Periquito eine grosse nach SSO überschobene Falte, die möglicherweise der Südflügel der vorigen ist. Das Streichen ist ganz allgemein ONO, sowohl der Schichten wie auch der Gebirgszüge, was namentlich auch am Südhang zwischen Guácharo-Caripe und Guanaguana hervortritt.

Verlässt man Santa Maria, so hat man nach Ueberschreitung des aus tiefer Schlucht hervorbrechenden Rio de Santa Maria zuerst die Höhe des Kalksteingebirges zu ersteigen, grasige Berge, die bis zu 950 m ansteigen, also 600 m über dem Thale; ihre Schichten stürzen ausserordentlich schroff gegen Norden und Süden ab und sind scharf gefaltet. Spitze Gipfel mit einzelnen Bäumen, hie und da auch Agaven treten auf, weit über die nördlichen Ketten bis zur Corona bei Carúpano schweift der Blick, während gegen Süden noch grössere Höhen die Aussicht versperren. Vor allem ist es die Montaña de Santa Maria, die hier hindert, der bewaldete Steinsumpf, über den nun der schrecklichste aller Gebirgspfade führt. Ein gewaltiger Kalksteinberg ist ziemlich dicht bewaldet, aber doch auch der Verwitterung anheimgefallen, so dass kolossale Blöcke den Abhang bedecken. Der nicht selten fallende Regen hat zwischen diesem Steingeröll einen Morast geschaffen, der in Folge der Beschattung durch den dichten Wald selbst in hoher Trockenzeit, wie im März 1893, nicht trocknet; der in diesem Morast ausgetretene sogenannte Weg besteht also aus nichts anderem als Steinblöcken und Sumpf. Reiten kann man hier nicht mehr, sondern nur noch springen und klettern, denn man verfällt, wenn es nicht gelingt, von einem Steinblock zum andern zu voltigiren, unhaltbar dem tiefen Morast, in dem die Thiere fast versinken; man kann sich daher glücklich preisen, mit Lastthieren aus diesem Steinsumpf ohne Verlust der Ladung und des Thieres selbst wieder herauszukommen. Das ist die berüchtigte Montaña de Santa Maria (1200 m) oder das Fegefeuer (Purgatorio); im übrigen ein recht anmuthiger Bergwald, dessen Schönheit man jedoch erst schätzen lernt, sobald man aus dem Walde heraus ist.

Man tritt dann auf eine Bergwiese hinaus, erblickt zur Rechten im Westen den gewaltigen Cerro Negro, an dessen Fusse der Quellbach des Rio de Santa Maria tief eingeschnitten ist, und erfreut sich nun eines leidlichen Weges. Ueberhaupt würde die Ueberschreitung des Gebirges nicht schwer sein, wenn die Montaña de Santa Maria gelichtet würde, denn im Uebrigen ist die Höhe der Bergkette meist grasiges Land, und theilweise sogar fast eben. So namentlich zwischen der Montaña de Santa Maria und San Agustin. Hier ist das weite Hochthal gleichmässig hoch und macht den Eindruck eines alten Bergseekessels; eine Thalwasserscheide liegt darin, und zugleich zeigt sich, dass das gesammte Thal ein Antiklinalthal ist, dessen Höhe etwas über 1200 m beträgt. In derselben Höhe liegt auch die Mesa de la Guardia, San Agustin, inmitten einer grossen Bergwiese, die von Buschwald im Norden umsäumt wird, ein ärmliches Dorf von angeblich 301, wahrscheinlich höchstens 150 Einwohner. Hier theilt sich der Weg nach Caripe und nach San Francisco. Ersterer führt einen steilen Bergriegel hinab, letzterer windet sich an der westlichen Berglehne empor und erreicht hier mit 1340 m Höhe den höchsten Punkt des gesammten Ueberganges über das Gebirge. Merkwürdigerweise finden sich gerade an dieser Berglehne am Kalkfelsen Sandsteingerölle, die augenscheinlich den früheren Stand einer Wasserfläche bezeichnen und es wahrscheinlich machen, dass das hohe Wiesenthal von San Agustin sammt dem Thal südlich der Montaña de Santa Maria einst ein Hochsee gewesen sei, der sich wahrscheinlich durch den Durchbruch des Rio de Santa Maria, vielleicht auch unter Beihülfe der Flüsse von Caripe und Guácharo entwässert hat. Dem Guácharo-Bache folgt nun der Weg abwärts durch Grasland, lichten Wald und einzelne Felsengen, bis bei der Guácharo-Höhle Häuser, der Anfang des zerstreuten Dorfes Guácharo, erreicht werden.

Die Höhle selbst ist von A. von Humboldt und Goering so ausführlich geschildert worden, dass ich auf eine genaue Beschreibung verzichten kann. Sie streicht ONO in die Kalksteinwand hinein und besteht aus zwei langen Gängen, die durch ein enges Thor verbunden sind; in beiden fliesst ein Zufluss des Rio Caripe, der vor

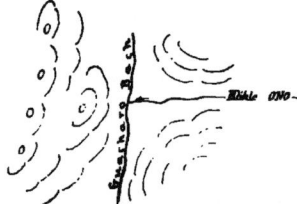

der Höhle in den Guácharobach fällt. Drei Holzkreuze am Eingang gestalten den Eintritt feierlich, und die Beleuchtung der Tropfsteingebilde ist gerade hier sehr schön. Der Besuch der Höhle selbst ist keineswegs schwierig, wenn man von vornherein sich auf Dunkelheit, schlüpfrigen Boden und Waten im Wasser des Baches vorbereitet;

im Uebrigen sind nur selten enge Pässe zu durchschreiten, und Gefahr bei einiger Vorsicht nicht vorhanden. Ein guter Führer freilich ist nöthig und diesen hatte ich in Person des Juan Zafón, der allerdings am Tage vorher und auch nach dem Besuch der Höhle total betrunken war, aber in der Höhle selbst gut Bescheid wusste. Auch muss natürlich genügend Fackellicht vorhanden sein, dafür aber pflegen die um ihr theures Leben selbst besorgten Führer schon von selbst zu sorgen. Es ist mir daher unverständlich, wie ten Kate[1]) erwähnen kann, dass die Führer sich verirrt hätten und die Fackeln nahezu erloschen seien; auch verstehe ich nicht, wie der Reisende sich in dem kleinen Felsbecken gebadet haben mag, das nach Humboldt heisst, denn die Temperatur des Baches betrug nicht einmal 13 °. Im Uebrigen bin ich eigentlich von dem Innern der Höhle etwas enttäuscht gewesen, da, mit Ausnahme des Eingangs, grossartige Formen der Tropfsteinbildungen fehlen.

Der Wechsel von Kalkstein und Sandstein, der von dem Norden her bekannt ist, setzt sich auch noch nach dem Süden hin fort. Wiederum folgt im Westen des Guácharo-Baches eine weite Sabane, Bergwiese, in 1000—1100 m Höhe, und wiederum stehen zu ihren Seiten gewaltige Felshörner, an deren Schichtenbau man den Südflügel der grossen Falte des Gesammtgebirges erkennt. Der Weg senkt sich von der in 1160 m Höhe gelegenen Höhle abwärts im Thale des Guácharo-Baches bis 990 m, überschreitet dann die Wasserscheide gegen den Guarapiche in 1090 m Höhe und fällt allmählich über Periquito, eine Ansiedlung in 1040—1065 m Höhe, zum südlichen Vorlande der Hauptkette.

In diesem südlichen Vorlande tritt nun wieder der Kalkstein der mittleren Kreide zurück und der Sandstein der unteren hervor. Schon nachdem man die Wasserscheide bei Periquito in weiter Sabane, wahrscheinlich auch wieder einem alten Seeboden, passirt hat, treten gewaltige Sandsteinblöcke auf und grauer Sandstein fällt nun nordwärts unter den Kalk ein. Ein Gewirr von kahlen, neben einander herziehenden Höhenrücken eröffnet sich dem südwärts Blickenden, grüne, schwarze, röthliche Bergzüge verlaufen gegen ONO, überaus zackige Grate schieben sich zwischen die Hauptkette und den Llano ein, und weit über ihnen hinweg erblickt man die weite Ebene von Santa Barbara und Maturin. Auch die obere Kreide tritt am Gehänge des Gebirges, namentlich gegen San Francisco auf, schiefriger Sandstein, thoniger Schiefer, schwarzer Kalk kommen vor, zwischen Guanaguana und Aragua herrschen grauer und schwarzer Kalkstein,

---

[1]) Over Llano en Sierra. Fragmenten uit mijn reisjournaal, in: Tijdschrift van het Koninglijk nederlandsch aardrigkskundig genootschap. 1890.

graurother Sandstein, meist mit nördlichen Einfall, aber es kommt auch quarziger fester Carora-Sandstein vor, am deutlichsten am Abhange von den Höhen von Guanaguana zum Rio Aragua. Der Einfall der Schichten ist oft ein sehr steiler, der Weg bewegt sich häufig über die Schichtenköpfe hinweg und die Schmalheit der eingegrabenen Grate ist noch erkennbar. Zwar sind sie nicht so messerscharf, wie die Cuchilla, die von Caripe nach Guanaguana hinabführt, allein meist haben sie doch nur spitze Rücken. Die Höhe der Vorketten beträgt noch 500—700 m, östlich Guanaguana 655 m am Wege; die Ortschaften liegen meist in 400—500 m, San Francisco in 445 m, Guanaguana in 475 m Höhe, etwa 200 m über dem Gebirgsfuss, der durch Aragua, 250 m, bezeichnet wird. Die Bewässerung der Vorketten ist ziemlich gut, da ausser dem Guarapiche, dem von Guanaguana aus ein Arm zugeht, auch die Quellflüsse des Aragua zwischen Aragua und Punceres in die südöstlichen Gehänge eingeschnitten sind.

Die Besiedelung des Gebirges ist sehr gering; grössere Ortschaften fehlen überhaupt ganz und wahrscheinlich ist Caripe trotz seines Verfalls noch immer der ansehnlichste Ort, hat freilich nur noch 365 Einwohner. Etwas mehr Seelen zählt Guácharo mit 392, doch ist dies nur zum Theil ein wirkliches Dorf, da ein grosser Theil der genannten Bewohner in einzelnen Häusern längs des Guácharo-Baches bis zur Höhle aufwärts sitzt, so dass für das weiter unterhalb gelegene Dorf wohl keine 200 übrig bleiben. Für Santa Maria werden zwar 679, für Santa Cruz 854 Bewohner angegeben, allein in diesen Zahlen sind alle Angehörige der Parroquia enthalten; wahrscheinlich haben beide Dörfer nicht über 200 Einwohner. Von den übrigen werden Guanaguana zu 217, Catuaro zu 145, San Felix mit 107 und Punceres mit 97 Einwohnern angegeben; über San Francisco fehlt merkwürdigerweise eine Zahl, wahrscheinlich wohnen daselbst aber nur 200 Menschen. So sind diese Ansiedlungen kaum noch Dörfer zu nennen, wenngleich sie meist geschlossene Häuserreihen oder doch wenigstens eine geschlossene Häuserreihe bilden. Dagegen sitzen in der Umgebung der Ansiedlungen in zerstreuten Gehöften, besonders auf der Südseite des Gebirges, doch immerhin einige Tausend Menschen, die sich etwa wie folgt vertheilen:

Nordabhang:

Parroquias:	
Catuaro	2 380
Santa Cruz	854
Santa Maria	679
	3 913

Südabhang:

Parroquias:	
Guanaguana	1 294
San Felix	4 535
Punceres	5 004
Caripe	2 970
	13 803
Nordabhang ...	3 913
Zusammen	17 716

Demnach entfallen auf den Südabhang etwa 4 Mal so viel, oder, wenn man Punceres und Caripe als Ostabhang ausscheidet, 1½ Mal so viel Menschen als auf den Nordabhang. Die Beschäftigung besteht im Anbau von Mais, Yuca, Bananen, also Nährfrüchten; zur Ausfuhr gelangen nur Kaffee, besonders von San Antonio und Catuaro, Cacao von Punceres und Tabak von Guácharo und Guanaguana, doch hat die Anpflanzung des berühmten Tabaks von Guácharo sehr nachgelassen. Handelsverkehr bewegt sich fast nur auf der grossen Strasse Maturin—Cumaná und ferner in den Caños der Gegend von Púnceres und Unter-Caripe.

Im Ganzen steht die Besiedelung der Osthälfte der Südkette mit 17 713 sehr gegen die Westhälfte mit 49 870 (ohne Stadt Barcelona) zurück und die Ortschaften sind gegen früher entschieden im Rückgang begriffen.

Vierter Abschnitt.

Der Llano.

Der Llano Venezuela's ist von mir auf der zweiten Reise 1892/93 an fünf Stellen besucht und einmal vollständig gekreuzt worden. Ende September 1892 legte ich im Llano die Strecke von Tinaco über San Carlos nach Agua Blanca zurück, welch letzteren Ort ich schon 1885 erreicht hatte, so dass ein Anschluss der neuen Route an die alte ermöglicht wurde. Im December 1892 überschritt ich südlich von Ortiz die Galera und berührte die Grenze der Ebene, trat jedoch in diese selbst nicht ein. Im Februar 1893 gelangte ich vom Rio Guanape in das die Llanos des Unare im Norden begrenzende Hügelland und durchzog im selben Monat Theile des Llano von Barcelona. Endlich kreuzte ich im März 1893 den Llano von Maturin auf der Strecke Aragua—Maturin—Santa Barbara—Soledad. Die auf diesen Vorstössen gesammelten Beobachtungen fasse ich im Folgenden zusammen.

1. Der Llano von San Carlos dehnt sich vor den westlichsten Theilen der Serrania del Interior aus und umfasst das Land zu beiden Seiten der alten Stadt San Carlos, etwa von Tinaco im Osten bis Agua Blanca im Westen, also gerade den von mir vom 27. September bis 2. Oktober durchzogenen Theil des Flachlandes. Von hier aus erstreckt er sich südwärts bis an die Gegend von Lagunetas, südlich welcher Ansiedlung man von dem Llano von Baul spricht; ähnlich ist das Land östlich von Tinaco als Llano von Pao, das westlich von Agua Blanca als Llano von Acarigua bekannt. Von dem Llano von San Carlos habe ich somit nur einen schmalen Streifen am Nordrande desselben gesehen, das Gebiet zu beiden Seiten der Strasse von Pao nach Acarigua, eine Uebergangszone zwischen dem Gebirge und der eigentlichen Ebene.

Diese Strecke ist deshalb von besonderem Interesse und wurde von mir deshalb zur Bereisung ausgewählt, weil sie an das Zusammentreffen der Ausläufer der Cordillere und des Karibischen Gebirges anschliesst. Demgemäss spiegelt sich auch der Gegensatz in der Zusammensetzung dieser beiden Gebirge in den Randhügeln und dem Boden der Llanos wieder; es findet sich nämlich auch auf der Strasse San Carlos—Agua Blanca ein Wechsel in der Zusammensetzung des Bodens. Nur fällt die Scheide zwischen dem archaeischen Osten und dem sedimentären Westen nicht genau in die Fortsetzung der oben aufgestellten Linie Aroa—Yaritagua—Altar, also etwa an den Rio Cojedes oder zwischen San Rafael und Agua Blanca, sondern die sedimentären Gesteine des Westens schieben sich ostwärts über den Rio Cojedes bis an den Rio Camoruco vor und legen sich wie ein schmales Band vor das archaeische System des Karibischen Gebirges, so dass die südlichsten Gehänge des Tucuragua sedimentäre Hügel der Kreideformation sind. Zwischen Agua Blanca und San Rafael tritt in die Ebene eine Reihe von Hügeln vor, die aus quarzigem Sandstein vom Carora-Typus, also wahrscheinlich aus den ältesten Ablagerungen der Kreide bestehen; die oberen Theile der Hügel bedecken blauschwarze Kalkschiefer, deren Schichten nach Norden gegen das Gebirge einfallen. Unter dem Sandstein treten röthliche Thonschiefer hervor, die vielleicht noch der ältesten Stufe der Kreide zuzurechnen sind. In San Rafael selbst sind die Thürschwellen aus blauem Kalkstein gefertigt, der nördlich des Dorfes gebrochen wird, ohne Zweifel aus den Ausläufern des Armo y Pitiguado. Jenseits des Rio Cojedes nimmt aber der Kalkstein ein Ende und es finden sich hier nur noch die älteren Gesteine der Kreide, und zwar hellgraugrüner und röthlicher weicher, dünnschiefriger Thonschiefer und daneben quarzitischer, feinkörniger, gelb- und violettrother, dem old red sandstone ähnlicher Sandstein. Diese Gesteine setzen die niedrigen Hügel zwischen Onoto und dem Rio Camoruco zusammen und sind in westöstlich streichende leichte Falten gelegt.

Diese Formation setzt sich noch über den Rio Camoruco bis an die Oertlichkeit El Pozuelo 1½ Stunden östlich Camoruco fort. Dann erscheinen verwitterte anscheinend archaeische Schiefer bis La Caparda, hierauf Sabane ohne erkennbare Gesteinschicht und endlich am Rio

San Carlos archaeische Schiefer, die nun ostwärts allein herrschen. Die Grenze zwischen diesen und den Kreidesandsteinen liegt also zwischen Camoruco und San José bei El Pozuelo und La Caparda. Ob etwa einige im Süden von San Carlos liegende Hügel noch der Kreide angehören, vermag ich nicht zu entscheiden.

Die Pflanzendecke der Llanos ist auf der Strecke Agua Blanca—San Carlos nicht sehr veränderlich, weicht dagegen von den westlicheren Llanos entschieden ab; denn es fehlen, wenigstens östlich vom Rio Cojedes am Nordrande die Sumpfwälder, deren Auftreten weiter im Westen so bezeichnend ist. Während sich noch zwischen Acarigua und Agua Blanca ein ausgedehnter Sumpfwald, eine richtige Montaña ausdehnt, kommen östlich von Agua Blanca nur noch kleinere Waldbestände, Montañuela, vor, und östlich des Rio Cojedes fehlen diese ganz, so dass dieser Fluss, wie er die Grenze der beiden Gebirgssysteme Venezuela's bezeichnet, so auch diejenige zwischen den westlichen waldreichen und den mittleren waldärmeren Llanos bildet. Im September und Oktober 1892 waren die Llanos von Agua Blanca und San Carlos infolge des kräftigen Regenfalles noch ziemlich sumpfig; ein grosser Sumpf Las Majaguas bei Agua Blanca bot ein schweres Hinderniss für den Verkehr, die Uebergänge über die meisten Bäche waren schwierig, da Sumpf ihre Ufer bildete, und das Gras der Sabane war hoch. Auffallend ist im Llano von San Carlos und Agua Blanca der Mangel an Palmen, die nur in spärlicher Anzahl auftreten, während sie weiter im Osten gerade im Llano sehr häufig sind. So ist denn das Land zwischen Agua Blanca und San Rafael abwechselnd mit Gras und kleinen Gehölzen bestanden, bietet aber nur wenige einzelne Palmen. Bananengebüsch und Pflanzungen sind ebenfalls selten, auf den kahlen Höhen der Kalksteinhügel treten die hochragenden Agaven hervor, zwischen San Rafael und Camoruco durchreitet man grosse Bestände abgestorbener Bambusse, in der Gegend des Rio Camoruco wechseln Hügel, Bäche mit frischer Ufervegetation, mittelhohe Gehölze und Grasland, und nur selten kommt es zur Ausbildung grösserer Flächen baumloser Sabane, wie zwischen Onoto und La Puerta. Zwischen Camoruco und San José wechseln mit einander feuchte Sabane mit lichtem Waldbestand und trockene mit einzelnen Bäumen, doch war die Landschaft überall frisch und abwechselungsvoll, nur die kahlen Höhen der Serrania del Interior passten schlecht zu dem reizvollen Grün der Parklandschaft der Llanos. Im Osten von San Carlos werden die Palmen in einem ziemlich dichten Gehölze etwas häufiger, dann wechseln wieder Buschwald und Sabane bis Tinaco mit einander ab, das auf besonders baumarmer Sabane liegt. Wahrscheinlich setzt sich dieser Charakter der Llanos ostwärts bis Pao und darüber hinaus fort, während nach Süden zu im Gebiete der Verzweigung des Rio San Carlos Wald wieder häufiger wird.

Die Flüsse der Llanos von San Carlos entströmen der Serrania del Interior oder der Nordkette des Karibischen Gebirges. Der bedeutendste unter ihnen ist der Rio Cojedes, der mit etwa 1 m Tiefe zwischen waldreichen und bebauten Ufern dahinfliesst; auch der Rio San Carlos hat nahezu 1 m Wasser und muss oft mit Kähnen passirt werden. Kleiner ist der zwischen Sandufern dahinfliessende Rio de Agua Blanca, oder Sarare, und noch ärmer an Wasser sind die Flüsse von Camoruco und San José sowie die zahlreichen Bäche, die man auf der Strecke Tinaco—Agua Blanca kreuzt.

Die Besiedelung ist im Ganzen spärlich, der Ackerbau gering; im Herbst 1892 lag noch alles unter dem Druck der Revolution und die Ortschaften waren theilweise arg ausgesogen. Die älteste Ansiedlung in diesem Theile des Llano ist das 1670 von Missionaren gegründete Tinaco mit 2474 Bewohnern, jetzt ein ansehnlicher ziemlich sauberer Ort auf weiter Sabane vor dem Gebirge. Nicht viel grösser ist gegenwärtig San Cárlos, der alte Hauptort der centralen Llanos, ein jetzt recht heruntergekommener Platz. Im Jahre 1678 gegründet, liegt San Carlos auf einer weiten Sabane am Ufer des gleichnamigen Flusses in etwa 180 m Höhe und spielte während der spanischen Herrschaft eine grosse Rolle als bedeutendster Ort der centralen Llanos; aus diesem Grunde waren auch die Kämpfe der Befreiungskriege um San Carlos ganz besonders erbittert, die Verteidigung gegen die Spanier 1814 überaus hartnäckig und so ist denn auch der Verfall der Stadt aus den kriegerischen Ereignissen, die über sie Anfang und Mitte des Jahrhunderts, zur Zeit der Bürgerkriege, hereinbrachen, leicht erklärbar. Zur Zeit hat die Stadt nur noch 2755 Einwohner, war aber früher viel volkreicher und ausgedehnter; am westlichen Ausgange derselben sieht man noch die Grundmauern zahlreicher Häuser, die sich als geschlossene Strasse bis an den Fluss hinzogen, während jetzt die ersten Häuser etwa fünf Minuten vom Flusse entfernt sind. Wenn Codazzi sagt [1]); »Die Gebäude dieser Stadt, ihre Kirchen zeigen den Reichthum ihrer früheren Bewohner, zur Zeit beginnt sie sich von den Schlägen der Unabhängigkeitskriege zu erholen«, so ist diese Erholung wohl nur eine vorübergehende gewesen. Nähert man sich der Stadt von Tinaco her, so erblickt man bereits eine halbe

[1]) A. a. O., S. 404.

Stunde vorher die weisse Kirche, durchreitet aber noch weite Strecken mit Buschwald und sumpfigem Gehölz und gelangt dann an eine ärmlich aussehende lange Strasse, die den Ort im Norden durchzieht, und an deren westlichem Ende eine verfallene Kirche liegt, aus deren Gemäuer Büsche und Gräser emporwachsen. Schöner ist der nach Süden gelegene Theil der Stadt, mit grosser Plaza, und sehr ansehnlicher Kathedrale; allein die Häuser sind im Verfall, die Bewohner verarmt, der Handel und Ackerbau gering und die gesammte Stadt machte, zumal unter dem Druck der Geschäftsstockung, des Krieges und der Kontributionen, einen trostlosen Eindruck, wozu der melancholische Regenhimmel noch beigetragen haben mag. San Carlos hat heute vier Kirchen, eine Menge Regierungsgebäude, und einigen Ackerbau auf Kaffee, Zucker, Baumwolle, sowie Viehzucht. Der Handel geht nach Valencia, mit dem San Carlos durch den Telegraphen und durch eine Fahrstrasse verbunden ist. und wohin auch Vieh, Nutzholz und frutos menores ausgeführt werden; der Anbau von Indigo hat aufgehört. Das Klima ist nicht immer gesund, da die in der Regenzeit sich bildenden Sümpfe Fieber erzeugen. San Carlos ist jetzt Hauptort des Distrikts gleichen Namens des Staates Zamora.

Das Municipio San Carlos enthielt 1891: 10 159 Einwohner und zerfällt in drei Theile: Concepcion, Altagracia und San Juan mit zahlreichen kleineren Caserios und Haciendas; das Municipio Bolívar mit der Stadt Tinaco besass 11 048 Einwohner, die meist Häusergruppen, keine geschlossenen Dörfer bewohnten. So liegt zwischen Tinaco und San Carlos Orupe arriba mit 103, Orupe Abajo mit 123, und weiter abwärts am Rio Orupe Boca de Orupe mit 193 Einwohnern; keine einzige Ansiedlung der genannten Municipio's hat aber mehr als 500 Bewohner, wie überhaupt im Llano die Zersplitterung der Bevölkerung in Einzelhöfen gross ist. Schwach bevölkert ist auch das Land westlich von San Carlos. Das Dorf San José de Mapuey am Rio San José auf sumpfiger Sabane hat nur 111 Einwohner, das gleichnamige Municipio 1777, darunter Pozuelo mit 77 und Camoruco mit 76 Bewohnern. Die Municipios San Rafael de Onoto mit 1338 und Agua Blanca mit 2424 Einwohnern bestehen ebenfalls grossentheils aus Einzelhöfen; das Dorf San Rafael hat nur 319, das Dorf Agua Blanca 367 Einwohner, und erst Acarigua ist wieder eine Stadt von 3260 Bewohnern, hat jedoch 1894 durch Brand gelitten.

2. Der Llano von Ortiz beginnt am Fusse der Galera de Ortiz, ist von mir aber nicht genauer untersucht worden; ich begnügte mich mit einem Blick auf die gewaltige, noch vielfach gewellte, keineswegs völlig flache Ebene, und bemerkte die grosse Häufigkeit

der Palmen am Rande des Gebirges. Der eigentliche Llano beginnt erst bei Morrocoi, auf dem Wege nach Calabozo, der eigenthümliche Charakter der Llanos-Bevölkerung und abweichende Sitten jedoch schon südlich von Ortiz, wo die Art des Viehfutters, die menschliche Nahrung, die Art des Reitens eine andere wird. Wer sich näher über den Llano von Calabozo unterrichten will, lese Sachs: »Aus den Llanos.«

3. Der Llano des Unare ist wiederum etwas anders gestaltet als der Llano von Calabozo. Während nämlich doch bei letzterem eine ziemlich scharfe Grenze zwischen dem Gebirge und der Ebene erkennbar ist, wenn auch Terrainwellen sich noch in das Flachland fortsetzen, lagert sich vor dem östlichen Ausläufer der Serrania del Interior zwischen Altagracia und dem Rio Unare eine etwa 80 km breite Zwischenzone, ein 200—300 m hohes Hügelland, das südwärts an Geschlossenheit abnimmt, aber doch den eigentlichen Llano nach Süden zurückdrängt. Dieses Hügelland lernte ich nördlich des Rio Guanape kennen, es setzt sich aber auch über den Rio Guaribe fort und erreicht in seinen Vorhöhen noch den Tamanaco; in seinen nördlichen Theilen ist es mit lichtem Trockenwalde bedeckt, in seinen südlichen scheint es frischeren dichteren Wald zu besitzen, der als Selva de Guaribe und Selva de Tamanaco bekannt ist. Am östlichen Rande dieses Hügellandes fliesst der Rio Unare nordwärts zum Meere; sein Flussgebiet gehört aber erst in den mittleren und oberen Theilen dem eigentlichen Llano an, der nach mir gewordener Auskunft erst bei Zaraza beginnen soll. Nach Osten und Nordosten hin dehnt sich dagegen wirkliche Ebene aus, und erreicht in der Lücke von Barcelona das Meer; Aragua und San Mateo sind die Mittelpunkte dieser grossen Ebenen, die man von den Höhen über Bergantin weithin nach Süden überschaut. Ihre Begrenzung finden sie im Osten erst in der eigenthümlichen Bodenschwelle der Mesa de Urica, Mesa de Sala und Mesa de Guanipa, im Süden in den Höhen um Pao, wo die Quellen des Unare, Guanipa und Pao nahe bei einander liegen. In diesem gesammten Umkreis herrscht reines Grasland mit einigen Baumbeständen vor, frischere höhere Vegetation ist an die Ufer der Flüsse gebunden; die Ebene aber setzt dem Reisenden kein Verkehrshinderniss in den Weg und so vermochten sich hier mehrere grössere Ortschaften zu entwickeln.

Im westlichen Theile der Ebene liegen, abgesehen von Chaguaramas (950) und La Pascua (2286 Einwohner), am Unare selbst der grosse Ort Zaraza mit 3135 Bewohnern, der Hauptort des Innern, eine erst 1750 gegründete, rasch erblühte Ansiedlung in 200 m Meereshöhe,

die an Grösse nur Calabozo und Aragua sowie Maturin nachsteht;
auf Codazzi's Karten ist sie unter dem Namen Chaguaramal als ein
kleiner Ort angegeben, hat sich also seitdem erst zu ihrer heutigen
Bedeutung als Mittelpunkt des Llano emporgeschwungen. Selbst
Aragua, ein von Missionaren 1734 angelegter Platz, dessen centrale
Lage mit der Zaraza's wetteifert, ist fast überflügelt worden, die
Einwohnerzahl Aragua's, 3530, hat Zaraza nahezu erreicht. Westlich
von Zaraza liegen die ansehnlichen Dörfer Tucupido mit 1483 und
Socorro mit 1136 Bewohnern, weiter südlich auf der Höhe Santa Maria
de Ipire (1257 Einwohner). Im Flussthale des Unare selbst folgen
sich von Süden nach Norden Chaparro mit 919, Cantaura (1740) mit
1231, Zaraza, Onoto, gegründet 1801, mit 601, Cedeño mit 340 Einwohnern im Flussthal des Aragua, Chamariapa, San Joaquin 504,
Santa Ana 1134, Aragua, Margarita 248, San Lorenzo 189, San
Pablo 233 und San Francisco 80 Einwohner. In dem östlichen Llano
des Unare ist San Mateo mit 678 Einwohnern der bedeutendste Ort,
Carito mit 439 und Santa Rosa mit 443 sind nahezu gleich gross.
Ausserdem sitzt die grösstentheils Viehzucht treibende Bevölkerung
in dem Llano des Unare in zahlreichen Einzelhöfen und es ergiebt
sich daher folgende Einwohnerzahl:

Staat Miranda:

Distrikt: Zaraza ohne Santa Maria de Ipire 50 569

Staat Bermudez:

»   Libertad, Parroquias San Mateo, Carito 4 763
»   Cagigal, Parroquias Onoto, S. Lorenzo, S. Pablo, Cedeño   8 907
»   Aragua ohne Cachipo und Urica 47 214

Llano des Unare: Zusammen 111 453

Somit gehört das Unare-Gebiet zu den gutbevölkerten in Venezuela.

4. Die östlichen Llanos, Llanos von Maturin oder
del Oriente. Die östlichen Llanos nehmen eine ganz besondere
Stellung ein, da ihre Beschaffenheit von den mittleren und westlichen
nicht unbedeutend abweicht. Während nämlich diese sich ziemlich
gleichmässig von Nordwesten gegen Südosten westlich des Cojedes
und von Norden nach Süden östlich dieses Flusses senken, tritt in
den östlichen Llanos eine Bodenschwelle als Wasserscheide auf und
durchzieht als solche die gesammte Ebene. Diese Bodenschwelle ist
auf einer Höhenschichtenkarte leicht erkennbar und erstreckt sich
um das Flussgebiet des Unare herum in einem Bogen, dessen west-

licher Theil jedoch nicht so gut ausgeprägt ist, wie der östliche. Von den südlichsten Ausläufern des Gebirges des Oriente, also aus der Gegend von Urica, Areo und Caicara zieht diese 200 m übersteigende Schwelle in südsüdwestlicher Richtung zu den Quellen des Guanipa, biegt dann westwärts um nach Santa Maria de Ipire, erreicht in dem Cerro Tucusipano wahrscheinlich ihre grösste Höhe und verschmälert sich dann erheblich an den Quellen des Rio de la Pascua. Ihre Breite beträgt im Osten 60—80, im Süden 10—50 km. Ihre Höhe wird im Osten bezeichnet durch Santa Barbara 220, Aguasai 210, Aribí 215, Rio Pando 240 m; im Süden stehen mir keinerlei Zahlen zu Gebote, im Westen erhebt sich der Cerro Tucusipano zu 259 m Höhe. Von den verschiedenen Seiten greifen die Flüsse in die Bodenschwelle ein und zertheilen sie in Streifen und Ausläufer; die stehen gebliebenen Theile sind unter dem Namen Mesas bekannt und bilden charakteristische Oberflächenformen. Vor allem aber wird eine hydrographische Eigenart hervorgerufen, insofern die Flüsse nicht mehr südwärts zum Orinoco, sondern ostwärts zum Delta desselben und westwärts zum Rio Unare abfliessen; die Anordnung des Llano ist somit hier im Osten eine ganz andere.

Man unterscheidet im Llano von Maturin in nordsüdlicher Richtung zwei Abtheilungen, die durch den Rio Amana geschieden werden, im Süden die höheren Mesas von 150—300 m, im Norden das unter 150 m Höhe liegende Land, die Niederung. Es ragen also der Süden und die Mitte des Llano höher auf als der Norden am Fusse der Gebirge, wenigstens um Maturin und Chaguaramal, und die beiden Abschnitte sind auch in landschaftlicher und wirthschaftlicher Beziehung ganz verschieden, da der Norden mit frischen Sabanen bedeckt ist und eine halbwegs ansehnliche Zahl von Menschen ernährt, der Süden dagegen grossentheils eine Sandwüste und fast menschenleer ist; eine Uebergangszone zwischen beiden gegensätzlichen Gebieten findet sich um Santa Barbara und Aguasai. Nur in hydrographischer Beziehung sind der Norden und Süden gleich gebaut, indem sämmtliche Flüsse östlich vom Meridian von Cumaná nach Osten abfliessen, selbst diejenigen am Fusse des nördlichen Gebirges und diejenigen nördlich des Orinoco. Diesem gehen daher auf der Strecke seines Laufes zwischen Ciudad Bolívar und Barrancas nur ganz unbedeutende Gewässer von Norden aus zu.

Ferner ändert sich nach Osten hin der Charakter der Llanos von Maturin wiederum im Sinne zunehmender Frische; im Meridian von Maturin enden auch im Süden die trockenen sterilen Mesas, es tritt trockene Sabane an ihre Stelle, die nun allmählich in feuchtere Sabane übergeht, und sich mit Bäumen auch abseits der Flussufer bedeckt, bis dann diese Bäume zahlreicher werden und allmählich Wald das Gebiet auch zwischen den Flüssen überzieht; das ist allerdings erst bei der Annäherung an das Orinoco-Delta der Fall, im Norden aber schon in der Umgebung der Lagunas de Guarapiche und Desparamadero, deren Wasser die Waldvegetation begünstigt. Es findet also auf dieser Strecke ein allmählicher Uebergang aus baumloser Wüstensteppe zum tropischen Urwald statt.

Der nördliche niedere Theil des Llano erstreckt sich aus der Gegend von Areo und Santa Barbara ostwärts zwischen dem Gebirge und dem Rio Amana. Betritt man, vom Gebirge kommend, den Llano bei Aragua, so befindet man sich auf etwa 200—250 m Höhe schon in ebenem Lande, das sich ziemlich rasch bis El Chaguaramal auf 100 m senkt. Bäche bilden tiefe Einschnitte in die Ebene, Geröll tritt überall zu Tage, grobe Sandsteinblöcke bedecken die Fläche, auf der Vieh ziemlich zahlreich die grasigen Theile abweidet, während Wald sich ganz auf die Flussufer beschränkt. Hie und da stehen strohgedeckte Hütten auf der Sabane, bei der Annäherung an Chaguaramal bemerkt man zahlreiche Einzelhöfe, allein im Ganzen sind Besiedlung und Verkehr gering. Etwas frischer sind die Thäler der Flüsse, die zwischen ziemlich steilen Ufern 10—20 m in die Ebene eingeschnitten sind. Unterhalb von Chaguaramal fliesst der Rio Aragua in etwa 75 m Höhe in engem Bette, erweitert sein Thal aber dann und giebt Veranlassung zur Entstehung von frischen Yuca- und Zuckerrohrfeldern, über deren lichtem Grün die dunklen Blätter und rothen Blüthen der Bucares-Schattenbäume einiger Kaffeepflanzungen hervorragen. Grössere Höfe, z. B. Toronales werden auf dem Wege passirt, aber im Ganzen ist auch hier die Besiedelung gering. Der Pfad zieht in der Höhe von etwa 100—70 m, inmitten der bald hell-, bald dunkelgrünen, bald durch Brand geschwärzten Sabane einher und überschreitet hinter El Guayabal eine besonders öde Ebene, den sogenannten Barranco, auf welchem nur dünnes Gras und Chaparro-Bäume stehen, und die Sonne eine gewaltige Wirkung übt; doch wird der Blick gefesselt durch eine weit im Süden am Horizont auftauchende Gruppe von Kokospalmen, die zugleich mit einer am graublauen Himmel aufsteigenden Rauchwolke die Stätte von Maturin anzeigen. Nach rückwärts gewendet erblickt man über der theilweise vom Brande rauchenden Sabane die blauen Berge des Gebirges von Punceres und des Buen Pastor, im Vordergrunde aber entwickeln sich unter der lastenden Hitze Sandwirbel über der Ebene.

Jenseits des tief eingeschnittenen, nur etwa 20 m Seehöhe habenden

Rio Guarapiche, dessen reichliches frisches Wasser zu mancherlei Anbau Veranlassung giebt, steht auf kahler Ebene, überragt von Kokospalmen, Maturin mit weitem Blick auf Gebirge, Ebene und östliches Waldgebiet, auf den Wechsel zwischen kahler Sabane im Westen, Norden und Süden und üppiger Wald- und Kulturvegetation, Bananen-, Cocos- und Cacaopflanzungen im Nordosten.

Jenseits Maturin besteht die Sabane aus dichtem Grase, das aus dem rothen Sandsteinboden hervortritt, die Flussufer bezeichnen grüne Baumstreifen, aber die Ebene ist kahl, bald grün gefärbt, bald schwarz und fast ganz baumlos, da selbst die Krüppelformen der Chaparros verschwinden und zur Höhe von Stauden und niedrigem Gebüsch herabsinken. Rother, weisser Sand am Boden, blaue Berge im Norden mit weissen Wolken, dunkle Wolkenbänke im Süden, die am Ende der Trockenzeit schon wässerig erscheinende Sonne und ein grauweisser, die ferneren Gegenstände verschleiernder Dunst färben und verschönern den Llano von Maturin, über dessen öde Ebenen doch nur spärliche Bewohnerschaft zerstreut ist. Zwischen Maturin und Santa Barbara treten neben Chaparros, Krüppelbäumen, Gebüsch und Stauden auch einige Corozo-Palmen auf, die hier im Ganzen schon selten sind und nach Süden zu der Copernicia- und Mauritia-Palme Platz machen; vorwiegend sind aber die Chaparros, die weithin die Ebene bedecken. Auf halben Wege zwischen beiden Ortschaften wird die Ebene fast baumlos, einige Mauritia-Palmen bilden einen kleinen Bestand an den Quellen eines Wasserlaufes, kurze Cocospalmen kommen hier noch vor, aber im Ganzen bewegt man sich weiter auf dem rothen und weissen Sandboden und erblickt nur rechts und links in der Entfernung zwei grüne Baumstreifen an den Ufern der Flüsse Guarapiche und Amana. Rothe und weisse Ameisenhügel und nach SSO ziehende Einschnitte im leichtgewellten Boden, Grasbrände und Sandhosen zeigen sich auf der Ebene, Geröllhügel und Chaparros dauern an bis zum frischen Rio Amana, der in zwei Arme getheilt bei der Häusergruppe El Carito vorbeifliesst, und einem kleinen Walde Raum gibt.

Jenseits des 150 m hohen Rio Amana erreicht man das Steilufer der ersten grossen Mesa und erklettert den 70 m hohen Rand derselben im Laufe einer Stunde; von der alten spanischen Ansiedlung Santa Barbara, die hier oben in 220 m Höhe liegt, und noch im Besitze einer verfallenden Kirche, dreier Häuser mit Ziegeldächern und zwei Dutzend anderer mit Strohdächern ist, übersieht man die tiefer liegenden nördlichen Llanos in ihrer ganzen Ausdehnung bis zum blau duftigen Gebirge des Oriente. Der Blick auf das schweigende, verkehrsarme, ebene, nur an den Flussufern mit grünen Baumstreifen überzogene Land ist sehr schön. Hier beginnt nun der südliche höhere ödere Theil der Llanos von Maturin, das Gebiet der Mesas.

Codazzi hat bereits darauf aufmerksam gemacht, dass die Mesas im westlichen Llano unwichtig sind und erst im östlichen charakteristisch werden. »In den anderen Provinzen«, sagt er bei der Beschreibung der Provinz Barcelona [1]), »ist der Mesas nicht besonders gedacht worden, weil sie kein besonderes Interesse darbieten; hier aber muss man sie erwähnen, weil sie in dieser Provinz ein eigenthümliches interessantes System bilden, das sich in die Provinzen Cumaná nach Osten und Carácas nach Westen fortsetzt. In der Provinz Barcelona ist die Oberflächengestalt und die Abwechselung der Beschaffenheit des Bodens der Llanos besser ausgeprägt als irgendwo anders in Venezuela. Vom Südfuss der Sierra del Bergantín sieht man die Mesa de Urica sich erstrecken, die mit denen von Salas, Mondongo und der ausgedehnten von Guanipa ein gemeinsames Ganzes bildet. Im Allgemeinen erstrecken sich die Mesas nach SSW und bilden die Wasserscheide zwischen Orinoco, der Küste von Barcelona und der Provinz Cumaná. Unmittelbar westlich der Mesa de Guanipa bildet eine kaum wahrnehmbare wellige Erhöhung einen Kamm, der sich mit einer sehr schmalen Felsenreihe, der sogenannten Sierra oder Sierrita verbindet, welche am Cerrito de Buena Vista an der Quelle des Unare beginnt und bis zum Orinoco an dem Felsen Monsieur Ignacio in SSW-Richtung verläuft, fast gegenüber der Mündung des Caura. Von demselben Cerrito de Buena Vista gehen nach Westen zu einige Gegenleisten mit hohen Sabanen aus, die in den Höhen von Titirijí, Macho, Magdalena und Tucusipano enden; dieser ist der höchste dieser Hügel, 310 varas über dem Meer, 200 über den Sabanen. Die eine einzige Mesa bildenden Mesas von Urica, Amana, Tonoro und Guanipa haben 290 bis 464 varas Seehöhe und 158 bis 205 Höhe über den benachbarten Ebenen.«

Diese Darstellung ist im Ganzen richtig, nur ist die Höhe von 464 varas = 380 m für die Mesas wohl zu hoch gerechnet, man müsste denn den Gebirgsfuss bei Caicara und Urica hinzurechnen, gegen den die Mesas allerdings erheblich ansteigen; im Uebrigen übersteigt ihre Höhe wohl nur an den Quellen des Guanipa und Tigre in der Umgebung von Pao 300 m.

Sehr auffallend ist es nun, dass die Mesas gerade da aufzutreten beginnen, wo im Südwesten ihrer Ausläufer der Orinoco nach Osten

---

[1]) Geografía, S. 544.

umbiegt. Im Gebiete des Apure fehlen sie völlig, am Portuguesa-Laufe ist nichts derartiges bekannt und auch der Rio Guárico ist noch frei von ihnen. Oestlich der Mündung des Guaritico, um den Manapire, erscheinen zuerst die Mesa de Santa Clara und Mereyal, östlich des Rio Espino die Mesa de los Barineses, zwischen dem Rio Aracai und dem Rio Iguana die Mesa de Aracai; östlich des letzteren die Mesa Requena. Alle diese können als südsüdwestliche Ausläufer der Höhen von Macho, Magdalena, Titirijí und Tucusipano betrachtet werden, während die Sierrita bei San Diego sich in dem Westrande der Mesa de Guanipa nach NNO fortsetzt. Wir haben somit ein System von Mesas vor uns, das sich von SSW nach NNO in der Richtung vom Orinoco-Knie bei Caicara nach Barcelona und vom Caura bis westlich von Maturin fortsetzt. Es sieht fast so aus, als ob das Gebirge von Guayana sich unter dem Boden des Llano bis gegen das Gebirge des Oriente fortsetze und die Erhöhung des Bodens veranlasse. Wenn nun das System der Mesas zwischen Zaraza und San Mateo unterbrochen ist, so kann dafür sehr wohl das Eingreifen des wasserkräftigen Unare in die Mesa-Formation verantwortlich gemacht werden, wodurch das Becken von Aragua herauspräparirt wurde.

Der Westrand der Mesas liegt in der Fortsetzung der Richtung des Orinoco oberhalb der Apure-Mündung, der Osten in derjenigen des unteren Caura, zweier der grössten Flüsse Guayana's, die muthmasslich tektonisch vorgezeichneten Linien folgen.

Die Zusammensetzung der Mesas ist, soweit ich sie auf dem Wege von Maturin über Santa Barbara nach Soledad kennen gelernt habe, eine völlig gleichartige. Im Norden lagert zwischen Mapurite und El Carito westlich von Maturin ein feinkörniger, rostbrauner, durch Raseneisenstein verkitteter und gefärbter Sandstein, am Rio Amana bei Santa Barbara ein grobstückiges, abgerollte bis wallnussgrosse Stücke harten quarzitischen Gesteins enthaltendes, an Brauneisen reiches Konglomerat; im Süden findet sich am nördlichen Ausgange von Soledad ein klein- bis grobkörniger meist Quarz und ein dichtes quarzitisches Gestein führender röthlicher Sandstein mit Brauneisen (Raseneisen?), ebenda ein dem vom Rio Amana sehr ähnliches Konglomerat mit Quarz- und Eisennieren. Der grosse Reichthum an Eisen weist entweder auf eine Entstehung als Raseneisenstein in stagnirenden Gewässern der Ebene hin oder auf die Abschwemmung des eisenreichen Gebirges von Guayana; nimmt man letzteres an, so ergiebt sich von Neuem die Möglichkeit, dass der Grund der Llanos von Maturin das alte Gebirge von Guayana sei, das auch thatsächlich bei Soledad unter die Llanos einfällt. Jedenfalls weicht die Zusammensetzung der östlichen Llanos von der der westlichen ab, in denen vorwiegend thoniger und kalkiger Boden (zwischen Guanare und Barínas) herrscht, sowie »gebrochene Sandstein- und dichte Kalksteinlager auf der übrigen Fläche emporstehen« [1]); doch kommen auch in den südlichen Theilen der centralen Llanos von Calabozo »rothe Sandsteine oder altes Konglomerat« [2]) vor, die wohl die Anfänge der weiter östlich herrschenden Ablagerungen sind, und Wall verzeichnet sie sogar schon bei Morrocoi nördlich von Calabozo am nördlichen Rande des Llano [3]).

Eine ganz besondere Neigung zu schroffer Zerklüftung und steilen Böschungen ist diesen Konglomeraten eigen, so dass dort wo Flüsse in die leicht gewölbte Tafel einschneiden, förmliche Erosionsgebirge entstehen, deren schroff ausgezackte Wände Cañonartig absteigen und deren häufig isolirte Reste Thürmen gleich emporstarren. Man bemerkt dies am deutlichsten auf der Strecke von Santa Bárbara nach Aguasai am Rio Tonoro und am Rio Caris. Der tief eingeschnittene Rio Tonoro fliesst an der Uebergangsstelle des Weges zwischen 60 m hohen rothen Konglomeratwänden reissend dahin und hat die Tafel derart zersägt, dass Pfeiler, Säulen, Thürme und Klötze, losgelöste Tafelberge, entstehen. Dieser Charakter der nördlichen Theile der Mesas dauert an von dem Rio Amana bis zum Rio Chive und zeigt sich ganz besonders deutlich am Rio Guanipa bei Aguasai, in dessen Nähe das gesammte linke Ufer des Flusses in zerschnittene Tafelberge aufgelöst ist, von deren steilem Rande man mühsam herabklettert. Zwischen den zerschnittenen Tafelstücken windet sich der Weg und schieben sich hinein die Sumpfstrecken und stehenden Gewässer mit Wasserpflanzen und Hainen der Mauritiapalme (Morichales), deren Umgehung oft viel Zeit kostet. Auch zwischen dem Guanipa und Oritupano sowie zwischen dem Rio Guibimba und Rio Seco treten die Tafelstümpfe noch zahlreich auf und führt der Weg abwechselnd bald über die Tafel selbst eben einher, bald an dem Tafelrande entlang, dessen Gehänge nördlich des Oritupano in Hügelland aufgelöst ist.

Nach Süden zu nehmen die Konglomerathügel eine gelbe Farbe an, besonders nördlich des Rio Chive, und gehen dann in eine vollkommene Sandwüste über, deren Existenz zwar von den Reisenden, z. B. ten Kate, bereits erwähnt, aber auch von A. v. Humboldt

[1]) von Humboldt, a. a. O. III. 256.

[2]) Ebenda, 331, V. 577.

[3]) Quarterly Journal of the Geological Society of London, XVI, Tafel XXI.

nicht als etwas Eigenthümliches hervorgehoben wird. Und doch bildet ein Theil der Ebene ein echtes Flugsandgebiet, dessen Dünen augenscheinlich vor dem Winde wandern. Diese Sandwüste beginnt in Spuren schon südlich des Rio Guanipa auf der Mesa gleichen Namens südlich der Ansiedlung Aribí, entwickelt sich aber zusammenhängend erst im Süden des Rio Chive, besonders von den Cabeceras del Chacao an und dauert bis dicht vor Soledad an; am deutlichsten ist sie ausgebildet zwischen den Flüssen Pando und Morichal Largo um den Rio Tigre, wo sie in den Flugsandhügeln nördlich des Rio Tigre die grösste Höhe des ganzen Weges von Maturin nach Soledad mit 240 m Seehöhe besitzt. Wie weit sich die Sandwüste nach Westen erstreckt, ist mir nicht bekannt, doch erwähnen ihrer Humboldt bei Pao, [1]) die Apuntes Estadisticos del Estado Barcelona von ebendort. [2]) Es ist ein Gebiet fast knietiefen weissen bis gelben Sandes, unter dem nur sehr selten der rothe harte Boden der eisenschüssigen Konglomerate emportaucht: man passirt zwischen dem Chive und dem Morichal Largo fast nur knietiefen Sand, Sandhügel, Sandhöhen und wieder Niederungen, in denen der Sand zusammengeweht ist; in den heissen Stunden des Tages steigen vielfach Sandhosen auf, Sandwirbel lokaler Entstehung. Die Vegetation beschränkt sich, abgesehen von den Flussufern, fast ausschliesslich auf den Chaparro (Curatella americana), einen etwa 2 bis 2¼ m hohen, krüppeligen Baum aus der Familie der Dilleniaceen, dessen braunrothes Holz schwer und dauerhaft ist. Diese Chaparros stehen meist einzeln, aber in so gleichmässigen Abständen von einander, als ob sie künstlich angepflanzt wären, und verstärken mit ihrem öden Anblick den Eindruck der trostlosen Einförmigkeit dieses Theils der Llanos.

In der That sind diese Mesas zwischen Chive und Soledad das Oedeste, was man sich in Venezuela denken kann, und sehr arm an Regen, ausserdem aber nicht im Stande, den Regen zu halten; denn wie schon Codazzi bemerkt, saugt und schluckt der Sand das Wasser ein und lässt es bis zu der harten undurchlässigen Thonschicht durch, die vielfach zwischen die Konglomerate eingeschaltet ist. Auf dieser fliesst es abwärts zu den Flüssen und Wasserläufen und giebt so die Veranlassung zu mächtigen wasserreichen Flüssen, die mitten im Sandgebiete einherziehen, und den Reisenden durch ihre Wasserfülle überraschen. In der That fand ich, obwohl ich in der trockensten

[1]) A. a. O., V. 41.
[2]) S. 104, 166.

Zeit des Jahres, Ende März, vor Beginn der Regenzeit, die Llanos durchzog, nur einen einzigen der Wasserläufe des Gebiets ohne Wasser, nämlich den schmalen unbedeutenden Rio Pando, in dessen Trockenbett weisser Sand zwischen rothen Ufern gelagert war. Alle übrigen Flüsse hatten Wasser, zum Theil viel Wasser, da ihnen auch noch zu Ende der Trockenzeit das langsam durchsickernde Wasser, das zur Regenzeit gefallen war, zu Gebote stand. Das Wasser vermehrt sich vielmehr schon wenige Kilometer von den Quellen der Bäche zu frischen Flüsschen und bildet einige Meilen von denselben entfernt bereits mehrfach schiffbare Ströme. So muss der grosse Rio Tigre, der ungefähr den Mittelpunkt des Sandgebietes bezeichnet, das ganze Jahr hindurch mit einem Kahn übersetzt werden, auch noch zu einer Jahreszeit, in der man grössere Flüsse der venezolanischen Gebirge nahezu durchwaten kann. Dieser Rio Tigre hat bei einer Breite von kaum 200 m über 2 m Tiefe, der Guanipa bei einer solchen von 150 m 1 bis 1¼ m Tiefe, wir konnten ihn am 17. März nur mit Mühe überschreiten. Die andern, z. B. der Oritupano und Guibimba hatten zwar wenig Wasser, aber viel Sand und der Uebergang über alle diese Flüsse, auch den rasch strömenden Tonoro und den Caris, ist nicht ungefährlich, da die Thiere leicht in dem lockeren gleitenden Sand des Flussbettes versinken oder bei der Bemühung, sich aus dem fesselnden Elemente zu befreien, den Reiter abschütteln.

Eigenthümlich ist, dass bei allen diesen Flüssen überall das südliche Ufer das höhere ist, so dass man bei der ungemein grossen Ebenheit des Bodens von Norden kommend stets das südliche Ufer eines Flusses von Weitem als eine anscheinend hohe Wand erkennt, deren Böschung freilich bei den Sandflüssen des Südens, z. B. dem Chive und Areo, auch dem Pando, sich bei näherem Herankommen meist als sehr schwach geneigt erweist.

Ausser den Flüssen, an deren Ufern meist wenigstens einige Hütten oder Häuser zu erwarten sind, bilden die Morichales die auffallendsten Gegenstände der Betrachtung. Die Morichales sind Haine der Mauritia-Palme, die sich naturgemäss nur an Stellen findet, an denen Wasser häufig ist, meist dort, wo es fliesst. In Folge dessen werden die Morichales zu sehr gesuchten Stätten im heissen sandigen Lande und der Anblick eines Morichal stimmt schon von Weitem und lange vorher freudig. Gewöhnlich ist aber der Uebergang über einen Morichal aus den oben angegebenen Gründen der Versandung des Bachbettes nicht ganz ungefährlich, zumal da Ried, Schilf, Wurzelstümpfe und Wasserpflanzen über dem langsam fliessenden, fast stagnirenden Wasser einen Ueberzug bilden, in dem sich die

Reitthiere mit den Hufen verwickeln, so dass anzurathen ist, einen Morichal nur unter kundiger Führung zu kreuzen. Besonders interessant sind die Morichales da, wo sie einer Quelle ihr Dasein verdanken: man sieht dann — und das kommt auf der Strecke Maturin—Soledad ziemlich häufig vor — mitten in der Sabane oder auf dem Sandfelde eine Palmengruppe, nur zwei, drei oder ein halbes Dutzend, über zunächst nicht gleich erkennbarem aus dem Boden filtrirten Wasser stehen, bemerkt aber eine Zunahme ihrer Zahl in der Richtung des Wasserlaufes und vermag aus der Anwesenheit dieser Palmen auf den Verlauf des Baches zu schliessen. Gerade bei kleinen entstehenden Bächen und an der Quelle von Wasserläufen und grösseren Flüssen sind diese Morichales häufig ganz rein ausgebildet, während weiter abwärts auch weniger genügsame grosse Laubbäume sich den Palmen zugesellen. Auf dem Wege Maturin—Soledad trifft man den ersten Morichal bei Mapurite, einen zweiten kurz vor El Carito, später mehrere, einen grossen z. B. zwischen Santa Barbara und Tonoro an der Cabecera Mapirito, einen sehr auffälligen, die Cabecera de Chacao, an der Grenze des Graslandes und der Sandwüste bei Chive und eine Tagereise von Soledad hat ein solcher Morichal wegen seiner Länge sogar zu dem Namen eines Flusses, Morichal Largo und einer Ansiedlung Veranlassung gegeben. In Guayana, südlich des Orinoco, pflegen in der Umgebung der Stadt Ciudad Bolivar die fremden Kaufleute und angeseheneren einheimischen Familien in solchen Morichales wegen deren Frische Landhäuser zu erbauen und theilweise sogar ständig dort zu wohnen, so dass man ganz allgemein sagt: er ist auf seinem Morichal, etwa wie man bei uns sagt: er ist auf dem Lande, oder im Garten, oder in seiner Villa. Davon freilich ist in dem menschenarmen Llano nicht die Rede.

Im Uebrigen ist die Vegetation der südlichen Llanos eine recht ärmliche. Zwischen Santa Barbara und Aguasai ist das Land zwar noch mit Gras bestanden, auf der Mesa de Guanipa aber wird dieses spärlicher und mehr und mehr herrschen Chaparro und Sand vor; doch fehlen einzelne Grasflecken nicht, die zu Ende der Trockenzeit abgebrannt werden, so dass man bei dem Uebernachten auf der Sabane ringsherum die Feuer der Grasbrände sieht. Der Ackerbau ist sehr gering, beschränkt sich meist nur auf Mais, Yuca und Zuckerrohr, und auch das nur in den Flussthälern und Morichales sowie in den Einschnitten der Mesas, z. B. nördlich des Rio Oritupano; irgendwelche kulinarische Genüsse sind nicht aufzutreiben, am Rio Tigre waren wir überaus froh, Malojo für die Thiere und frische Gemüse, Yuca, Apio, Ocumo für uns zu finden, so dass es nöthig ist, sich ausreichend für etwa eine Woche mit Proviant zu versehen. Dazu ist die Hitze in der Sandwüste ungeheuer, um Mittag meist 35—40°, die Ausstrahlung des glühenden in der Luft vertheilten Sandes ist enorm und der Wind gerade um Mittag, abgesehen von lokalen Wirbeln, meist schwach, Abends dagegen frischer. So ermüdet die Wanderung durch die sandigen Llanos sehr bald, und Humboldt hat Recht, wenn er sagt: »Die einen grossen Theil des Jahres hindurch staubigte und zerrissene Steppe macht einen betrübenden Eindruck durch ihre unwandelbare Einförmigkeit. Wenn nach acht bis zehntägiger Wanderung man an die Spiele der Luftspiegelung und das glänzende Grün einzelner von Meile zu Meile sich darbietender Mauritia-Büsche gewöhnt ist, so fühlt man alsdann das Bedürfniss mannigfacherer Eindrücke, man wünscht sich wieder die grossen Bäume der Tropenländer, den wilden Lauf der Bergströme, die vom Fleisse des Landbauers bearbeiteten Küsten- und Thalgründe [1]«. Dennoch aber ist das Reisen in den Llanos so eigenartig, dass man der dort verlebten Tage gern gedenkt und die erlittenen Strapazen gar bald vergisst.

Die Besiedelung des Llano von Maturin ist sehr gering, wie sich schon aus der Schilderung des Landschaftcharakters ergiebt, und zwar findet auch in dieser Beziehung eine Scheidung in einen nördlichen besser besiedelten Bezirk der Grasfluren und einen südlichen fast unbewohnten der Sandwüste statt. Die Scheide zwischen beiden liegt bei Aguasai, dem südlichsten geschlossenen Dorf der Llanos von Maturin, fällt also nicht ganz mit dem Auftreten der Mesas zusammen, sondern geht auf diese selbst über. Es ergiebt sich also, dass sich die Bevölkerung in den grasigen Sabanen um die Rios Guarapiche und Amana zusammendrängt. Hier hat sich als Mittelpunkt des gesammten Llano des Ostens die Stadt Maturin entwickelt, die in 50 m Höhe über dem steilen rechten Ufer des Guarapiche erbaut ist, in einer grasigen Sabane, von der aus die landschaftlichen Gegensätze der Umgebung gut übersehen werden können. Steht man auf der Sabane im Osten der Stadt, so erblickt man im Nordosten die reichbelaubten Kulturgebiete in der Richtung gegen den Rio Aragua, prachtvolle Vegetation, üppigen Wald, Palmen und Bananen, Cacaopflanzungen und Schattenbäume in dunklem Grün, darüber die blauen Berge von Punceres und ihre Ausläufer bis zum Cerro de Guariquen; nach Süden aber schweift der Blick weit über die Sabane, und findet erst einen Ruhepunkt in der leise geschwungenen

[1] Humboldt, a. a. O., V. 63.

Linie der Mesas südlich des Rio Amana, die sich bis gegen die Länge von Maturin diesem Flusse entlang ziehen; nach Westen hin erscheint die ansehnliche Stadt, das eingeschnittene Flussthal des Rio Guarapiche und in demselben einzelne Zucker-, Mais- und Bananenpflanzungen mit Wirthschaftsgebäuden. Die Stadt Maturin selbst ist der grösste Platz der gesammten Llanos, erscheint aber, wie fast alle Llanosstädte, fast als ein grosses Dorf, da die Häuser ziemlich weitläufig stehen und die Strassen theilweise sehr breit sind. Eine sehr ausgedehnte Plaza ist die Hauptzierde der Stadt, eine zweite mit einem grossen Ceiba-Baum befindet sich am Westende am Ausgange nach dem Vorort Cerro Colorado. Eine leidliche Hauptkirche, zahlreiche Strassen, eine Anzahl grösserer Geschäftshäuser beweisen aber, dass Maturin einen grossen Wohlstand besitzt, der dem bedeutenden Viehhandel mit Trinidad entspringt. Leider krankt die Stadt an einer ungenügenden Verbindung mit dem Hafen Embarcadero am Rio Guarapiche, von dem aus die Verschiffung von Waaren und Vieh erfolgt. Man hat eine volle Tagereise, etwa acht leguas von Maturin nach dem Hafen, von denen die ersten vier durch Sabane, die letzten vier aber durch morastigen Wald führen und sehr schlechten Weg bieten. Die Erbauung einer Eisenbahn nach dem Hafen wäre nicht schwierig, ist aber noch nicht einmal ernstlich geplant. Maturin wurde 1710 durch Missionare gegründet, war Hauptstadt der Provinz gleichen Namens und des Staates Maturin von 1856 bis 1882 und spielte in den Unabhängigkeitskriegen, namentlich im Jahre 1813 eine grosse strategische Rolle; 1891 hatte die in zwei Kirchspiele, San Simon und Libertad getheilte Stadt 4358 Einwohner, also etwas weniger als Tocuyo, etwas mehr als Carora und Yaritagua, die beiden Kirchspiele mit der Umgebung zusammen 15624 Bewohner.

Die übrigen Ortschaften der nördlichen Llanos von Maturin sind sehr unbedeutend; die grössten liegen am Fusse des Gebirges, dort wo sich die Flüsse aus dem Gebirge hervor in die Ebene drängen. Der grösste Platz ist das seit 1718 bestehende Caicara am Guarapiche mit 900 Einwohnern und einem Kirchspiel von 7338, in das jedoch auch einige Gebirgsgebiete gehören; Urica nahe dem Zusammenflusse des Rio Urica und Rio Amana besitzt 786, mit dem Kirchspiel 3325 Einwohner, Areo nur 518, mit dem Kirchspiel 9979. Nördlich Maturin liegt das geschlossene, 1752 gegründete Dorf Aragua mit 587 Bewohnern, der grösste Ort zwischen Maturin und Cumanacoa und anscheinend früher bedeutender, da es von Codazzi mit grosser Schrift ausgezeichnet wird, wie Maturin, Cariaco und Cumaná selbst;

heutzutage hat es nur noch geringe Bedeutung für den Durchgangs-
handel, aber auch ein Kirchspiel von 4878 Bewohnern. Chaguaramal
ist ein richtiges Llanos-Dorf auf weiter Sabane, fast nur aus einer
einzigen Strasse bestehend, mit nur 269 Einwohnern, aber da es von
vielen Einzelhöfen umgeben ist, einem Kirchspiel von 2965 Seelen.
In der Parroquia Caño Colorado am Unterlaufe des Rio Guarapiche
wohnen nur 1259 Menschen, in der Pfarrei Guzman Blanco 3639,
so dass die Llanos nördlich des Rio Amana eine Gesammteinwohnerzahl von 49 007, also rund 50 000 besitzen.

Desto schwächer bevölkert ist das Land südlich des Rio
Amana bis nach dem Orinoco hin. Als geschlossene Ortschaften
bestehen hier nur Santa Barbara und Aguasai, ersteres am rechten
220 m hohen Ufer des Rio Amana mit 251 Einwohnern, ein welt-
verlorenes, verfallendes Dorf mit prachtvoller Aussicht auf den
gesammten nördlichen Llano, das Flussthal des Amana, die Sabanen
bis Maturin und Urica und das Gebirge des Oriente; Aguasai am
Abhang des zerschnittenen linken Ufers des Rio Guanipa mit 358 Bewohnern, sehr wenig Verkehr und öden Strassen, und endlich im
Süden Soledad mit 755 Bewohnern, das ich aber schon zu Guayana
rechne. Im Uebrigen bestehen nur zerstreute Ansiedlungen an den
Ufern der Wasserläufe und in den Morichales. Von Norden nach
Süden passirt man die Häusergruppen und Einzelhöfe von Tonoro
und Caris an den gleichnamigen Flüssen, El Aribí, El Arenal, El
Ñato zwischen dem Guanipa und dem Oritupano, ferner Chive und die
halb aus Kariben, halb aus Spaniern bestehende Niederlassung am
Rio Tigre, früher Merecural genannt, endlich El Morichal Largo.
Für alle diese werden Zahlen angegeben: Tonoro soll 406, Ñato 150,
Aribí 64, El Arenal 179, Morichal Largo 371 Einwohner haben,
allein man findet meist nur wenige Häuser beisammen am Flussufer,
während die übrigen zu dem Sitio der Vecindario gerechneten zerstreut auf der Sabane liegen; mehrere Häuser von einigem Ansehen
weist nur Morichal Largo auf, alle übrigen haben nur unansehnliche
halb oder ganz offene Hütten und höchst primitive Umgebung.

Die östlichen Sabanen am Uebergang der Sandwüste zum Waldgebiet des Delta sind fast noch spärlicher bewohnt, und entbehren
überhaupt aller festgeschlossenen Ansiedlungen, mit Ausnahme des
schon älteren Uracoa, das 485 Bewohner bei einem Kirchspiel von
1108 Seelen haben soll, während weitere 1504 um Tabasca am Rio
Tabasca verstreut sind. Barrancas mit 454 Einwohnern rechnet
man wegen seiner Lage am Orinoco besser dem Orinoco-Gebiet und
Guayana zu.

Das Delta des Flusses wird von 3558 Menschen bewohnt, die sich folgendermassen vertheilen:

Distrikt	Capital (Tucupita)	823
»	Pedernales	899
»	Coporito	553
»	La Horqueta	169
»	Manoa	493
»	Tórtola	621
		3558

Das Territorio Delta rechnet auch noch Theile von Guayana zu sich, so dass die Einwohnerzahl auf 7222 steigt. Ein Theil dieser Bewohner sind Guaraunos-Indianer in einzelnen Rancherien. Geschlossene Ansiedlungen sind nur Pedernales mit 240 und Tucupita mit 393 Einwohnern.

Fünfter Abschnitt.

Guayana.

Wer aus dem Llano von Maturin nach Ciudad Bolívar reist, erwartet kurz vor der Ankunft am Orinoco einen Blick auf eine gänzlich veränderte Landschaft zu erhalten; gilt es doch aus den weiten Ebenen heraus nunmehr das Bergland von Guayana zu betreten und jenseits des zwischen beiden die Grenze bildenden Riesenstromes Orinoco ein dem bisher gesehenen völlig fremdartiges Land zu erreichen. Darin wird man aber enttäuscht. Zwar tauchen vor dem langsam aus der Sandwüste das frischere grasige Land um Soledad Gewinnenden am südlichen Horizonte vereinzelte runde Kuppen auf, allein den Anblick eines wirklichen Berglandes gewähren sie nicht, und fremdartig erscheinen sie nur im Gegensatz gegen die Ebene. Dann freilich gewährt es einen eigenthümlichen Eindruck, von den Hügeln über Soledad eine grössere Stadt zu sehen, die sich allmählich theilt, in zwei Theile zerfällt und zwischen sich einer breiten Gasse, in der der Orinoco fliesst, Raum giebt; man hat nämlich Ciudad Bolívar am Südufer und Soledad am Nordufer vor sich, zwischen denen der Strom in engem Bette fliesst, so dass beide Orte eins erscheinen. Aber der Orinoco erfüllt auch nicht das, was man von dem grossen Strome erwartet. Steigt man die steilen Gassen des schmutzigen Ortes Soledad hinunter, so erblickt man gewaltige kohlschwarze Felsen inmitten des gelblichen Flusses, der durch diese Felsen in zwei Arme getheilt wird; dadurch geht der Eindruck der Gesammtbreite verloren. Das ist die Enge, Angostura, des Stromes.

Auf dem schwarzen Felsen, der sogenannten Piedra del Medio, Stein der Mitte, erheben sich ein Kreuz und ein hohes eisernes Gerüst von der Form des Eiffelthurms, das zur Ueberleitung des Telegraphen von Barcelona nach Ciudad Bolívar dient oder vielmehr diente, denn im Anfang 1892 wurde der Draht wegen der Revolution durchschnitten und Ende 1894 war er noch nicht wieder hergestellt. Das von heftigem Ostwinde aufgewühlte Wasser des Stromes zeigt kräftige Schaumköpfe und bewegt sich anscheinend stromaufwärts; gegenüber liegt, von dem hohen runden Thurme der weissen Hauptkirche überragt, Ciudad Bolívar am Gehänge des hohen Ufers von Guayana, in erstaunlich trockener Umgebung, in der nur der Fluss Frische und Leben spendet. Niedrige Hügel auf beiden Seiten des Orinoco, die Ufer mit schwarzem Geröll bedeckt, gelbe sandige Uferstreifen, in der Mitte langgestreckte riesige Felsen, auf den Höhen die übliche Kakteen- und Dornenvegetation, vom tropischem Uferwalde keine Spur; auf dem Flusse selbst lebhafter Verkehr der Fährsegelbote, die in scharfer Wendung die schwarze Piedra del Medio hinüber und herüber umschiffen, und auf den Wellen des Stromes so stark schaukeln, wie die Fischerfahrzeuge auf dem blauen Golfe von Cariaco: im Ganzen kein eigentlich tropisches Bild, die Lage ähnlich dem Binger Loch, die Uferhügel aber sehr viel niedriger als die Höhen des rheinischen Schiefergebirges, und dabei kein Gegensatz zwischen den beiden Ufern, weder im Gestein, noch in der Vegetation, ja nicht einmal in der Höhe der Uferhügel.

Diese Enttäuschung über die Orinoco-Landschaft setzte sich bei der Befahrung des Flusses bis zur Caroní-Mündung fort. Ich glaubte einen langsam dahin gleitenden Riesenstrom zu finden, sah aber statt dessen einen im höchsten Falle 2 km breiten Fluss, dessen Ufer stets deutlich erkennbar waren. Die Ufer sind vielfach niedrig, flach, eine Playa (Strand) mit gelbem Sande, oder sie bestehen aus runden gebuckelten Hügeln von höchstens 100 m Höhe; auf ihnen Buschwerk und niedere Bäume, gar keine Palmen, ausser in Ansiedlungen, wie Bolívar und Puerto Tablas, künstlich angepflanzte, ja nicht einmal hochstämmiger lichter Trockenwald, sondern nur Buschwald, Monte und hie und da, aber selten, Grasland; im Strome lange schmale feste mit Buschwerk bedeckte Inseln, oder kahle, kohlschwarze Felsenriffe; das Wasser zu Ende März im höchsten Grade wild, aufgeregt, hohe Wellen, gewaltige Fluth, stürmische Böen, der Himmel Nachts trübe, weisse, schwarzgeränderte Wolken vor dem Monde dahinjagend,

am Tage dicke Wolkenbänke, zeitweise feiner Rieselregen, auch
Schauer heftigen Regens schon vor Beginn der eigentlichen Regen-
zeit. Auf den sandigen Ufern Wolken gelben Sandes und Staubes
durch die stürmische Brise aufgewirbelt, westwärts ziehend. Das
Thierleben arm, nur wenige Kaimans und Vögel sichtbar. In der
Regenzeit, wenn der Orinoco schwillt, und losgerissene Inseln den
Strom hinabeilen, mag ein ganz anderes Bild sich bieten, in der
Trockenzeit aber hat der Fluss auf der Strecke von Ciudad Bolívar
bis zum Caroní nichts Tropisches; hätte ich mich nicht auf einem
venezolanischen Segelbote befunden, Yuca, Mais und Cacao gegessen
und spanische Laute gehört, so hätte ich glauben können, an einem
stürmischen Hochsommertage die Unter-Elbe hinabzufahren.

Auch die physikalisch geographische Stellung des
Orinoco-Thales erwies sich als eine andere als ich erwartet hatte. Nach
der bisher herrschenden Ansicht fliesst der Orinoco am Nordrande des
Massifs, Berglandes, Hochlandes oder wie man es nennen will, von
Guayana. Demnach wird wohl ein Jeder angenommen haben, dass der
Fluss die Grenze zwischen dem archaeischen Gebiet Guayana's und den
jungen Ablagerungen der Llanos bilde, dass er also an seinem Südufer
die archaeischen Felsarten in leicht aufsteigendem Hügelland zeige,
im Norden aber von dem Flachlande des Llano erreicht werde. Dem
ist aber nicht so; sondern der Orinoco fliesst auf der
Strecke von Ciudad Bolívar bis zur Caroní-Mündung
zwar nahe dem Rande des Gebirgssystems von Guayana,
aber doch noch in demselben und schneidet noch in die
archaeischen Schichten Guayana's ein. Dieses Ergebniss
war mir überraschend, ist, soviel ich weiss, bisher noch nicht hervorgehoben worden und daher neu; es ist insofern von Wichtigkeit, als
daraus hervorgeht, dass das Gebirgssystem von Guayana
sich unter die diluviale Decke des Llano hinab nordwärts fortsetzt. Damit erhält das erwähnte Gebirgssystem eine ganz andere Stellung und die bisherige An-
schauung über die physikalische Geographie des Nord-
ostens Südamerika's ist zu berichtigen. Denn wahrscheinlich beeinflusst das sich nordwärts ausdehnende Guayana-
System den Bau der östlichen Llanos theils durch die Erhöhung der
Meereshöhe derselben, theils durch Veränderung der hydrographischen
Richtungen, die ja, wie oben gezeigt worden ist, im östlichen Llano
ganz andere sind, als im westlichen und mittleren. Jedenfalls ist
der Einfluss und Bestand des Guayana-Systems nordwärts über den Orinoco auszudehnen.

Ein genaues Studium der Codazzi'schen Karte hätte allerdings auf dieses Ergebniss vorbereiten können. Nordwestlich der Caroní-Mündung merkt Codazzi am nördlichen Ufer einen Cerro Guarampo an, und auch die Enge, Angostura, bei Ciudad Bolívar liess auf Steilufer und anstehende Felsen am Nordufer schliessen; die zahlreichen Engen zwischen den Mündungen des Areo und Caura mussten auch die Ansicht nahelegen, dass der Orinoco noch am Nordufer von Felsen eingeengt werde. Doch ist auf alles das kein oder nur wenig Gewicht gelegt worden und von einem Uebergreifen des Guayana-Systems nach Norden ist nirgends die Rede gewesen.

Befährt man aber den Orinoco von der Angostura bei Ciudad Bolívar bis zur Caroní-Mündung, so treten einem die archaeischen Gesteine Guayanas nicht etwa nur an der Angostura und am Guarampo, sondern noch viele Male am Nordufer so deutlich und häufig entgegen, dass man es fast als Regel bezeichnen muss, am Nordufer Guayana-Gesteine anstehend zu finden, und das Vorkommen der Llanos-Konglomerate und sandiger Playa als Ausnahme auffassen darf. Man sieht sowohl bei La Peña östlich von Soledad das blauschwarze Guayana-Gestein auftreten wie auch gegenüber den Rosario-Inseln; dasselbe ist bemerkbar nördlich der Insel La Ceiba und weiter in der Enge von Guarampo, wo die je 100 m hohen Cerros Guarampo im Norden und Patacon im Süden den Strom einengen. Die meisten kleineren Inseln und Klippen im Orinoco bestehen ebenfalls aus dem Guayana-Gestein, nur einige lange Inseln, wie Isabel und La Ceiba sind flach, doch trägt auch die lange flache Insel Fajardo zwei gebuckelte Hügel mit Guayana-Felsarten.

Dieses Gestein ist nach meinen Aufsammlungen und der Bestimmung des Herrn Dr. Bergt Biotitgranit, Biotitgneiss, Granitgneiss, Granulit, Pyroxengranulit, Pyroxen-Amphibolit. Von Humboldt[1]) spricht von Hornblendeschiefern und Granit, nach Ernst[2]) soll das Land zwischen Ciudad Bolívar und Guasipati aus Gneiss bestehen, mit dem Hornblendeschiefer wechseln, während im Gebiete der Goldminen alte archaeische Schiefer von Diabasgängen durchbrochen werden. Attwood[3]), der einzige, dem wir bisher ein Profil aus Guayana verdanken, bemerkte zwischen Puerto Tablas und den Minen vorwiegend Granit und Quarzit, der einmal von einem Basaltgang bei Maño Piedra durchbrochen ist; die Goldminen liegen im Diabas.

[1]) Reise etc. IV. S. 608.
[2]) Globus 16.
[3]) Quarterly Journal of the geological Society of London, Bd. 35, 1875. S. 582.

Auf dem Nordufer bei Soledad steht nach meinen Aufsammlungen kleinkörniger, durch Verwitterung gelb und roth gefärbter, auch gelbbrauner, schwachglänzender Granit oder Granulit mit blaugrauen, Hornblende enthaltenden Schlieren, in den unteren Theilen der Hügel östlich Soledad dunkelblauschwarzer, unbestimmt gelblich gefleckter, pyroxenarmer, den Cordieritgneissen ähnlicher Pyroxengranulit an. Sie sind geschichtet und fallen steil in 85° nach Süden zum Flusse ein, streichen O 10° N bis O 30° N und werden bereits am Nordausgange von Soledad von den Llanoskonglomeraten bedeckt. Landschaftlich bilden sie runde sanfte Hügel von höchstens 100 m Höhe über dem Strome und geringer Pflanzendecke.

Auf dem Südufer in Ciudad Bolívar ist eine etwas grössere Mannigfaltigkeit vorhanden. Die Uferfelsen des Orinoco und auch die Piedra del Medio werden aus feinkörnig schuppigem, hellem, schmutziggelblichgrauem glimmerreichem Biotitgneiss gebildet, der O 10° N streicht, 60—70° nach Süd einfällt, und eine glänzend schwarze Verwitterungsrinde besitzt. Auch Granulit, ähnlich dem von Soledad, steht hier am Ufer an. Mittel- bis kleinkörniger licht gelbrother Biotitgneiss führt sodann über zu dem mittelkörnigen gelbrothen Biotitgranit und Granitgneiss, der den grössten Theil des südlichen Gehänges unmittelbar unterhalb der Häuserreihe zusammensetzt. Ein zweites Mal tritt Biotitgranit, feinkörniger lichtbläulichgrauer bis lichtgelber am Cerro Zamuro im Osten der Stadt auf, ähnelt jedoch auch hier so sehr dem körnigen Gneiss, dass eine völlig sichere Bestimmung nicht zu geben ist. Zwischen den vorigen und den Gesteinen des Cerro Zamuro kommen in der Stadt selbst vor: Pyroxengranulit von lichtbläulichgrauer Farbe oberhalb des Granits, granatreicher grobflaseriger Biotitgneiss auf dem Platze am Hospital und feinkörniger aus Hornblende, Augit und weissem sowie gelbem Feldspath bestehender Pyroxen-Amphibolit am Abhang des Hospitalhügels und auf der Strasse zum Cerro Zamuro.

Nimmt man hierzu den Granit und Pyroxenit vom Rio Caroní, so ergiebt sich, dass ein grosses archaeisches Bergland vorliegt, dessen hauptsächliche Bestandtheile Granulite, Biotitgneisse, Granitgneisse und Biotitgranite sowie Pyroxengesteine sind. Den äussersten sichtbaren Nordrand bilden die Granulitartigen Felsarten, nach Süden zu treten Pyroxenite auf, und an den Minen verursachen Diabase den Goldreichthum.

Das gesammte System ist geschichtet und streicht etwa O 10° N bis O 30° N, eine Richtung, die der Orinoco ebenfalls hier einhält. Intensiver Druck hat Faltung verursacht und zwar fällt um Ciudad

Bolívar, Soledad und anscheinend am Orinoco überhaupt das ganze
System nach Süd, also nach Guayana, in 80—85° ein. Demnach fliesst
der Orinoco in einem Isoklinalthale und hat sich in die nach Norden
emportretenden Schichtenköpfe des Guayana-Systems eingeschnitten.
Dieses fällt also nach Süden unter die Llanos ein, so dass man
vermuthen könnte, es werde unter diesen der Nordflügel der Falte
liegen; doch mag es auch sein, dass durch die Aufrichtung des
Karibischen Gebirges der Nordrand des Guayana-Systems empor-
geschoben worden ist.

Man kann also nicht sagen, dass der Orinoco die Grenze zwischen
dem Guayana-System und den Llanos bilde, sondern er gehört noch
ersterem ganz an; freilich ragt das Guayana-System so wenig weit
nordwärts über den Orinoco hinaus, dass derselbe doch immer als
Grenzfluss der Llanos gegen Guayana angesehen werden wird; thatsächlich aber ist er es eigentlich nicht, und auch selbst der Land-
schaftscharakter beider Seiten ist, wie oben ausgeführt worden ist,
nicht allzu verschieden.

Der Lauf des Orinoco lässt sich vergleichen mit dem der Donau
zwischen Regensburg und Wien. Wie diese ist er durch eine tertiäre
und diluviale Ebene von einem Faltungsgebirge geschieden und wie
diese, fliesst er nicht genau an der Grenze der Ebene gegen die
darauf folgende alte starre archaeische Scholle, sondern ist in den
Rand dieser eingeschnitten. Die Rolle der böhmischen Masse spielt
hier also das Gebirgssystem von Guayana, der österreichisch-bayrischen
Hochebene entsprechen die Llanos, den Alpen das Karibische Gebirge.
Die Verhältnisse liegen hier somit ganz anders, als bei der Wolga,
die in ihrem Mittellaufe an der Grenze von Kreide und Tertiär fliesst
und in ihrer Uferbildung, Berg- und Wiesenufer, diesen Gegensatz
deutlich ausprägt.

Die Oberflächenformen am Nordrande des Gebirgssystems von
Guayana sind rundliche, gebuckelte, nicht besonders auffällige Kuppen,
die meist dem Granit ihr Emporragen verdanken, während das ebenere
Land aus den Gneissen und krystallinischen Schiefern besteht. Das
Ganze ist eine grosse Abrasionsplatte, ein wahrscheinlich in der
Kreide-Transgression überfluthetes und abgeschliffenes Land, aus
dessen gleichmässigem Niveau allmählich die Granitstöcke infolge
ihrer grösseren Widerstandsfähigkeit gegen die Verwitterung empor-
zuragen beginnen. Vom Orinoco aus sieht man daher nur entweder
rundliche Kuppen, aber meist bereits in einiger Entfernung südlich
vom Flusse, auftauchen oder Höhenzüge von weichen unkräftigen
Formen gegen denselben auslaufen. Hohe Ketten zeigen sich überhaupt

nicht, und das ganze Land hat den Charakter eines welligen Hügel-landes, durch das nur wasserarme Flüsse dem Orinoco zugehen.

In diesem Theile von Guayana beansprucht erst der letzte grosse Nebenfluss des Orinoco, der Caroní, den Rang eines Hauptflusses. Der Caroní entspringt nach der Codazzi'schen Karte aus zwei Haupt-armen, dem eigentlichen Caroní und dem Icabaro, und nimmt von links einen grossen Nebenfluss, den Paragua, auf. Das Quellgebiet aller dieser Flüsse liegt in der sogenannten Sierra de Pacaraima, dem zwischen dem Amazones und Orinoco wasserscheidenden südlichen Randgebirge Guayana's; am weitesten im Westen entstehen die Quellbäche des Paragua nördlich von dem Uraricoera, am östlichsten liegen die Quellflüsse des eigentlichen Caroní, von denen der Kukenam dem Roraima entströmt; zwischen dem Paragua und dem Caroní liegt der Lauf des wenig bekannten Icabaro. Dieses gesammte Gebiet ist noch fast terra incognita, und auch über den Lauf des Caroní weiss man so gut wie nichts Näheres. Bekannt und besiedelt gewesen ist überhaupt nur der Unterlauf von der Mündung des Paragua an; hier lagen die Missionen San Pedro und San Serafin nahe der Paragua-Mündung, während am Mittellaufe des Stromes keine An-siedlung bekannt ist. Auch unterhalb von San Serafin erreichte man erst in Gurí wieder bewohntes Gebiet, eine grössere Zahl von Wohn-plätzen befand sich aber einst nahe der Mündung des Flusses zwischen Caruachi und den Fällen, doch sind diese Ansiedlungen jetzt ver-fallen und nur einzelne Höfe finden sich noch nahe dem Flusse. Besucht wird der Caroní nur dicht vor der Mündung und bei Gurí, wo die Landstrasse von Ciudad Bolívar nach Upata den Strom kreuzt; doch zieht man meist den Schiffahrtsweg über Puerto Táblas vor.

Hier sind es die gewaltigen Fälle des Caroní, die den Reisenden locken und von denen es, da Humboldt sie nicht aufgesucht hat, bisher nur eine im Allgemeinen richtige Beschreibung gab, die von Appun[1]) ist. Als ich am 26. März früh langsam den Orinoco hinab-gleitend die Insel Fajardo vor der Mündung des Caroní passirte, hörte man durch die Ruhe der Morgendämmerung das gewaltige Donnern der 2½ Stunden entfernten Fälle des Stromes; doch entspricht die Höhe der Fälle nicht den gehegten Erwartungen, wohl aber die Wasser-masse, die freilich auch stark wechselt, Ende März 1893 aber durch vorzeitig gefallene Frühjahrsregen verstärkt war, so dass die Fälle nicht das Bild der hohen Trockenzeit boten.

---

[1]) Unter den Tropen II, 435. Die daselbst gegebene Abbildung eines Wasserfalls gehört aber in das Quellgebiet am Roraima.

An der Mündung in den Orinoco vor der mit zwei Hügeln braunrothen Blockgesteins gekrönten langen flachen Insel Fajardo ist der Caroní etwa 700 m breit und führt chocoladenfarbenes Wasser, das von dem gelbgrauen Orinoco-Wasser deutlich geschieden ist. Gegenüber der des Orinoco-Ufers muss die Vegetation an den Caroní-Ufern reich genannt werden, ist aber zunächst auch nur ein halbhoher Trockenwald, dessen Wurzeln bis ans und ins Wasser hervorragen und das schwarzblaue Gestein umklammern oder zertrümmern. Eisenhaltiger, schwarzblauer, chocoladenbrauner bis rothbrauner Sand bedeckt den Boden und bildet hie und da einen schmalen Strand; meist aber tritt das anstehende Gestein, glimmerarmer Granit, an das Ufer heran, und veranlasst auch im Flussbette selbst die Bildung von Inseln und Klippen, zwischen denen das schäumende Wasser des Flusses hindurchtost. Im gebrechlichen, nur für fünf Personen Platz bietenden Curiare gegen diese Strömung heraufzukommen, ist schwer. Zur Regenzeit werden diese Inseln wahrscheinlich überfluthet, da 8—10 m hohe Wasserstandsmarken sich an den Felsen befinden.

Nach 1½ stündiger Fahrt durch Stromengen und Stromschnellen des oberhalb der Mündung 1100 m breiten Flusses, während der man fortgesetzt das Donnern der Fälle hört, erreicht man zunächst den Fall Vagre flaco, nach 2¼ Stunden eine Sandbank und einen steinigen Hügel gegenüber dem grossen Fall von Tierra Blanca (siehe die Karte Seite 310). Hier stürzt der Caroní nach NNO in der Breite von etwa 100 m über eine 15 m hohe Felsstufe kohlschwarzer Pyroxenite hinab und hat neben dem Hauptfall noch drei Nebenfälle, zwei im Westen, einen im Osten. In hoher Regenzeit werden diese Nebenfälle wahrscheinlich mit dem Hauptfall verschmelzen und der Gesammtfall dann ein grossartiges Bild gewähren, da die Breite dann fast 300 m betragen wird. Allein auch wenn der Fall getheilt ist, kann der Eindruck als grossartig betrachtet werden; nur ist die Vegetation zu wenig tropisch. Da sich der Caroní oberhalb des Falles theilt, so liegt ein zweiter Fall etwas nordwestlich von dem von Tierra Blanca. Dies ist der Fall von Purguei, ein durch eine grüne und braune Insel in zwei Theile zerlegter, dem Rheinfall bei Schaffhausen an Höhe und Aussehen ähnelnder Fall von ausserordentlicher Schönheit, jedoch auch wieder ohne tropische Vegetation, ohne alle Palmen, aber mit viel Wasser. Zu diesen beiden kommt noch der Vagre flaco, und im Ganzen ergeben sich, alle kleineren mitgerechnet, an dieser Stelle, den Saltos del Caroní, 8—9 Wasserfälle. Die Thierwelt auf dem Caroní ist etwas lebhafter als auf dem Orinoco.

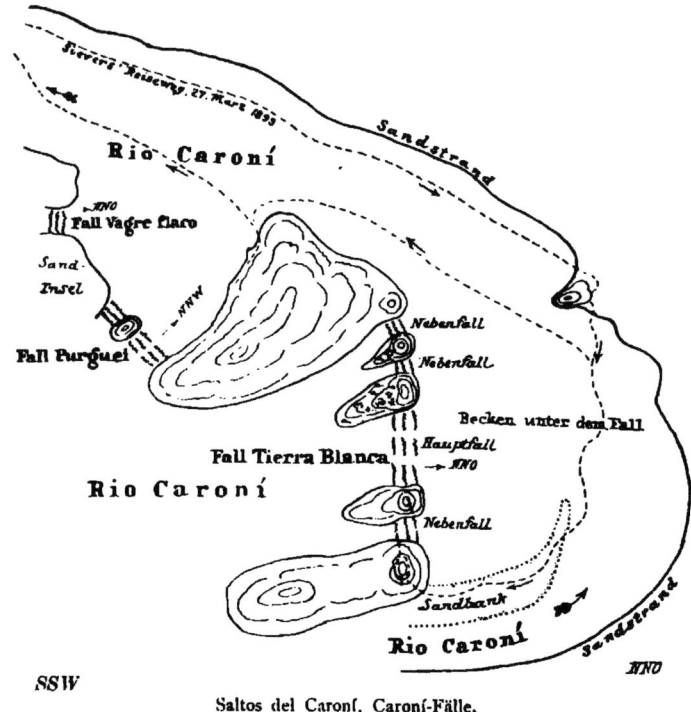

SSW

Saltos del Caroní, Caroní-Fälle.

Die grösste Aufmerksamkeit im Osten des venezolanischen Guayana beansprucht das G o l d der überaus reichen Minen im Yuruari, in welchen das von Sir W a l t e r R a l e g h gesuchte Dorado thatsächlich gefunden worden ist.

Im Jahre 1842 besuchte ein Brasilier Pedro Joaquín Ayres das Dorf Tupuquen und fand daselbst Gold. Da er jedoch diesem Funde wenig Werth beilegte, so kamen die Bewohner des Ortes erst 1849 auf die Angelegenheit zurück und errichteten am Ufer des Yuruari und an der Quebrada Anacupay oder Nacupay Goldwäschen; ein gewisser M o n a s t e r i o s entnahm damals etwa 50 Unzen Gold aus den Fundstätten, starb aber 1867 arm in Barquisimeto. Inzwischen hatte 1849 Dr. P l a s s a r d bei dem Gouverneur der Provinz Guayana die Auffindung einer Goldmine angezeigt, die an den Ufern des Yuruari gelegen war. Der Gouverneur selbst, J o s é T o m a s M a c h a d o, bestätigte darauf die Entdeckung auf zwei dahin gemachten Reisen und gab eine

Vorschrift über die Art der Arbeiten an den Goldwäschen. Aber erst im Jahre 1856 machte die Goldgewinnung Fortschritte durch die Entdeckung goldhaltiger Schwefelkiese in Caratal, einer nach der dort häufig vorkommenden Carata-Palme (Sabal mauritiaeformis?) genannten Oertlichkeit. Ein Deutscher Namens Friedrich Sommer scheint diese Entdeckung gemacht zu haben, die nun den Anstoss gab zur Erschliessung weiterer Goldfelder. 1857 sollen bereits 400 Arbeiter Gold im Werthe von mehr als 1 1/2 Mill. Bolívares, meist Waschgold, aber auch grössere Klumpen und Stücke bis zu 250 Unzen, gefördert haben; nach anderen Nachrichten bestand 1860 eine Ansiedlung von 60—80 Hütten mit Wirthshaus, Schmiede, Zimmerei, Läden und abgesteckten Strassen. Nahe der alten Häusergruppe Tupuquen wurde damals unter dem Namen Nueva Providencia ein Kirchdorf gegründet.

Bald entstanden auch andere Ansiedlungen auf Goldfundstellen, El Callao, Chile, Potosí, Panamá, Perú, La Corina, Eureka, El Tigre, Cicapra, von denen freilich viele nicht aufblühten. Um 1860 bildeten sich auch die ersten Gesellschaften zur Ausbeutung der Goldfelder, und wurden die ersten Maschinen zur rationelleren Bearbeitung derselben eingeführt; doch haben sich nur wenige dieser Gesellschaften gehalten, da manche Minen sich als wenig ergiebig erwiesen und die Kosten der Fracht für Maschinen, sowie die Ausgaben für Personal und Lebensunterhalt in diesen abgelegenen Gegenden äusserst beträchtlich aufsummten. Zu einer wirklichen Bedeutung und als Ansiedlung zum Range eines grösseren Wohnplatzes hat es nur El Callao gebracht, aus welcher Mine bei weitem das meiste Gold Guayanas gezogen wurde.

Am Yuruari endet das Granit- und Gneissgebirge des Orinoco und es treten Diabase und Diorite, auch Gabbro auf, die den Goldreichthum anscheinend hervorgerufen haben. Unter einer Humusdecke [1]) von röthlicher Farbe, die dem Eisenoxyd entstammt, pflegen zwei Schichten mit einander zu wechseln, rothe Erde mit kleinen Quarzbrocken und gelbliche mit Adern von Eisenoxyd, Pisolithen und grösseren Quarzbrocken, die sogenannte Flor. Dann folgt die Greda, eine goldführende Schicht von röthlich-violetter Farbe, und darunter der Cascajo (wörtlich Kies, Schutt), eine thonige, fettig anzufühlende Substanz von 30 bis 45 m Mächtigkeit, in die nun Quarzadern von unten eingedrungen sind. Häufig kommt auch noch ein eisenschüssiges Konglomerat vom Typus der Llanos-Konglomerate vor, zuweilen über der Greda, sowie dem Diorit ähnlicher bläulicher Hornstein mit vielen

---

[1]) Nach A. Ernst, La Exposicion nacional, Carácas 1884, S. 55.

glänzenden oft goldhaltigen Pyriten. Vielleicht ist dieser Hornstein ein umgewandelter Diorit, da an manchen Stellen ein Uebergang aus dem weissen Quarz in den Hornstein und aus diesem in den Diorit bemerkbar ist. Goldführend sind nun zwar alle Quarzgänge in diesen Schichten, allein abbauwürdig doch nur die reichsten, deren Ertrag die grossen Betriebs- und Frachtkosten übersteigt. Daher sind Eureka, El Tigre, Cicapra, Perú nicht mehr bearbeitet worden, während Chile, Panamá und Potosí mässige Erträge gaben, Callao aber einen grossartigen Aufschwung nahm und eine der reichsten Goldfundstätten der Erde ist. Eine jede Aktie stieg von 1873 bis 1885 auf das hundertfache des ursprünglichen Werthes, die Produktion von 201 Pfund 4 Unzen 1871 auf 6587 Pfund 4 Unzen 1882; von 1871 bis 1883 wurden 33 894 Pfund 1 Unze Gold im Werthe von 52 $\frac{1}{4}$ Mill. Bolívares gefördert; allein im Jahre 1882 wurden fast 5 Mill. Bol. Dividende vertheilt. Im selben Jahre ergab Potosí 8964 Unzen, im Ganzen belief sich die Goldausbeute des Jahres 1882 auf 125 548 Unzen im Werthe von 12 $\frac{1}{2}$ Mill. Bolívares, 1884 auf 23 $\frac{1}{2}$ Mill., die von Callao allein auf 16 $\frac{1}{4}$ Mill. Bolívares [1]).

Seit dem Ende der achtziger Jahre ist die Goldgewinnung nun freilich sehr heruntergegangen und schon 1893 hielt man Callao für erschöpft; zum Bau einer Eisenbahn nach Puerto Tablas ist es denn auch nicht gekommen, allein der Goldreichthum Guayanas ist wahrscheinlich sehr gross und bei besseren Wegen, geringerer Fracht und geordneterer Verwaltung werden manche Minen ergiebig werden, die es jetzt nicht sind. So steht diesen Gegenden noch ein grosser Aufschwung bevor und die Engländer wissen auch recht wohl, weshalb sie langsam aber sicher von der Küste aus gegen die Minen vordringen, und die Orinoco-Mündung bereits besetzt haben.

Die Pflanzendecke ist auch südlich des Orinoco zunächst noch spärlich, denn es setzt sich der Llanoscharakter entschieden über den Fluss nach Guayana fort. Sandige Strecken sind auch in der Umgebung von Bolívar noch häufig, das Land ist ziemlich kahl, die Vegetation beschränkt sich vielfach auf Monte, Kakteen, Gestrüpp; lichter Trockenwald bedeckt meist die frischeren Niederungen, während die Granitkuppen kahl sind, wie der Zamuro bei Ciudad Bolívar und die gewaltigen Felsenhaufen auf dem Wege von da nach Mauricio. Nur wo fliessendes Wasser rinnt, oder Grundwasser nahe an die Oberfläche tritt, Quellen entspringen und Flüsse entstehen, siedelt sich die Mauritiapalme an, und bildet hier Haine. In den Gärten

---

[1]) Bureau of the American Republics No. 34: Venezuela, February 1892, S. 79.

der Deutschen in der Umgebung Ciudad Bolívar's, die meist in
Morichales selbst angelegt sind, wird versucht, Blumen, Schatten-
pflanzen, z. B. Bananen zu ziehen, allein im Ganzen sind doch
diese Gärten für ein tropisches Land kahl, wenig üppig, und der
künstlichen Bewässerung bedürftig. Auch Grasland scheint verhältnissmässig selten zu sein und auch weiter im Osten, bei Puerto Tablas,
ist der Eindruck ganz derselbe. Dieser im Ganzen sterile Charakter
des nördlichsten Guayana setzt sich bis über den Paragua südwärts
fort, während östlich des Caroní unter dem Einflusse der Küstennähe
etwas mehr Wald vorkommt, z. B. zwischen Puerto Tablas und Upata.
Von hier bis nahe zu den Goldminen herrscht aber wieder kahleres
Land vor, und erst an diesen, die im tiefen Wald entdeckt wurden,
beginnt das Waldgebiet Guayana's, die Bosques, die sich von hier
an, allerdings nicht ohne Unterbrechung, über das Innere Guayana's
ausbreiten, aber auf den Höhen wieder den stauden- und blüthen-
reichen Bergweiden, namentlich um den Roraima, Platz machen. Ja
sogar am Unterlaufe des Orinoco erstrecken sich die waldarmen
Gebiete südlich des Brazo Imataca bis nach Sacupana hin und die
ungeheure Ueppigkeit der Delta-Vegetation ist, wenigstens hier, eine
Fabel, wie denn überhaupt im Delta grossartige tropische Waldwildniss
erst nahe dem Meere auftritt.

Die Besiedelung unseres Gebietes ist überaus spärlich. Zwischen
Caicara und der Caroní-Mündung wohnten 1891 an der Südseite des
Orinoco nur 33 130 Menschen, und von diesen die Hälfte, 17 313, im
Municipio Ciudad Bolívar, und in diesem wieder 12 877 in der Stadt;
die andere Hälfte vertheilt sich auf die Strecke von Ciudad Bolívar
bis Caicara, während zwischen Ciudad Bolívar und dem Caroní das
Südufer fast unbewohnt ist und nur spärliche Hatos auf der Strasse
von der Hauptstadt nach Gurí am Caroní liegen.

Oberhalb von Ciudad Bolívar vertheilt sich die Bevölkerung
wie folgt:

Municipio		Municipio	
Caicara	2221	Puruey (am Caura)	1319
Urbana	712	Rívas (Hamaca)	466
Cuchivero	355	La Piedra	962
Altagracia	287	Moitaco	2411
San Isidro	272	Zea (Borbon)	1729
Aripao	921	Cermeño	1082
Maripa	844	Barceloneta	1236
	5612		9205

Zusammen 14 817.

Unter diesen sind als grössere geschlossene Ortschaften nur Caicara mit 615 und Moitaco mit 526 Bewohnern zu betrachten; alle übrigen haben unter 300, meist sogar unter 100 Einwohnern.

Das Nordufer ist fast noch schwächer besiedelt, da zwischen der Apure-Mündung und Soledad nur Cabruta mit 207, Santa Cruz (210) und Boca del Pao (265 Einw.) als geschlossene Ortschaften gelten können; wahrscheinlich sitzen am Nordufer des Orinoco auf dieser ganzen Strecke nicht mehr als 1500 Menschen.

Dann folgt die grösste Ansiedlung am Orinoco, die Stadt Ciudad Bolívar mit dem gegenüberliegenden Orte Soledad. Beide müssen zusammengerechnet werden, obwohl sie zu verschiedenen Staaten Venezuela's gehören, und haben zusammen 13 632 Einwohner, mit ihren Municipios 19 647. Sie werden zwar durch den Orinoco an der geschilderten Angostura geschieden, sind aber wirthschaftlich auf einander angewiesen, da Soledad den Verkehr zwischen den Llanos und Ciudad Bolívar vermittelt.

Die Stadt Ciudad Bolívar, mit 12 877 Bewohnern jetzt die viert-grösste der Republik (nach Carácas, Maracaibo, Valencia) wurde erst 1764 von Joaquin Moreno de Mendoza unter dem Namen San Tomás de Guayana gegründet, hiess aber meist nach der Orinoco-Enge Angostura, und erhielt 1846 den jetzigen Namen Bolívar-Stadt, zum Andenken an die wichtige Rolle, die sie in den Befreiungskriegen als Ausgangspunkt des eigentlichen Siegeszuges Bolívars und Sitz des zweiten Kongresses spielte, von dem die Unabhängigkeitserklärung Venezuela's 1818 und die Errichtung der grossen Colombianischen Republik 1819 ausgingen. Die Stadt liegt unmittelbar am Orinoco auf den steil abfallenden Schichten der krystallinischen Schiefer und des Granits, etwa 14 m über dem Flusse, wird aber trotzdem zuweilen, wie im August 1892, von den Fluthen desselben überschwemmt. Ihre steil ansteigenden Strassen sind ohne besondere Anziehungspunkte, doch fällt die Umgebung der Kathedrale durch einen wohlgepflegten Platz auf, das Orinoco-Ufer durch eine geräumige Markthalle. Eine grössere Reihe zweistöckiger Häuser, namentlich am Flussufer, geben der Stadt indessen einen vornehmeren Anstrich als ihn venezolanische Städte sonst zu bieten vermögen. Ciudad Bolívar ist Sitz des Erz-bischofs von Guayana und hat eine verhältnissmässig starke Garnison zum Schutz der Grenze gegen Britisch-Guayana. Die Bevölkerung unterscheidet sich wenig von der des übrigen Venezuela, wenigstens ist keine deutliche Mischung mit Indianern erkennbar und man sieht überhaupt, zumal in der Trockenzeit, wenig Indianer in der Stadt.

Unter den Fremden stehen deutsche Handelshäuser obenan, namentlich Blohm y Ca. und Sprick Luis y Ca.; einige italienische Firmen, Battistini, Palazzi, Vicentini sind noch von Bedeutung, Engländer und Franzosen nur spärlich vertreten; man kann sagen, dass der Grosshandel fast ganz in deutschen Händen liegt. Die Bedeutung Ciudad Bolívar's als Handelsstadt beruht auf dem Verkehr mit dem Apure-Gebiet, wohin regelmässig nach amerikanischem System gebaute Dampfer gehen, jedoch nur in der Regenzeit, da zur Trockenzeit der Wasserstand der Nebenflüsse des Apure und dieses selbst zu niedrig ist. Das Geschäft ist daher in Ciudad Bolívar belebt in unseren Sommermonaten, Mai bis Oktober und November, still dagegen seit dem Dezember, in welchem Monat die Dampfer zuletzt zu verkehren pflegen, bis zum Anfang Mai. Nutrias pflegt der äusserste besuchte Hafen zu sein, doch gehen auch kleine Dampfer die Portuguesa und den Oojedes bis El Baúl hinauf; man fährt von San Fernando de Apure bis Ciudad Bolívar drei Tage. In den letzten Jahren ist aber dem Handel Ciudad Bolívar's mit dem Llano des Apure eine Konkurrenz vom Norden her erwachsen. Schon in der Mitte der achtziger Jahre dehnten die Maracaibo-Kaufleute ihre Handelsbeziehungen über die Cordillere hinüber nach Barínas und Guanare aus, Ende der achtziger Jahre folgten Vorstösse derjenigen von Puerto Cabello und Valencia in die Cordillere und den Llano, und Ende 1892 fand ich in San Juan de los Morros einen grossen Karrenzug, der auf dem Wege von Carácas nach San Fernando de Apure war und diese Stadt von San Juan aus in 10—14 Tagen zu erreichen hoffte.

Eine zweite Einschränknng hat der Handel Ciudad Bolívar's durch den Rückgang der Goldgewinnung in den Minen am Yuruari erfahren, deren Produktion von 23 ½ Millionen Bolívares im Jahre 1884 auf 4 Millionen Bolívares 1890 zurückging. Mit dem Oberen Orinoco bestehen zwar auch Handelsverbindungen, allein die Besiedelung ist daselbst noch so gering, dass nur selten Schiffe bis zu den Katarakten laufen. Ein grosser Vortheil für Bolívar ist dagegen die rasche Verbindung mit Europa. Der regelmässig alle vierzehn Tage von Southampton eintreffende englische Royal Mail-Dampfer findet sofortigen Anschluss an einen Flussdampfer, der in etwa 36 Stunden von Port of Spain auf Trinidad Ciudad Bolívar erreicht. Man kann daher die Reise von dieser Stadt nach der englischen Küste in 14 bis 15 Tagen machen. Vom Uebel aber ist die Lässigkeit der Regierung in der Unterstützung der Verkehrserleichterungen; z. B. soll ein von Trinidad nach Ciudad Bolívar zu legendes Kabel infolge der Interesselosigkeit der Regierung noch immer nicht versenkt worden sein.

Trotz aller dieser Schwierigkeiten betrug 1891 die Ausfuhr Ciudad Bolívar's noch 9,4 Millionen Bolívares, die Einfuhr 7 Millionen Bolívares. An der Ausfuhr nahmen theil: Gold aus dem Bergwerksgebiet im Yuruari; ferner aus dem Llano: 96 000 Stück Rinderhäute, 11 000 Stück Rindvieh; aus dem Llano und der Cordillere 283 000 kg Tabak; aus der Cordillere 487 450 kg Kaffee; aus dem Waldgebiet Guayana's 26 000 kg Copaivabalsam, 24 000 kg Kautschuk, 31 000 kg Tonkabohnen oder Sarrápia, Früchte der Leguminose Dipterix odorata mit aromatischem Geruch, besonders vom Cáura, ein Monopol des Hauses Sprick Luis y Ca.; endlich Orchideen, Federn, namentlich von Apure-Reihern, und Vogelbälge. Auch von Quina wurden 1883 33 000 kg ausgeführt, dagegen fehlt Cacao fast gänzlich, obwohl Guayana die Heimath des Cacaobaumes ist. Die erwähnten Produkte sind die Gesammtausbeute des Orinocogebietes, mit Ausnahme kleiner Mengen, die den Rio Negro hinab zum Amazonas gehen mögen. Im Ganzen ist das Orinoco-Gebiet also noch unentwickelt und der Kulturwerth des Stromsystems gering im Verhältniss zur Grösse.

Die Ufer des Orinoco unterhalb Ciudad Bolívar sind, wie schon oben bemerkt worden ist, fast menschenleer. Auf der Nordseite wohnen im Municipio Mamo nur 454 Menschen, davon 124 in dem schon mehrere Stunden vom Orinoco entfernten Dörflein gleichen Namens; auf der Südseite ist die Besiedelung, ausser in der unmittelbaren Umgebung der Hauptstadt, noch schwächer. Weiter ostwärts erreicht man auf der Nordseite erst bei Barrancas (454 Einwohner) wieder einen geschlossenen Wohnplatz, auf der Südseite dagegen beginnt, östlich der Caroní-Mündung, ein etwas besser besiedeltes Gebiet, das von jeher eine zahlreichere Bevölkerung gehabt hat. Zwar sind die Befestigungen der alten Stadt Guayana vieja, die schon in den Kämpfen Sir Walter Ralegh's eine Rolle spielte, gebrochen und die blühenden Missionen am Caroní verfallen, allein das Gold hat der Landschaft neues Leben eingehaucht und dieselbe vor dem völligen Rückfall in die Barbarei wenigstens vorläufig gesichert. So wohnen denn jetzt in dem Winkel zwischen Orinoco, Caroní und Yuruari 22 392 Menschen, davon 8806 in geschlossenen Ansiedlungen und diese allerdings geringe Ansammlung der Bevölkerung hat zur Gründung des besonderen, später allerdings wieder in den Staat Bolívar eingefügten Territorio Yuruari Veranlassung gegeben. Ein Theil dieser Ansiedlungen sind Gründungen der Missionen, wie Guasipati 1757, Upata 1762, Tupuquen, ein anderer entstammt der

Bergwerksperiode, in der seit 1856 zwischen Tupuquen und Pastora der Wald gelichtet wurde. Da entstanden die kleineren Ansiedlungen Cicapra (426 Einw.), Nueva Providencia (406 Einw.) und die eigentliche Goldstadt El Callao mit 2899 Bewohnern, jetzt die grösste Ortschaft des Yuruari, von fast städtischem Charakter, während die auf dem Wege von den Goldfeldern nach dem Hafen gelegenen Orte Upata und Guasipati es erst auf 1390 und 1369 Einwohner gebracht haben. Der Hafen für die Goldgebiete ist Puerto Tablas oder San Felix nahe der Mündung des Caroní in den Orinoco, ein schmutziger Ort von 718 Einwohnern. Im Innern liegen ferner Tumeremo mit 169, El Miamo mit 95, El Palmar mit 346 Einwohnern, am Caroní Gurí mit 251 Bewohnern, in dessen Nähe neuerdings Gold gefunden worden ist. Die Gesammtbevölkerung des Yuruari ist folgende:

Parroquias:

Guasipati	3052	Upata	4524
Callao	4142	San Felix	1018
Nueva Providencia	1507	Piacoa	155
Tumeremo	1499	Gurí	1085
Cicapra	1655	Santa Rosa	1493
El Miamo	536	El Palmar	1726
	12 391		10 001

Zusammen 22 392.

Höhenmessungen in Venezuela 1892/93.

Die von mir auf der zweiten Reise in Venezuela 1892/93 gemessenen Höhen sind in Folgendem zusammengestellt. Sie beruhen
auf Ablesungen von vier Instrumenten, dreier Fuess'scher Koch-
thermometer 218, 219, 224, von denen der letzte nach Beendigung
des ersten Drittels der Reise zerbrach, und eines Bohne'schen
Aneroids No. 648. Die Standkorrektion des letzteren ist unten-
stehend mitgetheilt. Eine Vergleichung des Aneroids mit dem Queck-
silber-Barometer des Herrn A. Jahn in Maracai von Chevalier,
Paris No. 415, ergab eine Abweichung von + 2,6 mm, am 19. eine
solche von + 1,4 mm; doch wurde das Aneroid nicht nach dem Queck-
silber-Barometer gestellt.

Die Ausrechnung der mitgebrachten Werthe haben die Herren
Dr. med. Ludwig Wagner, z. Zt. Lehramtsaccessist zu Darm-
stadt, und Dr. phil. Anton Schlamp, s. Zt. Assistent am physi-
kalischen Institut der Universität Giessen, zu übernehmen die Güte
gehabt. Für ihre freundliche Hülfe und Mühe sei ihnen hiermit er-
gebener Dank gesagt.

Zeit	Ort	Barometer-stand	Aneroid	Stand-korrektion
September 21.	Valencia	715,5	719,0	— 2,3
do. 25.	Las Manzanas	718,1	722,0	— 2,2
do. 30.	San Carlos	743,8	748,5	— 4,4
Oktober 1.	Agua Blanca	739,8	744,0	— 3,7
do. 5.	Barquisimeto	709,1	713,5	— 2,8
do 11.	Carora	722,0	728,0	— 5,0
do. 27.	Coro	752,6	761,0	— 8,4 ?
November 8.	San Luis	695,2	700,5	— 3.2
December 1.	Puerto Cabello	755,3	762,0	— 6,7
do. 18.	Maracai	719,5	724,0	— 3,1
do. 21.	Colonia Tovar	605.7	615,0	— 4,2
März 6. 1893.	Hacienda Palmer	735,2	742 0	— 6,1
do. 15.	Maturin	753,9	760,0	— 6,1
do. 23.	Ciudad Bolivar	755,38	760,0	— 4,6

Verzeichniss
der auf der zweiten Reise in Venezuela 1892/3 gemessenen Höhen.

I. Bei Puerto Cabello.

Hacienda Bucaral .... 404 m
San Estéban (Haus O. Baasch) .. 30 »

II. Valencia—San Carlos.
(Septbr. 25.—27. 1892.)

Caserío Mucuraparo .... 458 m
El Tocuyito .... 445 »
Erster Höhenzug .... 473 »
Las Manzanas de Carabobo .... 470 »
Caserio Naipe .... 424 »
Rio Chirgua .... 380 »
Sabane, Häuser von Taquanes.. 410 »
Tinaquillo .... 400 »
Llano .... 405 »
Aguadita .... 245 »
Rio Macapo .... 220 »
Höhe der Carretera .... 250 »
El Topo .... 185 »
Tinaco .... 170 »
San Carlos   175 »

III. San Carlos—Barquisimeto.
(Septbr. 30.—Okt. 3. 1892.)

Rio La Caparda .... 141 m
Rio Camoruco............... 154 »
Hügelzug .... 205 »
San Rafael.................. 155 »
Agua Blanca................ 200 »
Sarare...................... 245 »
Flusspass, Rio Sarare .... 322 »
El Cujisito.................. 360 »
La Rinconada .... 435 »
El Potrero.................. 400 »
Barquisimeto .... 555 »

IV. Barquisimeto—Carora.
(Okt. 7.—10. 1892.)

Cerritos Blancos .... 610 m
El Bejuco................... 625 »
Poapoa .... 620 »

Kalkhügel bei Margarita ...... 630 m
Las Faldas .... 625 »
La Niguita .... 340 »
Wasserscheide .... 690 »
Atarigua.................... 510 »
Arenales .... 485 »
Rio Arenales................ 445 »
Quebrada mit Wasser......... 515 »
Carora...................... 430 »

V. Carora—Coro.
(Okt. 13.—17. 1892.)

Rio Carora .... 420 m
Eintritt in die Berge .... 540 »
Höhe....................... 660 »
San Cristóbal .... 635 »
Konglomeratblöcke .... 765 »
Kalkstein .... 820 »
Sandstein .... 910 »
Kammhöhe .... 945 »
Haus Rodolfo Flores, Sierra de
  Baragua .... 940 »
Breccien anstehend.......... 645 »
Ende der Cuesta .... 510 »
La Manzana de Oro.......... 480 »
Quebrada .... 430 »
Ojo de Agua................ 420 »
Rio Baragua .... 390 »
Baragua .... 395 »
Dos Caminos .... 400 »
El Araguato................ 435 »
El Mamoncito.............. 480 »
Sandsteinbänke............. 525 »
El Jabillal .... 645 »
Sierra de Buena Vista........ 680 »
Kalkstein .... 585—550 »
La Danta................... 520 »
Hütte, Cuesta .... 580 »
Pozo largo................. 445 »
El Enea .... 410 »
Piedra Grande .... 870 »

Cuesta del Perico, Höhe .... 495 m
El Perico .... 295 »
Las Adjuntas .... 280 »
La Cuiva .... 170 »
Rio Pedregal .... 150 »
Höhe der Sandsteinhügel ..... 160 »
Rio Mitare .... 100 »
Cerro La Laja .... 160 »
La Laja .... 120 »
Haus auf Hügel .... 90 »
Agua Viva .... 100 »
Santa Rita .... 95 »
Coro, Posada Roz .... 35 »

VI. Reisen auf Paraguaná.
(Okt. 20.—24. u. Okt. 28. - Nov. 2. 1892.)

El Rodeo .... 25 m
Santa Ana .... 35 »
Eruptivgestein .... 175 »
Casa Garcia .... 500 »
Pié del Cerro .... 105 »
Buena Vista .... 100 »
Tertiäre Hügel .... 140 »
Pueblo Nuevo .... 40 »
Versteinerungen .... 70 »
Cerro Pelón .... 80 »
La Muralla .... 70 »
Pueblo Nuevo .... 50 »
Casa Concepcion .... 60 »
Miraca .... 10 »
La Cruz Gorda .... 80 »
Pass über Tausabana .... 100 »
El Tacuato .... 15 »

El Rodeo .... 25 m
Llano .... 75 »
Buena Vista .... 100 »
La Muralla .... 70 »
San Francisco .... 15 »

El Carrizal bei La Vela .... 65 m

VII. Coro—Siquisique—Barquisimeto. (Nov. 7. —15. 1892.)

Fuss der ersten Hügel .... 55 m
Caujarao, Capelle .... 55 »
Rio Seco .... 45 »
Arenales .... 75 »

El Cardon Grande .... 85 m
El Guarabal .... 170 »
Alambiques .... 330 »
Alto de los Patiecitos .... 1180 »
Quebrada .... 1000 »
Curimagua .... 990 »
Weg-Höhe .... 990—1035 »
Gehöft .... 1050 »
Kalkstein .... 1140 »
El Alto .... 1185 »
Santa Teresa .... 1105 »
Haus .... 1000 »
Kalkstein .... 880—940 »
Conopia .... 750 »
San Luis .... 755 »
Aufstieg am Cerro Caimito ..... 790 »
Kalkstein .... 535 »
Häuser Macuere .... 450 »
La Cruz .... 260 »
Rio San Luis .... 225 »
El Juncalito .... 250 »
Höhen .... 275 »
La Puerta .... 195 »
Anafia .... 260 »
Quebrada .... 250 »
Vorberge .... 350 »
Quebrada .... 300 »
»   .... 325 »
Kalkstein .... 510 »
»   ausschliesslich .... 570 »
»   Versteinerungen ..... 665 »
»   »   ..... 705 »
Haus 1 .... 820 »
Sandstein .... 770 »
Aufstieg .... 805 »
Surui .... 805 »
Hochfläche .... 885 »
Alto .... 975 »
Sandstein .... 950 »
Abstieg durch Kalkstein .... 925 »
Sandstein .... 820—845 »
El Tupi .... 795 »
Agua negra .... 835 »
San Pedro I .... 1235 »
San Pedro II .... 1080 »
Grenze des Waldes .... 950 »
Sandstein .... 900 »
Thal von Santa Rosa .... 715 »
Kalkstein .... 715—820 »

Sandstein .... 885—820 m
Alto .... 985 »
Ende der Cuesta .... 510 »
Urucure .... 445 »
Quebrada de Tupí .... 415 »
Alto de las Petacas .... 625 »
Quebrada .... 445 »
Sabana grande .... 470 »
Ueber Rio Baragua .... 415 »
Weg .... 300 »
Rio Baragua .... 285 »
Agua Buena .... 275 »
Siquisique .... 260 »
Rio Tocuyo .... 245 »
Agua viva .... 250 »
Sandstein .... 690—755 »
Alto .... 1055 »
Arenales Sandstein .... 755 »
Schiefer .... 690 »
Ebener Weg .... 690—770 »
Campo Alegre .... 480 »
Matatere .... 480 »
Aufstieg .... 740 »
Alto .... 780—1000 »
Ebene (Caimitos) .... 730 »
Bobare .... 675 »
Kalkstein .... 770 »
Alto .... 885 »
Los Algodones .... 755 »
Las Chorreras .... 740 »
Ebene .... 665 »
Alto .... 715 »
Barquisimeto .... 560 »

VIII. Eisenbahn Barquisimeto—
Duaca. (Nov. 17. 1892.)

Ebene .... 575 m
Wasserstation .... 640 »
El Eneal .... 675 »
Duaca .... 770 »

IX. Barquisimeto—Puerto
Cabello. (Nov. 18.—23. 1892.)

Santa Rosa .... 495—460 m
Rio Barquisimeto I .... 410 »
   »   »   II .... 360 »
Yaritagua .... 390 »
Geröll .... 455 »
Häuser rechts und links ...... 470 »

Sabana la Piedra .... 495 m
   »   de Parra .... 425 »
Urachiche .... 480 »
El Refugio .... 495 »
Buena Vista .... 570 »
Cuara .... 600 »
Häuser rechts .... 415 »
San Pablo .... 340 »
Guama .... 370 »
Häuser .... 420 »
   »   und Rio .... 460 »
Cocorote .... 450 »
San Felipe .... 280—285 »
Cocorote .... 415 »
Aufstieg .... 605 »
Häuser links .... 780 »
   »   »   .... 845 »
Frischere Vegetation .... 890 »
Kaffeehacienda .... 1000 »
Rast .... 1330 »
Rother Glimmerschiefer ...... 1405 »
Höherer Punkt .... 1450 »
   »   »   .... 1560 »
Las Cruces .... 1595 »
Alto .... 1605 »
Abstieg .... 1530 »
Lichtung .... 1450 »
   »   Granit .... 1405 »
Aroa .... 370 »
Pueblo Nuevo .... 270 »

X. Puerto Cabello—Valencia—
Maracai. (Dec. 2.—6. 1892.)

El Cambur .... 75 m
Limoncito .... 220 »
Las Trincheras .... 365 »
La Entrada .... 600 »
Nagua Nagua .... 495 »
Valencia, Bahnhof .... 475 »
Guacara .... 440 »
San Joaquin .... 445 »
Mariara .... 470 »
Höchster erreichter Punkt in der
   Nordkette .... 1120 »
Maracai .... 450 »

XI. Maracai—Ortiz—Maracai.
(Dec. 9.—17. 1892.)

La Victoria .... 550 m
Hohlweg .... 635 »

21

Gneiss .... 565—715 m

Pass-Höhe der Serrania del
Interior.................... 940 »

La Fundacion................ 550 »

Casa Gallegos .... 480 »

Rio Pao .... 410 »

El Corralito................. 440 »

Rio Pao .... 400 »

Vor San Sebastian .... 400 »

Quebrada Honda .... 400 »

Aufstieg des Weges .... 450 »

San Juan .... 480 »

Lucas .... 880 »

El Roble .... 255 »

Las Placeres .... 265 »

Ortiz...................... 215 »

Alto de la Galera .... 265 »

Piedras Azules .... 260 »

El Veladerito   400 »

San Juan .... 465 »

Tucutunemo-Durchbruch ...... 445 »

Quebrada .... 460 »

Posada Carmen   475 »

Rio Tucutunemo   475 »

Villa de Cura.... 560 »

Las Guaduas .... 500 »

Las Majaguas .... 470 »

Santa Cruz................ 480 »

XII. Maracai—Colonia Tovar—
La Guaira. (Dec. 20.—23. 1892.)

Turmero .... 460 m

Rio Guapos .... 640 »

Hacienda .... 725 »

El Tigre, Pié del Cerro........ 775 »

Höhe........................1275 »

Meseta ....1400 »

Glimmerschiefer..............2120 »

Alto, Granit ....2250 »

Colonia Tovar, Haus Ruh .....1960 »

Wegtheilung San Pedro—
Petaquire..................2425 »

Lagunazo...................2865 »

Hohe Kuppe, Alto Cruz.......2625 »

Rio Petaquire...............1480 »

Höhe der Küstenkette ....1890 »

Haus links..................1175 »

Carayaca .... 850 »

Weg .... 780—475 m

Neuer Aufstieg.............. 500 »

XIII. Ausflüge um Carácas.
(Januar 6.—25. 1893.)

Hacienda Elvira.............. 945 m

Serpentin ....1035 »

Hacienda Pipe   ......1460 »

Waldgrenze..................1580 m

Alto........................1795 »

Galipan ....1495 »

Puente de Hierro............. 895 m

El Rincon ...... 900 »

Höhenzug .... 980 »

Grosse Falte ....1120 »

La Cortada de Guayabo ......1230 »

Häusergruppe, Alto.... 1350 »

Grosse Hacienda ....1015 »

Quebrada Caisa .... 650—570 »

Alto de Parapara .... 705 »

Charayave ..   ... 385 »

Potreros .... 360—305 »

Suapire.....   .... 270 »

Hügel   275—295 »

Santa Lucia.   210 »

Hügelzug .   340 »

El Pichao, Rio Guaire .... 260 »

Aufstieg bei Arenaza .... 385 »

Alto I .... 750 »

Alto II .... 865 »

Kaffeehacienda .... 990 »

Kalkstein ....1015 »

El Remington............... 945 »

El Helechal................. 980 »

Hoher Punkt................1045 »

Höchster Punkt Esperanza ....1175 »

La Lira ....1060 »

Petare...................... 835 »

Los Moroches .... 995 m

El Boqueron .... 940 »

Los Colorados .... 820 »

Flores .... 720 »

Quebrada Guayas............ 570 »

Las Guayas .... 490 »

Las Tejerias .... 500 »

Flores.................... 720 »

Los Colorados	820 m		Araguita	50 m
Los Moroches	995 »		Hochfläche	300 »
Los Canales	1160 »		El Altico	320 »

XIV. Carácas—Barcelona.
(Febr. 2.—11. 1893.)

			Quebrada	190 »
			Höhenzug	335 »
Carácas, Ausgang der Stadt	900 m		Rio Capirieual	280 »
Dos Caminos	885 »		Höhe	370 »
Haus links	900 »		Alto	480 »
Wasserscheide	990 »		Bergantin	230 »
Brücke der Carretera	780 »		Höhe mit Kreuz	725 »
Häuser links	735 »		Thal nördlich davon	555 »
Caucaguita	675 »		San Felipe	430 »
Rio Guarenas	580 »		El Lamedero	600 »
Quebrada Seca	420 »		Berghang	660 »
Guarenas	400 »		Rio Naricual	150 »
Vorwerk	350 »		Las Minas	40 »
Guatire	360 »			
Höhenzug	500 »		**XVI. Guanta—Cumaná.**	
Quebrada Caraota	385 »		(Febr. 18.—19. 1893.)	
El Cenizo	350 »		Quebrada	25 m
Fluss Caucagua bei Cucu	265 »		Höhenzug	195 »
El Alto de Palogacho	560 »		Quebrada	139 »
Quebrada Chuspita	175 »		Chaparro	400 »
Caucagua	85 »		Höhe	660 »
Rio Merecure	95 »		Höchster Punkt	740 »
El Obispo	100 »		Los Altos	570 »
Höhe	160 »		Zweite Höhe	645 »
Capaya	60 »		Grasgipfel	715 »
Caserio Martinez	35 »		Häuser	300 »
Boca Tacarigua	25 »		Rio Santa Fé	40 »
Higuerote	5 »		Golf von Santa Fé	10 »
Rio Chico	15 »		El Nurucual	10 »
Tacarigua	5 »		Cerro Protundo	200 »
Machurucuto	5 »		El Yaguaracual	10 »
Hacienda El Destino	30 »		Aufstieg	60 »
Aufstieg	150 »		Saca Manteca	500 »
Quebrada del Medio	170 »		Kalksteinblöcke	320 »
Los Baños	355 »		Quebrada	360 »
La Tucaca	190 »		Kaffeehacienda	160 »
Trockenbett	90 »		Barbacoas	105 »
Clarines	45 »		Letzte Hügel	25 »
Wegtheilung	80 »		Cumaná	10 »
Höhen, Häuser	140 »			
Piritu	100 »		**XVII. Cumaná—Carúpano.**	
Barcelona, Glacière	10 »		(Febr. 23.—26. 1893.)	

XV. Umgebung von Barcelona.
(Febr. 13.—17. 1893.)

			Aufstieg zum Imposible	220 m
			Höhe Barranquin	410 »
Las Minas	50 m		El Alto	465 »
Guanta	5 »		Nahe Manzanares	125 »

El Cedeño .... 160 m
San Fernando .... 210 »
Cumanacoa................. 210 »
Haus auf Hügel .... 380 »
Rio San Juan .... 285 »
Höhe....................... 495 »
Guasimito.................. 430 »
Rio Frio................... 325 »
Alto Arbolito .... 570 »
Alto II .... 570 »
Quebrada Vaca.............. 505 »
Neuer Aufstieg.. .... 550 »
La Vega................... 380 »
Ebene .... 20 »
Mariguital .... 5 »
Rio Cariaco................ 15 »
Cariaco................... 20 »
Casanai................... 30 «
Aufstieg .... 150 »
Cumbre de Areo .... 500 »
Neuer Höhenzug .... 250 »
San José.................. 160 »
Chipechipe................. 75 »
Carúpano.................. 5 »

XVIII. Carúpano — Rio Caribe.
(März 1. 3. 1893.)

Höhe vor Rincon .... 220 m
Pilar...................... 45 »
Höhe bei Tunapui........... 220 »
El Cerro................... 470 »
Alto...................... 505 »
Duran .... 110 »
Rio Caribe................. 0 »
Höhe Nivardo............... 370 »
Höhe vor Guarico .... 725 »
Hacienda Puerto Santo .... 60 »
Cerro Macarapana........... 405 »

XIX. Carúpano — Maturin.
(März 6.—12. 1893.)

Vorberge, Höhe.............. 170 m
El Charcal.................. 75 »
Rio Pilar .... 60 »
Tuparipan .... 45 »
Sandstein.................. 135 »
Kalkstein.................. 230 »
Quebrada.................. 255 »
Kalkstein .... 400 »

El Alto..................... 495 m
Hacienda Palmer............. 275 »
Flussthal .... 60 »
Höhe bei Quellen .... 435 »
Heisse Quellen .... 385 »
Rio Casanai................ 335 »
Periquito .... 530 »
Höhe...................... 555 »
Rio Casanai................ 290 »
Häuser .... 230 »
Weg am linken Ufer .... 265 »
Rio Casanai................160—45 »
Aufstieg .... 240 »
Limones................... 435 »
Los Pozos .... 575 »
Catuaro .... 420 »
La Sabana................. 445 »
Kreuz .... 455 »
Santa Cruz .... 315 »
Los Altos de Santa Maria .... 340 »
Santa Maria .... 375 »
Letzte Häuser vor dem Berge . 400 »
Haus rechts................ 480 »
Kalkstein .... 780 »
Höchster Kamm............. 950 »
Kalkstein ⎱ Montaña ....1025 »
Sandstein ⎰ de Santa ....1075 »
Kalkstein ⎰ Maria ....1200 »
Austritt in enges Thal ....1175 »
Thalwasserscheide...........1210 »
Bach ....1150 »
San Agustin ....1210 »
Höchster Punkt ....1340 »
Quebrada ....1185 »
Guacharo-Höhle ....1160 »
Haus Juán Zafón ....1050 »
Bach gekreuzt .... 990 »
Wasserscheide..............1090 »
El Periquito I...............1065 »
»   II...............1040 »
»   III............... 950 »
Haus rechts................ 825 »
»   links.................. 600 »
San Francisco.............. 445 »
Pass...................... 505 »
Guanaguana .... 475 »
Höhe...................... 635 »
Sabane .... 565 »
Quebrada .... 540 »

Rio	445 m	Rio Tonoro	185 m
Quebrada	480 »	Mesa	220 »
Hügel	540 »	Aguasai	220 »
Thal	325 »	Rio Guanipa	175 »
Rio Aragua	290 »	Höhe	250 »
Portachuelo	800 »	Wasserlauf	195 »
Aragua	250 »	Aribí	225 »
Haus	180 »	Morichal	200 »
Mesa	170 »	Offene Sabane	210 »
Abstieg	115 »	Sabane	155 »
El Chaguaramal	110 »	Tafelrand	175 »
Rio Aragua	85 »	Rio Guibimba	150 »
Kreuz	120 »	Rio Seco	175 »
Haus	120 »	Hügel	210 »
Wasserlauf	110 »	Rio Chive	175 »
Toronales	120 »	Aufwärts	240 »
Vorstadt von Maturin	40 »	Rio Pando, Trockenbett	220 »
Rio Guarapiche	85 »	Flugsand-Höhe	250 »
Maturin, Posada	50 »	El Tigre (Merecural)	175 »
		Sand-Höhe	200 »
XX. Maturin — Ciudad Bolívar.		Rio Areo	160 »
(März 16.—20. 1893.)		Höhe	200 »
Hinter El Corozo	145 m	Morichal largo	150 »
Thal	195 »	Campo Alegre	130 »
El Carito	150 »	Ebene	110 »
Rio Amana	165 »	Soledad	60 »
Santa Barbara	230 »	Ciudad Bolívar	60 »
Weg	220 »	Puerto Tablas	40 »

Höhenmessungen von R. Ludwig.

Im Folgenden werden einige Höhenmessungen mitgetheilt, die der inzwischen verstorbene Herr Richard Ludwig, Chemiker zu Curaçao, im September—October 1893 auf einer Reise von Carácas nach den Goldminen von Apa y Carapa in der Serrania del Interior bestimmt hat. Zur Verfügung stand ihm ein Aneroid von C. Sickler in Carlsruhe (Nummer nicht bekannt geworden). Die Höhen zwischen Carácas und dem Tuy stimmen gut mit den meinigen überein. Die Ausrechnung der Höhen haben ebenfalls die Herren Dr. med. Ludwig Wagner und Dr. phil. Anton Schlamp übernommen, wofür ihnen aufrichtiger Dank gebührt.

Hinreise Carácas-Macaire (30. Aug. bis 2. Septbr. 1893).

Carácas, Hôtel Leon de Oro....	920 m	
El Valle	895	»
Turmerito	930	»
Quebrada Mariposa	—	»
Haus El Encantado	1005	»
Boqueron	1165	»
La Cortada de Guayabo	1240	»
3 h 10 höchster Punkt auf dem Guayabo	1360	»
Charayave	409	»
4 h 45	320	»
6 h	235	»
7 h 45 am Rio Tuy	190	»
Ocumare	235	»
Vorhöhe La Rosa	385	»
Fuss des Berges	455	»
1 h — 2 h	595—805	»
El Muerto (La Cortada de naranja)	700	»
2 h 50	890	»
Chiripital	780	»
Im Rio Lagartijo	395	»
Boquemesa	275	»
Haus Cambural	395	»
Fila	660	»
6 h	665	»
8 h 10	660	»
Haus Las Bestias	525	»
La Quebrada	465	»
Caña fistula	565	»
Bergsavanne 1. Höhe	645	»
» 2. » Haus Querre	675	»
12 h 5	395	»
Guanapa	515	»
Haus caña fistula de Guanapa..	600	»
Höhe (Orituco)	730	»
4 h 50	1005	»
Bergausläufer, Wasserscheide zwischen Guanapa und Macaire	985	»
Hacienda Las Marias	570	»
San Francisco de Macaire	515	»

Ausflüge in die Berge.
(Septbr. 11.—20. 1893.)

Morro	515 m	
Im Rio	500	»
Rio abwärts	445	»
Am Fuss des Kalkfelsens	640	»
6 h	585	»

10 h	530 m	
Hacienda Las Marias	560	»
Bergausläufer	1240	»
Hauptzug	1140 u. 1065	»
Rancho Cuira	1085	»
6 h	1075	»
Auf Peñoncito	1420	»
Rancho »	1340 u. 1365	»
Rio Arenilla (Arm desselben)...	855	«
Rancho del Bajo	955	»
7 h Abmarsch auf die Hauptkette	990	»
Höchster Punkt. Wasserscheide zwischen Orituco und Arenilla	1480	»
Rancho fila	1410	»
7 h	1365	»
Auf der fila	1440	»
Südlicher Gipfel	1445	»
6 h	1375	»
Auf dem Kopf des Santa Inés..	1495	»
Auf dem Kamm 1465, 1485, 1480, 1470, 1485, 1410, 1425, 1390,	1380	»
8 h 45 nach Norden	1285	»
Rancho	1265	»
Auf dem Rücken	1150	»
9 h 52	1140	»
10 h	1125	»
10 h 20	1115	»
Aufstieg	1215	»
Rancho Laguna	1185	»
Abmarsch vom Rancho	1170	‹
9 h 10	1240	»
9 h 50	1000	»
10 h 5	1090	»
Am Fuss des Morro Apa	1200	»
Auf dem Morro Apa	1220	»
8 h	1365	»
Fila	1450	»
Weg	1430	»
9 h 30	1365	«
10 h auf dem Hügel	1445	»
Höchster Hügel	1455	»
Weg durch Peñoncito	1475	»
Aufstieg zum »	1425	»
Rancho Cuira	1085	»

Rückreise nach Carácas
(Okt. 3.—7. 1893.)

San Francisco de Macaire	505 m	
Berg hinauf	715	»

Rast	670 m	10ʰ	495 m
2ʰ	885 »	Bach verlassen	505 »
Abstieg	510 »	Zur Loma de viento, 1. Höhe	795 »
Altagracia	370 »	Haus »El Jobito«	820 »
Orituco passirt	355 »	Quebrada	710 »
San Rafael	330 »	Aufstieg, Höhe	935 »
Quebrada	330 »	El Garutico	750 »
Anhöhe	355 »	Abstieg	510 »
Bach	325 »	Chiripital	785 »
Anhöhe	345 »	Abreise 5ʰ	785 »
Rio Memo	300 »	Abstieg	520 »
Haus »El Pegon«	320 »	7ʰ 35	365 »
Höhe 870, 355 und	360 »	Rio Sucuta	215 »
Thal	370 »	Sucuta verlassen	200 »
Rio La Guaya	355 »	Ocumare	240 »
Haus Las Camasas	370 »	Cua	310 »
Savanne	405 »	Charayave	345 »
3ʰ 15 Bach	370 »	Abreise	330 »
Anstieg Guaitoquero	390 »	6ʰ 30	485 »
Bach	380 »	6ʰ 44	495 »
»	420 »	6ʰ 50	555 »
Terrasse	520 »	Cerro Parapara	660 »
Oben	590 »	Quebrada Caisa	505 »
Letzte Höhe	620 »	Caisa verlassen	525 »
El Cambural	460 »	Herberge Los Anaucos	955 »
» » 6ʰ	445 »	Aufstieg 1355 u.	1315 »
Weg hinauf	565 »	Sucumito	1370 »
Abstieg	550 »	10ʰ 30	1255 »
7ʰ 55	585 »	La Cortada de Guayabo	1220 »
Im Bach	440 »	Carácas, Leon de Oro	910 »
Haus Los Pilones	465 »